동물은 생각한다

동물은 생각한다

인간은 동물을 어떻게 인식하고 있는가

리하르트 다비트 프레히트 지음

박종대 옮김

TIERE DENKEN

일러두기
- 이 책의 각주는 옮긴이 주입니다.

이 책은 실로 꿰매어 제본하는 정통적인 사철 방식으로 만들어졌습니다.
사철 방식으로 제본된 책은 오랫동안 보관해도 손상되지 않습니다.

이 책을 파울과 하겐, 엘비라, 아스테릭스, 크림힐트, 뚱보 놀파,
프랑크발터, 앙겔라, 그리고 나의 서툰 보살핌 속에서
부디 힘들지 않았기만 바라는 다른 모든 동물에게 바친다.
당연히 아르투스에게도!

들어가기 전에

이 책은 생각하는 동물들에 관한 이야기가 아니라 생각하는 유일한 동물인 인간에 관한 이야다. 또한 이 생각하는 동물이 다른 동물들의 내면을 상상할 때 빠져들 수밖에 없는 여러 어려움을 살펴보고, 우리가 사고와 행동 면에서 다른 동물들에게 얼마나 공정하지 못한지도 말할 것이다.

이 문제는 내 삶의 화두다. 동물은 항상 나를 매혹시켰다. 나는 지금도 휴일이나 방학 때 할아버지 손을 잡고 하노버 동물원에 갔던 기억이 선연하다. 계절을 잊고 봄 같은 가을이 끝나지 않을 것처럼 이어지던 나날이었다. 당시 나는 동물원장이 되겠다고 결심했다. 그보다 아름다운 인생은 상상할 수 없었다. 나의 영웅은 서독과 동독의 위대한 동물원장이던 베른하르트 그르지메크Bernhard Grzimek(1909~1987)와 하인리히 다테Heinrich Dathe(1910~1991)였다. 나는 연습을 하고 미래의 기쁨을 미리 맞기 위해 기니피그와 물고기, 도마뱀, 도롱뇽 같은 동물을 내 방으로 하나둘 들이기 시작했다. 그런데 기니피그는 복통을 자주 앓았고, 도마뱀은 오래 살지 못했으며, 물고기들은 너무 작은 수족관에서 너무 많은 다른 종과 너무 비좁게 살았다. 동물에 대한 나의 이런 일방적인 사랑 속으로 양심의 가책이 비집고 들어왔고, 이후 이 둘은 하나로 뒤엉킨 채 떨어지지 않았다.

나는 동물원장이 되지 않았다. 학창 시절의 재미없는 생물 시간 때문에 내 꿈이 깨져 버렸다. 어쩌면 잘된 일인지 몰랐다. 전 쾰른 동물원장 군터 노게Gunther Nogge(1942~2025)는 언젠가 내게 이렇게 말했다. 「그렇게 되지 않은 걸 다행이라고 생각하세요.」 실제로 나는 그 때문에 동물에 대한 사랑과 양심의 가책을 동시에 느낄 수 있었을지 모른다.

그 두 가지 감정은 1990년대 중반 광우병 스캔들에 이어 복제 양 돌리의 출현으로 세상이 시끌벅적할 때도 아직 내 속에 살아 있었다. 나는 동물 윤리에 관한 에세이를 한 편 썼고, 『디 차이트Die Zeit』에 동물원에 관한 특별 기고문을 실었다. 기고문이 모든 동물에게 좋은 일만 일어나기를 바라는 내 마음의 절절한 시(詩)였다면, 에세이는 동물을 다루는 우리 사회의 야만적이고 문제적인 방식을 고발하는 산문이었다.

1997년 2월 나는 우연한 기회에 브라운슈바이크에서 열린 〈동물-권리-윤리〉라는 제목의 학술 대회에 참가했다. 내게는 마치 새로운 운동을 주창하는 일종의 국제적 지성 페스티벌 같았다. 독일 전역에서 많은 사람이 찾아왔고, 브라운슈바이크 주민들도 적극적으로 참여했다. 나는 여기서 동물권 운동의 상임 고문 마누엘라 리네만Manuela Linnemann을 알게 되었다. 이 대회를 멋들어지게 조직한 사람이었다. 작가 한스 볼슐레거Hans Wollschläger(1935~2007)는 성 안드레아스 교회에서 파라다이스와 변절한 인류에 대해 탁월한 연설을 했다. 호감이 가는 스위스 철학자 장클로드 볼프Jean-Claude Wolf(1953~)는 동물 윤리 분야에서 이미 경륜 있는 사상가 중 한 명이었고, 나와 동년배인 철학자 미하엘 하우스켈러Michael Hauskeller(1964~)는 새로 합류한 부류에 속했다. 가장 흥미로운 사상가 중 한 명은 생물학자이자 철학자인 한스 베르너 잉겐지프Hans Werner Ingensiep(1953~)였다. 이후에 나는 그뿐 아니라 그의 아내인 신학자 하이케 바란츠케Heike Baranzke(1961~)와도 오랜 친분을 유지하고 있다. 최전선에서 싸우는 사람도 없지 않았다. 당시는 동물권 보호 단체인 애니멀 피스에 기부자들이 막 몰려드는 시절이었고, 동물권 운동가 헬무트 카플란Helmut Kaplan(1952~)은 급진적인 저술과 대담한 구호로 그런 활동에 힘을 싣고 있었다.

　우리가 강연과 대담에서 선포하고 토론하고 숙고한 생각들은 당시에는 아직 무척 낯설었다. 물론 오스트레일리아 철학자 피터 싱어Peter Singer(1946~)가 1975년에 이미 그와 관련해서 유명한 책『동물 해방*Animal Liberation*』을 쓰기는 했지만, 영국이나 미국과 달리 독일의 동물권 운동은 1980년대 말에야 서서히 시작되었다. 그러다 1990년대 중반에 이르러 이 문제는 마침내 사회적 이슈로 떠올랐다. 동물을 다루는 지금 우리의 일상적인 태도는 과연 앞으로도 도덕적으로 정당화될 수 있을까? 대중 매체도 이 문제에 관심을 보였다. 저널리스트 만프레트 카레만Manfred Karremann(1942~2005)은 대량 사육과 도살장, 동물 운송에 관한 다큐멘터리 영화를 제작해 동물들의 비참한 상황을 독일인들에게 알렸다. 반면에 그사이 폐간된 주간지『디 보헤*Die Woche*』는 동물권 운동의 과격한 측면을 표적으로 삼았다. 예를 들어 동물권 운동가들이 사냥용 망루를 톱으로 잘라 버리거나 정육점 진열창을 박살 낸 장면들을 보도하면서 〈동물 보호라는 명분으로 자행되는 테러리즘적 성격〉을 경고했다.

이런 분위기에서 나는 1997년 가을 『노아의 유산*Noahs Erbe*』을 출간했다. 바라던 바대로 이 책에 대한 찬반은 극명하게 갈렸다. 심지어 동물 보호자, 생물종 보호자, 동물권 운동가 사이에서도 확실한 피아 전선이 형성되었다. 그중에서 정말 받아들이기 어려웠던 것은 내가 인간을 병적인 존재로 본다느니, 〈생태 파시스트적〉 신념을 갖고 있다느니 하는 비판이었다. 나는 머릿속 가장 어두운 곳에서조차 그런 생각을 해본 적이 없었다.

이후에 적지 않은 일들이 일어났다. 1999년 11월부터는 유인원들이 당시 비록 여덟 마리에 불과했지만 뉴질랜드에서 침해할 수 없는 생명권을 누리며 살고 있다. 2002년에는 동물 보호가 독일 기본법에 국가 목표로 명문화되었다. 가장 중대한 변화는 육식을 하지 않거나 비건을 유지하는 사람이 부쩍 늘어났다는 점이다. 1990년대만 해도 〈비건〉은 핏기 없는 극소수의 이상한 생태적 뱀파이어만 실천하는 지극히 수상쩍고 별난 식습관으로 여겨졌지만, 지금은 모르는 이가 없을 정도로 사람들의 입에 자주 오르내린다. 최근에는 비건 요리책이 수백만 권씩 팔리고, 주변에 비건이 없는 사람도 드물다. 특히 여성 비건이 많다. 2015년 알렌스바허 연구소의 설문 조사에 따르면 그사이 독일에는 780만 명의 채식주의자와 90만 명의 비건이 살고 있다.[1]

서구 선진국에서는 동물을 다루는 방식에 대한 감수성이 걷잡을 수 없이 높아지고 있다. 특히 젊은 여성 사이에서 그렇다. 하지만 이런 태도에는 상당히 개인적인 면이 섞여 있다. 건강, 미용, 몸매 관리, 동물 사랑이 대개 사적인 차원에서 하나로 묶여 있기 때문이다. 예전에는 동물권 투쟁과 비건 식생활이 불가분의 관계로 연결되어 있었다면 오늘날에는 서로 분리되었다. 서유럽에서는 그사이 대량 사육이나 배터리 케이지처럼 산업에 의한 동물의 고통이 과거 어느 때보다 더 커졌다. 이런 공장식 사육은 이따금 벌어지는 항의 시위에도 불구하고 공개적으로 노출되지 않은 채 더 가혹하게 운영되고 있다. 우리 인간이 동물을 다루는 면에서 올바르다고 생각하는 것과 실제 운용되고 있는 것 사이의 간극이 이만큼 컸던 적은 없었다. 동물에 대한 우리의 개인적 관계와 우리의 식생활을 사적인 일로만 파악하는 한 동물에게 자행되는 수많은 잔혹한 행위는 앞으로도 계속 사회적으로 용인될 것이다.

상황이 이렇기에 『노아의 유산』에서 다룬 여러 문제도 지금에 이르러서는 다른 방식으로 새롭게 제기될 수밖에 없다. 통계 자료도 당연히 시대에 뒤떨어졌다. 게다가 고인류학과 영장류학, 행동 생태학 같은 분과에서 주목할 만한 몇 가지 사건이 일어났고, 인간과 동물의 관계도 역사적 연구를 통해 일부 새로운 것이 발견되었다. 종교뿐 아니라 철학에서도 말이다. 이제 적절한 〈동물 윤리〉의 학술적 논쟁에 불이 붙었다. 특히 도덕적 행위의 본질 및 규칙에 대한 필자의 연구 역시 몇 가지 새로운 판단과 평

가에 도달했다. 인간이 무엇을 해야 하고 무엇을 하지 말지를 두
고 과거와 지금의 판단이 같을 수는 없으니…….

들어가며

우리는 두 개의 심장을 가지고 있지 않다.
동물을 위한 심장, 인간을 위한 심장 이렇게 말이다.
— 알퐁스 드 라마르틴Alphonse de Lamartine

동물에는 두 부류가 있다. 하나는 이렇게 두 부류가 있다고 믿는 동물이고, 다른 하나는 바로 이 믿음 때문에 무한한 고통을 받는 동물이다. 전자의 부류는 스스로 〈인간〉이라 부르고, 다른 부류는 〈그냥 동물〉이라 불린다. 인간 부류는 탁월한 능력이 많다. 예를 들어 언어와 도구를 사용하고, 직립 보행을 한다. 반면에 다른 부류는 능력이 제한적이다. 따라서 어리석고 결함이 많고, 그런 이유로 권리를 인정받지 못한다.

일부 능력은 인간과 동물 사이에 차이를 만들지만, 일부 능력은 그렇지 않다. 현재의 도덕과 법체계에서 침팬지와 인간의 차이는 침팬지와 진딧물의 차이보다 훨씬 크다. 인간의 권리는 헌법과 민법에 규정되어 있는 반면에 침팬지는 그렇지 않다. 침팬지의 이익은 두더지와 마찬가지로 동물 보호법에 정해져 있다. 하지만 두더지와 침팬지는 권리 주체가 아니다. 그런 까닭에 인간은 이들을 좁은 우리에 몰아넣고, 전기 충격기로 고문하고, 치명적인 병균을 주입하고, 산 채로 부식시키고, 팔다리를 자르고, 심지어 독살까지 한다.

이로써 세계는 명확하게 상하 관계로 나뉜다. 지배 계급은 이성적이고 도덕적인 생명체이고, 피지배 계급은 비이성적이고 야만적인 생명체다. 전자의 생명체는 도덕적 인장이 선명하게 찍혀 있는 데 반해 후자는 백지상태나 다름없다. 영국의 자연 연구자 찰스 다윈Charles Darwin(1809~1882)이 모든 생명의 공통 기원과 경계가 불분명한 이행(移行), 그리고 섬세한 분화를 증명한 지 근 160년이 지났다. 그러나 인간은 일상에서건 법적으로건 동물로 간주되지 않는다. 오랜 습성이 인간을 동물 혈족과 분리시킨 것이다. 몇몇 자잘한 수정 작업을 거쳐 인간 중심적 세계관을 불가침의 영역으로 만든 것은 다윈적 대전환의 독특한 결과에 속한다. 동물학은 인간을 유인원과 긴꼬리원숭이, 개코원숭이와 친족 관계에 있는 직비원류(直鼻猿類)로 분류하지만, 실제로 자신을 그런 종으로 여기는 사람은 거의 없다. 대신에 우리는 스스로를 인간으로 정의 내리면서 동물적 본성을 잊고 숨기려고 기를 쓴다.

다른 동물과 우리를 잇던 끈은 오래전에 끊겼다. 〈동물〉을 비축 자원으로 계획적으로 사육하기 시작한 것은 1만여 년 전부터였다. 인간은 이때부터 오직 자신의 이익을 위해 살아 있는 식량 자원의 형태로 동물을 키웠다. 동물 사육 초기, 막 정착 생활을 시작한 일부 사냥꾼은 개가 죽으면 따로 무덤을 만들어 주거나,

심지어 어미와 새끼, 소를 함께 묻기도 했다. 이런 초창기 가축 사육자들의 애니미즘과 현대의 물질주의적 대량 사육 사이에는 엄청난 간극이 존재한다. 생존 경쟁이 종료되면서 인간이 타 생명체인 동물과 싸울 일은 사라졌다. 오늘날 우리는 인간의 권리라는 이름으로 아무것도 묻지 않고 동물 자원을 무한대로 이용한다. 이로써 동물과 인간의 공통점은 완전히 뒷전으로 밀려났다. 물론 동물은 여전히 문화적 판타지 속에서 마법적 존재나 친구, 동반자, 혹은 위협적 존재로 살아 숨 쉬지만, 일상 세계에서는 애완견, 관상용 물고기, 알 낳는 기계, 곡마단의 말처럼 자연성의 소멸 단계로 그 의미가 퇴색했다. 이렇게 해서 인간은 주변 동물에 대한 압도적 우월성과 주체성을 토대로 의식 속에서 완전히 낯선 관계를 만들어 냈다. 이후에 동물을 대하는 인간의 태도는 무자비한 착취와 사디즘뿐 아니라 왜곡된 사랑과 본성 파괴, 의도치 않은 학대로 이어졌다.

중세 초기까지는 야생 동물의 수가 인간이 키우는 가축보다 많았다. 그러나 서유럽과 북아메리카에서 자본주의가 힘차게 진군하면서 경외의 대상이던 야생 동물은 빠른 속도로 인간의 동화책과 서커스 무대 속으로 사라져 갔다. 수백 년 전부터 우리가 〈풍경〉이라고 부르던 자연환경도 현대식 논밭과 대도시, 고속 도로, 전신주로 바뀌었다. 이제 서구 문명으로 통칭되는 일상 세계에서는 동물을 경쟁자로 만날 일이 없어졌다. 식량을 구하는 일에서도, 생활권을 둘러싼 다툼에서도, 날카로운 이빨과 발톱으로 우리의 목숨을 노리는 적으로서도 말이다. 오늘날 유일하게 남은 위협은 몇몇 작은 동물이다. 예를 들면 인간의 식량을 노리는 마지막 경쟁자로서 집쥐나 들쥐가 그렇다. 거기다 곤충과 미생물, 바이러스가 더해진다.

우리와 다른 동물들 사이의 끊어진 끈은 우리가 과학으로 동물을 혈족으로 재발견하더라도 다시 복원되지 않는다. 인간은 스스로 2천 년 넘게 주변 환경을 이용하고 착취하도록 창조된 세계의 합법적 지배자로 여겨 왔다. 그 과정에서 우리의 진화는 가속도가 붙었다. 오래전부터 진화는 더 이상 우리 몸이 아니라 무엇보다 우리의 기술과 문화 속에서 이루어졌다. 한마디로 자연에 적응하기 위한 진화가 아니라 계속해서 새로워지는 인간 문화에 복무하는 진화였다. 따라서 오늘날 적응은 우리 자신의 진보에 대한 적응을 의미한다. 그것이 우리의 환경에 끼친 영향은 잘 알려져 있다. 점점 심각해지는 기후 변화, 오존층 파괴, 남반구 곳곳에서 벌어지는 사막화 현상, 그리고 해양 오염은 동물 세계만 파괴하는 것이 아니라 점점 더 인간 자신을 겨냥하고 있다.

산업화된 20세기는 숨 가쁜 속도로 자연의 지배와 착취를 가속화했다. 동물에 대한 착취는 말할 것도 없다. 수천 년의 시간에 걸쳐 호모 사피엔스는 전 지구를 장악했다. 몸집이 더 큰 어떤 척추동물도 인간만큼 넓은 지역을 차지한 적이 없었고, 사막과 열대림, 극지방에 골고루 퍼져 살지 않았으며, 개체 수를 수십억으로 불리지도 못했다. 자원의 무분별한 약탈과 호모 사피엔스 종의 엄청난 증가는 지구 역사의 예외 상태를 만들었다.

인간은 오늘날 지구를 지배하지만 분명 자기 자신은 지배하지 못하는 것으로 보인다. 그것은 단일체로서의 〈인간〉은 없고, 대신에 70억 명이 훨씬 넘는 상이한 개체만 존재하기 때문일지 모른다. 그중 누구도 인류를 책임지지 않는다. 인류는 전체를 걱정하거나 돌볼 의무 없이 그저 막연하게 하나로 묶인 공동체에 지나지 않는다.

지배란 질서를 확립하고, 무엇이 중요하고 중요하지 않은지, 무엇이 옳고 그른지 규칙을 정하는 것을 의미한다. 서양 문명은 지난 수백 년 동안 야생 동물의 박멸과 경제 동물의 착취에서 거의 어떤 도덕적 문제점도 보지 못했다. 동물과 인간 사이의 명확한 경계 설정이 동물에 대한 사랑에서 괴롭힘에 이르기까지, 사육에서 도살에 이르기까지 모든 사용을 가능케 했다. 논거는 간단했다. 인간은 신의 특별한 창조물이고, 동물과는 신의 창조 행위 속에서 그저 느슨한 실로 연결되어 있을 뿐이라는 것이다. 이렇게 해서 독일계 프랑스 신학자이자 의사인 알베르트 슈바이처Albert Schweitzer(1875~1965) 같은 사람의 견해가 아무렇지도 않게 대두되었다. 〈가해와 파괴가 전혀 문제되지 않는 무가치한 생명들이 존재한다. 경우에 따라서는 곤충이나 원시 민족도 그런 무가치한 생명체로 볼 수 있다.〉[1] (심지어 그 대상은 여성으로도 확대될 수 있다.)

이 경계는 서양 문화사에서 다양한 형태로 옹호되었고 옹호되고 있다. 그러나 면밀히 들여다볼수록 그 경계는 기이하기 짝이 없다. 철학적으로든 생물학적으로든 그 근거를 뒷받침하기가 점점 더 어렵기 때문이다. 1970년대부터 동물을 대하는 우리의 태도에 근본적으로 의문을 표하는 논쟁이 촉발되었다. 싱어와 미국 철학자 톰 리건Tom Regan(1938~2017) 같은 동물 윤리학자들은 동물의 권리를 요구한다. 그들의 주장은 이렇다. 윤리학에서 동물을 배제하는 것은 도덕적 수치다. 오늘날 동물을 도덕의 문밖으로 내치는 것은 종교적 미신의 유산이다. 인간은 신의 특별한 창조물이 아니라 이지적 동물이기에 도덕의 범위를 〈다른 동물〉로 확대해야 한다. 우리는 그사이 노예 제도를 폐지하고 여성을 동등한 권리를 가진 인간으로 존중하는 법을 배우지 않았던가? 그렇다면 이제는 동물에 대한 생각을 달리해서 그들을 도덕적으로 적절하게 평가할 때가 되지 않았는가?

인간과 동물은 서로 어떤 관계를 맺는 것이 적절할까? 인간을 단순히 동물들 가운데 하나로 여기는 것은 동물을 도덕적으로 좀 더 진지하게 바라보는 것과 상관없이 오히려 다른 인간종에 대한 경시로 이어질 수 있다. 사회 다윈주의와 야만적인 인종 이론의 재앙이 그에 대한 경고다. 그렇다면 동물을 도덕적으로 존중하기 위한 기준은 대체 무엇이어야 할까? 고통을 느끼는 능력일까, 삶의 의지나 지능일까? 똑똑한 동물의 생명권이 지능이 낮은 동물의 생명권보다 더 크고 귀할까? 인간과 다른 동물의 관계를 새롭게 평가하는 것은 어렵고도 중차대한 과제다.

이 책에서 나는 이 문제들을 새롭게 제기하고 진지하게 고민해 보고자 한다. 나의 관점에서 인간은 각각 다른 방식으로 특별한 수많은 동물 가운데 하나일 뿐이다. 나는 인간을 윤리적으로 가치 있는 존재로 만드는 특정 속성을 보편적으로 정의 내릴 마음이 없다. 그렇다고 일반적으로 〈인간적인〉 것으로 명명되는 모든 특성을, 모든 인간에게 있는 것이 아니라는 이유로 박탈하고 싶지도 않다. 어쩌면 그런 배타적인 특성을 찾으려는 시도 자체가 이미 잘못된 길일지 모른다. 사고의 오류는 인간에 대한 그런 편협한 개념 규정을 전제로 하는 〈인간학〉이나 〈도덕 철학〉 같은 독자적인 분과에 있을 수 있다. 그런 개념의 편협함은 깨부수는 것이 더 낫지 않을까? 인간학 대신 **인간 동물학**Human-Animal Studies, 즉 인간 동물과 다른 동물에 관한 이론을 연구하는 편이 더 낫지 않을까?

인간 동물학은 미국 심리학자 할 헤르조그Hal Herzog를 중심으로 주창된 새로운 개념이다.[2] 이 새로운 분과는 전반적으로 인간과 다른 동물을 하나로 묶는 것에 집중한다. 그러나 필자는 이 개념을 헤르조그 및 다른 인간 동물학 대표자들과는 조금 다르게 사용한다. 일반적으로 〈인간적인〉 것으로 여겨지는 모든 것을 단순히 허황한 신화로 격하시키고 박탈하는 것은 너무 단순해 보인다. 나는 그것들을 다른 맥락에 포함시켜 다른 식으로 평가하고자 한다. 이유는 분명하다. 인간을 다른 동물들 가운데 하나로 규정하게 되면 어떤 문제점이 생길지 인간 동물학의 대표자들은 철저히 고민하지 않았기 때문이다. 만일 그들의 가정대로 인간이 알려진 그 어떤 인간적 속성으로도 동물과 근본적으로 구분되지 않는다면 이성적 통찰력으로 동물을 적절하게 대해야 한다고 인간에게 요구할 수는 없을 것이다.

인간의 행위를 이해하려면 일단 인간이 어떤 틀 안에서 세계를 바라보고 방향을 찾고 행동하는지 알아야 한다. 필자는 이 책의 1부와 2부에서 그런 생물학적 틀과 문화적 틀을 간략하게 살펴보고, 인간이 동물들 사이에서 어떤 방식으로 행동했고 행동하고 있는지 보여 주고자 한다. 특히 1부는 인간이 대체 어떤 특별한 동물인지를 다룬다. 진화에서 인간의 역할은 무엇일까? 인간은 고대 이후 우리 자신의 연대기를 어떤 사고 모델에 따라 기술했을까?(창조 질서) 호모 사피엔스는 자연을 자기 것이라고 여김으로써 자연에서 어떤 자리를 확보했을까?(영장류)

오늘날까지도 지구 생명체에 관한 인간의 모든 학문은 인간과 동물 사이에 명확한 경계가 존재한다고 큰 소리로 선포하거나 암묵적으로 전제한다. 그러나 진화 생물학이든 고인류학이든 동물 생명이 어떤 점에서 인간 생명과 다른지 확실히 말하지 못한다. 그와 관련해서 고인류학자들은 지난 수백 년 동안 무슨 생각을 했고, 지금은 어떤 생각을 하고 있을까?(직립 원숭이) 우리는 여기서 인간과 다른 동물들 사이의 경계가 얼마나 복잡한 문제인지 보게 될 것이다. 동물 행동학자들은 수십 년 전부터 동물의 인지 능력을 측정한 뒤 인간과 비교하면서 거의 모든 〈중요한〉 점에서 동물이 인간보다 열등하다는 결과를 내놓았다. 도구 사용이나 종교, 혹은 언어 습득 같은 모든 문화적 성과에서 그렇다는 말이다. 하지만 우리는 이런 측정을 할 때 정말 올바르고 공정한 기준을 갖고 있을까? 유인원의 지능을 우리와 단순 비교하는 것이 과연 의미가 있을까?(감각과 감성)

분자 유전학은 우리에게 인간이 생물학적으로 침팬지라

는 사실을 알려 준다. 이로부터 어떤 결론을 끄집어낼 수 있을까?(1.6퍼센트) 우리는 이런 식으로 인간의 본질에 생물학적으로 성큼 다가간 뒤 인간과 다른 동물에 대한 우리의 지식이 얼마나 객관적인지 묻는다. 우리는 다른 동물의 의식에 대해 무엇을 알 수 있을까? 어떤 것도 분명하게 말할 수 없다고 고백해야 할 만큼 거대한 걸림돌이 놓여 있지 않을까?(주체의 계략)

2부에서는 인간과 동물 관계의 문화사를 살펴볼 것이다. 인간은 동물에 대해 어느 시점에 어떤 생각을 했고, 그 이유는 무엇일까? 인간은 동물을 어떻게 다루었을까? 어떤 감수성과 어떤 냉혹함이 무슨 이유로 현실에서 힘을 얻었을까? 그와 관련해서 우리가 신석기 시대부터 알고 있는 것은 무엇일까?(양심의 동토대) 고대 이집트인들은 무엇을 믿었고, 무슨 생각을 했을까?(《나는 어떤 동물도 학대하지 않았다.》) 고대 유대교는 왜 동물의 신비성을 박탈했을까?(양치기와 통치자)

고대 이후 서양 철학에는 매우 다양한 동물 해석이 존재한다. 어떤 사상가는 영적으로나 자연사적으로 인간과 동물 사이의 유사성을 보았고, 어떤 사상가는 이성을 갖고 있다는 이유로 인간을 세계의 절대적 통치자로 등극시켰다.(잃어버린 낙원) 반면에 기독교에서는 인간과 동물을 분명하게 가른다. 인간은 특별한 창조물이고, 동물은 덤이라는 것이다. 기독교는 유대교의 동물 친화적 요소를 교리에서 제거한다.(《신이 황소에게 관심이나 있을까?》) 인도, 중국, 동남아시아에는 다른 길이 나 있다. 힌두교 또는 불교의 세계상과 동물 윤리는 서양과 극명한 차이를 보인다.(위선적인 소 숭배) 서양에서는 프랑스 철학자 르네 데카르트René Descartes(1596~1650) 이후 동물에 대한 〈합리주의적이고〉 냉혹한 관점이 주를 이룬다. 동물은 이성적 능력이 없기 때문에 생명으로 보기 어렵다는 것인데, 이는 18세기에 격한 논쟁을 부른다.(사상가들과 사랑하는 가축) 18세기 말에는 새로운 연민 윤리학과 심지어 동물권에 대한 최초의 요구가 서서히 제기된다.(《동물도 고통을 느낄 수 있을까?》)

3부에서는 필자 고유의 윤리적 입장을 개진하고자 한다. 일단 20세기의 철학 이론부터 소개할 생각이다. 슈바이처처럼 〈생명에 대한 외경〉을 요구하거나 싱어와 리건처럼 동물에게 높은 도덕적 지위를 부여하는 이론들이다.(철문) 이런 태도들은 〈동물 권리〉와 〈동물 보호〉를 어떤 이유에서 구분해야 하는지에 대해 좀 더 근본적인 성찰을 가능케 한다.(보호냐, 권리냐?) 그다음에는 통상적인 동물권 철학의 취약점들을 들추어내서 그것이 왜 인간에게 맞지 않고, 왜 보편적으로 시행될 수 없는지를 보여 주고자 한다.(종에 적합한 도덕) 이어서 동물을 어떻게 다루는 것이 좀 더 적절한지 필자의 견해를 제시할 것이다.(좋은 것, 더 좋은 것, 가장 좋은 것)

이렇게 이론적으로 무장한 채 4부에서는 우리가 일상에서 맞닥뜨리는 수많은 문제를 살펴보고자 한다. 먼저 동물과의 관계에서 나타나는 일상의 혼돈을 총정리한다.(사랑하고 미워하고 먹고) 그다음 법적 상황으로 눈을 돌려 동물 보호법의 논리를 면밀하게 검토할 것이다.(죽임에 관한 짧은 텍스트) 다음 주제는 사냥이다. 사냥은 인간종의 전형적인 행동일까, 국가에 의해 합법화된 도착적 행태일까?(자연 보호냐, 쾌락 살해냐?) 또 우리의 식생활은 어떤가? 오늘날 서구화된 사회에서 인간이 먹기 위해 동물을 죽여도 된다는 논리의 근거는 무엇이고, 그에 반대하는 근거는 무엇인가? 어쩌면 머지않아 대량 사육의 철폐에 힘을 실어 줄 해결책이 나올지 모른다.(햄과 치즈를 넘어) 아울러 앞으로 어떤 상황에서는 동물 실험이 허용되고 어떤 상황에서는 허용되지 말아야 할지에 대한 문제도 제기된다.(실험 인형으로서의 동물) 또한 동물을 동물원에서 키우는 것은 도덕적으로 용인될 수 있을까? 만일 그렇다면 어떤 동물은 되고, 어떤 동물은 안 될까?(감옥인가, 천국인가?) 오늘날 동물원은 본래의 서식지에서 멸종 위기에 처한 동물을 돌보는 〈자연 보호 센터〉로 이해된다. 이것은 어떻게 평가해야 할까?(고독의 시대) 여기서 우리는 동물 보호와 동물 권리, 종 보호가 처음부터 합이 맞는 자연스러운 동맹군이 아니라, 철학과 세계관, 목표 설정이 각각 다르다는 난제에 부딪힌다.(화합하지 못하는 삼두 체제) 그리고 마지막으로 지금까지의 인식을 총결산하고, 우리가 이 모든 것에서 실용적으로 이끌어 내야 할 결론이 무엇이며, 그것이 어떤 단계로 실행될 수 있는지 묻는다.(쇼펜하우어의 세 단계)

차례

3부 새로운 동물 윤리

4부 무엇을 해야 할까?

1부

인간 동물

창조 질서

진화는 얼마나 인간적인가?

> 너를 곤경에 빠뜨리는 것은
>
> 네가 알지 못하는 것이 아니라
>
> 전혀 사실이 아님에도
>
> 네가 확실히 안다고 믿는 것이다.
>
> — 마크 트웨인Mark Twain

아득히 먼 옛날, 이 세상에는 거대한 초식 공룡 아파토사우루스가 양치류와 쇠뜨기류의 잎을 뜯어 먹었고, 삼엽충은 해저 모래 위에서 배를 깔고 기어다녔으며, 티라노사우루스는 먹이를 찾아 습지를 첨벙첨벙 지나다녔다.

우리는 그런 세계가 아니라 **우리의** 세계에 살고 있다. 지금 여기, 그러니까 인간의 지능으로 제한되고, 동화 같은 문화의 울타리가 쳐진 세계에 말이다. 우리가 공룡에 대해 무엇을 알고 있든 그것은 모두 우리가 체험하지 못한 것이다. 그렇다면 일단 그들의 세계를 짜맞추고 상상력이라는 색연필로 그려 내야 한다. 대략 2억 년에 시작된 백악기와 쥐라기의 세계는 우리 상상의 산물이다. 물론 우리가 진실이라고 믿고 싶어 하는, 실제로 있을 법한 세계일 수도 있다. 어쨌든 이런 모습은 이미 자주 바뀌어 왔고, 분명 앞으로도 계속 바뀔 것이다.

인간은 자신이 살고 있는 세계를 질서 있게 정돈하려는 경향이 있다. 인간종 특유의 행동 방식이다. 우리는 삶의 일상적인 사물들을 분류하고, 우리를 둘러싼 세계에 대한 생각도 분류한다. 그렇다면 자연의 질서를 포함해 모든 질서는 인간의 구상이다. 전체적으로 보면 세계를 정돈하려는 욕구는 언어의 발달을 수반한 인간의 발전사 과정에서 나타났다. 언어의 인위적 정돈 작업 없이는 〈창조의 질서〉나 〈자연〉에 대한 관념이 불가능하기 때문이다.

질서에 의지하는 사람은 확실한 경계가 그어져 있는 하나의 체계 속에서 움직이는 것을 좋아하고, 그런 질서 체계 내에서만 진리와 타당성, 올바름, 방법, 의미를 묻는다. 이렇게 자기만의 인위적인 집과 서가를 제작해서 세계를 세밀하게 분류해 놓으면 모든 것이 일목요연하게 보인다. 창문 너머 자신을 둘러싼 불확실한 풍경으로 시선을 돌리는 일은 거의 없다. 태풍이 불거나, 번개가 치거나, 지축이 흔들릴 때만 이 세계의 관리자도 부득이 안전한 거처를 떠나 적대적인 새 기후에 버틸 수 있는 다른 집을 짓는다.

우리는 과거를 돌아보고 나서야 이런 정리정돈 작업에 숱한 오류가 있었음을 깨닫는다. 다만 그때그때 당시의 질서들은 변화의 모든 가능성을 비웃을 정도로 지극히 당연한 것으로 받아들여졌다. 이렇게 해서 지구가 하나의 원반이고, 여자와 노예의

무권리가 변화 불가능한 진실이 되었다. 오늘날 우리 역시 인간이 지난 수백 년 동안 스스로를 동물과 구분 지었던 여러 이유를 비웃음으로 대한다.

인간이 자연의 역사와 그 속에 숨겨진 체계에 관심을 보인 것은 고대부터였다. 고대 그리스인들, 특히 아리스토텔레스Aristoteles(기원전 384~322)는 동물을 등급별로 나누고 생명이 무엇인지 규명함으로써 동물학의 기초를 세웠다. 그러나 아리스토텔레스가 알고 있던 동물의 수는 몇백 종에 불과했다. 18세기에야 처음으로 〈완벽한 자연사〉가 기술되었지만, 그조차 지극히 불완전했다. 이후에 우리는 창조론에서부터 분자 생물학에 이르기까지 상상과 사유로 만들어진 많은 질서 체계를 갖게 되었다. 게다가 모든 동식물을 자연의 재고 목록에 체계적으로 끼워 넣는 〈분류학〉이라는 분과까지 만들어 냈다.

자연 연구자들의 이런 사고 틀 속에는 단순히 자연의 분류 체계만 담겨 있는 것이 아니라 인간 정신의 질서 욕구와 교묘한 의도도 담겨 있었다. 18세기는 시민 계급이 서서히 힘을 얻으면서 귀족에 반기를 들던 시대였다. 그들의 가장 날카로운 무기는 신앙과 기존 질서에 일격을 가할 수 있는 〈이성〉이나 〈합리성〉이었다. 합리주의 철학자들에게 세계는 신이 만들어 놓은 공고한 질서 체계가 아니라 인간이 이성적으로 파고들어 그 논리와 모순을 탐구할 수 있는 미완의 영역이었다. 물리학과 수학이 먼저 치고 나갔다. 이 학문들은 식물과 동물뿐 아니라 세상 만물에 대한 인식에 통용될 수 있는 도식을 제시했다. 또한 자연사의 분류학자들은 복잡하게 뒤얽힌 생물의 세계를 〈참된 배열〉에 맞게 분류하려고 불가역적 기준과 객관적 합법칙성, 논리적 연결 고리를 찾으려 했다. 물론 모든 자연 연구자가 그런 시도가 실제로 성공하리라고 믿은 것은 아니었다. 그런 방식으로 분류하기에는 자연이 너무나 방대하고 오묘하다고 생각하는 사람이 많았다. 결국 서로 다른 세계관들이 충돌했다. 한편에는 인간이 원칙적으로 완전히 파악할 수 있다고 생각하는 자연 체계에 대한 확신이 있었고, 다른 편에는 인간이 그저 더듬거리며 나아가야 하는 헤아릴 길 없는 신의 창조에 대한 믿음이 있었다.

18세기에 좀 더 현대적인 접근 방식으로 여겨진 것은 첫 번째 버전이었다. 이 버전은 데카르트가 수백 년 전에 새로 확립한 합리주의를 따랐고, 이 합리주의는 역학을 기준으로 삼고 있었다. 그에 따르면 신의 창조는 아주 영리하게 궁리해 낸 하나의 거대한 기계이고, 인간은 그것의 조작 방법을 하나하나 배워야 한다. 그리고 우주는 수학적 법칙에 따라 조직된 운동 중인 물질로 이루어져 있다. 18세기에는 데카르트의 핵심 사변들을 반박하면서도 많은 점에서 그의 기계론적 사고방식을 따랐다. 그런 일은 특히 인식의 진보가 처음에는 미미했던 분과들에서 주로 일어났는데, 그중에서도 생물학적 자연 연구만큼 그것을 충실하게 따른 분과는 없었다.

이 세계상은 문제적인 결과를 불렀다. 세계를 철저하게 기계론적으로만 보게 되면 인간 외의 자연 분야에 대해서는 알 수 있는 것이 별로 없었기 때문이다. 데카르트에게 동물은 기계에 불과했다. 원숭이의 외형과 내부 기관을 갖고 있든, 혹은 실제로 살아 숨 쉬는 동물이든 모두 기계라는 것은 변함이 없었다. 데카르트가 보기에 생명의 숨결은 순환하는 피와 자극에 대한 반응으로 몸속에 깃드는 것이 아니기 때문이다. 유의미한 생명을 보장하는 것은 오직 명민한 정신과 그 정신의 언어뿐이다.

데카르트 시대는 〈유기체〉의 개념은 물론이고 생명의 특수성이나 진화를 몰랐고, 아는 것이라고는 역학밖에 없었다. 그럼에도 동물을 영혼 없는 자동 기계로 본 그의 이론을 두고서 17세기와 18세기에 치열한 논쟁이 일었다. 프랑스 철학자들은 동물 문제에 관한 책들을 차례로 내놓으며 1백 년이 넘도록 서로 치고받았다. 〈생물학〉에 대해서는 아는 것이 아직 전무했다. 다만 이른바 〈자연사〉라는 새로운 분과가 나타나서 자의적인 이야기 모음집 수준에 머물러 있던 생물의 역사를 끝냈다. 그 전까지는 동물 포획법, 동물 해부학, 동물에 관한 성경적 의미, 비유적 의미, 실용적 이용, 동물의 번식, 소리, 언어, 움직임, 연령, 그리고 각 저자의 개인적 호감이나 반감 같은 것을 아무 거리낌 없이 쓴 책만 난무했다. 심지어 경우에 따라서는 조리법을 소개한 책도 있었다.

동물학적 체계는 18세기 초에도 대체로 미지의 영역이었다. 동식물의 친족 관계는 그저 어렴풋이 짐작하거나, 구체적인 신체 특징보다 생활권에 따라 규정되었다. 예를 들어 밤에 사냥하는 동물은 모두 같은 계열로 분류되었고, 그것은 하늘을 나는 동물, 숲이나 호수에 사는 동물도 마찬가지였다. 창세기 저자들도 동식물의 세계를 해부학적 특징이 아닌 생활권에 따라 나누었다. 바다, 공중, 땅으로 말이다. 이슬람과 힌두교 역시 1천 년이 넘도록 동물을 각각의 생태계에 따라 분류했다.

힌두교의 상키아 철학에는 열네 개 등급의 생물이 존재한다. 천상의 생물은 여덟 개, 지상의 생물은 여섯 개인데, 인간은 후자에 속한다. 또 다른 기준은 탄생 방식이다. 4세기에 나온 고대 인도의 대서사시 『마하바라타*Mahābhārata*』에는 이렇게 적혀 있다. 〈지상에는 두 종류의 생물이 존재한다. 움직이는 생물과 움직이지 않는 생물이다. 움직이는 생물은 모태에 따라 다시 셋으로 나뉜다. 알에서 나오는 것, 축축한 열기에서 나오는 것, 살아 있는 상태로 나오는 것. 움직이는 생물 중에서 가장 뛰어난 것은 살아 있는 상태로 태어나는 것이고, 살아 있는 상태로 태어나는 생물 중에서 가장 뛰어난 것은 인간 족속에 속하는 것과 가축이다.〉[1]

18세기의 새로운 체계들은 당대의 방법으로 정밀하게 기술될 수 없는 것들로부터 자연사를 해방시켰다. 동물 조리법 같은 것은 어차피 무시되었지만, 가령 냄새처럼 중요한 특성과 일부 주목할 만한 행동 관찰도 고려되지 않았다. 연구 수단은 주로 확대경과 현미경, 자와 핀셋이었다. 이 분야에서 가장 중요한 인물은 스웨덴 자연 연구자 칼 폰 린네Carl von Linné(1707~1778)였다. 그는 데카르트가 아닌 자신이 경탄하던 아리스토텔레스를 따랐다. 계몽된 이 스웨덴 학자는 당대의 신학적 헛소리에서 벗어나, 혁명적일 정도로 민주적으로 자연 체계를 묘사하는 법을 발전시켰다. 린네는 우표 수집가의 세밀함으로 자연의 생명을 종, 속,

목, 강에 따라 분류했다. 개별적인 것의 가치에 대한 감탄보다 수집 목록의 완벽화를 더 중시했다는 말이다. 이제부터는 네 가지 변수, 즉 기본 요소의 형태, 수, 공간적 배열, 상대적 크기에 따라 각 생물이 체계 내에서 어떤 자리에 들어갈지 정해졌다.

자연사는 식물학의 주요 분과 아래서 선과 면으로 이루어진 정연한 세계로 변화했다. 여기서 결정적인 것은 꽃과 꽃술, 잎과 열매, 발과 발굽, 깃털과 지느러미처럼 뚜렷한 가시적 특징이었다. 이렇게 해서 린네는 모든 동식물의 강, 목, 속에서 자신이 다른 무엇보다 중요하게 생각한 특징들을 확정 지었다. 이런 1차적 구조들을 상정해야만 상이한 종을 전체 체계 안에 오해의 여지없이 명확하게 자리매김할 수 있었기 때문이다. 이렇듯 그는 살아 있는 자연을 단순히 묘사하지 않고, 거기다 무언가를 덧붙였다. 생물의 다양한 형태에서 중요한 특징은 무엇이고 그렇지 않은 것은 무엇인지 결정하는 것이었다.

당시의 모든 자연 연구자처럼 린네 역시 인간의 오성에 의한 이런 분류가 실제로 자연의 객관적 질서와 일치한다고 믿었다. 그러나 그의 체계는 린네 자신도 인정했듯이 〈자연스럽지〉 않았다. 그의 구조들은 자연에서 구별의 기준으로 발견한 구조가 아니었다. 프랑스의 자연 연구자인 미셸 아당송Michel Adanson(1727~1806)의 지적처럼, 책상머리에 앉아 힘겹게 질서로 짜맞춘 것들이 야생 상태에서는 지극히 무질서하게 나타났기 때문이다. 〈우연에 의해 서로 비슷해 보이는 …… 특성들의 어지러운 혼합이다. 여기서는 금이 다른 금속이나 돌, 흙과 뒤섞이고,

저기서는 제비꽃 옆에 참나무가 자란다. 마찬가지로 이 식물들 아래서는 사지동물과 파충류, 곤충이 이리저리 돌아다닌다. 물고기는 자신이 헤엄치고 있는 수분과 뒤섞이고, 하천 바닥에서 자라는 식물과 뒤섞인다. …… 이런 혼합은 심지어 하나의 자연 법칙처럼 보일 정도로 보편적이고 다양하다.〉[2]

분류학적 질서와 자연의 생태적 질서 사이에 존재하는 모순은 분명했다. 이는 오늘날에도 동물원의 미학적 구조를 둘러싼 논쟁에서 나타난다. 동물을 과연 친족 관계끼리 모아 두어야 할까? 다시 말해 맹수류, 영양류, 사슴류 등으로 따로 분류함으로써 관람객이 각 종의 해부학적 특징 및 때로는 한 종의 지리적 변종까지 구분하는 법을 알도록 해야 할까? 아니면 아프리카의 사바나나 알프스 풍경처럼 자연적인 서식 공간을 재구성하는 것이 자연의 질서에 대한 좀 더 중요한 통찰력을 제시할까?

물론 린네와 그의 동료들은 자연의 〈진정한 질서〉가 생물의 구체적 특징을 중심으로 설계되어야 한다는 것을 분명히 인식했지만, 이 질서가 왜 바깥의 자연에서는 저절로 눈에 띄지 않는지 그 이유를 찾아야 했다. 자연의 체계가 초시간적 창조가 아니라 지구의 역사에서 수없이 일어난 변화에 영향을 받는다는 것은 의심의 여지가 없었다. 그와 병행해서 멸종된 것으로 추정되는 동물들의 화석이 점점 더 많이 발굴되었다. 수많은 종이 희생된, 좀 더 큰 규모의 지질학적 재앙이 여러 차례 일어났던 것으로 보였다. 하지만 다른 한편으로 이런 재앙으로 새로운 형태의 생물도 탄생하지 않았을까?

시간이라는 요소와 그것이 자연의 체계에 미친 영향을 가늠하는 데는 여러 가능성이 존재한다. 모든 시간적 질서 관념 중에서 가장 단순하면서도 가장 인간적인 것은 바로 세상 만물이 하나의 계획과 목표에 맞추어져 있다는 목적론이다. 거의 모든 종교와 철학, 이데올로기가 전체적으로 이런 목표를 중심으로 돌아간다. 그러니까 이승에서건 피안에서건, 혹은 현실적인 국가에서건 목표는 더 나은 삶이었고, 아니면 타인과 생산 수단을 지배하고 악을 제거하는 것이었다. 우리의 일상조차 미래의 기대에 입각해서 전반적으로 목적론적으로 흘러간다. 모든 목적론의 동력은 진보 사상이고, 이것이 상상하는 목표는 완벽한 상태다. 이렇게 해서 기독교적 서양 사회는 노력에 의한 점진적인 개선을 믿기를 좋아했고, 노력은 칼뱅주의 전통에 따라 천국에서든 지상에서든 신에 의해 물질적으로 보상받는 미덕으로 간주되었다. 그렇다면 자연에서도 인간이라는 최종 목표를 향해 나아가는 진보를 통해 〈더 높은〉 생명체의 탄생을 믿고자 한 것은 당연했다.

샤를 보네Charles Bonnet(1720~1793)는 스위스의 자연 연구자이자 철학자로, 자연의 무질서를 신의 진보 계획과 일치시키는 것을 필생의 과업으로 삼았다. 그가 볼 때, 생물종의 수와 외형은 신에 의해 영원히 확정되어 있었다. 하지만 생물은 각자 완전해질 수 있다. 평범한 존재에서 천재적인 성취로 나아가는 길은 조물주가 이미 예정해 놓았다. 모든 동물은 인간이 시범을 보여 준 모델에 따라 시간적으로 지체된 채 그 길을 걷는다. 〈모든 종은 더 높은 완전화의 단계로 다소 느리지만 지속적으로 발전해 나가고, 그로써 진보 사다리의 모든 단계는 항구적으로 정해진 관계 속에서 끊임없이 변한다. …… 원숭이들 중에도 뉴턴 같은 사람이 있고, 비버들 중에도 요새 건축가 보방 같은 사람이 있을 것이다. 상위 종들과의 관계에서 보자면 굴과 폴립의 관계는 인간과의 관계에서 볼 때 새와 사지동물의 관계와 비슷할 것이다.〉[3]

보네 이후 〈자연의 사다리〉에 대한 관념은 자연사적 사고의 중요한 자산이 되었다. 진보, 완전화, 신의 계획이라는 이 중요한 세 기둥은 18세기부터 현재까지 자연의 생성 관념에 결정적인 영향을 끼쳤다. 진화가 생명을 만들어 내는 원칙은 필연적이고, 처음부터 예정되어 있다는 것이다. 적지 않은 진화론자들도 이를 믿었다. 그것도 주목할 만큼 일관성 있게 말이다. 다윈과 함께 자연 선택 이론을 발전시킨 영국의 자연 연구자 앨프리드 러셀 월리스Alfred Russel Wallace(1823~1913)는 인간의 정신과 도덕 감정뿐 아니라 인간의 부드럽고 민감하고 털 없는 피부도 필연적인 발전의 결과로 여겼다.

하지만 18세기에 이미 그런 예정설의 타당성에 조심스러운 의구심이 일었다. 예정설이 사실이라면 대체 자연 재앙은 어떻게 해석해야 할까? 대다수 자연 연구자는 그 역시 신적인 창조 계획의 일부로 해석한 반면에 다른 이들은 상대적으로 암울한 결론을 끌어냈다. 실제로 한 대규모 지진이 진화론의 간접적인 촉매제가 되었다. 1755년 리스본에서 발생한 대지진이었다. 이 재앙에 대해 깊이 고민할수록 세계 질서가 주도면밀하고 조화롭게 계획되었다는 사실에 강한 의심이 들 수밖에 없었다.

그중에서도 심대한 결론을 이끌어 낸 사람은 바로 영국의 사제이자 경제학자인 토머스 로버트 맬서스Thomas Robert Malthus (1766~1834)였다. 이제는 지질학적 자연과 그 자연의 위험 요소뿐 아니라 인구 증가도 재앙으로 인식되었다. 맬서스는 1798년 폭발적인 인구 증가의 위험성을 최초로 경고한『인구의 원리에 관한 소론Essay on the Principle of Population』(줄여서『인구론』)을 발표했다. 그는 25년 내에 세계 인구가 두 배로 증가하면 인구의 기하급수적 증가가 환경에 의해 정해진 한계 때문에 불가피하게 빈곤과 재앙, 죽음을 초래할 것이라고 예상했다. 이로써 〈생육하고 번성하라〉는 성서의 명령은 졸지에 저주로 비쳤다. 대신에 무자비한 〈생존 경쟁〉이 촉발되었다. 유일하게 남은 것은 신의 명령에 따른 재앙적 결과를 최대한 억제할 수 있으리라는 희망뿐이었다.

사회 이론이 오늘날처럼 생물학에 질질 끌려가지 않고 앞장서서 생물학을 이끄는 시대에 맬서스의 법칙에 특히 열광한 사람은 영국 목사 다윈이었다. 인간처럼 번식률이 미미한 동물이 동종의 생물에 맞서 최종적인 승리를 거둔 것이 사실이라면 한 개체군의 생존 능력에는 분명 번식률과는 다른 기준이 존재할 수밖에 없었다. 어떤 종의 성공 기준은 결국 자기 관철 능력이었다. 혹은 다윈이 나중에 젊은 철학자 허버트 스펜서Herbert Spencer(1820~1903)의『생물학 원리Principles of Biology』에서 읽은 〈적자생존〉이었다.

다윈의 자연 연구는 원래 인간의 비동물적 정체성을 증명하려는 영감으로 가득 차 있었다. 그는 처음의 충격을 넘어 발견자의 자부심으로 온 마음이 충만할 때에야 다음의 유명한 문장을 쓸 용기를 냈다. 〈처음 이 문제에 접근할 때와는 완전히 상반된 의견이지만, 나는 거의 확신에 차서 마치 살인을 자백하는 듯한 심정으로 이 종들이 결코 불변이 아니라는 사실을 말하고 싶다.〉[4]

다윈의 이 대담한 추측은 결코 새로운 것이 아니었다. 반세기 전에 이미 프랑스의 자연 연구자 조르주루이 르클레르 드 뷔퐁 백작Georges-Louis Leclerc, Comte de Buffon(1707~1788)과 철학자 드니 디드로Denis Diderot(1713~1784)가 종의 변화에 관한 사변을 내놓았기 때문이다. 특히 장 바티스트 라마르크Jean Baptiste Lamarck(1744~1829)는 종이 초기의 원시 형태에서 점진적으로 발달해 나가는 이른바 **변이**를 주장했다. 그는 온 세상이 지구 나이를 수천 년에서 수만 년 정도로 짧게 잡고 있던 시대에 그 시간을 수백만 년으로 넓힌 선구자였을 뿐 아니라 **생물학**이라는 용어를 처음(엄격하게 말하면 두 명의 독일 자연 연구자와 동시에) 만들어 낸 인물이었다. 라마르크가 볼 때, 생물은 환경에 적응하려는 신체적 분투가 유전체에 영향을 미침으로써 서서히 변해 가는 존재였다. 다만 훗날의 다윈처럼 종들이 따로따로 생겨난다고 가정하지는 않았다. 라마르크의 이론은 보네의 이론에 가까웠다. 그가 볼 때 개별 동물종은 시간이 지나면서 자신의 육체적 장비를 완전하게 만들고, 그를 통해 점점 더 높은 단계로 발전한다. 그런 연유로 인간처럼 특히 완전한 동물은 굉장히 오래되었다. 원시 유기체에서 오늘날의 모습에 이르기까지 머나먼 길을 달려왔기 때문이다. 반면에 담수에 사는 원시 폴립 같은 다른 동물들은 시간 여행을 이제 막 시작했다.

라마르크는 카리스마를 가진 사람이 아닌 데다 파리 식물원에 근무하던 그의 상관 조르주 퀴비에Georges Cuvier(1769~1832) 남작이 동물학 분야에서 휘두르던 전횡으로 인해 사람들은 그의 이론에 깊은 관심을 보일 수가 없었다. 퀴비에는 영향력 있는 남자로, 식물학 모델에 따라 움직이는 동물학 대신 새로운 분과를 세웠다. 외적 특징보다 동물의 유기적 기능에 초점을 맞춘 분과였다. 그러나 변이와 관련해서는 이 프랑스 프로테스탄트 신학부 학장은 보수적인 모델에 여전히 집착했다. 따라서 일련의 자연 재앙이 창세기 대홍수의 변형으로서 수많은 동물종을 없애 버렸다는 주장을 계속 펼쳤다.

라마르크의 정말 혁명적인 점은 자연사를 인간에서 시작해 박테리아까지 써 내려가는 것이 아니라 반대로 박테리아에서 시작해서 인간까지 썼다는 것이다. 이로써 공간적 위계질서의 모델은 시간적 발전의 모델로 바뀌었다. 게다가 라마르크는 동물의 의식이 신체의 생리학 및 신경학과 밀접하게 연결되어 있음을 깨달았다. 따라서 모든 정신은 일단 제한적이었고, 그다음은 가변적이었다. 라마르크의 이론에서 끄집어낸 철학적 결론은 150년 가까이 누구도 진지하게 받아들이지 않을 정도로 급진적이었다. 진화의 법칙에 종속된 한 정신이 어떻게 감히 세계의 본질을 〈있는 그대로〉 인식할 수 있다는 말인가? 생물학은 20세기

깊숙이 들어서도 이 결론에 대해 별로 알려고 하지 않았다.

생존을 위한 환경과의 투쟁에서 생물의 자연 선택을 주장한 다윈의 이론도 계속해서 발전했다. 카를 마르크스Karl Marx (1818~1883)처럼 영리한 동시대인들은 다윈의 사고가 빅토리아 시절의 시대정신에 강하게 얽매여 있음을 진작 눈치챘다. 〈다윈이 야수와 식물에서 분업과 경쟁, 새로운 시장 개척, 여러《발명》, 맬서스의《생존 투쟁》이 지배하는 영국 사회를 재발견한 것은 참으로 기이한 일이네.〉[5] 다윈이 맬서스의 만인의 만인에 대한 투쟁을 강조하고 진보를 확고하게 믿은 것은 그 자신이 자기 시대에 얼마나 얽매여 있었는지를 잘 보여 준다.

또 다른 비판은 생물학 자체에서 나왔다. 다윈은 유전자에 대해 아직 아는 것이 없었다. 그런 까닭에 종의 변화 과정에서 발생하는 생화학적 과정을 설명할 수 없었다. 결국 세기 전환기의 〈다윈주의〉는 환경 적응 능력에 따른 종의 자연 선택만으로 진화를 설명하려는 희망을 포기했다. 유전자의 역할이 발견되면서 모계, 부계로 이루어진 두 설계자 모델이 새로운 설명 원칙이 되었다. 생명의 도박에서는 무엇이 나올지 모르는 주사위가 하나 던져졌다. 유전 물질의 우연한 변화, 즉 **돌연변이**가 그것이었다. 시행착오 과정에서는 가끔 유전체에 이탈 현상이 발생하는데, 이 변이는 자신이 다른 것들보다 환경에 적합하다는 것을 증명했을 때 성공적으로 자리 잡는다. 이로써 새로 획득된 성질이나, 라마르크의 말처럼 〈신체적 분투의 자동적 결과들〉이 유전될 수 있다는 생각은 논의 테이블에서 치워졌다. 다윈만 해도 그 전에 그것을 가능한 일로 여겼다. 그래서 정기적으로 할례 의식을 치르는 민족은 성기의 포피가 서서히 짧아진다는 이야기를 믿었다. 그것이 사실이었다면 할례가 불필요해졌을 테지만, 다윈은 그 점을 심사숙고하지 않았다.

포피 단축 이론은 독일의 진화 생물학자 아우구스트 바이스만August Weismann(1834~1914)이 19세기 말에 생물의 외적 현상이 유전 물질로 전달되는 것이 가능하지 않다는 사실을 증명할 때까지 다윈주의자들의 지식 창고에 여전히 남아 있었다. 바이스만은 다섯 세대에 걸쳐 쥐들의 꼬리를 잘랐지만, 이 인위적 개입에 관한 정보는 쥐들의 유전자 회로에 전달되지 않았다. 후대 쥐들의 꼬리도 짧아지지 않은 것이다. 그럼에도 아일랜드 출신의 작가 조지 버나드 쇼George Bernard Shaw(1856~1950)는 억지 트집을 잡으며, 라마르크의 이론에 대한 바이스만의 예리한 반박을 내쳤다. 라마르크의 이론에서는 동물들이 변하기 위해 스스로 노력한 반면에 바이스만의 쥐들은 꼬리를 없애려고 전혀 노력하지 않았다는 것이다.

나중에 라마르크의 이론을 잘못된 길로 인도한 것은 교육적 낙관주의였다. 그의 이론을 바탕으로 윤리적으로 매력 넘치는 진화 과정에 대한 희망이 생겨났다. 인류가 자기 교육을 통해 사회 환경에 적응함으로써 점점 더 나은 쪽으로 발전할 것이라는 기대였다. 그러나 이런 희망은 소비에트 연방의 국가 사회주의적 생물학 수업에서만 약간 이상한 방향으로 성공을 거두었을 뿐이다. 그에 비하면 인간이 자신의 대담한 정신을 물질적 탐욕 대신 더 높은 것을 향해 뻗을 것이라는 희망은 저버린 채, 그저 고깃덩어리를 얻기 위한 사투만 벌이게 될 것이라는 〈생존 경쟁〉은 얼마나 냉혹한가! 교회만 유일하게 라마르크의 생각을 꾸준히 유지했다. 물론 낙관적인 방향이 아닌 비관적인 방향이었다. 교회는 프랑스 기사단의 강력한 지원 사격 속에서 오늘날까지도 분자 유전학적으로 지극히 의심스러운 교리를 옹호하고 있다. 즉, 아담이 에덴동산에서 저지른 불복종의 행위가 〈원죄〉*로 이어졌고, 그것이 이후의 모든 인류에게 유전되었다는 것이다.

그런데 지난 20년 사이 일부 생물학자는 획득된 성질의 유전 가능성에 좀 더 열린 자세를 취하고 있다. 물론 정신적, 육체적 삶의 경험이 변화된 유전자를 통해 유전되는 것은 아니지만, 어떤 유전 정보가 전달되고 어떤 정보는 전달되지 않는지 결정하는 유전자 스위치는 환경적 영향으로 변할 수 있다는 것이다. 이른바 **후성 유전학자**들이 얼마 전부터 이런 문제를 집중적으로 연구하고 있는데, 진화에 대한 우리의 생각에 점점 더 강한 영향을 미치는 분위기다.

오늘날 우리에게 생명의 비밀스러운 친족 관계를 밝혀 주는 주도적인 분과는 유전학이다. 유전학은 인간의 모든 유전 정보를 연구하면서 다른 종들과의 일치점과 차이점을 기록한다. 그러나 우리의 본질을 인식하는 과정은 아직 끝나지 않았고, 결코 끝나지도 않을 것이다. 우리는 여러 가지 질서 틀을 이론과 관찰

---

* 독일어로 원죄는 〈Erbsünde〉인데, 곧이곧대로 옮기면 〈유전 죄악〉이다. 아담이 지은 죄악이 대대손손 유전적으로 전이되었다는 뜻이다.

에 적용하고, 그런 방식을 통해서만 인과성과 법칙에 도달한다. 그러나 그것들의 의미는 우리가 관점을 바꾸는 순간 달라진다. 새로운 사고 틀을 통한 이런 발견과 쇠퇴의 과정은 원칙적으로 완결될 수 없다. 현재의 진화론조차 계속되는 진화 과정에 종속될 수밖에 없기 때문이다.

놀랍게도 현대 진화론은 과거의 사고 틀을 극히 일부만 수정할 수 있었다. 우리는 여전히 예전의 자연사처럼 생물학에서 규칙성과 필연성, 그리고 각 생물의 장점을 찾는다. 하지만 좀 더 자세히 들여다보면 진화는 규칙이 아닌 예외가 지배하는 영역이다. 또한 진화는 〈목적 없는 합목적성〉이다. 물론 고생대 2기, 페름기, 백악기, 신생대 1기에 죽음을 맞은 99.9퍼센트의 생물이 아닌 오늘날 여전히, 또는 겨우 존재하는 0.1퍼센트의 종에만 해당되는 이야기이지만 말이다. 진화 생물학자들은 자연사에서 종의 생존을 설명할 때 저마다의 장점을 찾는다. 게다가 그 과정에서 두 가지 상이한 장점 개념을 섞을 때가 많다. 첫 번째 개념은 한 동물종에 **상황적으로** 유리한 성질을 탄생시킨 돌연변이다. 더 큰 몸집, 더 화려한 사슴뿔, 더 강한 이빨은 암컷에게 깊은 인상을 주어서 자신의 유전자를 퍼뜨릴 가능성을 높인다. 그러나 이런 성질들도 우연적인 요인에 의해 환경의 게임 규칙이 바뀌면 소용이 없을 때가 많기에 두 번째 장점 개념이 등장한다. 그러니까 **현재라는 끝에서** 바라볼 때 하나의 종을 살아남게 한 다른 외부적 요소가 진화에 유리하게 작용했다는 것이다. 예를 들어 강한 경쟁자들이 지진으로 모두 죽게 되자 바위에 살던 가장 약한 개코원숭이가 자신의 유전자를 남길 수 있었다.

이 두 가지 〈장점〉의 의미를 곱씹어 보면 이것을 진화론에 적용하는 것이 과연 타당한지 의문이 든다. 이는 사실 자연 곳곳에서 신의 슬기로운 이성을 찾던 17세기 및 18세기 신학의 유산이다. 다윈은 이 전통을 잘 알고 있었다. 대학 시절에는 신의 선견지명을 최신 버전으로 업그레이드한, 박물학에 정통한 신학자 윌리엄 페일리William Paley(1743~1805)를 우러러보기도 했다. 다만 신과 작별을 고하고 자연 선택을 깨달았을 때는 페일리가 〈신이 하는〉이라고 썼던 곳들을 전부 〈자연이 하는〉이라는 문장으로 대체했을 뿐이다. 아무튼 다윈은 이후의 많은 진화론자처럼 자연이 합목적적인 구조로 이루어져 있고, 생물의 장점은 보상을 받는다는 페일리의 주장을 굳게 믿었다.

이 문제는 중요하다. 현대 진화론에 이르기까지 얼마나 많은 인간적 관념이 자연에 대한 우리의 의식에 스며들어 있는지 보여 주기 때문이다. 그렇다면 생물의 장점을 거론하는 대신 **치명적인 단점**이 없는 모든 종은 자연에서 살아남을 수 있다고 말하는 정도로도 충분할 것이다. 추정컨대, 진화에서는 합목적적인 것뿐 아니라 멸종으로 이어지지 않은 모든 변화도 살아남는다. 어쩌면 바로 여기에 그렇게 다양한 종이 존재하게 된 원인이 있을지 모른다.

전통적으로 협소한 관점은 특히 인간을 바라보는 시각에서도 나타난다. 진화 생물학자들은 인간종이 이렇게까지 성공할 수 있었던 이유에 대해 인간만의 장점들을 이야기한다. 인간은 적응 능력이 탁월하고, 거의 모든 생활권에서 살아갈 수 있고, 온갖 것을 먹는 잡식성이고, 사회 구조가 유연하고, 또 자신의 행동을 수정할 수 있는 자의식이 있다. 이런 면에서 인간은 단연 최고의 동물이다. 그러나 이 모두에도 불구하고 호모 사피엔스가 지상에 존재한 것은 대략 10만 년밖에 되지 않았고, 그들의 장기적 미래도 밝지 않다. 왜냐하면 생존에 유리했던 많은 특성이 오히려 단시간에 자신들의 환경을 파괴함으로써 자기 종의 장기적 생존을 대단히 위태롭게 만들었기 때문이다. 반면에 주목할 만한 장점이 별로 없던 공룡은 지구상에 1억 5천만 년 동안 존재했고, 하물며 4억 년이 지나도록 거의 변하지 않은 앵무조개목과 원시복족목은 말할 것도 없다.

진화론에서 분명한 것은 그에 관한 가정들 가운데 어떤 것도 확고하지 않다는 점이다. 자신의 일을 진지하게 성찰하는 진화 생물학자라면 늘 자신의 인식 기관도 진화의 제약을 받고, 그와 함께 인간의 모든 인식이 진화한다는 사실도 고려해야 한다. 신경 생물학자 게르하르트 로트Gerhard Roth가 썼듯이, 〈결국 객관적 현실에 대한 모든 숙고는 그것이 과학적이든 아니든 인간 사고와 언어, 행위의 조건들에 묶여 있고, 그 안에서 스스로 옳음을 증명해야 한다〉.[6]

우리는 세상의 질서를 세우는 정신의 불가피한 도구인 사고와 언어가 현실 〈그 자체〉를 정돈하는 것이 아니라는 사실을 깊이 돌아보아야 한다. 이 도구들은 우리 마음대로 되지 않는 현실을 일정한 게임 규칙에 따라 설명하는 모델일 뿐이다. 인간 정신은 지난 2백 년 동안의 진화 연구 이후에야 인간적인 재량에 따라 만물의 흐름에 하나의 〈이성적인〉 의미를 부여하려고 한 것이 아니었다. 그러나 역사의 모순은 인간 정신 자체가 진화 과정의 산물이라는 데 있다. 인간 정신은 기준이면서 동시에 만들어진 것이다.

그렇다면 진화에 대한 정말 객관적인 인식은 인간의 진화가 **종결되고** 그로써 가장 완전한 상태에 도달한 뒤에야 어느 정도 유의미하게 생각해 봄 직하다. 그러나 라마르크와 다윈의 시대에는 신학자를 비롯해 거의 모든 자연 연구자를 사로잡은 것은 다른 믿음이었다. 인간 정신은 창조주가 세계 〈그 자체〉를 인식할 수 있게 만들어 낸, 너무나 훌륭한 최고의 성취라는 것이다. 이런 관점을 가장 아름답게 표현한 사람은 철학자 프리드리히 빌헬름 요제프 셸링Friedrich Wilhelm Joseph Schelling(1775~1854)이었다. 그는 이렇게 표현했다. 〈자연은 인간 속에서 눈을 번쩍 뜨고〉 그로써 자기 자신을 의식한다. 멋진 문장이지만 너무 격정적이다. 우리는 자연 그 자체와 우리 자신을 완전하게 인식하는 것에서 여전히 동떨어져 있다. 다만 진화가 우리 인간을 통해 자연의 매력에 흠뻑 빠질 수 있는 한 생명체를 탄생시켰다는 점에는 경탄을 보낼 수 있다. 어떻게 그런 일이 가능했을까?

영장류

인간은 무엇인가?

목: 영장목

하위 분류

아목: 유인아목

상과: 사람상과

아과: 오스트랄로피테쿠스(원인)

아과: 사람아과

속: 사람속(호모)

종: 사람(사피엔스)

새들이 가볍게 날아다니고 낙엽이 바람에 흩날린다. 아까시나무 위로 아침 햇살이 메마르게 반짝인다. 몇 시간 지나지 않아 공중에는 윙윙거리는 곤충 소리가 가득하다. 원숭이 무리 대부분은 아직 나무 꼭대기에 얌전히 몸을 말고 누워 있다. 그러다 몇 마리가 느릿느릿 보금자리에서 기어 나온다. 저 아래 깊은 계곡에서는 간헐천과 뜨거운 온천이 부글부글 끓고, 거기서 솟아오른 김이 밤새 축축해진 관목을 휘감는다. 저 멀리 산들 뒤에서는 뜨거운 태양이 대지에 축복을 내릴 준비를 한다.

　　그로부터 10만 세대 뒤 그 보금자리에 살던 동물들은 코빼기도 보이지 않는다. 인류가 깨어나고, 세계는 현재와 비슷한 모습이다. 그렇다면 자연이 원숭이와 비슷하게 생긴 존재 안에서 처음 눈을 떴을 때는 어떤 모습이었을까? 숲속 풀밭이었을까, 아니면 숲이나 산비탈, 혹은 숲속의 공터였을까? 자기 속에서 자연을 깨달은 존재는 수컷이었을까, 암컷이었을까? 하루 종일 두 발로 서서 다녔을까, 아니면 아직도 형제자매들과 다닥다닥 붙어 웅크리고 앉아 있는 것을 좋아했을까? 자의식이 처음으로 영장류 뇌의 족쇄를 끊고 솟아올랐을 때 그것은 번개처럼 떠오른 영감이었을까?

　　우리는 셸링이 무슨 생각으로 자연이 인간 속에서 눈을 번쩍 뜬다고 했는지 모른다. 다만 어느 한 순간이 아니라 그 뒤로 줄줄이 이어진 다른 수백만 번의 순간을 생각한 것은 분명하다. 그는 〈인간 자체〉를 생각했다. 그 옛날 동아프리카의 대지구대에 살았던 털북숭이 인간 조상에 대해서는 아는 것이 없었다. 예나와 뮌헨에서 살았던 그는 유인원을 본 적이 없었다. 자연이 스스로를 의식했다는 유일무이한 순간은 하나의 비유였다.

　　그렇다면 인간은 실제로 어떻게 인간이 되었을까? 이 표현에는 이중적인 의미가 담겨 있다. 왜냐하면 인간이 어떻게 인간이 되었는지는 텅 빈 세계 무대에서 일어난 실제적인 진화 과정이 아니라 관찰자와 관찰된 것, 배우와 관객의 게임이기 때문이다. 진화의 역사도 원래 존재하는 것이 아니다. 프랑스 철학자 장폴 사르트르Jean-Paul Sartre(1905~1980)는 말한다. 인간이란 소설가가 인물을 만들어 내듯 스스로를 창조해 낸다고. 인간은 생물학적(해부학적, 신경학적, 생리학적) 요소들로 이루어져 있지만, 인간을 인간으로 만드는 것은 양적으로 정말 얼마 안 되는 물질이 만들어 내는 생물학적 지혜다.

이것은 인간의 계통 발생사에도 해당된다. 계통 발생사 역시 일단 하나의 역사다. 기원은 아리스토텔레스가 인간과 원숭이를 서로 가까운 친족 관계로 당겨 놓은 고대 그리스다. 〈원숭이, 긴꼬리원숭이, 개코원숭이 같은 일부 동물은 그 특성상 인간과 사지동물 사이에 있다. …… 그들의 얼굴은 인간과 상당히 비슷하다. 코와 귀는 인간의 것과 비슷하고, 이빨도 인간처럼 앞니와 어금니가 있다.〉[1] 아리스토텔레스의 제자 테오프라스토스Theophrastos(기원전 372~287년경)도 인간과 동물 사이의 유사성을 주장했다. 심지어 그는 동물 고기를 먹거나 제물로 바치는 것도 거부했다. 자신의 혈족을 먹을 수는 없다는 것이다.

아리스토텔레스와 테오프라스토스는 원숭이 옆에 인간을 놓았지만(당시에는 아직 유인원을 몰랐다), 고대 그리스인들은 인간을 그저 대략적으로 동물 가운데 하나로만 설명했다. 2천 년 넘게 지나서야 린네가 다음 단계로 나아갔다. 그의 눈에는 인간이 포유류에 속하는 사실은 명명백백했다. 털이 있고, 새끼에게 젖을 먹이는 것이 명확한 증거였다. 원숭이와 유인원의 친족 관계도 의심의 여지가 없었다. 갈고리 같은 발톱 대신 평평한 손발톱, 옆으로 뻗은 엄지손가락, 움켜잡는 손, 암컷의 젖가슴, 하복부에 붙어 있지 않고 자유롭게 매달려 있는 성기, 이것들은 아리스토텔레스도 이미 알아차린 특징이었다.

그러나 린네는 이 결론 앞에서 머뭇거렸다. 경건한 신자였던 그는 인간과 자신이 〈영장류〉라고 이름 붙인 나머지 동물들과의 차이를 간절히 찾았다. 1747년 독일의 박물학자 요한 게오르크 그멜린Johann Georg Gmelin(1709~1755)에게 보낸 편지에는 이렇게 적혀 있었다. 〈당신, 아니 온 세상에…… 인간과 원숭이를 구분할 수 있는 분류상의 특징을 보여 달라고 간절히 부탁드리고 싶은 심정입니다. 양심을 속이지 않고 말씀드린다면 나는 어떤 차이도 모르겠습니다.〉[2]

그렇다면 린네는 이 기준에 따라 인간을 최소한 침팬지와는 같은 속으로 분류하는 것이 옳았을 것이다. 동시대 철학자 장 자크 루소Jean Jacques Rouseau(1712~1778)의 머릿속에서도 비슷한 생각이 어른거렸다. 그는 심지어 인간종의 대표자로 침팬지와 오랑우탄, 인간을 함께 꼽았다. 유인원은 아직 한 번도 본 적이 없는 상태였다. 그러다 아프리카와 동남아시아 탐사 여행의 보고서를 읽으면서 거기에 묘사된 유인원이 〈동물과 신이 아닌 인간〉이라는 사실에 추호의 의심도 품지 않았다.[3] 계몽주의자인 그에게 유인원은 유럽의 인간들과 달리 평화로운 본성이 문명에 의해 파괴되지 않은 고결한 야만인이었다. 얼마 뒤 스코틀랜드 언어 연구자 제임스 버넷James Burnett(1714~1799)도 비슷하게 생각했다. 오랑우탄을 인간, 그러니까 〈말을 하지 못하는 야만인〉으로 간주한 것이다.

루소와 버넷이 감행한 이런 해석들은 스웨덴에 있던 린네에게는 거북했다. 엄격한 프로테스탄트 교회의 입장에서 볼 때 인간을 동물계로 끌어내리는 것은 죄악이었다. 린네는 마지막 걸음을 내딛길 주저할 수밖에 없었다. 이런 난감한 상황에서 결국 1758년 어깨를 으쓱하며 인간과 침팬지를 영장목으로 묶은 뒤 각각 다른 속으로 분류하고 말았다. 이렇게 해서 인간과 침팬지는 오늘날까지도 분리된 채 각자의 집에 우울하게 웅크리고 앉아 있다. 하나는 〈이지적인 인간〉인 호모 사피엔스로, 다른 하나는 〈동굴 생활을 하는 침팬지〉인 판 트로글로디테스로.

여기까지는 좋았다. 인간은 최고의 영장류, 즉 최고의 〈지배자 동물〉이 되었고, 린네는 교회와 불화를 겪을 일이 없었으며, 린네 체계는 자연 과학의 대대적인 성공으로 자리 잡았다. 그놈의 유인원만 없었다면 말이다. 유인원의 존재가 알려진 뒤로 과학자들과 신학자들은 작은 구덩이를 큰 물로 채우려고 부단히 애썼다. 원숭이 섬에서 하나의 목으로 묶은 호모 사피엔스와 침팬지를 분리시키려고 애쓴 것이다. 결국 그들은 인간을 영장류 바위에서 철수시켜 인간만의 고유한 목을 만들어 주었다.

신학생이던 다윈도 이런 관념의 세계에서 성장했다. 19세기 초는 경건하고 고루한 시대였다. 그런데 종의 변화를 더 깊이 연구할수록 다윈은 공식적으로 알려진, 우주 내에서 인간이 차지하는 특별한 위상이 사실에서 벗어난 것임을 점점 분명히 깨달았다. 그래서 놀라울 정도로 이른 시기에 이미 일기장에 이렇게 썼다. 〈인간은 오만함에 젖어 스스로를 신의 특별한 개입이 있어야만 가능한 대단한 작품으로 여긴다. 그러나 인간을 동물들

사이에서 태어났다고 보는 편이 훨씬 겸손하고, 내 생각에는 더 올발라 보인다.〉[4]

그럼에도 다윈은 1859년 진화론의 일반적인 논리에 따라 인간과 관련한 결론을 책으로 내기까지 무려 12년을 망설였다. 이후 1871년 『인간의 유래와 성 선택 *The Descent of Man, and Selection in Relation to Sex*』에서는 한결 부드러운 톤으로 인간과 화해를 시도한다. 여기서 다윈은 인자한 할아버지처럼 동식물과 영국인이 어디서 유래했는지 이야기한다. 이때 인간에 대한 〈평가 절하〉는 동물에 대한 지속적인 〈평가 절상〉과 함께 나타난다. 다윈은 이렇게 쓴다. 〈우리는 감각과 인상, 그리고 인간이 자랑스러워하는 사랑과 기억, 관심, 호기심, 모방, 지능 같은 능력과 다양한 감정이 하등 동물에게서도 이른 나이에, 때로는 성숙한 상태에서 나타나는 것을 보았다.〉[5]

라마르크와 다윈은 근대 자연 과학적 수단으로 많은 문화와 시대가 이미 종교적으로 어렴풋이 예감하고 있던 것을 주장한 최초의 인물이었다. 그러니까 〈실제 자연에 비추어 보면〉 동물계를 두 부류, 즉 인간 부류와 비인간 부류로 나누는 것은 터무니없다는 말이다. 둘 사이의 차이는 다른 모든 것도 그렇지만, 일단 인간에 의해 만들어진 개념적 구별일 뿐 자연에 의해 주어진 것도, 자연에서 있는 그대로 찾아낸 것도 아니기 때문이다.

그러나 20세기 들어서도 기독교 신학자들과 많은 서양 철학자는 계속해서 인간을 다른 동물과는 외형 면에서만 일부 비슷할 뿐인 특별한 피조물로 정의했다. 영혼으로 눈을 돌리면 인간에게는 정말 누구도 따라올 수 없는 자기만의 우월함이 두드러졌다. 이 우월한 능력 때문에 동물과의 친족 관계는 멀리 내쳐질 수밖에 없었다. 생물학자들도 이 거대한 이론적 무덤을 좀 더 높이 쌓는 일에 동참했다. 〈다윈의 불독〉이라 불리며 진화론 경쟁에 뛰어든 전설적인 생물학자 토머스 헨리 헉슬리Thomas Henry Huxley(1825~1895)의 손자 줄리언 헉슬리Julian Huxley(1887~1975)는 1950년대에 사람속과 관련해서 완전히 새로운 단계, 즉 **정신적 존재**의 단계를 상정했다. 그가 볼 때 이 단계는 생물의 거대한 질서 내에서 나머지 전체 동물계와 충돌을 일으키지 않았다. 게다가 창조주의 변덕에 따라, 그는 이 단계를 진화 과정의 새로운 영역, 즉 전체 비인간적인 진화와 상반되는 **심리 사회적** 영역으로 명명했다. 헉슬리는 뛰어난 진화론자로서 현대적 〈종합 진화론〉의 선구자 가운데 한 명이었다. 그러나 그 역시 어쩔 수 없이 시대의 자식이었다. 따라서 〈오직 인간만이 구체적으로 달걀이나 바나나를 달라고 청할 수 있다〉[6]는 능력에 기초해서 자신의 세계관을 세웠다. 이는 오늘날 우리가 더 이상 사회 심리적인 것이나 고유한 특별 영역의 기준으로 삼지 않는 능력이다.

　헉슬리만 이런 견해를 내세운 것이 아니었다. 오스트리아의 동물 행동학자 콘라트 차하리아스 로렌츠Konrad Zacharias Lorenz(1903~1989)도 원칙적으로 타의 추종을 불허하는 인간의 특수 지위에 매달렸다. 그에 따르면, 〈우리 행성의 역사에서는 가장 중요한 전환점이 둘 있다. 하나는 무기물에서 유기물로의 전

환이고, 다른 하나는 동물에서 인간으로의 발달이다〉.[7]

헉슬리와 로렌츠는 종교적이지 않았다. 인간에게 고유의 세계를 부여하고, 인간을 지구 역사의 두 번째 중요한 전환점으로 치켜세웠을 때도 그것이 과학과 일치한다고 느꼈다. 그러나 그로써 자신들이 본의 아니게 유대교적-기독교적 세계관과 접속하고 있음을 몰랐다. 성경의 창세기에서 창조의 시간적 순서로 암시되었던 것, 그러니까 하등 동물이 먼저 나오고 그다음에 더 높은 인간 존재가 나오는 시간적 순서에서 암시되었던 것이 이제 과학적 토대를 얻었다. 인간이 별도의 창조 행위로 생겨난 것은 아니지만, 생물학의 세계에서 가장 높고 가장 발달한 존재로 재탄생한 것이다. 전자의 경우는 신의 총애하는 피조물에게 그저 처음부터 왕관이 씌워져 있었다면, 이제부터는 진화 계통수의 가장 높은 가지에서 인간의 머리 위로 왕관이 자라나는 것처럼 보였다.

인간이 대미를 장식하는 계통수는 오늘날 우리에게 너무나 자명하게 여겨진다. 그런 만큼 이 나무가 실은 얼마나 이상한지 별로 고민하지 않는다. 이런 계통수를 처음 그린 사람은 생물학자 에른스트 헤켈Ernst Haeckel(1834~1919)이었다. 그는 1874년 인간을 생물 계통수의 꼭대기에 앉혔다. 열렬한 다윈주의자로서 기독 교리에 지독한 반감을 품은 사람이었지만, 창조의 정점이자 〈만물의 영장〉으로서 인간에 대한 관념은 단순히 그런 그림에 머물지 않았다. 그는 일단 신학의 오랜 전통에 발맞추어 생물의 최고 지위에 관한 경쟁에서 인간을 다른 동물들과 비교했다. 철저하게 인간 중심적인 게임 규칙을 적용했는데, 기준은 지능과 합리성, 종교, 언어, 문화였다. 그렇다면 다른 동물에게는 아예 기회조차 없었다. 그들은 그런 능력을 초보적인 형태로만 갖고 있었기 때문이다. 이렇게 해서 우리는 우리 자신을 진화의 완성으로 보고, 다른 동물들은 인간 이전의 단계로 내쳐 버린다. (그러나 이것은 비버의 기준에서 보자면 부당하다. 인간은 모든 중요한 능력을 초보적인 형태로만 갖고 있을 뿐이다. 인간도 헤엄을 치고 육지에서 이동하고 제방을 쌓을 수 있지만 나무를 갉는 일에서는 서투르다. 그렇다면 비버의 신이 있다면 그 신에게 선택받은 좀 더 완벽한 피조물은 바로 비버 자신들이다.)

생물과 인간의 역사를 바라보는 자칭 과학적인 관점은 진공 상태의 공간이나 멸균 상태의 실험실에서 탄생한 것이 아니다. 그것은 인간이 자기 자신에 대해 기술한, 수많은 전제로 가득한 기나긴 문화사의 또 다른 장이다. 그런데 이런 관점은 자연 과학과 종교 사이뿐 아니라 생물학 내에서도 오늘날까지 상이하게 갈린다. 생존 경쟁에서 발생한 종의 변화 및 인간의 유래에 관한 의견은 처음부터 서로 다른 방향으로 달려갔다. 가령 남아프리카의 저명한 고생물학자이자 확고한 다윈주의자인 로버트 브룸Robert Broom(1866~1951)은 인간이 결코 우연의 산물일 수 없다고 생각했다. 진화 과정상의 많은 것이 오직 인간에게 적합한 환경으로 나아가도록 미리 설계된 것처럼 보인다는 것이다. 따라서 브룸으로서는 거대한 뇌를 가진 생각하는 원숭이가 우연히 생겨났다고는 상상하기 어려웠다.

이 문장의 방점이 **상상**에 찍혀 있는 한 그 인식은 충분히 똑똑하고 올바르다. 진화라는 거대 질서에서 우연은 거대한 사고의 걸림돌이었다. 이 걸림돌로 인해 여러 세대의 학자들이 잘못된 방향으로 나아갔고, 자신의 무지를 적나라하게 드러냈다. 예를 들어 프랑스 인류학자이자 신학자 피에르 테야르 드 샤르댕 Pierre Teilhard de Chardin(1881~1955)은 이렇게 설명했다. 〈내가 보기에, 이 생각하는 존재에게는 마치 눈에서 비늘이 떨어져 나간 것처럼 눈이 환해지면서 자신이 우주의 황무지에 홀로 버려진 것이 아니라 보편적 생명 의지가 자기 안에 모여 인간화했다는 사실을 발견한 순간보다 더 결정적인 순간은 없어 보인다. 인간은 스스로 오랫동안 믿어 온 것과는 달리 세계의 확고한 중심이 아니라 발전의 축이자 절정이다. 이것이 훨씬 아름답지 않은가!〉[8] 테야르 드 샤르댕이 보기에 생명은 인간 속에서 물리적 정점에 도달했다. 에너지가 생명 속에서 물리적 정점에 도달하는 것처럼 말이다. 자연 과학에 정통한 이 예수회 신학자는 자연의 사다리에서 기독교적 서양의 역사적 모델을 깨달은 것이 아니라, 물리적 에너지의 순환을 예전의 낡은 틀 안에 억지로 구겨 넣었다. 이는 사물의 자연 과학적 질서가 아니라 테야르 드 샤르댕의 뇌 속에 있는 신학적 감각에서 찾아낸 인식이었다. 그렇다면 바로크 시대의 세발자전거를 현대 물리학의 스포츠카 경주 대회에 내보낸 이 노력의 결과도 그리 당혹스럽지는 않다. 그는 인간 존재가 본질적으로 처음부터 예정되어 있었다고 선언한 것이다.

테야르 드 샤르댕은 오늘날 대체로 잊혔다. 반면에 1950년대와 1960년대에는 굉장히 유명했다. 그의 저서 『인간 현상*Le Phénomène Humain*』은 국제적인 베스트셀러였다. 그는 많은 기독교 신자가 진화론을 받아들이는 데 큰 역할을 했다. 동시에 신앙이 없는 과학의 대변자들에게는 몇 번이고 정면으로 맞섰다. 하지만 이것이 인간과 인간의 행위가 진화의 목표라는 사실에 대한 증거가 될 수는 없다. 현시점까지 호모 사피엔스를 통해 자행된 지구의 지속적인 파괴를 고려하면 그가 추정하는 창조주의 목표가 자기 작품의 파괴에 있다는 것은 선뜻 받아들이기 어렵다.

인류 역사의 과정만 믿기 어려운 것이 아니다. 〈목표〉라는 개념도 의심스럽다. 목표는 인간의 사고 관념이다. 〈진보〉나 〈의미〉 같은 개념이 그러하듯 인간의 사고 관념은 경계가 협소하다. 무언가는 일정한 시간적 틀 내에서만 목표일 뿐이다. 모든 진보는 상대적이다. 또한 의미는 항상 나에게 무언가 가치 있어 보이는, 한눈에 들여다보이는 특정 맥락 속에서만 생겨난다. 달리 풀이하자면, 의미는 예를 들어 단백질과 속성이 다르다. 우리의 의식은 생각하려면 당연히 단백질이 필요하다. 그럼에도 인간 의식처럼 의미를 생산하는 체계는 단백질을 생산하는 체계와는 다른 규칙으로 작동한다. 의미 생산 체계는 의미와 목적, 옳거나 그른 것, 좋거나 나쁜 것, 타당하거나 타당하지 않은 것, 적절하거나 적절하지 않은 것, 불안을 일으키거나 안심되는 것, 모순적이거나 모순이 없는 것, 납득할 수 있거나 납득할 수 없는 것 같은 관념들로 이루어져 있다. 단백질 생산 체계는 이런 요소들을 전혀 모른다. 거기에는 언어도, 평가의 척도도, 도덕도 없다.

이렇듯 〈목표〉 개념을 진화와 인간 생성에 의미 있게 적용할 수 없다면 어떻게 해야 할까? 호모 사피엔스에게는 이제 어떤 역할을 부여해야 하고, 우리 자신에 대한 냉철한 상은 어떻게 얻을 수 있을까? 당연히 쉽지 않아 보인다. 그런 까닭에 고생물학자 하인리히 카를 에르벤Heinrich Karl Erben(1921~1997)은 이런 염려를 내비친다. 《인간 자체》에 대한 관찰이 너무 주관적으로 흐르는 바람에 상반된 관점이 난무하지 않을까 걱정스럽다. 사람들은 한편으로는《만물의 영장》이라는 나르시스적인 자기 과대평가에서, 다른 한편으로는《단순히 이지적 동물》에 불과하다는 자기 경멸, 혹은 심층 심리학적으로만 설명이 가능한 자기 자신과 동족에 대한 혐오감에서 판단 내릴 때가 많다.》[9]

생물학적으로는 전혀 문제가 되지 않지만, 인간에게 〈이지적 동물〉이라는 딱지를 붙이는 것이 실은 심층 심리학적인 문제의 결과가 아니냐고 따져 물을 수는 있다. 그러나 그보다 중요한 것은 자기 종에 관한 자기 관찰에서 과연 어떤 것이 비주관적 관점인지 밝혀내는 일일 듯하다. 자신에 대한 인간의 객관적인 진술은 과연 가능할까? 자신의 관점을 부단히 확장하는 데 성공한다고 해도 인간의 언어와 문화는 끊임없이 우리를 일정한 틀 안에 가둔다. 인간을 객관적으로 관찰한다고 믿는 과학자나 철학자, 신학자는 자신이 보는 것만 믿으려 할 뿐 실제 현실에는 눈을 감고 있다는 사실을 모른다. 인간이 만든 질서 관념도 마찬가지다. 절대적 질서는 존재하지 않는다. 존재하는 것은 특정한 역사적 시점에 인간 정신의 질서 욕구를 충족시키도록 세계를 구축하는 체계와 질서, 제안, 설계, 가정, 사변뿐이다.

어쩌면 이것이 바로 다윈의 대전환이 일부 변화를 초래하기는 했음에도 인간 중심적 세계상을 본질적으로 건드리지 못한 이유일지 모른다. 19세기 후반기의 생물학자들과 철학자들도 기독교적 가치관에 맞서 싸운 것은 사실이다. 하지만 그들은 기독교적 도덕을 끔찍한 사회 다윈주의적 도덕, 즉 유전적 건강, 인종 위생학, 주인 도덕, 민족 간에 벌어지는 생존 투쟁의 도덕으로 대체했을 뿐, 인간 의식이 진화의 산물이라는 깨달음에서 자신들의 수상쩍은 철학 및 세계관에 어떤 상응하는 비판의 칼날도 들이대지 않았다. 아니, 정반대였다. 그들은 고도의 단호함과 자기 확신으로 진군을 시작했다. 철학적으로 보자면, 이 〈유물론자들〉은 철학을 존 로크John Locke(1632~1704), 데이비드 흄David Hume(1711~1776), 이마누엘 칸트Immanuel Kant(1724~1804) 훨씬 이전으로 돌려놓았다. 왜냐하면 이 철학자들은 17세기와 18세기에 이미 우리의 사고가 지각 및 인식 기관에 얼마나 종속되어 있고, 그것이 인간의 인식 및 자기 인식에 무엇을 의미하는지 매우 세밀하고 정확하게 설명했기 때문이다.

늦어도 다윈 시대 이후부터는 우리 인식의 조건들을 성찰하던 철학이 생물학과 분리되었다. 물론 진화 생물학자와 유물론적 철학자도 인간의 인식 기관을 연구한다. 그러나 고인류학자, 신경 생물학자, 진화론자의 틀 안에서만 그럴 뿐, 연구 중에도 자신의 인식 기관이 예속될 수밖에 없는 조건에는 질끈 눈을 감아 버린다. 이로써 세계는 두 개의 독립된 방으로 나뉜다. 철학 및 신학의 침실과 첨단 기술로 무장한 생물학 실험실인데, 생물학의 눈부신 결과들은 옆방에서 코를 골며 자는 사람들의 귀에는 들리지 않는다.

과거에는 밀접하게 연결되었던 두 분과가 그사이 얼마나 소원해졌는지는 오늘날 유전 공학 토론회에 가보면 알 수 있다. 1백 년 넘게 아무 간섭 없이 연구에만 집중하던 첨단 실험실의 생물학자들은 오랫동안 평화롭게 코를 골며 자던 옆방 형제가 왜 갑자기 화난 얼굴로 문을 두드리고 들어와서는 유전 공학 문제에 이런저런 토를 다는지 도무지 이해가 안 된다. 당혹스럽고 거북하다. 실험실의 공학자가 삐딱한 눈으로 늦게 일어난 사람의 부족한 전문 지식을 지적하면 잠옷 차림의 남자는 이렇게 설명한다. 비록 생물학이 자기들보다 1백 년 넘게 앞서 나갔음에도 존재에 대한 총체적인 진실은 결코 파악할 수 없을 것이라고. 그러면서 살아 있는 것들의 새 질서를 만드는 작업은 단순히 첨단 실험실에만 국한되지 않고 집 전체에 영향을 끼친다고 덧붙인다.

생물과 철학의 분리는 인간을 바라보는 진정한 관점을 찾는 일에 도움이 되지 않았고, 오히려 진화 과정에서 인간이 언제 탄생했는지를 밝혀낼 때 근본적인 문제만 만들어 냈다. 자연 과학자는 인간 존재의 최초 흔적을 어떻게 찾아낼까? 그것은 아프리카의 암석 파편들에서 발견한 것을 자신이 〈인간〉이라고 상상하는 것과 비교할 때만 가능하다. 그렇다면 자연 과학적으로 객관적인 〈인간〉 개념은 인간에 대한 문화적 지식을 전제로 한다. 다시 말해 인간의 개념을 규정하는 것은 생물학이 아니라 어떤 연구자가 몸담고 있는 문화적 지평이라는 말이다. 따라서 무언가가 인간임을 알아보려면 인간이 무엇인지부터 알아야 한다. 〈자연을 탐구한다고 하는 사람들〉이 추구하는 것처럼 순수 자연 과학적인 방법으로 인간을 정의 내리는 것은 근본적으로 불가능하다.

따라서 인간이 무엇인지를 결정하는 것은 인간의 문화다. 아리스토텔레스부터 현재까지 2천 년 넘게 이 철학자는 인간종에게 〈자연의 사다리〉 맨 꼭대기에, 동물들과는 완전히 분리되어 있는 무척이나 편안한 자리를 마련해 주었다. 이로써 〈지배자 동물〉은 왕좌에 앉아 자연을 무자비하게 정복할 권리를 얻었다. 세계의 약탈자인 **호모 사피엔스**에게는 **지혜**라는 이름이 부여되었기 때문이다. 실은 지혜롭다기보다 조금 똑똑한 종에 불과한데도 말이다.

그사이 우리는 인간 진화에 대한 과학적 연구와 고인류학자들의 작업 덕분에 과거와는 확연히 다른 인간상을 갖고 있다. 이런 연구들이 오늘날 **호모**(사람)에 대해 말하는 것은 무엇일까?

직립 원숭이

인간을 인간으로 만드는 것은?

최초의 인간은 마지막 원숭이가 아니다.

— 에리히 케스트너Erich Kästner

이 생물은 자연이 배출한 아마 가장 복잡한 유기체이자 진화의 걸작이다. 다른 어떤 생물도 이만큼 완벽할 수는 없다. 북극에서 남극까지 서식하지 않는 바다가 없고, 얕은 물속이건 수심 5천 미터의 칠흑 같은 어둠 속이건 가리지 않는다. 신경계는 생물학 영역에서 타의 추종을 불허하고, 여덟 개의 신경절은 뇌에 의해 조절되는 동시에 특이하게 독자적으로도 움직인다. 이 생물 안에는 세 개의 심장이 뛰고, 턱에는 7만 5천 개의 유연한 이빨이 모여 있으며, 식도조차 먹이를 잘게 부수는 능력이 있다. 손가락 끝의 감각은 전체 자연에서 가장 정교하고, 더없이 예민한 기관들은 물의 미세한 흐름조차 놓치는 법이 없다. 이 감성적인 거인은 다른 어떤 생물도 따라오지 못할 만큼 뛰어난 후각과 미각을 갖고 있다. 촉수의 기관은 온도와 수압, 염분과 탄산을 탐지한다. 게다가 전자기 진동도 섬세하게 느낀다. 이 생물들은 미세한 색감 차이와 끊임없는 변색으로 서로 소통한다. 이때 서로 주고받는 수천 가지 색조는 외부인들에게는 해독되지 않는 암호나 다름없다. 거기에는 아예 겉으로 〈드러나지 않는〉 암호도 존재한다. 이들의 사랑 유희는 진화가 만들어 낸 다른 모든 생물의 유희를 압도한다. 수컷은 성기 세 개로 암컷의 클리토리스 세 개를 자극하고 마사지하면서 더할 나위 없이 기교적으로 교접한다. 이들의 짝짓기는 흔들림과 춤, 다채롭게 아른거리는 색채, 한없이 부드러운 제식의 끝없는 유희다. 더구나 이런 사랑 행위는 새끼들이 태어나 수컷의 자애로운 보살핌을 받을 때까지 계속 이어진다. 이 매혹적인 존재는 반평생을 오로지 섹스로 보낸다.

어떤 생물 이야기일까? 그렇다, 자연에서 가장 완벽한 생물인 문어 이야기다. 연체동물인 문어는 단순한 조개 형태에서 굽이굽이 진화의 오솔길을 지나 최대한 복잡한 형태로 발전했다. 여러 두족류가 3억 년 동안 형태를 거의 바꾸지 않을 정도로 완벽한 구조였다. 반면에 인간은 비교적 단순하고 순조로운 길을 걸었다. 일단 공룡 시대에 본질적인 변화 없이 땃쥐와 비슷한 생물의 설계도에 갇혀 있었다. 그러니까 눈 두 개, 귀 두 개, 발 네 개로 덤불 속을 후다닥 지나가던 생물이었다. 이 앙증맞은 동물은 백악기 후기에 공룡의 멸종을 음흉하게 지켜보았다. 그래서 불안에 떨며 주로 밤중에 돌아다녔고, 태양을 피했으며, 달빛 아래 웅크려 있었다. 그들은 은신처에 숨어 위장한 채 자신의 시간을 기다렸다. 작고 약한 몸에는 세계 지배의 잠재적 유전자들이 사용되지 않은 채 잠들어 있었다.

태반을 가진 포유동물 가운데 가장 원시적이고 오래된 종들은 곤충을 먹었다. 이들이 바로 인간을 포함해서 오늘날 존재하는 모든 영장류의 조상이다. 고슴도치와 두더지는 원래 모습에서 별로 변하지 않은 그들의 자손이고, 침팬지와 인간은 그 계통수에서 조금 멀리 떨어진 열매였다. 이 나무는 약 6천만 년 전인 신생대 1기에 다양하고 새로운 발달을 통해 가지들이 갈라져 나갔다. 시간이 지나면서 영장류에서 원원류(여우원숭이), 구세계 원숭이와 신세계원숭이, 그리고 유인원 상과의 조상이 탄생한 것으로 보인다. 이들 모두에게 공통적인 것은 다른 동물 목과는 확연한 차이를 지닌 특이한 유전자 지도였다. 이들은 입체적, 원근법적으로 볼 수 있었고, 손은 무언가를 잡는 기관으로 세분화되었으며, 이마는 아주 빨리 발달했다.

　　인간과 비슷한 원숭이, 즉 초기 유인원의 화석은 대략 3천만 년 전 올리고세에서 유래한 것들이다. 우리가 이들 초기 원숭이에 대해 아는 것은 사실 아무것도 없다. 불완전하고 손상된 아래턱 반쪽과 두개골 몇 개가 추론을 위한 자료의 전부라고 해도 과언이 아니다. 오레오피테쿠스나 드리오피테쿠스 같은 이후의 원시 원숭이들을 분류할 때도 우리는 대체로 어둠 속을 헤맬 뿐이다. 아프리카의 밀림이 탁 트인 초지로 바뀌었을 때야 비로소 고인류학자들에게 좀 더 나은 인식의 기회가 열렸다. 약 1천 5백만년 전 동아프리카에서 자연의 엄청난 힘이 지각을 들어 올려 해발 3천 미터까지 치솟게 했다. 대륙의 바위가 부풀어 올라 4천5백 킬로미터까지 활짝 펼쳐졌다. 이로써 완전히 달라진 식물계가 생겨났다. 바로 여기서, 그러니까 그레고리 지구대에서 어떤 식으로든 인간으로 이어질 새로운 영장류들이 비교적 짧은 시간 안에 탄생했다. 케냐의 고인류학자 리처드 리키Richard Leakey(1944~2022)는 이렇게 추정한다. 〈만일 그 시간 그 장소에 그레고리 지구대가 만들어지지 않았다면 인간종은 결코 생겨나지 못했을 것이다.〉[1]

인류의 기원이 동아프리카에 있다는 가정은 고인류학 내에서는 오랫동안 이견이 없었다. 최근에야 남아프리카 고인류학자들이 인간종의 가장 오래된 화석을 두고 동아프리카 동료들과 경쟁을 벌이고 있다. 아무튼 사람들이 아름답게 말하는 〈인류의 요람〉은 아프리카였던 것으로 보인다. 인간의 계통 발생사를 개체 발생사에 비유한 것*은 창조 신화와 딱히 모순되지 않는다. 그러나 요람이라는 말은 여전히 인간과 동물 사이의 경계를 적시할 수 있다는 희망을 품게 한다. 장소뿐 아니라 시간적으로도 말이다. 인간은 그레고리 지구대라는 거대한 지질학적 모태에서 태어나 직립 보행을 하고, 주먹 도끼로 무장한 채 말하는 대형 동물 사냥꾼으로 변모했다는 것이다. 하지만 최초의 영장류로서 직립 보행을 하고, 도구를 사용하고, 그로써 대형 동물 사냥꾼이 된 종이 정말 인간과 같은 종일까?

20세기에 성큼 들어서도 많은 고인류학자가 그렇게 믿었다.

---

* 인간의 경우, 꼬리 달린 정자가 난자와 결합한 뒤 수 주 후에 꼬리가 사라지고 손가락과 발가락으로 분화되어 성체로 성장하는 개체 발생의 과정이 원시 세포에서 다세포 생물로 발전해 어류와 양서류 등을 거쳐 척추동물로 변화해 가는 계통 발생과 비슷하다는 것이다. 헤켈은 이를 〈개체 발생은 개통 발생을 반복한다〉라는 짧은 말로 정리했다.

자신들이 찾고 있던 종이라는 것이다. 이로써 〈인간〉이라는 이름의 완전히 새로운 종을 발견했다는 주장이 힘을 얻었다. 급속도로 성장한 전뇌 덕분에 문명의 단계들이 비약적으로 발전했다. 직립 보행은 더 고결한 존재의 동물적이지 않은 존엄을 세상에 가져왔고, 도구 사용은 그들의 우월한 지능을, 마지막으로 대형 동물 사냥은 공격적이고 영웅적인 정신세계를 증명해 주었다.

인간의 직립 보행을 강조한 것으로 전해지는 최초의 사상가는 그리스 철학자 아낙사고라스Anaxagoras(기원전 500~428년경)였다. 그는 말한다. 인간은 〈손을 갖고 있기 때문에 가장 영리한 생물〉[2]이라고. 그러나 그 밖에는 인간에게 특별한 점이 없다고 생각했다. 그가 보기에, 인간에게는 원칙적으로 동식물과 다른 정신이 깃들어 있지 않았다. 동식물의 영혼이든 인간의 영혼이든 어느 것도 영적으로나 도덕적으로 더 낮지 않고, 불멸도 아니었다. 그러나 우리에게 아낙사고라스의 이 진술을 전해 준 아리스토텔레스는 직립 보행 문제를 다르게 보았다. 그는 인간은 손이 있어서 가장 영특한 생물이 아니라, 인간이 가장 영특한 생물이기에 손을 갖고 있다고 생각했다. 인간의 손은 〈하나의 도구이고, 자연은 항상 마치 영특한 인간이 그러하듯 그 도구를 사용할 수 있는 존재에게 필요한 사물들을 할당해 준다〉.[3]

둘 중 무엇이 맞을까? 인간이 우연히 직립 보행을 하고 손이 자유로워져서 이지적인 동물이 되었을까? 아니면 인간이 본래 자신에게 있는 이지적 능력을 사용할 수 있도록 자연의 지혜로운 선견지명이나 혹은 다른 무언가의 섭리가 인간을 뒷다리로 서게 했을까? 어떤 경우든 〈직립 보행〉은 문화사의 과정 속에서 인간의 자아상과 불가분의 관계로 연결된 중요한 이미지로 자리 잡았다. 다윈 시대에도 성공회 주교 새뮤얼 윌버포스Samuel Wilberforce(1870~1873)는 유명한 고생물학자 리처드 오언Richard Owen(1804~1892)의 말을 인용하면서 영국 젊은이들에게 간절히 호소했다. 〈너희가 모든 동물 중에서 유일하게 똑바로 서고 자유로운 손을 가짐으로써 창조의 최고 작업이 완성되었다. 무엇을 위해? 영혼을 잘 가꾸기 위해서다.〉[4]

그러나 과학의 관점에서 보면 그것은 영혼의 문제라기보다 변화된 환경에 대한 적응의 문제였다. 아마 약 3백만 년 전 〈남방의 원숭이〉 오스트랄로피테쿠스가 뒷다리로 서는 능력을 점점 향상시켜야 했던 이유도 거기에 있을 것이다. 거대한 지구대 서쪽에 위치한, 먹이가 풍부한 원시림은 나무를 탈 줄 아는 원숭이들에게는 이상적인 생활권이었다. 반면 숲이 사라지면서 황야와 사바나, 초지의 작은 숲, 늪지가 생겨난 동쪽의 변화무쌍한 새로운 생활권에서는 오스트랄로피테쿠스 같은 몇몇 인류의 조상이 처음으로 직립 보행을 시도했다. 진화 생물학자들은 그에 대해 여러 가지 이유를 제시한다. 아리스토텔레스도 이미 추정했듯이, 도구를 사용하려면 일단 손이 자유로워야 한다. 게다가 똑바로 서면 사바나 지역을 더 쉽게 조망할 수 있고, 맹수가 다가오는지를 쉽게 확인할 수 있다. 그 밖에 직립 보행은 초지에 흩어진 먹이를 찾고, 동물 사체를 탐색하고, 방향을 찾는 데도 도움이 되었을 것이다.

안타깝게도 이 그럴듯한 이론은 다윈 진화론의 기본 전제와 배치되었고, 놀랍게도 많은 진화 생물학자의 눈길을 끌지 못했다. 사바나에 살던 우리 조상이 직립 보행을 해야만 변화된 환경에 더 잘 적응할 수 있었기에 보행 방식을 바꾸었다는 것은 다윈이 아니라 라마르크에 잘 맞았기 때문이다. 그럼에도 에르벤은 이렇게 썼다. 〈발바닥으로 걷는 포유동물은 네발을 다 사용하지 않고 오늘날의 일부 도마뱀이나 일부 공룡처럼 뒷다리만 사용할 때 더 빨리 도망칠 수 있었다. 이로써 그들은 빠르게 움직이는 과정에서 두 발 동물이 되었고, 그것이 분명 장기적으로 그에 상응하는 발의 구조를 변화시키면서 앞발의 움켜잡는 기능은 점점 중요성을 잃게 되었다.〉[5] 이런 식의 모든 진술은 인간이 사바나에서 환경의 새로운 도전에 맞서는 법을 **배웠기 때문에** 변하게 되었다고 가정한다. 반면에 현대 진화 생물학의 확고한 인식은 다음과 같다. 〈돌연변이의 등장은 특정 생물이나 그에 속하는 개체군의 진화 필요성과 아무 관련이 없다. 주어진 자연 선택의 압박에 대한 정확한 결과는 예측 불가다. 왜냐하면 돌연변이와 유전자의 새 조합, 발달 항상성*을 그런 압박에 대한 반응이라고 볼 만한 증거는 어디에도 없기 때문이다.〉[6] 간략하게 말해서, 자연에서는 어떤 형태로든 필연적인 발달은 존재하지 않는다.

그 때문에 20여 년 전 고인류학자들이 직립 보행을 사바나라는 환경에 대한 적응의 결과로 보는 이론을 부정하는 새로운

---

* 외부 조건의 변화에 맞게 인체 내부 환경을 일정하게 유지하면서 발전하려는 경향.

유형의 두 유인원을 발견했을 때 충격은 크지 않았다. 새로 발견된 두 종은 숲의 대대적인 죽음이 시작되기 1백만 년에서 2백만 년 전에 이미 원시림에 살았고, 거기서 직립 보행을 한 것으로 드러났다. 이후에 아르디피테쿠스 라미두스와 아르디피테쿠스 카다바로 명명된 이 두 유인원은 지금까지 알려진 인류 조상들 가운데 가장 오래된 조상 후보로 여겨졌고, 사바나에서 직립 보행이 탄생했다는 주장은 동화 같은 이야기로 밀려났다.

반면에 현재의 주장은 또 다르다. 설명하면 이렇다. 약 5백만 년 전이나 6백만 년 전에 여러 종의 영장류가 이동 수단으로 직립 보행을 선택했다. 그중 일부는 어느 시점에 멸종했고, 다른 종들은 계속 발전했다. 하지만 이들 모두 우리가 아는 인간에 대한 통상적인 기준을 하나도 충족시키지 못했다. 그들은 음성학적으로 진일보한 언어를 갖고 있지 않았고, 문화적 성취나 종교적 흔적도 남기지 않았으며, 당시 상황을 재구성해 보면 1백만 ~2백만 년 전에 같은 조상에서 갈라져 나온 것으로 보이는 침팬지와 지능 면에서도 별 차이가 없었다.

이는 서양 문화사에 오랫동안 어른거린, 직립 보행을 통해 인간이 되었다는 신화에 결코 좋은 소식이 아니다. 직립 보행이 실제로 손을 자유롭게 사용할 수 있다는 중요한 이점을 가져온 것은 사실이지만, 갑자기 이루어졌거나 어쩔 수 없는 필연성에 따라 생긴 것은 결코 아니다. 직립 보행이 열대 우림에서 장점이 있는지도 확실치 않다. 어쩌면 나중에야 실제로 유익한 것으로 입증된 자연의 우연한 변덕일지도 모른다. 물론 이런 유익함조차 고개를 갸웃거리게 된다. 직립 보행으로 인간은 분명 더 빠르게 달리지 못하게 되었다. 게다가 개코원숭이와 긴꼬리원숭이는 굳이 직립 보행을 하지 않고도 최소한 그만큼 오래 살아남아 동아프리카 사바나에서 여전히 네발로 돌아다니고 있다.

여전히 직립 보행의 장점을 찾던 1980년대와 1990년대의 고인류학자들은 새로운 이동 방법을 통해 사바나에 살던 인간 조상의 뇌가 쉽게 뜨거워지는 것을 막을 수 있었다고 주장한다. 그러나 아르디피테쿠스 두 종이 발견된 뒤로는 이 주장 역시 휴지통행을 피할 수 없을 듯하다. 그렇다면 진실은 어쩌면 아리스토텔레스보다 아낙사고라스에 더 가까울지 모른다. 그럼에도 직립 보행이 분명한 장점이고, 심지어 필연이라고 주장하는 진화 생물학자들은 여전히 아리스토텔레스 및 많은 기독교 신학자의 유산을 고수한다. 신앙인들은 직립 보행을 신의 지혜로운 계획이라고 믿었다면 과학자들은 그 자리에 척추와 허벅다리 사이의 특정 근육인 엉덩 허리근과 골반뼈를 갖다 놓았다. 즉, 이 두 가지가 적응에 **유리하게** 작용한 수많은 돌연변이에서 생겨났고, 직립 보행은 더 잘 살아남기 위한 **목적**에 도움이 되었다는 것이다.

우리 종의 진화를 좀 더 적절하게 이해하고 싶다면 바로 이 유산들과 결별해야 한다. 아무 데서나 장점과 목적을 거론하는 것은 지양해야 한다. 그래야 직립 보행을 위한 해부학적 능력이 진화의 압박에 의해 목적론적으로 생겨난 것이 아니라고 생각할 수 있다. 어쩌면 그 능력은 그저 하나의 새로운 가능성이었을지 모른다. 그에 대해 기껏 말할 수 있는 것이라고는 치명적인 변신이 아니어서 멸종에까지 이어지지 않았다는 것뿐이다. 직립 보행이 생존에 전혀 도움이 되지 않았다는 것도 얼마든지 생각할 수 있다. 우리 인류는 그저 여러모로 불리한 두 발 보행에도 불구하고 지금까지 매우 성공적으로 생존해 왔다는 사실만 분명히 말할 수 있을 뿐이다. 우리 조상의 자유로워진 손은 문화적 진화의 행진 속에서야 비로소 진정한 장점으로 자리 잡았다. 문화적 진화는 불과 10만 년 전부터 아주 느리게 시작되었다.

현생 인류가 어떤 뿌리에서 어떤 과정으로 생겨났는지 모르는 것은 또 다른 난관이다. 유인원과 원인(原人)이 분리된 결정적인 시기는 약 6백만~7백만 년 전이라고 한다. 그러나 고인류학자들은 이 시기의 유인원 화석을 아프리카에서 극소수만 발견했을 뿐이다. 약 4백만 년 전 동아프리카와 남아프리카 스텝 지대에 등장해서 250만 년 동안 이리저리 떠돌았던 오스트랄로피테쿠스의 경우도 서로 연결시키는 것이 도박에 가까울 정도로 해부학적으로 완전히 다른 화석들만 존재한다.

특이하게도 동아프리카 대지구대의 변화무쌍한 풍경은 사람과(科)의 통일적인 발달이 아니라 고립된 작은 개체군의 형성을 촉진했다. 이 분리로 유전자 변형이 빠른 속도로 진행되면서 신생종의 탄생을 야기했다. 오스트랄로피테쿠스는 약 3백만 년 전에 여러 종으로 분화한 것으로 보인다. 그중에서 단단한 두개골과 무척 큰 광대뼈를 가지고 있으며 초식성으로 추측되는 파란트로푸스종이 탄생했고, 이들의 흔적은 약 150만 년 전에 사라졌다. 그와 병행해서 좀 더 가벼운 두개골과 좀 더 작은 이빨을 가진 다른 두 종이 차례로 나왔다. 오스트랄로피테쿠스 아파렌시스와 오스트랄로피테쿠스 아프리카누스다. 전자는 1970년대에 상당히 완전한 형태로 뼈가 발견되어 〈루시〉라는 이름으로 널리 알려졌다. 루시와 그 혈족들은 한동안 사람아과의 첫 주자로 추정되는 호모 하빌리스의 조상으로 여겨졌다. 그런데 그사이 상황이 상당히 복잡해졌다. 지난 수십 년 동안 새로운 오스트랄로피테쿠스종이 계속 발견되었기 때문이다. 더 오래된 아나멘시스, 불가사의한 가르히, 남아프리카의 세디바를 비롯해 우리가 두개골 파편의 형태로만 알고 있는 다른 종들 말이다.

1960년대 초까지 과학자들은 적어도 한 가지 점에서는 의견이 일치했다. 직립 보행을 하고, 뇌의 용량이 최소 8백 시시가 넘을 때만 초기 〈인간〉이라고 할 수 있다는 것이다. 그런데 케냐 출생의 고인류학자 루이스 리키Louis Leakey (1903~1972)가 1964년에 발굴한 호모 하빌리스의 뇌 용량은 겨우 650시시밖에 되지 않았다. 그럼에도 약 180만 년 전에 이미 일상적으로 꼿꼿이 걸어 다녔고 원시 도구를 만들어 사용했다. 이로써 사람을 사람으로 만드는 기준이 흔들렸다. 그의 아들 리키가 1972년 호모에 속하는 다른 두개골을 발굴했을 때는 문제가 더 복잡해졌다. 호모 루돌펜시스로 불린 이 조상은 호모 하빌리스보다 더 오래된 것으로 여겨졌지만, 뇌 용량은 750시시였다. 그사이 호모 에르가스터와 호모 날레디라는 애매한 조상이 두 종 더 추가되었다. 열 개가 넘는 호모 날레디의 유해는 요하네스버그에서 멀지 않은 한 동굴에서 발견되었다. 이들의 뇌는 오스트랄로피테쿠스와 별 차이가 없을 정도로 작았다. 대신에 죽은 자를 매장한 것으로 보아서는 〈인간만의 특수성〉을 가진 종으로 분류할 수 있었다. 게다가 2015년 고인류학자들이 에티오피아에서 마찬가지로 호모에 편입시켜야 할, 280만 년 된 아래턱뼈를 발견했을 때 혼란은 극에 달했다.

새로운 화석이 발견될 때마다 분류 체계는 점점 혼란에 빠진다. 인간의 유래뿐 아니라 과, 속, 목, 강, 문 사이의 대단위 계통 발생적 연결 고리에도 빈틈은 여전히 매우 크다. 다윈 시대 이후 여러 세대의 다윈 진화론 비판가들은 이런 공백으로 인해 그런 식의 연결에 근본적인 의심을 품었다. 또한 진화가 일반적으로 자잘한 단계 속에서 진행되었는지, 아니면 어느 순간 비약적으로 이루어졌는지에 대한 논쟁도 활발하게 전개되었다. 이 문제는 인간의 탄생과 관련해서도 매우 불분명했다. 오스트랄로피테쿠스와 초기 호모 형태들, 그리고 호모 사피엔스 사이에는 지금껏 재구성할 수 있는 친족 관계의 연결 고리가 발견되지 않았다. 새로운 초기 인간 유형이 많이 발견될수록 분류는 점점 더 혼란스러워졌다. 복잡하게 뒤엉킨 이런 상황에서 동물이 과연 언제, 아프리카 어디쯤에서 인간이 되었는지 말할 수 있을까? 대체 어떤 기준에 따라 그것을 결정해야 할까?

고인류학자들은 인간에 대한 규정에서 〈남방 원숭이들〉의 직립 보행 외에 두 번째 카드도 준비해 놓았다. 도구 사용이라는 특별한 능력을 인간의 속성과 연결시킨 것이다. 그러나 오스트랄로피테쿠스가 도구를 단순히 사용하기만 한 것인지, 아니면 직접 만들었는지에 대해서는 논란이 분분하다. 게다가 본질적으로 보면 〈도구〉가 어디서 왔건 그저 뾰족한 돌 몇 개에 불과했다. 대수롭지 않은 몇몇 변화를 도외시하면 이런 상황은 향후 2백만~3백만 년 동안 그대로 유지될 것이다.

이러한 소견은 퍽 놀랍다. 발견된 두개골에서 알 수 있듯이, 그들의 뇌, 특히 전뇌는 오스트랄로피테쿠스에서 호모 하빌리스로, 다시 약 150만 년 전에 탄생한 호모 에렉투스로 발달하는 동안 숨 가쁜 속도로 커졌기 때문이다. 우리 원숭이 조상들의 뇌 용량이 4백 시시였다면 호모 사피엔스의 뇌 용량은 약 1천 3백~1천 5백 시시였다. 그러나 우리가 아는 한, 이런 뇌 용량의 증가에도 불구하고 눈에 띄는 문화적 성취나 세분화된 도구 제작과 사용은 오랫동안 없었다. 약 1백만 년 전 뇌의 성장이 전반적으로 종결된 뒤에도 유인원들은 수십만 년 동안 자신들의 뛰어난 뇌로 주먹 도끼 이상을 만들어 내지 못했다.

인간 뇌의 크기와 속성이 현대 인간과 뛰어난 문화를 탄생시켰다. 그렇다면 인간은 자기 뇌 속에 이미 그런 능력을 충분히 갖고 있음에도 왜 자신의 기술적 혁신 능력을 그렇게 놀라울 정도로 늦게 사용했을까? 그에 대한 대답은 인간 발달의 최종 시점이 아니라 환경 도전에 맞설 수밖에 없었던 초기 시점에서 생각하면 좀 더 쉽게 찾을 수 있다. 우리 초기 조상들의 뇌가 시급하게 해결해야 했던 것은 분명 기술적 진보와는 전혀 다른 문제였다는 것이다. 오늘날의 유인원, 특히 침팬지도 도구를 만들고 사용할 수 있다. 그러나 그들의 도구 사용은 우리가 추정하는 오스트랄로피테쿠스만큼 초보적이다. 사실 유인원은 돌과 나뭇가지를 그렇게 단순하게 사용하는 것 이상으로 똑똑하다. 그렇다면 지능을 **단순히 갖고 있는 것**과 그것을 **의도적으로 사용하는 것**은 별개의 문제다. (이것은 학교 수업을 위해 내가 아들과 함께 공부할 때면 항상 눈에 띄는 사실이다.) 왜냐하면 지능의 사용에는 강한 내적 동기뿐 아니라 그것을 요구하고 장려하고 보상하는 문화가 필요하기 때문이다.

고인류학자들이 인류의 발전 과정에서 도구 사용을 오랫동안 과대평가한 데는 명확한 동기가 있다. 그들 스스로 과학과 기술의 세계에서 온 인간이라고 정의 내리기를 좋아하기 때문이다. 따라서 자신들이 개인적으로 자랑스럽게 생각하는 능력과 관심사가 우리의 선조들에게서 나타나면 특히 칭찬을 아끼지 않는다. 그러나 도구 사용도 우리의 자아상에 따라 동물과 인간을 가르는 명확한 기준선으로 삼기에는 적절치 않아 보인다. 도구 사용의 기준에 따르면 인간은 대략 40만 년 전의 호모 사피엔스 프레 사피엔스에서부터 시작되었다. 아르디피테쿠스와 그 동료들을 통해 직립 보행이 〈발명된〉 지 4백만 년이 지난 시점의 일이었다. 그런데 이 종들은 인간과 침팬지만큼이나 훗날의 호모 사피엔스와 가깝지 않았다.

인간의 발달사에서 몸의 크기 및 보행 방법, 뇌 성장 같은 유전적 변화와 도구 생산 같은 문화적 성취는 나란히 진행되지 않았다. 유전적 측면이든 문화적 측면이든 〈창조 계획〉을 믿고자 하는 사람이라면 이 둘이 당혹스러울 정도로 서로 조율되지 않는다는 사실을 알아야 한다.

　이런 상황에서 일부 고인류학자는 이 분과의 설립 초기부터 인간의 정체성을 사냥꾼으로 규정하려는 유혹에 빠졌다. 오늘날 존재하는 유인원은 간혹 작은 영양과 다른 원숭이종을 잡아먹는 침팬지를 제외하면 모두 채식을 한다. 그러다 보니 사냥 능력에 기초해서 인간을 영장류의 제국에서 떼어 내는 것은 꽤 매력적으로 비쳤다. 유인원의 몇몇 초기 종 대표자들이 점점 입지가 좁아지는 숲을 떠나 초지로 피신했을 때 그들의 식성도 채식성에서 잡식성으로 바뀌었다. 사바나에는 양분이 풍부한 식물과 열매, 견과류가 별로 없었기 때문이다. 대신에 커다란 딱정벌레와 개구리, 도마뱀, 뱀, 작은 포유류, 땅바닥에서 생활하는 조류가 주요 식량원이 되었다. 우리 조상들은 이 양식에 기대어 3백만 년을 살아갔다. 오늘날 일각에서 우리 조상처럼 건강하게 살려면 석기 시대의 식이 요법을 따라야 한다고 주장한다면 열매 외에 무엇보다 곤충과 개구리, 뱀을 먹어야 한다. 익히지 않은 소고기나 양고기가 아니라 말이다. 생고기는 송곳니 없이는 찢거나 자르거나 먹지 못한다. 고기 섭취는 80만 년 이전에는 그 증거가 남아 있지 않은 불 피우기 기술이 등장하면서 비로소 가능해졌다.

　단백질을 다량으로 함유한 음식이 우리 조상들의 뇌 성장에 촉매제가 되었다는 사실은 학계의 일치된 의견이다. 그런데 그 단백질원은 매머드가 아닌 곤충이라고 생각하는 것이 합당하다. 대형 동물 사냥이 시작되었을 시점에는 호모 사피엔스의 뇌가 이미 오래전에 오늘날의 무게에 도달한 상태였다. 우리 조상이 실제로 대형 동물을 사냥한 시기는 10만 년 전으로 추정된다. 게다가 사바나에서 섭취한 다량의 단백질 함유 음식이 반드시 우리 조상을 더 똑똑하게 만든 요소라고 할 수도 없다. 그것은 오직 육식만 하지만 특별히 똑똑한 동물이라고 할 수 없는 악어나 사자, 독수리 같은 맹수만 보아도 알 수 있다. 그렇다면 단백질 섭취의 증가는 단기적으로든 장기적으로든 동물을 더 똑똑하게 만들지 않는다. 보디빌딩을 하는 사람이 그 증거가 될 수도 있다. 다만 단백질이 뇌의 좀 더 이지적인 발전에 필요한 원료를 제공했을 수는 있다. 아무튼 우리 조상이 시간 흐름과 함께 더 똑똑해진 이유가 무엇이든 간에 그것은 단백질 때문만은 아니었고, 사냥 때문만도 분명 아니었을 것이다.

사냥 신화는 그리 믿을 만해 보이지 않는다. 그러나 상상 속에서는 너무 아름다운 그림이었다. 인간이 남자들을 중심으로 안전한 숲에서 위험한 환경으로 걸어 들어가 코뿔소와 마스토돈, 검치호와 당당히 맞서 영리함과 용기로 무찔렀고, 여전히 숲에서 눈앞에 대롱대롱 매달려 있는 달콤한 열매만 계속 따 먹던 게으른 유인원 사촌들과는 달리 척박한 사바나에서 자신의 능력을 입증했다는 것이다. 캘리포니아 대학교 로스앤젤레스 캠퍼스의 진화 생물학자 재러드 다이아몬드Jared Diamond(1937~)는 이렇게 썼다. 〈남성 인류학자들은 이런 상상의 세계에 사로잡혀, 대형 동물 사냥이 남자 원시인들에게 상호 간의 협력을 북돋우고, 언어와 대뇌를 발전시키고, 하나의 무리로 결속시키고, 먹이를 서로 나누는 데 핵심적인 역할을 했다고 강조하길 좋아한다. 심지어 여자들도 남자들의 이런 대형 동물 사냥에 영향을 받았다고 주장한다. 그러니까 남자들을 성적 흥분 상태에 빠뜨려 경쟁자들끼리 싸움을 부추김으로써 공동 사냥을 방해하지 않도록, 침팬지에게서 매달 두드러지게 나타나는 배란의 외적 표시를 스스로 억제하게 되었다는 것이다.〉[7] (이것은 축구 감독들도 오랫동안 빠져 있던 신화다. 그들은 예전에 월드컵처럼 중요한 시합을 앞두고는 선수들의 아내가 훈련지로 동행하는 것을 명시적으로 금지했다.)

이런 생각은 우리의 사냥꾼 조상들이 실제로 했던 것이 아니라 후대의 발명이었다. 사냥이 인간 뇌 발달의 원동력이었다는 것은 다이아몬드의 말마따나 뜬구름 잡는 이야기나 다름없다. 〈우리는 역사에서 대부분의 시간 동안 결코 담대한 사냥꾼이 아니라, 석기로 식물성 식량을 조달하고 작은 동물을 잡아서 배를 채운 노련한 침팬지였을 뿐이다.〉[8] 호모 사피엔스가 아프리카에서 퍼져 나가 마침내 유럽과 아시아로 이주한 뒤에도 그들은 대부분 강줄기를 따라 터전을 잡고 주로 물고기를 잡아먹었다. 인류가 본격적으로 사냥을 시작한 것은 약 5만 년 전으로 보인다. 그러다 비교적 짧은 시간에 유럽의 매머드와 동굴곰, 동굴사자, 털코뿔소 같은 대형 동물을 멸종시켰다. 당시 유럽과 러시아 남부에서 평화롭게 살던 네안데르탈인도 그들의 손에 멸종되었을 가능성이 크다.

사냥이 아니라면 우리 조상의 뇌가 다른 동물들과 비교가 안 될 만큼 빠르게 커진 납득할 만한 이유는 무엇일까? 어려운 문제다. 왜냐하면 인간 뇌는 전반적인 구조상 어떤 특별한 점도 갖고 있지 않기 때문이다. 우리의 뇌는 다른 모든 육상 척추동물의 뇌와 구조가 다르지 않다. 심지어 유인원과 인간의 뇌는 거의 똑같다. 오직 크기만 다를 뿐이다. 그렇다고 인간의 뇌가 **절대적으로** 가장 큰 것도 아니고(고래의 뇌가 가장 크다), **상대적으로도** 가장 크지 않다. 몸집과 뇌의 비율로 보면 땃쥐나 코끼리주둥이고기 같은 몇몇 귀여운 동물이 인간을 능가한다. 이른바 고차원의 뇌 기능이라고 할 수 있는 의식과 지각, 사고, 표상을 담당하는 중추 부위도 코끼리, 돌고래, 그리고 다른 고래들이 더 크다. 절대적으로나 상대적으로나!

이처럼 인간의 뇌와 전뇌(신피질)는 꽤 크지만 모든 동물 중에서 가장 크지는 않다. 그렇다면 다른 뇌에 비해 〈더 현대적〉이지는 않을까? 널리 회자되는 이 견해도 맞지 않다. 로트는 이렇게 쓴다. 〈척추동물 뇌의 기본 설계도는 척추동물의 역사가 시작될 때 이미 그려져 있었고, 본질적으로는 개별 뇌 부위의 상대적인 크기나 핵과 층판 등으로의 세분화 면에서만 변화했을 뿐이다. 그 때문에 비록 통상적인 표현 방식이라고는 해도 계통사적으로 오래되었거나 새로운 뇌라고 말하는 것은 옳지 않다. 가령 신피질은 모든 육상 척추동물이 그런 것을 갖고 있다는 사실이 충분히 알려져 있음에도 포유동물에 이르러서야 발명된, 계통사적으로 새로운 뇌 구조라고 불릴 때가 많다. …… 이런 명칭은 인간의 뇌가 모든 뇌 발달의 종착점이고, 인간 뇌 안에서야 신피질이 진

화의 정점에 이르렀다는 잘못된 견해에서 비롯된다.〉[9]

로렌츠조차 이런 잘못된 견해에 매몰되어 있었다. 〈다른 고등 동물과 인간 사이의 거대한 차이는 고주파 전류에 의한 스파크로 생겨났고, 그것이 인간의 뇌에 새로운 인식 기관을 만들어 냈다.〉[10] 로렌츠가 여기서 상상한 것이 프랑켄슈타인이 인간의 생명을 깨우기 위해 사용한 그 방법인지는 말하기 어렵다. 어쨌든 진화의 감전으로 일깨워진 새로운 인식 기관이 존재하지 않는다는 것은 분명하다.

그런데 신피질이 이름 그대로 새로운 것이 아니라면 뇌 용량의 급속한 확대는 분명 주목할 만한 발달이다. 네덜란드 의사 루이 볼크Louis Bolk (1866~1930)는 1920년대에 이미 그에 대해 정교한 설명을 내놓았다. 그는 원숭이와 인간 태아 사이의 차이가 미미하다는 사실을 확인했다. 다만 원숭이와 달리 인간 태아는 더 천천히 발달하고, 태아 단계에서 가령 두개골의 균형이나 털 없는 상태 같은 몇 가지 결정적인 상태를 유지한다. 볼크는 자신의 이론을 태아 가설이라고 불렀다. 인간 태아는 원숭이에 비해 느리게 성장하기에 뇌의 성장 시간도 길다. 따라서 인간 발달의 핵심은 느림이다. 여러 특징을 보면 인간은 평생 끝까지 성숙하지 않는 원숭이 태아와 비슷하고, 그로 인한 장점도 많다. 예를 들어 인간은 성인이 된 뒤에도 원숭이에게서는 유년기에만 발견되는 특징이 여전히 나타난다. 무엇보다 강한 놀이 욕구와 다른 동물과는 비교가 안 될 정도로 많은 호기심, 배움에 대한 욕구가 그것이다.

신경 생물학의 관점에서 보면 호모 사피엔스는 동종에 비해 확대된 신피질을 가진 원숭이이고, 볼크 같은 개체 발생학자의 관점에서 보면 굉장히 영리한 새끼 원숭이다. 그러나 우리는 이 것으로도 여전히 인간 태아의 발달이 왜 그렇게 더디게 진행되는지 정확히 모른다. 왜냐하면 하버드 대학교의 진화 생물학자 타냐 M. 스미스Tanya M. Smith가 확신하듯이, 이 경향은 모든 초기 호모종에서 똑같이 진행되지는 않았기 때문이다.

우리가 그사이 알고 있는 바에 따르면 인간과 동물의 경계는 어디에 있을까? 영국 고인류학자로서 다년간 뉴욕에 있는 미국 자연사 박물관의 인류학 분과를 이끌었던 이언 태터솔Ian Tattersall(1945~)은 말한다. 〈우리에게는 이 문제에 대한 만족스러운 답이 필요하다.〉[11] 그러나 인간이 된 〈시작 시점〉은 없고, 발달 과정의 한 지점에서 〈인간〉을 〈동물〉과 분리시키는 확실한 기준도 없다. 이것은 생물학만의 독특한 특징일까, 아니면 단순히 인간의 관념에 지나지 않을까? 아무튼 〈인간〉도 〈동물〉도 명확하게 규정할 수 없는 것은 분명해 보인다. 모든 확정은 인간이 나중에 내린 적잖이 자의적인 결정이다.

원숭이 뇌와 인간 뇌의 순수 생물학적인 차이는 그것이 만들어 낸 결과만큼 그리 대단치 않다. 어쨌든 인간이 침팬지나 보노보, 고릴라, 오랑우탄과는 확연하게 다르게 살고 다른 일을 하고 있다는 사실에는 의심의 여지가 없다. 이유는 어디에 있을까? 그것이 인간과 다른 동물 사이의 경계 및 인간 뇌의 발달에 대해 무엇을 알려 줄까?

감각과 감성

인간과 원숭이를 나누는 것은?

> 내게는 마치 인간 약점의 가장 근본적인 특징이
> 다른 동물들과 소통하지 못하는 무능에 있는 것처럼 보인다.
> — 클로드 레비스트로스Claude Lévi-Strauss

아이들이 소리를 지르며 두꺼운 유리창 앞으로 몰려들고, 목이 굵은 보디빌더 같은 동물은 엄숙한 자태로 무덤덤하게 서 있다. 여기저기서 카메라 플래시가 터진다. 거대한 원숭이가 천천히 우리 안의 한쪽 끝에서 다른 쪽으로 움직인다. 대팻밥이 깔린 바닥에서는 어린 고릴라들이 미친 듯이 뛰어다니다가, 원시림의 구조를 본떠 만든 커다란 철제 구조물의 밧줄을 타고 올라가 그네를 탄다.

동물원에서 인기가 많은 곳은 단연 원숭이 시설이고, 그중에서도 가장 인기가 많은 곳은 거대한 유인원관이다. 우리는 사육관 한쪽 끝에서 다른 쪽으로 쉴 새 없이 어슬렁거리는 맹수들을 보면서는 그 자태의 우아함과 마음껏 펼치지 못하는 힘의 아름다움에 감탄을 터뜨린다. 코끼리와 코뿔소는 이미 그 덩치에서 압도된다. 하지만 그들의 덩치도 동물원 담 뒤쪽의 높은 빌딩에서 내려다보면 개미만 해 보인다. 또한 사육사가 놀이 삼아 공중으로 던져 주는 청어를 덥석 무는 물개의 모습은 우리 눈에 재미있게 비친다. 그렇다면 이런 의문이 든다. 우리는 원숭이를 어떻게 보고 있을까?

유리창이나 창살, 차단 도랑 너머로 보고 있다는 것이 가장 솔직한 대답일 것이다. 유럽인들이 원숭이와 유인원을 발견하고 확대경을 들이밀며 자세히 연구한 뒤로 원숭이를 우리 인간과 일상적으로 분리시킨 것은 유리창과 창살, 차단 도랑이었다. 자연 상태에서 그들을 관찰하는 것은 오랫동안 드문 일이었다. 그러다 1950년대와 1960년대 후반에 이르러서야 학자들은 뚜렷한 목적을 갖고 거대한 유인원들의 고향 땅을 찾았다. 조지 샬러George Schaller(1933~)와 미국 동물학자 다이앤 포시Dian Fossey(1932~1985)는 마운틴고릴라들이 서식하는 콩고와 르완다의 비룽가 화산 지대로 갔고, 영국의 동물 행동학자 제인 구달Jane Goodall(1934~2025)은 탄자니아 곰베 강가에서 침팬지들을 관찰했으며, 캐나다 동물학자 비루테 갈디카스Biruté Galdikas(1946~)는 보르네오섬에서 오랑우탄을 연구했다.

수십 년에 걸친 이런 연구로도 지금껏 인간과 유인원을 자연사적으로 명확하게 가르는 경계는 밝혀지지 않고 있다. 침팬지와 인간, 침팬지와 고릴라, 고릴라와 오랑우탄 사이에는 분명 행동의 차이가 존재한다. 예를 들어 성적 행동 면에서는 보노보와 인간이 보노보와 침팬지 사이보다 더 비슷하고, 다른 행동 면에서는 오랑우탄과 인간, 혹은 침팬지와 고릴라가 더 가깝다. 침팬지는 일정 구역을 정해 놓고 살아가고, 자신의 무리에게 〈종족 중심적인〉 충성을 요구하고, 낯선 동물이 구역 내에 들어오면 함께 맞서 싸운다. 다만 틈틈이 그들의 터전 밖으로 나가 성적 모험을 즐기기도 한다.

앞서 언급했듯이, 유인원은 자신의 생활권에서 단순히 방향을 찾고 먹이를 구하는 데 필요한 것 이상으로 훨씬 지적이다. 갈디카스는 다년간의 관찰 후에야 보르네오섬의 유인원들에게 왜 그런 지능이 필요했는지 답할 수 있었다. 그들이 지능을 사용한 지점은 무엇보다 사회적 행동이었다. 예를 들어 서로 건드리지 않는다거나, 서로 방해하지 않는다거나, 불필요한 충돌로 괜한 시간을 낭비하지 않는 일에 말이다. 침팬지와 고릴라도 비슷했다. 그들에게 지능의 〈의미〉는 종 특유의 사회적 교류와 밀접한 관련이 있었다. 케임브리지 대학교의 심리학자 니컬러스 험프리 Nicholas Humphrey(1943~)는 이렇게 말한다. 〈르완다 비룽가 산맥에서 두 달 동안 고릴라를 관찰하면서 특히 깜짝 놀랐던 것은 그들이 숲의 모든 동물 중에서 가장 단순하게 살고 있다는 사실이었다. 먹이는 쉽게 조달할 수 있을 정도로 넘쳐 났고(먹이가 어디 있는지 알고 있다는 전제하에), 천적은 거의 없거나 아예 없었으며(천적을 피해야 한다는 것을 알고 있다는 전제하에), …… 먹고, 자고, 노는 것 외에는 별로 하는 일이 없었다.〉[1]

고릴라는 뇌 역량을 도구를 만들거나 다른 기술적 성취를 이루는 데 쓰지 않았다. 우리는 인간이 오스트랄로피테쿠스에서 호모 사피엔스로 발전할 때도 그런 불일치가 있었음을 기억해야 한다. 뇌 역량의 향상과 세분화된 도구 사용은 결코 나란히 진행되지 않았다. 도구 제작의 난관과 필요성 또한 뇌 발달의 촉매제 역할을 하지 않은 것이 분명하다.

그럼에도 유인원이 도구를 사용하고 제작까지 했는지는 오랫동안 결정적인 문제로 여겨졌다. 구달은 곰베 강가에서 보낸 첫 몇 해 동안 야생 침팬지들이 나뭇잎을 이용해 바위틈에서 나오는 물을 빨아 마시고, 풀 줄기로 흰개미를 낚고, 심지어 줄기에 붙은 잎을 훑어서 벗겨 내는 것을 발견했다. 그렇다면 그들은 도구를 사용만 하는 것이 아니라 만들기도 했다. 구달이 고인류학자 리키에게 이 사실을 보고했을 때 이런 답장이 왔다. 그사이 상당히 유명해진 내용이다. 〈우리는 이제 **도구**를 새로 정의하거나, **인간**을 새로 정의하거나, 아니면 침팬지를 인간으로 받아들여야 합니다.〉[2]

하지만 이 문제는 그리 중요하지 않은 문제로 배제되었다. 동물이 언제 인간이 되었는지의 문제를 고인류학자들이 더는 도구 사용을 기준으로 판단하지 않는다면 그것을 유인원에게 적용할 이유가 있을까? 신경학적 전제 조건들로 볼 때 오늘날 살아 있는 모든 유인원종은 분명 곰베 강가의 침팬지들보다 훨씬 많은 도구를 만들 수 있었을 것이다. 진화 패키지의 보너스 팩에 장착된 세 가지 프로그램 중에서 손재주는 비록 동물 세계에서 매우 드물게 나타나는 것이기는 하지만, 뇌의 용량이나 사용 능력 면에서 그리 대단한 지능을 필요로 하지 않는다. 그렇다면 유인원의 도구 사용을 그렇게 높이 평가할 이유는 없다. 인간과 다른 영장류의 뇌가 기능 면에서 훨씬 더 중요하게 처리해야 할 일은 따로 있었다. 바로 사회적 행동이었다!

인간 뇌를 포함해 모든 영장류 뇌에서 지능은 주로 사회적 행동의 필요와 어려움을 극복해 나가는 과정에서 발전했을 가능성이 크다. 원숭이가 지능을 사용하고, 어떤 것을 기억하고, 의도적으로 행동하고, 성 역할에 따라 일을 분배하고, 새끼들이 놀고 웃고(보노보의 경우), 낑낑거리거나 울고, 다른 구성원들을 속여 넘기고, 서로 위로하거나 벌을 주고, 침팬지나 보노보, 오랑우탄이 맑은 물에서 자신의 모습을 알아보는 것은 그들의 뇌에 상당한 능력을 요구하는 어마어마한 과제였을 것이다.

모든 영장류에게는 공통적인 사회적 근본 문제가 존재한다. 가령 동종을 죽여도 될까? 침팬지는 그렇게 하고, 보노보와 오랑우탄은 그렇게 하지 않는다. 집단 내의 늙은 구성원들은 어떻게 대우하고 어떻게 공동체로 편입시키는지의 문제도 있다. 또 종마다 굉장히 다르게 규정된 섹스 파트너의 문제도 있고, 소유와 사유 재산에 대한 문제, 그리고 최대한 원만한 소통의 문제도 있다. 동물 행동학자 볼프강 비클러Wolfgang Wickler(1931~2024)에 따르면 이런 잠재적 갈등 상황의 조절이 곧 사회 윤리적 규범으로 자리 잡는다.

영장류 연구가인 도러시 체니Dorothy Cheney(1950~2018), 로버트 세이파스Robert Seyfarth(1948~), 바버라 스머츠Barbara Smuts(1950~)가 확인한 바에 따르면, 〈인간 외의 영장류에게서 고도의 인식 능력은 사회적 상호 작용에서 가장 선명하게 드러난다〉.³ 흥미로운 것은 여러 영장류의 경우 사회적 지능이 특히 발달한 수컷이 암컷과의 짝짓기에 성공할 가능성이 훨씬 높다는 점이다. 어쨌든 육체적인 힘과 위압적인 행동만 믿는 다른 수컷들보다는 말이다. (사회적 교감 능력보다 힘자랑이나 외적 모습이 여자들에게 더 어필할 것이라고 믿는 것은 시대를 막론하고 남자들의 환상에 속한다. 안타깝지만 그것은 완전한 착각이다.)

원숭이, 영장류, 인간 할 것 없이 같은 집단의 다른 구성원들은 주변 환경에서 가장 중요하면서도 동시에 심리적으로 가장 까다로운 도전이다. 도구를 다루는 기술은 원칙적으로 항상 동일하고, 한번 습득하면 예측 가능한 상태에서 대부분 쉽게 반복할 수 있다. 하지만 동족은 다르다. 그들의 심리와 행동은 너무나 복잡해서 예측하기 어렵다. 우리는 스스로 잘 안다고 믿는 사람들에게 얼마나 쉽게 속아 넘어가는가! 또한 한 집단의 행동은 누군가 가한 새로운 자극을 통해 얼마나 빨리 변하는가! 인간에게 교향곡과 종교, 로켓을 만들게 하고, 몇 시간 만에 마크라메* 부엉이와 문진(文鎭)을 고안하게 하는 지능은 구달과 험프리, 세이파스, 조앤 실크Joan Silk(1953~), 프란스 드 발Frans De Waal(1948~) 같은 영장류 연구가들에 따르면 무엇보다 사회적 행동의 요구 덕분에 발전했다.

나는 남들이 무슨 생각을 하는지 모르고, 어떤 행동을 할지도 모른다. 우리의 정신은 타인의 미래 행위를 예측할 방법이 없

* 뜨개바늘 같은 도구 없이 오직 손을 이용해서 끈으로 매듭을 엮어 작품을 만드는 서양식 매듭 공예.

다. 이것이 오늘날 많은 연구자가 사회적 지능의 가장 중요한 원동력으로서 도저히 종잡을 수 없는 타인과의 교류를 꼽는 이유이기도 하다. 공동체가 점점 복잡해질수록 좀 더 똑똑한 인간들을 총애하게 된 것도 이런 예측할 수 없는 〈사회적 게임〉 덕분일지 모른다. 그것이 아니더라도, 집단 내의 다른 구성원들에게 감정 이입 능력을 충분히 갖고 있는 것도 최소한 단점은 아니었을 것이다. 타인에 대한 기대만 있는 것이 아니라 타인이 자신에게 기대하는 것도 아는 사람은 유연하고, 그래서 인기가 높을 수 있다. 우리 조상들의 사회적 삶이 복잡해질수록 타인의 기대에 공감하는 태도는 더욱 중요해졌을 것이다. 인간을 똑똑하게 만든 것은 직립 보행이나 도구 사용이 아니라 무엇보다 타인의 기대를 예상하고 가늠할 줄 아는 능력일 듯하다.

인간이 타인에게 갖고 있는 기대는 인간종 특유의 것이다. 우리는 환영받기를 기대하고, 상냥한 태도를 기대하고, 신뢰성과 정확성을 기대하고, 남들이 자신의 일을 올바르게 수행하길 기대한다. 요컨대 우리에게 **적절하게** 행동하기를 기대하는 것이다. 우리가 다른 동물들뿐 아니라 원숭이와도 제대로 소통하지 못하는 이유도 바로 여기에 있다. 침팬지나 고릴라, 오랑우탄의 세계에서 적절한 행동이란 인간 세계와는 완전히 다르기 때문이다. 유인원에 대한 많은 실험이 그토록 수확이 없었던 것도 바로 이런 이유에서다.

작가 프란츠 카프카Franz Kafka(1883~1924)는 사람들이 유인원을 체계적으로 연구하기 오래전에 이미 이 사실을 알고 있었다. 그는 1917년에 단편 소설 「학술원에 보내는 보고서*Ein Bericht für eine Akademie*」를 썼는데, 이 이야기에 나오는 불쌍한 실험 원숭이는 사람들이 술병 뚜껑을 열라고 요구했을 때 도대체 그들이 자신에게 무엇을 원하는지 이해하지 못한다. 〈그는 나를 알지도 못하면서 내 존재의 수수께끼를 풀려고 했다.〉 카프카가 침팬지의 생각을 빌려서 하는 말이다. 게다가 이 원숭이는 자기가 다른 인간을 이해하지 못한 유일한 원숭이가 아님을 분명히 한다. 길들여진 영장류에 대한 이런 실험은 사실 그 자체로 무언가 이상하다. 동물이 어떤 형태로든 인간과 비슷한 의식을 갖고 있지 않다는 것은 이미 그전에 그 점을 확신하고 있던 모든 영장류 연구자의 검증 결과일 뿐이다. 반면에 동물들, 특히 원숭이의 의식이 당혹스러울 정도로 우리와 비슷하다는 것은 출발 명제부터 그 결과에 특별히 놀라지 않을 준비가 된 다른 실험자들의 결과다.

이제 수많은 원숭이 실험 가운데 몇 가지를 골라 간략하게 살펴볼 작정이다. 자연 상태와 실험실에서의 연구를 비롯해 성생활과 학습 능력, 소리 언어와 기호 언어, 전략적 사고, 〈영장류의 문화〉에 관한 연구들이다. 이 관찰들은 과학적 정확성의 수준에 따라 서로 상당히 다를 뿐 아니라 연구자가 자신의 관점을 얼마나 자기반성적으로 바라보는지에 따라서도 상당한 차이를 보인다.

그렇다면 연구 현황은 어떨까? 최소한 관찰 영역에서는 일반적인 사실을 몇 가지 밝혀냈을까? 이 사실들은 명확하게 해석되지는 않더라도 적어도 동물을 이해하는 길로 우리를 인도할까? 우리의 이해를 확인시켜 준다기보다 **우리 앎의 결핍**을 메워 주기 위한 것일까?

사상가들은 정말 일찍부터 유인원과 인간을 성적인 측면에서 비교하기 시작했다. 그중에는 키스가 다른 모든 생물에 비해 인간을 특별한 존재로 만들어 준다고 생각한 철학자도 있었다. 그러나 침팬지도 키스한다는 사실을 알아야 한다. 다만 침팬지가 키스할 때 인간과 비슷한 감정을 느끼는지는 알 수 없다. 〈선교사 체위〉*는 선교사들의 발명품이 아니라 선교사들이 아프리카의 보노보에게서 배웠을지 모른다. 이 난쟁이 침팬지들은 인간과 다르지 않게 성관계 전에 강렬한 아이 콘택트도 나누는 것으로 알려져 있다.

거의 모든 원숭이종이 그러하듯 보노보도 일부다처제이고, 규칙적으로 파트너 교환을 즐긴다. 이 점에서도 원숭이는 인간과 명확하게 구분되지 않는다. 알다시피, 인간의 일부일처제는 결코 천부적인 것이 아니라 대개 자기 규제적인 문화적 산물이고, 그렇기에 지키기가 쉽지 않다. 평생 일부일처제를 유지하는 원숭이는 긴팔원숭이가 유일하다. 보노보와 마찬가지로 긴팔원숭이도 인간이 현대 국가에서 이루어 낸 문화적 성취 중 하나를 인간보다 먼저 이루어 냈다. 그들 사회에서는 수컷과 암컷이 상당히 동등한 것이다. 암컷 이야기가 나왔으니 말인데, 모든 암컷

* 남녀가 서로에게 엉덩이를 드러내지 않고 얼굴을 맞댄 채 관계하는 자세. 한때는 교회에서 유일하게 인정한 체위라고 하는데, 일반적으로 정상 체위를 가리킨다.

원숭이가 가임기를 적나라하게 드러내지는 않는다. 이 점에서는 보노보가 인간과 가장 비슷하다. 또한 보노보, 침팬지, 짧은꼬리 마카크의 암컷이 오르가슴을 경험한다는 것도 생리학적 센서를 이용한 실험 이후 사실로 받아들여지고 있다.

따라서 성생활로 인간과 유인원을 명확하게 구분하려는 시도는 사상누각이다. 반면에 19세기에 사회적 통치 수단으로서 엄격한 성도덕의 관점으로 원숭이들의 성생활을 〈변태적〉이라고 지적한 것은 당시의 일반적인 편견에 속한다. 그렇다면 차라리 우리를 원숭이와 가르는 〈문화〉에서 성생활을 배제하는 편이 훨씬 낫지 않을까?

문화에 대해 덧붙이자면, 다른 영장류들도 실제로 〈문화〉가 있을까? 일본의 행동 연구가들은 1950년대와 1960년대에 원숭이의 문화적 행위를 보여 주는 증거를 제시했다. 그들은 작은 섬 고시마에서 일본마카크원숭이 집단을 관찰했다. 몇몇 어린 마카크는 인간이 가르쳐 주지도 않았는데 그 전까지 야생 원숭이들에게서는 발견된 적이 없던 행동을 스스로 익혔다. 한 암컷 원숭이가 흙 묻은 감자를 먹기 전에 민물이나 소금물로 씻었다. 게다가 물속의 진흙에서 〈금을 세광할〉 때처럼 곡식 알갱이와 모래 알갱이를 분리했을 뿐만 아니라 바다에서 미역과 조개 같은 새로운 식량도 찾아냈다. 곧 다른 구성원들도 이 원숭이의 행동을 따라 했고, 이 능력은 다음 세대로 계속 전달되었다. 이른바 〈문화적〉 전승이었다. 시간이 지나면서 이웃 섬의 원숭이들도 고시마섬에서 건너온 원숭이를 통해 이 새로운 기술을 배웠다.

네덜란드 영장류 연구가 드 발은 인간이 보호하는 레서스원 숭이 두 집단을 관찰했다. 두 집단의 사회적 행동은 완전히 달랐다. 한 집단은 엄격한 위계질서가 있었다. 우두머리 수컷만 암컷들과 교미할 수 있었고, 서열이 낮은 수컷들은 끊임없이 위계질서 내에서 자신의 위치를 과시하고 지키는 일에 열심이었다. 반면에 다른 집단에서는 우두머리 수컷이 암컷 한 마리하고만 교미했으며 서열이 낮은 수컷들도 마찬가지였다. 집단의 분위기는 관대했고, 전반적으로 편안했다. 10년 뒤 집단의 구성원들이 새로운 세대로 바뀌었음에도 두 집단에서는 여전히 예전과 동일한 규칙이 유지되고 있었다. 그렇다면 레서스원숭이들의 사회적 행동은 분명 생물학적으로 각인된 것이 아니라 〈문화적〉 창조의 영역으로서 후대의 젊은 구성원들에게 전승되었다.

연구자들은 침팬지에게도 〈문화〉의 여지가 있음을 발견했다. 그들이 도구를 사용해 호두를 까거나 나무 구멍 속의 개미를 낚는 방법은 집단마다 다르고, 특정 방식으로 대물림된다. 물론 인간의 관점에서 보면 그런 사회적 행동과 학습이 〈문화〉인지, 아니면 문화와는 상관없는 것인지를 두고 치열하게 논쟁을 벌일 수는 있다. 하지만 과거에 〈농경〉 내지 〈심신의 수양〉를 의미했던 〈문화〉라는 용어는 어차피 매우 애매하고, 사실 모든 것이기도 하고 아무것도 아니기도 하다.

따라서 인간과 원숭이의 문화를 비교하는 것은 무척 어렵고, 본의 아니게 우스꽝스러울 때가 많다. 예를 들어 바젤과 취리히 동물원장을 지낸 하이니 헤디거Heini Hediger(1908~1992)는 자신의 책 『동물들은 이해한다 *Tiere verstehen*』에서 이렇게 썼다. 〈인간은 가령 노동 개념을 알고, 침팬지는 전혀 모른다. 침팬지는 청소와 위생, 요리의 중요성을 알 턱이 없다. 어떤 식으로든 먹이가 나타나면 구미가 당기는 한 먹는다. 맛이 없거나 필요 없는 음식은 우리 인간의 말처럼 그냥 버리거나 썩게 내버려둔다. 침팬지는 임금의 개념을 모르고, 그것이 필요하지도 않다. 돈이 무엇인지 모르는데 말해 무엇 하겠는가! 게다가 옷을 사거나 가족을 보살피거나 세금을 낼 필요도 없다.〉[4]

헤디거는 인간 정신의 한 가지 기준을 〈성찰 능력, 자신의 앎을 반성하고 살피는 능력〉으로 본다. 그런 사람이 인간과 원숭이를 비교할 때 그 능력을 발휘하지 못한 것은 심히 유감이다. 인간이 〈노동 개념〉을 알게 된 것은 기껏해야 3천 년 전에 호모 사피엔스가 나타나면서부터다. 〈위생〉의 중요성이 유럽 문화로 들어온 지도 오늘날 우리의 관념에 따르면 2백 년도 채 되지 않는다. 〈청소〉 역시 인간의 유전자에 원래 내재된 것이 아니라 이후의 문화유산이다. 지금의 식사 예절은 종 특유의 행동이 아니다. 19세기에야 표준으로 자리 잡은 나이프, 포크, 스푼 트리오 세트는 4백 년 전만 해도 사치였거나 아니면 전혀 알려지지 않았다. 그때까지 사람들은 궁정에서도 손으로 음식을 먹었고, 빵으로 찍어 소스를 말끔히 비웠다. 대부분 시민 계급이 쓴 이른바 〈식사 예절서〉는 『미하엘 콜하스 *Michael Kohlhaas*』나 『모험가 짐플리치시무스 *Der abenteuerliche Simplicissimus*』 같은 소설에 묘사된 독일 귀족들의 버릇없는 식사 예절을 지적하며 식탁에서는 너무 돼지처럼 행동하지 말라고 호소했다. 왕관을 쓴 먹보와 술고래에게 식사 예절을 가르치는 것은 오늘날 침팬지에게 나이프와 포크로 예의 바르게 식사하는 법을 가르치는 것보다 분명 어려웠을 것이다. 돈으로 물건값을 치르는 관습은 2천5백 년 정도 되었는데, 게르마니아 지역에는 로마인의 입성과 함께 도입되었다. 하지만 향후 수백 년 동안 그리 중요한 역할을 하지 못했다. 독일의 시골 지역에서는 19세기에야 현물 교환이 돈으로 대체되었다. 헤디거가 인간종의 전형적인 특징으로 여길 정도로 오늘날 우리에게 너무 당연시되는 임금 노동의 원칙도 19세기 들어서야 유럽 전역으로 퍼졌다. 하지만 지금도 가령 피그미족 사회에서는 그런 원칙이 일반적이지 않다. 게다가 세금 납부가 인간종의 타고난 습성이 아니라는 사실은 독일에서만 매년 탈세 금액이 수십 억 유로에 달하는 것만 보아도 알 수 있다.

여기서 우리는 무엇을 알 수 있을까? 동물은 오늘날 현대 사회의 문화적 단계에 이른 호모 사피엔스일 때만 우리와 같다. 그러나 그들은 그렇지 않기에 우리와 같지 않고, 그랬다면 동물이 아닐 것이다. 인간은 자신의 의식과 똑같은 것이 나타날 때만 동물에게 의식이 있다고 여기는 경향이 있다. 일부일처제, 위생, 분업 같은 행동 방식이 필연적으로 인간만의 의식에 속하는 것처럼 말이다.

그런데 일반적으로 인간과 동물을 구분 짓는 또 다른 중요한 특징이 남아 있다. 바로 언어다. 고대에 이미 인간은 스스로를 동물과 구별 짓는 두 가지 가능성을 알고 있었다. 자신을 단계적으로 생명의 최고 수준에 오른 존재로 정의하거나, 동물과 완전히 대립되는 존재로 규정한 것이다. 요컨대 인간은 육체적으로 보면 아리스토텔레스의 말처럼 가장 완전한 동물이지만, 문화와 특히 언어의 관점에서 보면 동물 반대편에 있다.

그렇다면 동물들, 특히 유인원의 실제적인 언어 능력은 어떨까? 오늘날 원숭이가 서로 다른 소리를 상당수 갖고 있고, 그것들로 세심하게 소통한다는 사실에 대해 심각하게 이의를 제기하는 사람은 없을 것이다. 그런데 이런 기능에 필요한 그들의 신경 언어 중추는 인간의 것과 비슷할까? 아니면 원칙적으로 다른 발달 단계에 있을까? 원숭이는 대뇌 반구의 측두엽에 언어의 이해를 담당하는 베르니케 영역이 있고, 전두엽에는 단어의 발성과 문법을 담당하는 브로카 영역이 있다. 그렇다면 그들은 왜 인간처럼 음성 언어로 세밀하게 소통하지 못하는 것일까?

해부학자들의 오랜 믿음처럼 그에 대한 답은 정말 당혹스러울 정도로 단순하다. 미국 로드아일랜드주 브라운 대학교의 언어 연구자 필립 리버먼Philip Lieberman(1934~2022)은 인간 언어의 비밀이 후두에 있다고 생각했다. 인간의 후두가 위치한 지점은 유인원을 비롯해 모든 원숭이의 후두와 다르고, 그 몇 센티미터가 결정적인 차이를 만들어 냈다는 것이다. 또한 인간이 대략 5만 년 전부터 정교하게 말을 하게 된 것도 그 덕분이라고 했다. 하지만 그사이 이 문제가 그리 단순하지 않다는 사실이 밝혀졌다. 인간이 고도로 복잡하게 음성 언어로 소통할 수 있게 된 데는 후두만이 아니라 성대, 자유롭게 움직이는 혀, 달라진 호흡법도 함께 작용했으리라는 것이다.

유인원에게는 이러한 진화적 발달이 나타나지 않았다. 그들에게는 소리를 따로따로 연속해서 내는 데 필요한 해부학적 전제 조건이 없었다. 그렇다면 의미 없는 소리로 의미 있는 단어를 만들어 낼 수 있는 것은 인간뿐이다. 반면에 원숭이에게는 기껏해야 소리 자체가 하나의 의미다. 이것이 의미하는 바는 무엇일까? 그들은 정교한 언어를 이해하지 못한다는 뜻일까? 1960년대 초부터 특히 미국의 대학들에서는 유인원을 언어 실험에 이용하는 것이 유행이었다. 침팬지와 보노보를 인간에게 의존하게 만든 다음 그들의 언어 능력을 인간의 척도로 측정했다. 이 실험은 사실 무리수였다. 원숭이에게는 더더욱 무리한 요구였을 테고.

처음에는 네바다 대학교의 베아트릭스 가드너Beatrix Gardner (1933~1995)와 로버트 가드너Robert Gardner (1930~2021)의 실험이 센세이션을 일으켰다. 이들은 로저 파우츠Roger Fouts (1943~)와 함께 침팬지 워쇼와 루시에게 청각 장애인들이 사용하는 미국 수화를 가르쳤다. 가드너 부부에 따르면 이 어린 두 침팬지는 수백 개의 어휘를 배웠다고 한다. 다만 이들이 이 신호 언어를 정말로 〈이해했는지〉는 불분명하다.

반면에 하버드 대학교 출신의 심리학자인 허버트 테라스 Herbert Terrace (1936~)는 침팬지의 성과에 매우 낮은 점수를 주었다. 4년 동안 60명의 트레이너가 훈련을 시킨 실험 침팬지 님도 인간 언어의 기본 요소를 익혔지만, 그에 상응하는 문법은 요행으로만 드물게 배웠다.

유인원은 인간의 문법을 구사하지 못한다. 그러나 대상과 상황, 행동에 맞는 추상적인 상징을 사용하고, 그 상징들을 특정 소리와 동물, 대상과 연결시키기도 한다. 이는 두세 살짜리 인간 아이의 능력과 비슷하다. 이런 결과는 조지아 주립 대학교의 수 새비지럼보Sue Savage-Rumbaugh(1946~) 교수가 내놓았다. 그는 1980년대 초부터 보노보 칸지를 훈련시켰다. 칸지는 2년 만에 256개의 단어 상징으로 이루어진 자판을 자유자재로 다루었고, 그것으로 무언가를 부탁하고 감정을 표현했다. 게다가 수백 개의 영어 단어를 듣고 반응하기도 했다. 테네시 대학교의 린 화이트 마일즈Lyn White Miles가 오랑우탄 찬텍에게 실험한 결과도 근본적으로 이와 비슷했다. 그런데 이 분야에서 누구도 부인할 수 없는 스타는 단연 암컷 고릴라 코코였다. 동물 심리학자 프랜신 패터슨Francine Patterson(1947~)은 코코를 훈련시켜 미국 수화 1천 가지를 자유롭게 구사하게 했다. 코코는 약 2천 개의 영어 단어도 이해했다.

침팬지, 보노보, 오랑우탄, 고릴라는 어떻게 인간의 언어를 부분적으로라도 습득할 수 있을까? 그들이 이제껏 인간에 의해 아직 해독되지 않은 독특한 소통 체계를 갖고 있으리라는 것이 많은 영장류 연구자의 추정이다. 체니와 세이파스는 버빗원숭이를 야생 상태에서 관찰하면서 이 작은 영장류들에게 놀라운 〈기호학적〉 능력이 있음을 깨달았다. 체니와 세이파스는 버빗원숭이가 제인 오스틴Jane Austen(1775~1817)의 소설 속 인물들처럼 행동한다고 썼다. 그러니까 오직 배불리 먹고, 짝짓기에 필요한 파트너를 찾는 일에만 열중한다는 것이다. 이들은 소통을 위해 주도면밀하게 고안된 신호 체계를 이용했다. 또한 표범, 독수리, 뱀 같은 적의 종류에 따라서만 경고 신호음을 다르게 내는 것이 아니라 특수한 상황의 필요성에 따라 내는 경고음도 달랐다.

인간 언어가 영장류의 아주 단순한 행위 양태에서 비롯되었다는 사실은 현재의 독일어가 잘 보여 준다. 예를 들어 Begreifen(이해하다), Erfassen(포착하다), Durchschauen(간파하다), Einsehe(인식하다), sich auf einen Standpunkt stellen(입장을 내세우다)* 같은 개념들은 의미가 감성의 영역에서 파생되었음을 보여 준다. 추상적인 단어의 의미를 만들어 내는 것은 감각적 인상이다. 단어 형성의 초보적 국면이 종결되고 나서야 언어에 감정 상태까지 포함해서 우리의 감각적 체험이 담긴다. 가령 〈사랑〉 같은 단어는 단순히 하나의 감정 상태만 표현하는 것이 아니다. 그것은 포괄적인 관념이다. 우리는 이 관념을 이용해 혼란스러운 소통 상황을 기호화하고, 그로써 일반적인 소통을 가능케 한다. 이 관념들은 두 가지 측면에서 상징적이다. 한편으로는 언어 기호 자체가 상징이고, 다른 한편으로는 언어 기호가 상징적으로 사용되기 때문이다. 가령 〈사랑〉이라는 관념에는 충실함, 열정, 배려, 헌신, 관심, 신뢰에 대한 기대가 하나로 묶여 있

* 이 단어들은 모두 〈잡다〉, 〈보다〉, 〈세우다〉 같은 기본적인 행위 양태를 가리키는데, 이런 행위를 통해 우리에게 들어온 감각적 인상이 추상적인 단어의 유래가 되었다는 말이다.

다. 이렇게 이중으로 상징화된 신호들은 아주 늦게야 인간의 언어 속에 확립되었다. 게다가 이런 신호조차 모든 인간에게 공통적이지 않고, 문화권별로 매우 다르게 사용된다.

원숭이는 이런 이중으로 암호화된 신호들을 접하면 어떻게 될까? 당연히 어찌할 바를 모른다. 인간이나 연상할 수 있는 의미 내용은 원숭이 세계에는 전혀 존재하지 않을뿐더러 유추를 가능케 하는 비교 대상도 없다.

그럼에도 우리는 그들에게 무슨 짓을 하고 있는가? 유인원들을 더는 돌아갈 수 없는 원래의 사회 집단으로부터 고립시킨 뒤 그들의 자연환경에서 데려와 완전히 낯선 신호 체계로 학대한다. 그로써 우리가 기껏 증명해 낸 것은 무엇인가? 유인원이 자기 종의 타고난 행동 및 소통 방식을 버리는 대가로 인간 언어의 몇몇 기본적인 특성을 습득할 수 있다는 사실을? 유인원이 진화 과정에서 인간 언어를 사용하지 않았다고 해서 그들을 업신여기는 것은 정말 미친 짓이 아닐까?

언어는 사회적 행동과 분리할 수 없다. 인간의 언어가 그렇게 복잡해진 까닭은 우리가 가령 중앙아프리카에서 낙원과도 같은 상태에서 단순히 여기저기 떠돌고, 잠자고, 함께 모여서 짝짓기하는 보노보와는 달리 고도로 세분화된 사회적 행동을 위해 그런 언어가 필요했기 때문으로 보인다. 비록 우리 가운데 적지 않은 사람이 여전히 보노보처럼 사는 것을 좋아하겠지만 말이다. 게으름쟁이의 천국 같은 인간의 판타지 세계도 별로 달라 보이지 않는다. 상당수의 사람은 소통이 크게 필요 없는 단순한 활동,

즉 자고 먹고 섹스하는 것에서 절정의 행복감을 느낀다.

오늘날 우리가 아는 지식에 따르면 인간의 언어는 오스트랄로피테쿠스에서 호모로 진화하는 과정에서 말해야 할 것이 점점 많아짐으로써 세분화되고 정교해진 것이 아니다. 오늘날의 인간 사회에서도 풍부한 어휘와 비유는 소통의 필요성에 따른 것이라기보다 여러모로 복잡한 상황에 대처하는 과정에서 생겨난다. 예를 들어 편의점에서 맥주를 사 오거나, 술집에서 화장실이 어디 있는지 묻거나, 축구팀을 응원하는 데는 복잡한 어휘가 필요치 않다. 이 정도는 호모 에렉투스도 얼마든지 자기 뜻을 전달할 수 있다.

언어가 의식에 영향을 준다는 사실에는 논란의 여지가 없다. 그것은 비단 인간 언어만이 아니라 원숭이의 소통에도 해당될 것이다. 부가적 〈의미〉로서 언어는 우리가 세계를 파악하고 현실을 구성하는 방식을 조정한다. 동시에 언어는 인간과 다른 종들 사이뿐 아니라 상이한 다른 인간 문명들 간에도 근본적인 걸림돌을 생산해 낸다. 예를 들어 유럽인에게 이투리 원시림에 사는 피그미족의 상상 세계는 얼마나 낯선가! 언어의 한계는 곧 세계의 한계다. 그것은 개인뿐 아니라 각각의 문화에도 해당된다. 그렇다면 당연히 이런 물음이 제기된다. 우리가 동일한 인식 조건, 즉 동일한 뇌 구조를 갖고 있음에도 피그미족의 세계를 이해하지 못한다면 원숭이나 다른 동물의 세계는 어떻게 이해할 수 있을까? 게다가 특이하게도 피그미족과 유럽인이 침팬지에 대해 갖고 있는 상도 굉장히 달라 보인다. 가령 인도네시아 원주민은 오랑우탄이 일할 필요가 없도록 언어 사용을 현명하게 포기한 〈숲의 인간들〉이라고 믿는다. 이는 다른 문화의 원숭이 상에서도 나타나는 전통적인 생각이다.

인간은 다른 관점에서도 자기 언어의 힘을 과대평가하는 경향이 있다. 우리는 우리 삶을 구조화하는 것이 언어라고 생각할 때가 많다. 따라서 인간과 비슷한 언어를 갖고 있지 않은 생물은 원시적이라고 생각한다. 그러나 영국 철학자 메리 미즐리Mary Midgley(1919~2018)는 이렇게 말한다. 〈언어가 정말 정연한 관념의 유일한 원천이라면 인간을 제외한 모든 동물은 완전히 무질서한 세계에서 살아갈 것이다. 이것을 지능의 차이라고 말할 수는 없다. 그들은 우리가 마땅히 지능이라고 부를 만한 것들을 사용하지 않기 때문이다. …… 진실은 인간에게조차 세계 질서의 상당 부분은 언어 이전에 이미 확립되어 있었다는 것이다. 우리가 다른 동물들과 공유한 능력들의 결과로서 말이다.〉[5]

자신이 어디서 왔고, 자신이 본질적으로 누구인지 호모 사피엔스가 잊어버린 것도 언어 이전에 확립된 것으로 보인다. 그렇다면 인간이 머릿속에서 자신과 동물을 구분하는 거대한 차이를 발명한 것도 결코 우연이 아니다. 물론 전체 지구를 완전히 정복할 때까지 〈타자〉와 〈이방인들〉에 맞서 우리의 영토를 강력히 구축해야 했을 때는 그것이 최소한 단점으로 작용하지는 않았을 것이다. 인간은 자신과 매우 비슷한 것만 동등하게 여기는 경향이 있다. 그 때문에 유럽 문화권의 남자들은 다른 동물뿐 아니라 여자도 꽤 오랫동안 도덕에서 배제했다. 머릿속에서의 이런 자기중심적 차별은 신학과 철학, 생물학 속으로도 어렵지 않게 스며들었다. 그렇다면 여기서 우리는 어떤 결론을 내릴 수 있을까? 동물과 인간 사이의 경계는 전혀 존재하지 않는다고? 루소의 요구처럼 원숭이, 아니 최소한 대형 유인원만이라도 우리와 같은 종으로 보아야 한다고?

1.6퍼센트

유인원은 인간일까?

> 원숭이는 나무 위, 특히 계통수 위에서
> 살기 좋아하는 동물이다.
>
> — 앰브로즈 비어스Ambrose Bierce

그들은 오스트레일리아, 마다가스카르, 뉴질랜드, 그린란드로는 가지 않았다. 오직 해가 지는 서쪽으로 이동했다.[1] 그러다 물가가 나타나자 멈추어 섰다. 그들은 배를 만들지 않았고, 돛을 올리지도 않았다. 대신에 그냥 거기 앉아 만족스럽게 살았다.

우리의 털북숭이 혈족에 관한 이야기다. 통상적인 견해에 따르면, 호모 에렉투스와 호모 사피엔스는 세계 정복을 위해 아프리카를 떠났다면, 침팬지와 보노보, 고릴라는 그곳에 남았다. 이들은 동아프리카에서 서아프리카로만 퍼져 나갔는데, 주어진 것에 만족하는 면에서는 탁월한 재주가 있었던 것이 분명하다. 이는 동서양의 수많은 철학자, 그러니까 유학자와 도교인, 스토아학파, 에피쿠로스학파, 견유학파가 인간 삶의 가장 큰 행복으로 예찬한 기술이다.

그들은 뒤에 남았기에 오늘날 인간들은 이 유인원들을 뒤처진 종족으로 간주하길 좋아한다. 물론 때로는 징그럽게, 때로는 사랑스럽게 바라보지만 말이다. 아무튼 그런 편견 면에서는 기원전 525년경 지금의 카메룬 지역을 항해하면서 이상한 형체들을 발견한 카르타고의 항해자 한노의 생각도 다르지 않았다. 〈대부분 몸이 털로 뒤덮인 암컷이었다. 통역사들은 그들을 고릴라라고 불렀다. 우리는 수컷들을 뒤쫓았지만 한 마리도 잡을 수 없었다. 하나같이 바위를 넘어 도망치더니 우리한테 돌을 던졌기 때문이다. 암컷 세 마리만 포획했다. 하지만 그들은 우리를 따라오려고 하지 않았고, 선원들을 물고 할퀴었다. 그 때문에 우리는 그들을 죽였고, 가죽만 벗겨 카르타고로 가져갔다.〉[2]

16세기와 17세기에 유럽에 도착한 최초의 유인원들도 사정이 그다지 낫지 않았다. 네덜란드에서는 한 오랑우탄 암컷이 반인반수의 신화적 존재인 〈사티로스〉 이미지로 문화사에 이름을 올렸다. 1699년에 영국 의사 에드워드 타이슨Edward Tyson(1650~1708)은 한 어린 침팬지에게 〈피그미〉라는 이름을 붙여 주었다. 두 원숭이는 일찍 죽었다. 20세기에 들어서서도 유인원을 적절하게 평가하는 방법을 아는 사람은 없었다. 17세기와 18세기의 그림들을 보면 동판화가들이 이 동물을 인간으로 그려야 할지, 동물로 그려야 할지 도무지 감을 잡지 못했음을 알 수 있다. 그래서 어떤 때는 유인원 한 쌍이 아담과 이브처럼 손에 꽃을 들고 교태를 부리며 낙원에 서 있었고, 어떤 때는 네덜란드의 오랑우탄 암컷이 구약에 나오는 에서*의 적절한 여성 파트너

* 이스라엘의 조상 야곱의 쌍둥이 형으로서 온몸이 털로 덮여 있었다고 한다.

로 묘사되었다.[3]

　불확실하기는 철학자들도 매한가지였다. 앞서 언급했듯이 데카르트는 모든 동물을 자동 기계로 설명했고, 그로써 다음 질문들과 관련해서 열띤 논쟁을 불러일으켰다. 동물에게도 영혼이 있고, 지능이 있을까? 자연 과학에 조예가 깊던 고트프리트 빌헬름 폰 라이프니츠Gottfried Wilhelm von Leibniz(1646~1716)는 어쨌든 원숭이가 자동 기계가 아님을 깨닫고 있었다. 그에게 오랑우탄은 언어와 이성이 없는 생물체였다. 프랑스의 위대한 자연 연구자 뷔퐁 백작도 같은 견해였다. 이에 맞선 사람은 프랑스의 〈유물론자〉인 쥘리앵 오프루아 드 라메트리Julien Offroy de La Mettrie(1709~1751), 클로드 아드리앵 엘베시우스Claude Adrien Helvétius(1715~1771), 그리고 폴 앙리 디트리히 돌바크Paul Henri Dietrich d'Holbach(1723~1789)였다. 이들 세 사람은 인간이 신에 의해 창조된 특별한 존재라는 견해에 반기를 들었다. 인간과 유인원의 차이는 단계상의 차이일 뿐이라는 것이다. 가장 멀리 나간 사람은 라메트리였다. 유인원이든 인간이든 모두 데카르트 학파가 말한 기계라고 생각했기 때문이다. 그러면서 둘의 차이는 손목시계와 해시계의 차이일 뿐이라고 했다. 따라서 유인원도 문화적으로 훈련시키면 분명 인간처럼 행동할 수 있을 것이라고 믿었다.

　유인원과 인간의 차이가 단 한 발짝밖에 되지 않는다는 생각은 현대 과학이 이 문제를 진지하게 고려하기 오래전부터 이미 존재했다. 그러나 그 중간에는 요지부동의 도덕과 성 윤리로 무장한 고루한 19세기가 놓여 있었다. 다윈을 비롯해 그의 영국 및 독일 우군들은 인간을 동물계에 완전히 뿌리내리게 하는 과정에서 힘든 싸움을 이겨 내야 했다. 인간이 유인원과 가까운 혈족이라는 주장은 서유럽의 상류 계층에 종교적 이유에서만 불편함을 안긴 것이 아니었다. 그들은 마치 누군가 식탁 밑에서 털북숭이 손을 음탕하게 자신들의 무릎 위에 올려놓는 듯한 기분이 들었다.

〈인간에게 원숭이란 무엇인가?〉 다윈과 같은 시대에 살았던 철학자 프리드리히 니체Friedrich Nietzsche(1844~1900)는 이렇게 묻고는 이렇게 답한다. 〈웃음거리 아니면 뼈아픈 수치다.〉[4] 니체에게는 인간이 유인원과 가까운 친족 관계라는 사실이 전혀 문제가 되지 않았다. 그러나 동시대인들에게는 그것이 얼마나 기분이 상하는 일인지 알고 있었다. 20세기 초에도 성공회 주교 찰스 고어Charles Gore(1853~1932)는 원숭이처럼 〈자연에 어긋나는 역겨운 존재를 신이 어떻게 창조할 수 있었는지〉 고개를 갸웃거렸다. 런던 동물원을 다녀온 뒤 그는 이렇게 썼다. 〈나는 항상 불가지론자*가 되어 집으로 돌아온다. 신이 어떻게 이 기묘한 동물들을 자신의 도덕적 질서에 끼워 넣을 수 있는지 도무지 이해할 수가 없다.〉[5] 같은 시기에 독일에서 〈동물의 아버지〉로 불리던 알프레트 브렘Alfred Brehm(1829~1884)은 서아프리카의 밀림에서 온 맨드릴개코원숭이를 보고는, 〈악마의 일그러진 모습〉, 〈악덕의 상징〉, 〈소름 끼치는 괴물〉, 〈혐

* 인간은 신을 결코 인식할 수 없다는 철학적 입장.

오스럽기 짝이 없는 야수〉[6]라고 표현했다. 〈원숭이들에 대한 우리의 반감은 그들의 신체적 특징뿐 아니라 정신적 특징에도 근거를 두고 있다. 그들의 몸은 표면적으로만 우리 인간과 비슷하고, 그들의 정신은 좋은 의미가 아니라 오직 나쁜 의미에서만 인간과 비슷하다.〉[7] 1960년에도 한스빌헬름 스몰리크Hans-Wilhelm Smolik(1906~1962)는 50만 부나 팔린 자신의 동물 사전에서 다음과 같이 썼다. 〈털북숭이 원숭이가 나뭇잎 사이로 까맣게 반짝거리는 동그란 눈을 뜨고 우리를 훔쳐보는 모습은 분명 귀엽고 상냥해 보이지 않는다. 짧은 머리카락, 쑥 들어간 이마, 움푹 파인 눈, 새까만 얼굴, 돌출한 주둥이는 자신도 모르게 범죄자의 용모를 떠올리게 한다.〉[8]

즐거워하면서도 삐딱하게 바라보는 스몰리크의 이 시선은 인간이 원숭이에 대해 얼마나 우월감을 느끼고 싶어 하는지 잘 보여 준다. 그 때문에 영국 동물학자이자 동물 행동학자인 데즈먼드 모리스Desmond Morris(1928~)는 같은 1960년대에 냉철한 현실 인식으로 동시대인들에게 충격을 안기기가 어렵지 않았다. 〈현재 살아 있는 원숭이와 유인원은 총 193종이다. 그중 192종은 피부가 털로 덮여 있다. 털 없는 유인원은 스스로를 호모 사피엔스라고 부르는 종이 유일하다. 유례가 없을 정도로 큰 성공을 거둔 이 종은 많은 시간을 자신의 좀 더 고결한 존재 이유를 찾는 데 투자하고, 똑같이 많은 시간을 자신의 뿌리를 열심히 무시하는 데 사용한다. 이들은 모든 영장류 가운데 가장 큰 뇌를 가진 것을 자랑스러워하지만, 가장 큰 페니스를 가진 것은 감추면서 그

영예를 우락부락한 고릴라에게 돌리길 좋아한다. 한마디로 지극히 말이 많으면서도 통찰력이 뛰어나고 이것저것 요구가 많은 까다로운 유인원이다.〉[9]

영장류에 관한 모리스의 묘사에서는 생존하는 영장류가 193종 대신 4백 종이 넘는다는 사실만 빼놓고는 틀린 것이 없다. 그럼에도 1968년에 출간된 그의 책 『털 없는 원숭이 *The Naked Ape*』는 폭넓은 불쾌감을 일으켰다. 동물원장 헤디거도 모리스의 책을 도발로 느꼈다. 그가 볼 때 〈인간이 단순히 원숭이에 지나지 않는다는 사실과 신체적 특징과 관련해서만 원숭이라는 사실〉에는 본질적인 차이가 있었다. 그가 그나마 진정할 수 있었던 이유는 로렌츠의 말 때문이었다. 〈당신이 만일 인간이 포유동물이고, 그것도 유인원이라고 말한다면 그것은 전적으로 옳습니다. 하지만 인간은 그저 포유동물 중 하나에 지나지 않는다고 말한다면 그것은 독신(瀆神)입니다.〉[10] 인간의 특수한 위치가 문제일 때는 무신론자인 로렌츠조차 〈독신〉, 즉 신성 모독을 입에 올렸다.

인간이 생물학적으로 원숭이라는 사실은 오늘날 과학에서건 많은 사람의 통념적 생각에서건 별로 의심받지 않는다. 그렇다면 이제 시선을 바꾸면 어떻게 될까? 침팬지, 보노보, 고릴라, 오랑우탄 같은 대형 유인원들은 얼마나 인간적일까? 우리와 그들 사이에 큰 차이를 발견하지 못한 18세기 프랑스 계몽주의자들의 생각이 옳았을까?

오늘날 우리는 이 문제를 최소한 생물학적으로는 더 정확히 답할 수 있다. 핵심 수단은 바로 분자 유전학이다. 예일 대학교의 분자 생물학자인 찰스 시블리Charles Sibley(1917~1998)와 존 알퀴스트Jon Ahlquist(1944~2020)는 1984년 인간과 원숭이의 유전 정보에 관한 다년간의 연구 결과를 발표했다. 그들은 인간 DNA와의 직접적인 비교 속에서, 현존하는 대형 유인원 4종(고릴라, 오랑우탄, 침팬지, 보노보)과 긴팔원숭이 2종, 구세계원숭이 7종의 DNA 구조를 분석했다.

시블리와 알퀴스트의 연구에 따르면 레서스원숭이는 인간 및 유인원의 DNA 구조와 93퍼센트 일치했다. 오랑우탄과 인간은 3.6퍼센트의 차이를 보였고, 고릴라와 인간은 2.3퍼센트의 차이가 있었다. 침팬지 및 보노보와 인간의 차이는 각각 1.6퍼센트였다. 그에 반해 특히 놀라운 점은 침팬지와 고릴라의 차이는 2퍼센트가 넘었고, 긴팔원숭이 2종은 서로 2.2퍼센트나 다르다는 것이었다.

그사이 시블리와 알퀴스트의 결과를 확인해 주는 많은 후속 연구가 나왔다. 가령 미국 국립 인간 게놈 연구소장 프랜시스 콜린스Francis Collins(1950~)의 연구 팀은 침팬지의 게놈을 30억 개 유전자 서열로 분해했는데, 특히 뇌에서는 인간과 침팬지 사이에 유전적 불일치가 거의 없다는 사실을 발견했다. 가장 큰 차이를 드러낸 것은 고환이었다. 전체적으로 32퍼센트가 달랐다. 25개 연구소로 구성된 침팬지 염기 서열화 및 분석 컨소시엄은 2005년 침팬지와 인간 게놈의 염기 서열이 1.23퍼센트 다르다는 결과를 내놓았다. 다만 가끔 침팬지와 인간 사이에서 다르게 나타나고, 연구자에 따라 그 중요성이 각각 다르게 평가되는 유전자 조각들이 발견되었다. 그렇다면 인간과 침팬지를 구분하는 과학적으로 정확한 백분율은 오늘날까지도 논란의 여지가 있다.

아무튼 대체로 확인된 차이가 1퍼센트에서 2퍼센트라면 호모 사피엔스와 침팬지는 대략 말과 당나귀만큼 가까운 관계다. 분자 생물학적으로 보면 집쥐와 들쥐, 낙타와 라마, 또는 겉으로는 거의 구별이 안 되는 연노랑솔새와 검은다리솔새의 관계보다 더 가깝다. 이런 결과들을 토대로 다이아몬드는 1990년대 초 새로운 유인원 분류 체계를 주장했다. 그의 말을 들어 보자. 앞으로 분류학자들은 이 문제를 〈조금 다르게 보아야 한다. 다시 말해 침팬지의 관점에서 보아야 한다. 그리되면 약간 고등 단계의 유인원(인간 침팬지를 포함해서 침팬지 3종)과 약간 하등 단계의 유인원(고릴라, 오랑우탄, 긴팔원숭이) 사이에는 느슨한 이분법만 존재한다. 침팬지와 고릴라 등으로 이루어진 유인원과 인간 사이의 전통적인 구별은 실재와 맞지 않다〉.[11]

그렇다면 인간의 생물학적 분류에서는 왜 긴팔원숭이와 솔새의 분류와는 다른 규칙이 통용될까? 린네가 인간과 침팬지를 다른 속으로 분류할 만큼 생물학적 차이가 크지 않다고 판단한 것은 옳았다. 긴팔원숭이 2종의 분석에서 확인된 DNA의 2.2퍼센트 차이는 그 둘을 계속 긴팔원숭이속으로 분류하지 못할 이유가 되지 못했다. 그렇다면 인간과 침팬지는 왜 1.6퍼센트밖에 차이가 나지 않는데도 계속 속의 구분을 유지하는가? 어쨌든 다이아몬드가 볼 때 확실한 것은 이 세상의 호모속에는 한 종이 아

니라 세 종 혹은 네 종이 존재한다는 것이다. 〈호모 트로글로디테
스로서 일반 침팬지, 호모 파니스쿠스로서 난쟁이 침팬지, 그리
고 호모 사피엔스로서 인간 침팬지 이렇게 말이다. 고릴라도 이
들과 미미한 차이밖에 없기에 사실 호모속의 네 번째 종으로 받
아들여질 권리가 충분해 보인다.〉[12]

유인원 4종을 호모속으로 분류하자는 다이아몬드의 제안은
학계에서 받아들여지지 않았다. 심지어 분류학자들 사이에서 진
지하게 논의조차 되지 않았다. 놀라운 일이다. 과학자들은 지난
20년 동안 척추동물의 분류 체계를 전반적으로 재검토하면서 유
전자 분석으로 드러난 결과에 따라 친족 관계를 일부 새롭게 정
리했기 때문이다. 하지만 유독 동물과 인간 사이의 경계에 대해
서만큼은 아예 손을 놓고 있다.

인간과 유인원의 게놈 비교가 우리에게 보여 주는 것은 분
명하다. 인간과 침팬지 사이를 나누는 도랑을 침팬지와 촌충 사
이의 도랑보다 더 깊게 파려고 할 때마다 도로 굴러떨어지는 흙
으로 도랑이 다시 메워진다는 점이다. 앞서 살펴보았듯이 인간
과 원숭이의 경계는 직립 보행이나 도구 사용, 대형 동물 사냥이
나 세분화된 언어에 있지 않다. 경계의 말뚝을 박으려는 모든 시
도는 비동시적인 발달의 혼란 속에서 무산되고, 많은 유인원종
으로의 분화만 낳았다. 아니면 자잘한 해부학적 특징들로 국한
될 뿐이었다.

그렇다면 인간과 동물 사이의 자연사적 도랑은 인간의 상
상 속에서만 존재하는 것일까? 물론 유전자의 사소한 차이가 실

제 행위 면에서는 막대한 차이를 유발하는 것이 사실이다. 침팬지와 보노보의 유전 물질은 1퍼센트도 다르지 않다. 그럼에도 그들의 성적 행동은 침팬지와 인간 사이의 성적 행동만큼이나 다르다. 앞서 언급했듯이 보노보는 〈정상 체위〉로 짝짓기를 할 때가 적지 않지만, 일반 침팬지의 경우는 그런 체위가 거의 등장하지 않는다. 또한 보노보 암컷은 대부분의 시간 동안 짝짓기할 준비가 되어 있고, 수컷에게 직접적으로 성행위를 자극할 때도 많다. 반면에 그들의 덩치 큰 사촌인 침팬지 암컷은 달의 중순 며칠 동안만 짝짓기에 응하고, 섹스에 대한 충동은 오직 수컷에게서만 나타난다. 그렇다면 성 생리학과 성 역할의 중요한 차이는 보노보와 일반 침팬지를 구분하는 소수의 유전자에서 비롯된 것이 분명하다.

이처럼 영장류를 구분하는 작은 분자 유전학적 차이는 큰 결과를 부를 수 있다. 불과 몇십 년 전만 해도 인간만이 〈도덕〉을 갖고 있고, 털 달린 그의 혈족들은 그렇지 않다는 것이 정설이었다. 인간은 윤리적 행동, 관습, 가치, 책임, 매우 정교하게 구축된 법을 안다. 게다가 양심이 있고, 도덕적 갈등에 빠지고, 양심의 가책을 느낀다. 반면에 유인원은 단순히 서로 도움만 주고받을 뿐이다. 이를테면 〈내가 네 털에서 이를 잡아 줄 테니 너도 내 털의 이를 잡아 줘〉 하는 식이다. 미국 뉴저지주 러트거스 대학교의 진화 생물학자 로버트 트리버스Robert Trivers(1943~)는 1970년대에 이 행동을 〈호혜적 이타주의〉라고 불렀다. 사심 없이 주는 헌신적인 이타주의가 아니라 계산된 상호 부조라는 것이다.

이 문제는 드 발이 등장하면서 상황이 반전되었다. 그의 이름을 세상에 알린 것은 아른하임 동물원에서의 연구였다. 네덜란드 출신으로 30년 가까이 애틀랜타 에모리 대학교의 심리학과 교수로 재직했던 그는 유명한 영장류 학자였다. 1980년대에 그가 학계에 도발적으로 던진 테제는 퍽 근사했다. 설명하면 이렇다. 인간에게 〈선〉이라는 씨앗은 신의 선물도, 고결한 이성의 영감도 아니다. 선은 동물계에 잘 알려져 있는 사교성에서 비롯되었다. 처음에는 갈등 해결이 우선이었고, 나중에는 공감과 공정이 추가되었다. 사회적 동물에서 도덕적 동물로의 이행은 작은 발걸음이었다. 아니, 좀 더 정확히 표현하자면 작은 발걸음의 연속이었다. 대형 유인원을 이해한다는 것은 인간 도덕의 뿌리를 발견한다는 것을 의미한다. 우리의 도덕은 협력과 위로, 감사함, 공동체 의식에 뿌리가 닿아 있다는 것이다. 드 발의 도덕적 진화 모델은 러시아의 마트료시카 인형*처럼 그 속에 몇 개의 층이 포개져 있다. 가장 안쪽에는 감정적 반응이 숨어 있다. 남들이 곤경에 처하거나 울거나 슬퍼하면 내 마음속에서는 필연적으로 동요가 인다. 이 반응은 거의 모든 고등 동물에게서 발견된다. 마트료시카의 중간에 있는 인형은 공감이다. 타인의 감정을 헤아리고 그 원인까지 읽을 줄 아는 능력이다. 인간과 마찬가지로 유인원도 그런 능력을 갖고 있다. 마트료시카의 가장 바깥쪽 인형은 타인의 관점을 온전히 받아들일 줄 아는 기술이다. 이것은 오로지 인간에게만 있다.

* 하나의 몸체 속에 여러 개의 작은 몸체가 층층이 들어가 있는 인형.

지난 수십 년 동안 영장류 연구자들은 원숭이, 특히 유인원도 공감하는 행동을 할 수 있음을 보여 주는 수많은 증거를 발견했다.[13] 특히 영국 트와이크로스 동물원에 사는 암컷 보노보 쿠니의 이야기가 감동적이다. 〈어느 날 쿠니는 찌르레기 한 마리를 잡았다. 사육사는 쿠니가 혹시 실신한 찌르레기를 다치게 할까 봐 찌르레기를 놓아주라고 재촉했다. …… 쿠니는 찌르레기를 한 손으로 잡더니 나무 꼭대기로 올라가서는 두 발로 나무줄기를 꽉 움켜잡았다. 자유로워진 두 손으로 새를 잡기 위해서였다. 이어 각각 한 손으로 조심스럽게 새의 양쪽 날개를 잡아 활짝 펼치고는 사육장 울타리 너머로 힘껏 날려 보냈다. 하지만 안타깝게도 너무 가깝게 던졌고, 찌르레기는 사육장을 둘러싼 도랑 가장자리에 내려앉았다. 쿠니는 한참 동안 찌르레기를 살펴보면서 호기심 많은 어린 수컷들이 접근하지 못하게 지켜 주었다.〉[14]

이 이야기에서 특별한 것은 보노보 암컷이 타종의 동물에 대해, 그러니까 하늘을 날려고 하는 것처럼 자신과 완전히 다른 욕망을 가진 동물에 공감을 나타냈다는 점이다. 침팬지 자신은 하늘을 날 수 없는데 난다는 것이 무엇인지 어떻게 알까? 쿠니의 공감적 행동은 분명 새에게 감정 이입이 되었다는 것을 의미한다. 쿠니는 다른 종의 동물에 애틋한 감정을 느꼈고, 그로써 자기 종의 경계를 뛰어넘었다.

원숭이를 〈도덕적 감정을 느끼는 존재〉로 보는 드 발의 관점은 동물의 〈도덕〉에는 아무 관심이 없던 철학자들만 도발한 것이 아니라 영장류학의 동료들에게도 심각한 도전장을 던졌다. 그가 그려 낸 원숭이 상과 인간상은 기존의 통념과는 달리 상당히 낙관적이었기 때문이다. 생물학계에는 인간을 긍정적으로 보는 연구자들이 극히 적다. 휴머니스트였던 다윈이 오히려 예외일 정도다. 19세기 후반기 〈다윈주의〉의 승승장구 이후에 진화 심리학자들 사이에서는 동물과 인간의 긍정적인 측면을 깎아내리고 제거하는 것이 유행이었다. 따라서 20세기 중반까지는 자연과 생물의 모든 것이 격렬한 〈싸움〉이나 피비린내 나는 〈살육〉이 아니면 냉혹한 〈선택과 도태〉로 해석되었다. 생물학적으로 위장된 이러한 안티 휴머니즘의 결과가 바로 제1차 세계 대전부터 광적인 인종주의를 거쳐 국가 사회주의로 이어지는 인간 역사다.

그렇기에 제2차 세계 대전 이후 과학이 인간의 사회적 행동과 반사회적 행동을 생물학적으로 설명하는 모델에 더는 관심을 두지 않은 것은 놀랍지 않다. 그런데 1970년대에 〈사회 생물학〉이나 〈진화 심리학〉이 다시 등장했고, 특히 영미권에서는 어느 정도 성공을 거두었다. 다만 이번에는 글로벌 자본주의의 옷으로 갈아입었다. 이후에 진화 심리학자들의 교과서에서는 월 스트리트의 논리가 장악했다. 예를 들어 상호 간의 손익 계산, 후손에 대한 투자, 파트너 선택에서의 위험 전략이 핵심적으로 언급되었다. 우리는 우리 자식들에 대해 50퍼센트의 〈유전자 주식〉[15]을 갖고 있다. 이들 무리에서 가장 목소리가 큰 사람 중 한 명인 리처드 도킨스Richard Dawkins(1941~)의 표현이다. 또한 현대 진화 심리학자들 가운데 경제가 생물학에 게임 규칙을 미리 제시하고 있다는 사실을 믿지 않는 사람은 거의 없다.

　반면에 드 발은 자본주의 비판자다. 맹수 보호를 주창하는 휴머니스트였던 그는 이른바 인간 진화의 원동력이라는 〈이기적 유전자〉나 〈이기적 원칙〉을 모른다. 〈진화 심리학〉의 창시자 마이클 기셀린Michael Ghiselin(1939~2024)이 내세운 전설적인 신조는 이렇다. 〈이타주의자의 껍데기를 벗겨라, 그러면 피를 흘리는 위선자를 보게 될 것이다!〉 그러나 드 발의 생각은 달랐다. 유인원과의 오랜 경험, 감수성, 신중함이 그를 더 나은 철학자로 만들었다. 그는 우리를 위선으로 위장한 야수로 묘사하지 않고, 정신 질환자를 인간의 본성으로 보지도 않는다. 도덕은 결코 우리의 사악한 본성 위에 덧칠해 놓은 위선적인 회반죽이 아니다. 자연에 반하는 그런 회칠이 대체 무엇이란 말인가? 드 발은 진화 생물학자들의 부정적인 인간상에 맞서 인간과 유인원에게서 나타나는 연민과 감정 이입, 관심, 이타심을 내세운다.

　이런 개념들은 진화 심리학자들에게는 도발이다. 그들의 동물 사전에는 1백 년 전부터 이런 개념이 들어설 자리가 없었다. 이 개념들에는 영혼이 너무 많은 반면에 동물의 반사적 행동은 너무 적고, 휴머니즘적 다윈은 너무 많은 반면에 생존 투쟁을 앞세우는 다윈주의는 너무 적다는 것이다. 그러나 드 발은 우리가 유인원과 공유하는 〈도덕적 감정〉 없이는 인간의 도덕을 설명할 길이 없다는 점을 분명히 한다. 우리의 이성은 감정 없이는 선악을 구별할 방법을 모른다는 것이다. 이로써 드 발은 미래의 뇌 연구에서 확인될 사실을 선취하고 있다. 우리의 도덕적 행위를 결정하는 것은 이성이 아니라 감정이다.

우리는 도덕의 뿌리를 우리와 가장 가까운 혈족인 유인원들에게서 찾아야 한다. 침팬지와 보노보, 고릴라, 오랑우탄이 마치 선한 것처럼 행동한다면 그들 자체가 선하다고 말하지 못할 이유가 있을까? 선에 대한 능력은 인간에게만 주어진 특수한 것이 아니다. 또한 도덕은 칸트의 말처럼 인간이 되기 위한 본래적 사명도 아니다. 어쩌면 우리는 자기 속에서 〈욕망〉만 느끼는 것이 아니라 도덕적 〈당위〉도 함께 느끼는 유일한 동물이 아닐 수도 있다.

20세기 초의 행동주의*가 동물에게서 영혼을 박탈한 이후 동시대 철학자들도 동물에게 분명히 한 가지는 없다고 생각했다. 바로 **의도**다. 수없이 반복된 도덕의 철학적 기준은 다음과 같다. 유인원은 무언가를 의도적으로 할 수 있을까? 또한 이 의도의 배후를 캐물을 수 있을까? 그런데 그사이 우리는 이 기준이 시대에 맞지 않게 너무 높게 설정되었음을 안다. 인간에서조차 우리는 어떤 행동의 의도를 명확히 증명해 내지 못한다. 인간의 자유 의지를 연구하는 뇌 연구자들도 오늘날 동일한 질문을 던진다. 인간은 무언가를 의도적으로 할 수 있을까? 이것은 당연히 자유로운 선택에 기반한 의도를 말하는데, 좀 더 본질적으로 묻는다면, 나는 내가 욕망하는 것을 욕망할 수 있을까?

상황은 기괴하다. 이전에 행동주의자들이 동물 영혼을 해체한 것처럼 지금은 수많은 뇌 연구자가 인간 이성을 감정으로 해

* 심리학의 대상을 의식에 두지 않고, 자극에 대한 반응으로 일어나는 행동에서 인간 심리를 객관적으로 관찰하려는 입장.

체하고 있다면 그사이 철학자들은 인간 가치 공동체에 여전히 칸트적 척도, 즉 의도와 자의식, 자기 결정, 이성, 자기반성을 들이댄다. 우리가 우리 자신을 동물과 전혀 다른 존재로 만드는 도덕적 대행 기관을 유지하려면 그런 도덕적 척도의 파편들을 억지로 갖다 붙여야 한다. 실제로 우리는 유인원을 인간의 일상 행동이 아니라 철학적 초자아를 기준으로 비교한다. 그 때문에 이런 물음이 나온다. 침팬지에게는 도덕적 규범을 확립할 능력이 있는가? 이는 인간의 경우도 소수만 창의적으로 사용할 수 있는 능력이다. 그렇다면 동물에게 이성이 있느냐에 대한 기준은 인간이 아니라 도덕 철학자인 셈이다.

인간의 도덕적 능력이 비범하다는 것이 사실이라고 해도 그 능력이 동물계에서 유일한 것은 아니다. 침팬지를 〈선한〉 존재로 본다고 해서 추상적인 도덕 가치에 대한 인간의 특별한 재능을 부정하는 것도 아니다. 그것은 인간 이성의 선한 본질을 자연 및 우리 안의 모든 동물적인 것과 깨끗하게 분리시키지 않는다는 뜻이다. 지크문트 프로이트Sigmund Freud(1856~1939)의 오류를 부추기기도 했던, 우리의 악한 동물적 본성과 문명의 선한 덧칠 사이에 존재하는 잔인한 충돌은 허상이자, 서구적 사고의 환상이다.

유인원에게 배운다는 것은 우리가 감성적 본성의 상당 부분을 아주 자잘한 지점까지 그들과 공유하고 있음을 안다는 뜻이다. 다만 추상화의 비약적 능력만큼은 인간의 비범한 특징이다. 왜냐하면 인간의 일상 삶에서는 도덕적 성찰이 침팬지나 고릴라의 경우보다 훨씬 자주 나타나지는 않는다고 해도 그럴 능력이 있는 사람이 존재한다는 사실은 누구도 부정할 수 없기 때문이다. 일상에서 얼마나 드물게 나타나든, 이 능력은 인간을 다른 동물과 구분하는 결정적인 요소다. 가령 우리는 다른 종의 동물에게 공감만 할 수 있는 것이 아니라 〈책임감〉도 느낄 수 있다. 따라서 그들을 보호할 생각을 하고, 그들에게 권리도 부여할 수 있다. 다만 자기 안에 있음에도 사용하지 않는 능력이라면 백날 칭찬해 보았자 무슨 소용이 있겠는가?

인간이 문화사에서 동물을 어떻게 다루었고, 어떻게 생각했는지 살펴보기 전에 잠시 들렀다 갈 곳이 있다. 인간 동물이 다른 동물들에 대해 알 수 있는 것이 대체 무엇인지 짧게 따져 볼 생각이다. 다음은 인간 인식을 다루는 매우 철학적인 장인데, 별로 궁금하지 않은 독자는 그냥 넘겨도 된다. 우리는 2부에서 다시 만날 것이다. 물론 모든 독자가 함께하길 진심으로 바란다.

주체의 계략

우리는 동물에 대해 얼마나 아는가?

영혼과 감정이 없는 사람만이
동물에게도 영혼과 감정이 있느냐고
물을 수 있다.

— 오이겐 드레버만Eugen Drewermann

어느 날 장자(莊子)가 해자(垓字) 위의 다리를 그의 벗 혜시(惠施)와 함께 거닐다가 문득 물속을 바라보면서 말한다. 「물고기들이 저리 가볍고 자유롭게 노니는 걸 보게나. 저게 물고기의 즐거움이 아닌가?」 그러자 혜시가 답한다. 「자네는 물고기가 아닌데 물고기가 즐거워하는 걸 어찌 아는가?」 이번에는 장자가 답한다. 「자네는 내가 아닌데, 내가 물고기의 즐거움을 모른다는 걸 어찌 아는가?」[1]

이것은 기원전 4세기에 쓴 것으로 알려진 중국 고사다. 도교의 초기 사상가인 장자의 이 이야기는 동물의 감정을 실제로 아는 것이 얼마나 어려운지 말한다. 또한 동물의 내면세계로 접근하는 유일한 가능성이 어디에 있는지도 알려 준다. 즉 동물과 인간 행동 사이의 유사점을 찾아내는 것이다. 그것은 인간 사이에서도 다르지 않다. 우리는 타인이 무엇을 느끼고 무슨 생각을 하는지 모른다. 그럼에도 남의 생각을 가늠하고 감정적 표현을 해석할 때 대개 틀리지 않는다고 믿는다.

우리는 육체적 고통과 기쁨에서만 많은 동물이 실제로 느끼는 것을 비교적 정확히 안다. 동물의 신경계가 그런 상태를 명확히 드러내기 때문이다. 그러나 그들의 의식과 행복감은 유추를 통해서만 접근이 가능하다. 어떤 동물종이 전반적으로 악하거나 웃기거나 나태한 속성을 가졌다고 규정하는 과거의 많은 실험이 오늘날 우리의 눈에 아무리 어리석게 보이더라도 사실 우리에게는 동물의 복잡한 감정을 우리 자신의 느낌에 따라 가늠하는 것 말고는 다른 방법이 없다.

다윈은 젊을 때 이미 이 문제가 얼마나 복잡한지 예감했다. 1838년 남아메리카에서 돌아온 뒤 노트에 이렇게 적었다. 〈인간의 유래 증명됨. 형이상학의 꽃을 활짝 피우자! 개코원숭이를 이해하는 사람이 로크보다 형이상학에 더 큰 기여를 한다.〉 다윈과 동시대인들은 〈형이상학〉을 세상 만물의 토대를 이루고 만물에 구조를 부여하는 원칙이자 존재의 비밀로 이해했다. 다윈이 여기서 언급한 〈로크〉는 17세기에 세상의 존경을 한 몸에 받던 영국 철학자 로크를 말한다.

다윈이 말하고자 하는 바는 분명하다. 앞으로는 존재의 원칙이 더 이상 종교적 영감에 사로잡힌 철학자가 아니라 자연 과학자에 의해 규명되어야 한다는 것이다. 왜냐하면 인간이 원숭이에서 유래했고 신의 특별한 피조물이 아니라면 인간 존재의 비밀은 철학적 사변이 아닌 다른 영장류들 속에 감추어져 있을 것이기 때문이다. 그런데 다윈은 자신이 전혀 생각하지 못했던 다른 점에서도 옳았다. 〈개코원숭이를 이해하는〉 것은 오늘날까지도 인간에게 감당하기 어려운 도전장을 던지기 때문이다.

사회에서 인간과 동물의 관계를 숙고할 때 우리는 항상 그 전에 무언가에 사로잡혀 있다. 판단을 내리게 하는 각자의 입장이 있다는 말이다. 예를 들면 세계관, 종교, 문화, 윤리, 가치관 같은 것들이다. 그런데 이 모든 것 위에는 또 〈가장 근본적인〉 원칙, 즉 모든 입장 가운데 결단코 바꿀 수 없는 확고한 입장이 있다. 우리가 인간이라는 사실이다. 그런 우리가 다른 동물종을 어떻게 이해할 수 있을까?

〈사자가 말을 할 줄 알아도 우리는 그들의 말을 알아듣지 못할 것이다.〉 오스트리아 철학자 루트비히 비트겐슈타인Ludwig Wittgenstein(1889~1951)의 말이다. 체코 출신의 미국 철학자 토머스 네이글Thomas Nagel(1937~)도 비슷한 주장을 펼쳤다. 그는 1974년 유명한 논문 「박쥐가 된다면 어떤 기분일까?Wie ist es, eine Fledermaus zu sein?」를 발표했는데, 여기서 인간은 결코 박쥐의 입장이 될 수 없다고 밝혔다. 물론 아주 어려운 일이겠지만, 눈을 감은 채 초음파 탐지기를 달고 동굴 속을 난다면 어떤 기분일지 **우리 나름대로** 상상할 수 있을지는 모른다. 하지만 그런다고 같은 일을 할 때 박쥐가 어떤 기분일지는 알 수 없다.

이렇듯 동물의 의식에 대한 우리의 인식에는 항상 〈인간의 관점〉이 개입되어 있다. 우리는 일상의 행동에서 주변 사람들에게 적당히 민감하게 감정을 이입한다. 다른 식으로는 서로를 이해하기가 쉽지 않다. 그렇다면 다른 동물들을 우리의 척도에 따라 평가하려는 경향도 그리 놀랍지 않다. 우리는 동물들에게 감정과 성격적 특징을 부여할 때가 많다. 그것도 철저하게 인간적 성격을 말이다. 왜냐하면 우리는 인간의 성격적 특징 외에 다른 것은 알지 못하기 때문이다. 가령 〈동물의 아버지〉로 불리는 브렘의 동물 관찰에는 위험하기 짝이 없는 판단들이 덕지덕지 묻어 있다. 이런 식으로 동물을 인간적인 행위 모델 속에 끼워 넣게 되면 자연스럽게 동물을 지적으로 폄하하거나 도덕적으로 깎아내리는 경향이 나타난다. 예를 들면 〈사악한〉 늑대, 〈교활한〉 여우, 〈도둑〉 까치, 〈고집쟁이〉 염소, 〈바보 같은〉 캥거루 하는 식으로 말이다.

이런 도덕적 가치 평가 외에 우리는 동물에 대한 미적, 심리적 감정 이입을 통해 우리 자신이 갈망하는 판타지 세계를 거짓으로 만들어 낸다. 가령 새처럼 자유롭고 독립적으로 날아다니고, 우리 곁을 지키는 개처럼 어떤 상황에서도 믿을 수 있는 이웃을 열망하고, 열대 우림의 오랑우탄처럼 자연 그대로의 모습으로 살기를 바라는 것이다. 그러나 이런 정신적 투영 뒤에 숨어 있는 〈실재 세계〉는 우리의 얄팍한 사변에 불과하다. 개는 정말 자신의 자유로운 선택에 따라 〈충직한〉 것일까? 새는 스스로 자유롭고 독립적이라고 느낄까? 오랑우탄은 열대 우림에서 정말 〈본성 그대로의 삶〉을 즐기고 있을까?

따라서 신중하게 접근하고자 한다면 우리는 동물만 관찰해서는 안 되고, 우리가 동물을 관찰하고 파악하는 우리 자신의 방법도 관찰해야 한다. 동물의 실재 세계에 대한 우리의 모든 진술이 인간적 투영이라면 우리가 동물을 그릴 때 사용하는 물감과 붓도 관련이 있기 때문이다. 이런 도구에는 〈이성〉, 〈목적 지향적 사고〉, 〈의미〉, 〈분별력〉, 〈오성〉 같은 것들이 속한다. 예를 들어 우리는 동물원 동물들이 목적 지향적으로 사고할 필요가 없어서 지루할 것이라고 생각한다. 자연 상태에서는 직접 찾아내거나 사냥해야 할 먹이를 사육사들이 알아서 척척 던져 주기 때문이다. 또한 몇 차례 벌을 받고 나서 주인의 명령에 순순히 따르는 눈치 빠른 개에게는 분별력이 있다고 가정한다. 원숭이 실험에서는 우리의 의식 기준이 다른 영장류에게도 유효한지 시험해 보고는 그 모순적인 결과에 놀라워한다.

동물원 동물들이 지루해한다거나 개가 분별력을 갖고 행동한다거나 하는 것은 명확하게 증명할 수도 부인할 수도 없다. 우리가 우리 식으로 인지하는 동물은 말 그대로 우리의 〈발명품〉이다. 동물에 대한 사랑이 사랑받는 대상보다 사랑하는 주체에 대해 더 많은 것을 드러내듯 동물의 내면세계를 향한 우리의 투영도 우리 자신의 갈망을 더 많이 드러낸다. 이때 동물의 실제 〈현실〉은 지구를 등진 달의 반대편처럼 밝혀지지 않는다. 우리가 무엇을 상상하건, 그러니까 어떤 동물을 보면서 영혼이 선하거나 악하다고 상상하건, 혹은 지능이 있거나 없다고 상상하건 진실은 결코 알 수 없다.

인간이 진화 과정에서 가장 가까운 혈족인 침팬지 및 보노보와 연결되어 있던 탯줄을 자른 이후 자발적인 회귀는 없다. 이는 이례적인 일이 아니다. 침팬지와 오랑우탄도 서로를 〈이해하지〉 못하고, 사자도 쫓기는 가젤의 뇌에서 무슨 일이 일어나는지 〈알지〉 못하며, 혈족인 독수리 두 종도 부화기에 서로를 쫓아내는 것 말고는 서로에 대해 아는 것이 없다. 이렇듯 우리도 다른 동물을 이해할 수 없고, 단지 가설만 세울 뿐이다.

그렇다면 인간의 이해력은 제한적이다. 이는 거의 모든 철학자가 평생 최소한 한 번은 절망하는 깨달음이다. 17세기에 데카르트 같은 사상가들은 여기서 중차대한 결론을 이끌어 냈다. 더 이상 〈세계〉가 아닌 〈나〉를 철학의 중심에 세운 것이다. 그럼에도 데카르트는 인간이 〈세계〉를 명확하게 인식할 수 있다고 믿었다. 단, 논리적 이성의 규칙만 지킨다면 말이다. 이 확신은 이후 두 세기가 지나며 차츰 사라졌다. 인간이 자신의 〈실재성〉을 구성하는 많은 조건을 정밀하게 탐구할수록 〈세계 자체〉에 대해 말하는 것은 점점 의미가 없어졌다. 그러다 보니 20세기 전환기에 몇몇 철학자는 결국 세계에 대한 모든 진술이 언어적 진술이라는 결론에 도달했다. 이런 언어적 진술은 지극히 인간적이고 주관적일 뿐 아니라 어휘와 논리, 문법에 구속되어 있었다.

그사이 철학자들은 적어도 한 가지 점에서는 전반적으로 의견을 함께한다. 객관적 인식을 얻고자 아무리 노력해도 우리는 자신의 지각을 항상 다른 종의 지각과 비교만 할 수 있을 뿐 결코 〈실재〉와는 비교할 수 없다는 점이다. 우리의 지능을 훈련시킨 것은 다른 주체들의 계략이다. 우리 자신의 계략은 인식력의 제한성이다. 뇌는 하나의 〈멘털 모델〉*을 만들어 낸다. 이 모델의 원료는 감각 기관을 통해 생성된 자극들이고, 감각 기관의 형태는 종마다 엄청나게 다르다. 예를 들어 상어는 전자기 센서로 방향을 탐지하고, 뱀은 물고기와 비슷하게 진동에 반응하고, 인간은 주로 눈과 귀, 촉각에 의지한다. 우리가 〈저기 바깥〉의 세계에 대해 안다고 믿는 것은 모두 우리 의식의 이 모델 덕분이다. 19세기 말 오스트리아의 물리학자이자 철학자인 에른스트 마흐Ernst Mach (1838~1916)는 이렇게 썼다. 〈우리 바로 곁의 이 생생한 색깔과 소리가 물리적인 원자 세계에서는 우리에게서 얼마나 멀어져 가는지, 또 저기 바깥에서는 저렇게 메마르게 덜커덩거리고 똑딱거리는 소리가 여기 우리 머리 안에서는 얼마나 환한 노랫소리로 들리는지 알면 정말 깜짝 놀랄 것이다.〉[2]

우리에게 정말 중요한 유일한 세계는 〈여기 안쪽〉이다. 이 〈안쪽〉은 본질적으로 밖에서 흘러 들어온 감각적 자극의 양과 그것을 가공하는 질에 따라 결정된다. 이런 의미에서 철학자 헬무트 플레스너Helmuth Plessner (1892~1985)는 인간을 이중으로 부족한 존재로 묘사한다. 감각적 지각 기관 및 언어의 한계가 곧 인간의 한계라는 것이다. 우리는 언어적 인식도 얼마나 제한적인지 알아야 한다. 언어가 우리를 〈속여〉 그 실재성을 믿게 만든다는 것은 언어의 불문율이다. 언어는 인간종의 필요에 따라 현실과 세계를 구성하려고 〈고안된〉 것뿐이다. 이 말은 곧 언어가 〈실

* mental model. 인간이 자기 자신을 비롯해 타인과 환경, 사물에 대해 갖고 있는 심적 모형.

제 세계〉와 상관없이 우리 식으로 〈세계〉를 구성하고 해석하려는 욕망의 실현일 뿐이라는 뜻이기도 하다.

생물학적으로 보면, 서로 다른 생물들 사이에 존재하는 의식의 등급 차이는 상이한 신경계의 결과다. 신경계는 우리의 현실 이해에 영향을 미치듯 원숭이와 매, 물고기의 현실 인식에도 영향을 준다. 그 때문에 동물의 의식에 대해 말하는 것은 쉽지 않다. 기본적으로 우리는 지금껏 우리 자신의 의식조차 확고하게 규정짓지 못하고 있다. 신이 만든 〈세계 자체〉를 언어로 재현해서 다시 구성해 내려면 최소한 동물의 지각 능력을 전체적으로 파악하는 것이 필요하다. 물고기의 측선 기관이나 진동을 감지하는 뱀의 감각 체계 같은 것들이 그 예이다. 사실 뱀은 감각적 지각의 연결 덕분에 언어가 필요 없지만, 만일 방향을 탐지하는 데 언어가 필요했다면 〈뱀의 언어〉는 인간에게 아무짝에도 쓸모가 없을 것이다. 〈인간의 언어〉가 뱀에게 아무 쓸모가 없듯이 말이다. 어쨌든 지렁이, 아메바, 두더지 같은 동물들과 비교하면 인간은 〈부족하지만 많은 것을 갖춘 존재다〉. 하지만 이런 인식 때문에 우리가 전혀 이해하지 못하거나 이해할 수 없는 타 존재를 마음대로 판단하려는 유혹에 빠져서는 안 된다. 아마 수족관 안의 아빠 물고기는 아들에게 이렇게 말할 것이다. 〈아들아, 이 세상은 물이 가득한 커다란 상자란다!〉

인간 인식력은 사바나에서 우리 선조들이 주변 환경에 맞추어 살아갔던 상황과 무관하게 형성되지 않았다. 신경 생리학자 볼프 징거Wolf Singer(1943~)는 이렇게 쓴다. 〈우리 뇌는 분명 진화 경쟁에서 자신의 능력을 충분히 입증해 보였기에 지금 같은 형태를 갖추게 되었을 것이다. 하지만 진화 과정에서 세계를 최대한 객관적으로 포착하는 인지 능력을 길러 준 선택 압력은 없었던 것으로 보인다. 그렇다면 우리 뇌가 그 과제에 최적화되었을 가능성은 희박하다.〉[3]

인간 의식이 절대적 객관성의 기준에 따라 형성된 것이 아니라면 당연히 생물학적 인식에도 똑같은 것이 적용된다. 생물학적 인식에서도 우리는 진화 과정 중에 생성된 인식 기관이 허용하는 것만 인식할 수 있다. 자연 과학적 인식도 그때그때 인간만의 전형적인 인식 조건에 종속된다. 만일 그런 것에 영향을 받지 않았다면 자연 과학에는 진보도 반박도 수정도 없었을 것이다. 모순이 없는 상태인 〈정합성〉과 보편성을 의미하는 〈타당성〉은 결코 절대적 기준이 아니라 특정 시기에 특정 지식수준의 인간 인식력에 좌우된다. 3백 년 전만 해도 사람들이 의심하지 않았던 것들이 오늘날에는 고개를 절레절레 흔들게 한다.

특이하게도 생물학에서는 이런 식의 자기반성이 잘 먹히지 않는다. 대다수의 자연 연구자는 자신의 관점이 지극히 인간적일 뿐 아니라 언어적으로도 한계가 있고 당사자 개인에 영향을 받을 수밖에 없다는 사실을 조직적으로 감춘다. 물론 행동 연구자들은 동물에 대한 자신의 인식을 항상 다른 인식들과 비교만 할 수 있다는 사실을 안다. 동물 〈그 자체〉의 본질과 비교하는 것이 아니라 말이다. 그럼에도 그들은 자신의 연구가 여전히 과학적이라는 믿음까지 버리지는 않는다.

　　20세기 전반기의 행동 연구자들은 동물을 자동 기계처럼 보아야만 객관적일 수 있다고 믿었다. 과거의 데카르트처럼 행동주의자들에게 동물은 자극-반응 기계로 여겨졌다. 이전의 관찰에서 부족했던 객관성은 이제 과학적 방법론과 면밀한 관찰, 측정과 데이터로 채워졌다. 그러나 순진한 감정 이입이 정밀한 과학적 관찰로 대체됨으로써 동물을 바라보는 방법만 바뀌었다. 즉, 동물을 인간 감정에 따라 평가하는 순진한 인식론 대신 인간의 과학적 방법론에 따라 평가하는 또 다른 순진한 인식론만 등장한 것이다. 이로써 동물의 복잡한 내면을 지나쳤다는 사실은 인간을 상대로 비슷한 실험을 했을 때만 눈에 띄었다. 인간에 대한 과학적 행동 연구는 한결 복잡한 심리 개념이 필요했고, 그와 함께 인지 심리학으로 넘어갔다. 반면에 동물의 내면 연구에는 다른 분과, 즉 비교 행동학이 준비되어 있었다. 이 학문은 인간에게 자의식과 정신이 있는 자리에 동물에게는 본능, 즉 자연스러운 충동을 갖다 놓았다.

　　비교 행동학은 행동주의에 비하면 분명 상당한 진보였다. 그러나 이 학문 역시 자신들의 연구 결과를 해석하고 거대 명제를 세울 때는 자신들이 인정하는 것보다 훨씬 더 사변적이었다. 로렌츠 같은 연구자들은 과학적 접근 방식의 한계성을 성찰하는 대신 자신들의 결과가 누구도 부인할 수 없을 정도로 〈객관적이고〉 실제 현실과 과학적으로 완전히 일치한다고 믿었다. 로렌츠의 경우는 자신의 관찰에서 도덕적 결과를 끄집어내는 데도 아무 거리낌이 없었다. 다시 말해, 생물학적 관찰 결과는 주어진 현실과 정확히 맞아떨어진다는 것이다. 이를 고려하면 로렌츠가 사회 다윈주의나 국가 사회주의적 인종주의에 쉽게 빠진 것도 그리 놀랍지 않다. 노벨상 수상자였던 그는 고령에 이르러서도 생물학적 자료에서 도덕을 추론함으로써 사회에 경종을 울려야 한다고 생각했다. 예를 들면, 인구 밀도의 증가로 범죄의 윤리적 문제가 심각해지고, 미니스커트 때문에 서양 문명이 도덕적으로 타락하는 것은 삶의 〈객관적〉 진실이라는 것이다.

비교 행동학은 더 이상 존재하지 않는다. 대신에 집단 생물학과 행동 생태학이 들어섰다. 두 분과는 〈본능〉이라는 개념과 전반적으로 이별을 고했다. 수수께끼 같은 동물의 내면을 밝혀 주던 이 개념 자체가 이제 수수께끼가 되었다. 본능이라는 개념은 명확히 정의 내릴 수 없었고, 본능적 행동도 뇌에서 정확한 위치가 밝혀진 신경 연결망으로도 설명이 되지 않았다. 기껏해야 그냥 통틀어 〈타고난 행동〉이라고만 말할 수 있었다. 행동 생태학은 환경과의 관련성 속에서 이 타고난 행동을 연구하고, 이런 행동이 진화 과정에서 발전할 수밖에 없었던 이유를 설명하고자 한다.

이 새로운 분과들은 동물과 그들의 공동생활에 대한 시각을 정교하게 다듬고, 세세한 부분들을 정밀하게 들여다본다. 다만 여전히 상당히 협소한 인간적 시각에 사로잡혀 있는 듯하다. 예를 들어 행동 생태학자들은 동물들이 하루 종일 하는 모든 일을 하나의 **기능**으로 수렴시킨다. 어떤 식으로든 종족 보존과 관련이 있다는 것이다. 따라서 그들이 볼 때는 원숭이들이 서로 친절하게 대하는 것도 오직 무리의 생존 기회를 높이기 위해서다. 또한 이 무리 내에서는 혈연적으로 더 가까운 동물들이 서로를 더 아낀다고 가정한다. 그것도 정확히 **수학적으로** 멀고 가까움에 따라서 말이다. 이로써 원숭이는 혈연적으로 더 가까울수록 서로 더 강한 관심과 애정을 보인다. 이 아슬아슬한 이론으로는 이따금 가까운 혈연 사이의 침팬지들끼리 벌이는 치명적인 싸움은 설명되지 않는다. 또한 무리 속에 자기 새끼가 없고 자신의 영웅적인 행동으로 미래의 번식 기회를 아예 잃게 되는데도 수컷 개코원숭이들이 전체 무리의 생존을 위해 표범과 싸우며 목숨을 바치는 상황도 마찬가지로 설명이 안 된다. 이런 전제에 가장 맞지 않는 모습은 서아프리카의 타이 국립 공원에서 발견되었다. 수컷 침팬지 열여덟 마리가 자신과 가까운 혈족이 아닌데도 고아가 된 어린 새끼들을 마치 〈입양〉이라도 한 것처럼 자상하게 보살핀 것이다.[4]

행동주의에서는 반응과 자극이, 비교 행동학에서는 본능이 핵심이었다면 행동 생태학에서 관건은 유전적 이기심이다. 이로써 또다시 지나치게 도그마적인 해석 모델이 우리가 본래 알고 싶어 했던 것을 가려 버린다. 인간의 감정과 의도를 동물의 내면세계에 순진하게 투영하지 않은 것은 분명 옳다. 하지만 인식론적으로 보았을 때 정반대 가정에서 출발해 데카르트처럼 동물을 기능적 기계로, 아니면 오늘날처럼 주도면밀하게 고안된 최적화된 유전자로 보는 것도 순진하기는 마찬가지다. 동물의 모든 사회적 행동 뒤에 진화의 이기적 전략이 숨어 있음을 우리는 대체 어떻게 알 수 있을까? 동물의 놀이 충동이 정말 오직 기능적 메커니즘에 지나지 않을까? 원숭이의 섹스 놀이와 지배 게임, 사교 놀이는 예측 불가능한 측면이 많아 어떤 때는 기능적으로 잘 설명되다가도 어떤 때는 전혀 설명이 안 된다. 그런데도 계속 기능적으로만 설명해야 할까?

기능은 인간 세계의 관념이다. 생물 세계조차 수학적으로 정확한 규칙에 따라 기능적으로 돌아간다는 것도 인간의 가정이다. 호모 사피엔스는 기준의 선택에서든 관찰 결과의 평가에서든 자신의 지각 기관 및 인식 기관의 좁은 틀에서 벗어나지 못한다. 그렇다면 로트의 표현을 빌려 이렇게 말할 수 있다. 〈한 종의 뇌(자아, 지각, 의식, 사고, 의도)로 다른 종의 뇌 상태를 알아내려고 하는 것〉[5]은 항상 위험한 시도일 수밖에 없다.

우리는 인간의 개념과 사고 모델만 동물에게 들이대는 것이 아니라 동물의 능력까지 여전히 우리 종의 척도로 평가한다. 가령 유인원이 우리의 언어적 표현을 1천 개가량 배우는 것이 최대치라는 이유로 그들의 언어 능력이 열등하다고 생각한다. 그렇다면 지금껏 50년 동안 유인원을 집중적으로 연구한 우리는 침팬지나 오랑우탄의 언어를 대체 얼마나 알고 있는가? 우리는 이성의 등급에 따라 동물을 평가한다. 볼슐레거의 표현을 빌리자면, 〈허황한 자기 이해의 최고봉〉에 불과한 이성에 따라 말이다. 그러나 외계 관찰자의 눈으로 보면 지구의 착취자이자, 우리가 살아갈 토대의 파괴자이자, 수많은 학살과 전쟁의 주동자인 우리는 얼마나 이성적으로 보일까?

아무튼 그렇다고 해서 우리가 동물 관찰에서 지금껏 데카르트 시대보다 한 걸음도 더 나아가지 못했다는 뜻은 아니다. 로트에 따르면 오늘날 우리는 다음 사실을 받아들일 준비가 되어 있는 듯하다. 〈우리 인간만이 아니라 원숭이와 개, 고양이 같은 동물도 생각할 수 있고, 정신과 의식을 갖고 있다. 이 동물들은 인간에게서 지적이거나 정신적으로 여겨지는 특정 행동 방식을 보여 줄 뿐 아니고 이런 행동을 할 때면 그에 상응하는 뇌 영역이 인간과 똑같은 방식에서 활성화된다.〉[6] 신경 생물학 및 행동 생태적 토대에서 보면 유인원 같은 고도로 발달한 동물의 경우, 그들이 느끼고 생각하는 것 가운데 여러 가지가 인간과 매우 유사하다고 가정할 수 있다. 그렇다면 드 발의 주장처럼 유인원에게도 〈도덕적〉 행동이 있다고 추정 못 할 이유가 없다. 그 행동이 설령 서양 철학자들이 인간 도덕에서 정의하는 것과 일치하지는 않더라도 말이다.

우리는 두 가지 중요한 자연 과학적 인식을 세 번째 천년기로 가져갔다. 첫째, 인간은 매우 특수한 종이기는 하지만 우리 역시 여전히 동물적 뇌를 가진 동물이다. 둘째, 이 뇌는 제한적인 능력만 갖고 있어서 결코 세계 〈그 자체〉를 인식할 수는 없다. 16세기의 천문학자인 니콜라우스 코페르니쿠스Nikolaus Kopernikus (1473~1543)는 지구 대신 태양을 중심에 세우고, 지구를 성스러운 원반에서 둥근 행성으로 바꾸어 놓았다. 이를 통해 지구는 우주의 작은 점으로 축소되었지만, 인간 인식은 어느 때보다 찬란하게 빛났다. 칸트는 18세기 사람들이 여전히 집착하고 있던 세계 〈그 자체〉의 인식 가능성에 의구심을 품었다. 그에게 인간은 비할 데 없이 비범하지만 인식 능력에는 제동 장치가 있는 존재였다.

오늘날 우리가 우리의 자아상을 좀 더 겸손하게 표현하는 것은 옳다. 우리의 사회생활이든 소통 능력이든 우리를 완전히 새로운 존재로 돋보이게 하지는 않는다. 지금까지 우리가 찾았던 인간과 동물의 경계도 모든 영역에서 희미해지고 있다. 고인류학은 〈인간〉이 언제 탄생했는지 모른다. 또한 유인원 연구를 통해 인간과 유인원은 우리가 문화사의 대부분 시기 동안 믿고 인정하던 것보다 더 가까워졌다. 결국 동물과 인간의 경계는 어떤 애매한 개념 규정에 집착하는지에 따라 달라지는 상당히 자의적인 말장난처럼 보인다. 냉정하게 보면 〈동물〉이든 〈인간〉이든 명확하게 정의 내릴 방법이 없다.

우리가 우리 자신을 정의 내리는 개념이 얼마나 상대적인지를 깨달을수록 다른 동물들이 설 자리는 점점 많아진다. 오늘날 우리가 생명의 개별적인 측면을 아무리 많이 안다고 해도 생명 전체의 비밀은 밝힐 수 없다. 이 불가능은 생물학의 어쩔 수 없는 숙명이다. 이런 측면에서 인간이 수천 년 전부터 경험 너머의 세계에서 자신에 대한 그림을 그린 것은 놀랍지 않다. 말할 수 없는 것은 침묵하거나, 자신에 대한 상상의 그림을 그려서 떠받드는 방법밖에 없었으니……

2부

인간의 눈에

비친 동물

양심의 동토대

종교는 어떤 식으로 우리의 탯줄을 잘랐을까?

더 젊고 단순하고 경건한 민족일수록
동물에 대한 사랑은 더 크다.

— 장 파울Jean Paul

밤에 비가 내렸다. 무리는 이제 커다란 바위 상판 아래에 모였다. 빗물이 끊임없이 바위 위를 지나 젖은 나뭇잎으로 스며들었다. 다만 여기 어두운 동굴까지 빗물이 파고들지는 않았다. 무리 중 일부는 죽은 자들을 동물 가죽으로 돌돌 말았고, 나머지는 고개를 숙인 채 동그랗게 둘러앉아 있었다. 멀리서 매머드의 긴 울음소리가 들려 왔다. 그들 역시 슬퍼하는 것 같았다. 이들 무리는 전날 싸움에서 둘이 희생되었고, 뿔뿔이 흩어진 무리는 여전히 잃어버린 동족을 찾고 있었다. 동굴 안은 조용했고 침묵은 오래 지속되었다. 다들 시선을 주고받았다. 여기서 저기로, 저기서 여기로. 척추동물의 뇌 깊은 곳에서 한 생각이 어렴풋이 떠오르더니 나직한 탄식과 함께 목구멍에서 둔탁하게 울려 퍼졌다. 왜?

이는 초창기 인류의 가장 두려운 순간들 중 하나였다. 물론 실제로는 한순간이 아니었겠지만. 진화 과정에서 어쩌면 수백만 년 전일 수도 있고, 아니면 수십만 년 전이나 불과 수만 년 전일 수도 있는 어느 시점에 인간의 정신 속으로 죽음이 파고들었다. 그들은 자신의 유한성을 깨달았고, 평생 죽음을 예감했으며, 삶의 종말을 두려워하는 법을 배웠다. 수많은 종교는 사실 인간 정신의 불안과 죽음에 대한 두려움, 삶의 일회성, 실존의 무의미함에서 비롯되었다. 이후에 수많은 희생자를 기리는 과정에서 마법적 제식이 생겨났다. 아울러 사냥의 주문과 다산의 주문, 올바른 종교와 잘못된 종교, 다신과 유일신, 신의 용모와 임재 장소, 계명을 둘러싼 싸움이 일어났다.

거의 모든 문화학자가 공통적으로 확신하는 것이 있다. 더 높은 힘에 대한 믿음과 죽음의 두려움은 인간만 갖고 있다는 것이다. 하지만 정말 그럴까? 몇 년 전 구달과 장시간 대화를 나누면서 나는 특히 다음 두 가지 질문을 던졌다. 침팬지에게도 낭만적인 사랑이 있을까? 그들에게도 종교적 감정, 즉 신앙 같은 것이 존재할까? 명민하고 번뜩이는 정신의 소유자인 노부인은 즉시 단호하게 대답했다. 「낭만적인 사랑이요? 없어요! 영성이요? 있어요!」 침팬지들은 오랜 시간 둘이서만 일편단심으로 사랑을 나누는 것은 모른다. 그러나 구달은 종교성과 관련해서는 이런 이야기를 들려주었다. 탄자니아의 곰베 국립 공원에는 그림 같은 폭포가 하나 있다. 수컷들은 이 마법 같은 장소에 비정기적으로 모였다. 이유는 모르겠지만 그곳에 모인 수컷들은 몇 시간 동안 주기적으로 물속에 들어갔다. 그러더니 지친 몸으로 조용히 꼼짝도 않고 바위에 누워 있는데, 희번드르르하게 돌아간 눈과 황홀한 표정이 마치 무언가에 넋이 빠진 것 같았다고 했다.

구달에 따르면 이런 행동에 대한 납득할 만한 설명은 하나뿐이다. 수컷 원숭이들은 모종의 제식 행위를 위해 모였다는 것이다. 그들의 뇌에서 무슨 일이 일어났는지는 아무도 모르지만, 그들이 어떤 식으로든 영적으로 무언가에 사로잡힌 상태라는 추론은 얼마든지 가능하다. 그렇다면 종교적 감정조차 분명 인간에게만 주어진 것이 아니다. 비록 인간만 예술 작품이나 건물, 서적 같은 것들에 그런 감정의 흔적을 뚜렷이 남겼다고 하더라도 말이다.

삶과 죽음의 의미에 대한 물음은 그것이 얼마나 인간만의 것인지는 몰라도 인류 역사에서 빼놓고 생각할 수 없다. 또한 이 물음의 존재 이유도 충분하다. 러시아 작가 표도르 도스토옙스키Fyodor Dostoevsky(1821~1881)는 말한다. 〈인간에게는 두 발을 딛고 살아갈 이 작은 행성만큼이나 규명할 수 없는 무언가 무한한 것이 필요했다.〉 동물 털가죽과 매머드 뼈 사이에서 두려운 시간을 보낸 이후 인간은 정신의 모든 수단을 동원해 존재와 죽음 사이의 커다란 간극을 극복하고자 애썼고, 스스로 그려 낸 영원으로 들어가는 무수한 길을 고안했다.

오늘날 서구화된 사회에서는 과학과 의료 기술 덕분에 일찍 죽을 가능성이 현저히 줄어들었다. 책과 회화, 건물, 재단, 기업, 상(賞), 박물관 같은 것들은 죽음 뒤에도 인간 삶의 흔적을 남긴다. 또한 유한한 존재들은 영웅적 행위, 전쟁, 계약, 헌법, 단체들과 함께 역사의 한 면을 장식한다. 그러나 거의 모든 문화와 시대에 등장하는 사후 삶에 대한 달콤한 유혹에 비하면 현세에서 이 모든 불멸의 증거는 시들할 때가 많다.

　　인간의 문화사가 시작된 이래 구체적으로 그려진 피안의 세계는 현세와 경쟁했다. 시대와 문화의 다양함을 고려할 때 창조 신화를 비롯해 세계를 설명하는 신화들의 토대는 놀라울 정도로 허약했다. 이 행성에서는 수천여 개의 종교가 생겨났고, 지구사적으로 볼 때 그것들이 등장한 속도만큼이나 빠르게 사라졌다. 이 모든 종교에는 한 가지 공통된 목표가 있었다. 기상학 및 우주론적으로 설명할 수 없는 현상들을 일상생활에서 유추할 수 있는 경험을 토대로 설명하고자 한 것이다. 계절의 주기를 비롯해서 번영과 소멸, 탄생과 죽음, 기후 변화와 재앙 같은 자연 현상들은 인간의 행동과 직접적으로 연결해서 해석되었고, 천둥번개도 전기적 현상이 아닌 도덕적 징벌로 여겨졌다.

　　거의 모든 성담(聖譚)에는 동물이 선한 정령과 악한 정령, 수호자와 악마로 등장하는 이야기들이 존재한다. 동물은 그 낯섦과 예측 불가능성으로 인해 자연의 다른 힘들과 닮아 있었다. 물소 떼와 영양 떼는 사바나 지역을 항상 동일한 길을 따라 주기적으로 이동했다. 그 뒤를 쫓던 초기 사냥꾼들은 누구도 그 이유를 몰랐다. 동물에 대한 외경과 존중이 광고 영상의 한낱 소모품으로 전락해 버린 시대에는 초기 인간 동물들이 환경과 식량, 사냥 구역을 다른 종들과 공유했다는 사실을 상상하지 못한다. 성경에서 노아의 방주 비유에 담긴 인간과 동물의 운명 공동체, 그리고 폭풍과 홍수, 가뭄이나 한파로 인한 공동의 위험은 이제 서구 문명의 일상적 경험이 아니고, 오늘날에는 기껏해야 몇몇 소수 〈원시 부족〉 사이에서만 발견된다. 그러나 훗날의 유대교와 그리스 신화도 이런 체험들에 뿌리가 닿아 있다. 불이나 빛의 절도, 홍수로 인한 대재앙, 천국과 지옥의 구별, 부활에 대한 갈망, 동정녀의 출산도 모든 문화권의 종교적 신화에 공통적으로 나타나는 레퍼토리다.

오늘날 우리는 기원전 수천 년 전의 사람들이 동물을 존중했고, 자신들의 미래가 걸린 자연의 순환을 신성시했다고 상상한다. 그들은 야생 동물을 잡아 죽인 뒤에도 존중했는데, 오늘날의 거의 모든 원시 부족도 그렇게 한다. 아마 태곳적에는 사냥감을 장식하고, 애도하고, 숭배하고, 존경했을 것이다. 우리가 열대 지역의 수렵 채취 사회나 북극 및 동시베리아의 사냥 부족들을 통해 알고 있듯이 말이다. 에스키모 사이에서는 죽은 동물에게 자신들이 죽일 수밖에 없었던 것에 대해 용서를 빈다는 이야기도 있다. 혹은 그 죽음의 책임을 다른 부족에게 돌리는 동화를 지어내기도 한다.

고고학자들은 독일 동부에서 어머니와 아이들, 소들이 함께 매장된 신석기 시대의 무덤을 발견했다. 기원전 여섯 번째 천년기에 동물 사육이 시작된 이후에는 격식을 갖추어 매장한 동물의 수가 증가했다. 주로 개가 대상이었지만 돼지와 소, 말도 있었다. 수렵 채취 사회뿐 아니라 초창기의 동물 사육 인류에게도 동물의 죽음은 결코 무덤덤한 일이 아니었다. 죽음에서 벗어날 길 없는 포유동물의 고통과 상처, 비명, 울부짖음 같은 죽음의 공통점이 마음을 울린 것이다. 영혼이 있는 존재와 영혼이 없는 존재로 나누어 차별한 후대의 인간들과는 다른 점이다.

오늘날에는 아주 당연하게 여겨지는 동물과 인간 사이의 경계선은 생물학적으로나 문화적으로 호모 사피엔스의 사고 체계 내에서 비교적 최근에 발전한 일이다. 우리는 기원전 1만 년까지의 동굴 벽화에서 반은 인간이고 반은 동물인 허구적 형상을 만난다. 가령 프랑스의 가비유 동굴 벽화나 레 트루아 프레르 동굴 벽화에서 말이다. 칼라하리 사막의 부시먼들에게서는 인간의 몸통에 뿔 달린 존재나 여우 머리가 달린 인간이 발견된다. 석기 시대 문화의 주술적 세계는 모든 동물적인 것을 힘과 에너지를 비롯해 당시 인간들이 알지 못하고 두려워하고 선하게 생각하던 마법 세계와 연결시킨다. 다시 말해, 동물은 인간화되고 인간은 동물적 마귀로 등장한다. 때로 동물은 더 높은 힘의 은총을 확인하는 제물로 쓰이고, 때로는 동물 자체가 인간이 섬기는 신으로 나타난다.

전문가들은 주술적 동물 숭배와 다산 제식, 사냥 주문이 얼마만큼 자연의 순환에 직접 개입하려는 시도로 평가될 수 있는지를 두고 논쟁을 벌인다. 오늘날 천연자원의 무자비한 착취로 인간종이 머지않아 종말을 맞게 되리라는 것은 더 이상 부인할 수 없는 사실이다. 그렇다면 인류사 자체에서 반대 모델을 끄집어내어 인간들에게 보여 주는 것도 상당히 매혹적이다. 한스 페터 뒤르Hans Peter Duerr(1943~) 같은 민속학자들이나 문화사가들은 수렵 채취 사회의 주술적 제식을 자연의 순환에 대한 개입이 아니라 수용으로 기술한다. 예를 들어 오스트레일리아 원주민은 캥거루의 짝짓기 시기에만 이 동물들이 그려진 암벽화를 매만지고, 마운트 아그네스 지역의 원주민은 목도리도마뱀이 알을 낳는 시기에만 이 파충류의 그림을 만진다. 그 밖에 아프리카 빅토리아 호수 안에 있는 우케레웨섬의 주술사들은 기우제를 올리기전에 특정 구름대나 곤충 떼가 나타나는지, 갈매기들이 육지 위를 날아가는지, 무투쿠 새가 우는지, 태양과 달 주위에 붉은 원이형성되는지 미리 주의 깊게 살펴보았다고 한다.

뒤르에 따르면 이 모든 행위는 인간의 이익을 위한 자의적 개입이 아니라 자연의 순환을 바라는 〈재생의 제식〉이다. 수렵 채취 사회에서 주술 행위의 배후에는 삶을 있는 그대로 받아들이려는 태도가 자리하고 있었다. 삶은 이래야 한다는 특정 기준에 따라 삶을 조작하거나 변화시키려는 노력은 그들에게는 별나라 이야기였다. 〈이 부족들이 제식을 통해 오늘날의 우리와 비슷한 방식으로 자연에 개입하려 했다고 믿는다면, 그것도 사물의 관련성에 대한 잘못된 시각과 기술 장비의 미비로《실제》가 아닌《상상》으로만 자연에 개입하고자 했다고 믿는다면 그것은 그들의 삶의 감정을 근본적으로 오인한 것이다.〉[1]

다만 여기서 뒤르가 제시한 많은 지점은 분명 숙고할 가치가 있음에도 사실이라고 믿기에는 너무 아름답다. 그의 이론에서는 루소의 〈고결한 야만인들〉이 너무 포스트모던하게 행동한다. 이런 생각은 삶의 경험에서 비롯된 것이 아니라 국가 사회주의 이후에 등장한 철학적 모토에서 비롯되었다. 즉, 권력자들은 지금껏 다양한 방식으로 세계를 바꾸어 왔지만, 지금 우리에게 정말 중요한 것은 세계를 아끼는 것이다!

물론 석기 시대의 수렵 채취 사회가 훗날의 농경 사회나 산업 사회보다 자연과 〈좀 더 친화적인〉 관계를 맺으며 살았을 수는 있다. 그들은 자신의 생활권에서 살아가는 동물들을 무척 잘 알고 있었다. 아마 많은 점에서 오늘날의 정통한 동물학자들보다 나았을 것이다. 예를 들어 짐승의 발자국을 읽는 방법이라든지, 위험한 뱀과 위험하지 않은 뱀을 구분하는 방법이라든지, 어떤 동물에게서 나는 특별한 냄새라든지, 아니면 동물이 어느 거리에서는 공격하고 어느 거리에서는 도주하는지에 대한 지식이라든지 그런 것들 말이다. 우리 선조들이 동물을 얼마나 방대하고 정확하게 잘 알았는지는 1960년대에 뉴기니섬에서 진행된 연구들이 잘 보여 준다. 그곳의 수렵 채취인들은 주변에서 살아가는 136종의 동물을 구분하고 있었다. 서구의 정밀과학이 밝혀낸 것은 고작 하나 더 많은 137종이었다. 이처럼 석기 시대인들도 비슷한 방식으로 자신과 함께 살아가는 동물들을 연구하고 익혔을 것이다.

그러나 좋았던 옛 시절에 대한 감상적 시선에 집착한 나머지 태곳적의 인간들도 자신이 살던 세계를 나름의 방식으로 변화시켰음을 간과해서는 안 된다. 예를 들어 호모 에렉투스는 동남아시아에서 이미 여러 종의 영장류를 멸종시킨 것으로 추정되고, 그중에는 평화롭게 살던 거대 유인원 기간토피테쿠스도 포함되어 있었다. 또한 석기 시대에는 초기의 인간 문화가 오랑우탄을 동남아시아 땅에서 몰아냈고, 홍적세에는 인간의 사냥으로 북아메리카와 유럽에 살던 적지 않은 수의 거대 포유류(털코뿔소, 매머드, 땅늘보)가 멸종되었다. 동떨어진 섬을 향한 인간의 진출도 수많은 종의 죽음을 초래했다. 마다가스카르에서는 코끼리새와 거대 여우원숭이가 멸종되었고, 폴리네시아인들의 뉴질랜드 이주는 수백만 년 동안 그곳에 터전을 잡고 살던 모아와 날지 못하는 주금류의 이른 종말을 불렀다.

지난 수천 년에 걸쳐 사냥에 의한 종의 죽음은 말할 것도 없고 생태계의 파괴도 본격적으로 시작되었다. 인간 문명의 막이 올라가면서 화전과 벌목이 등장했다. 농경 문화는 대략 1만 년 전부터 지중해 해안에서 동쪽으로 급속하게 퍼져 나가면서 각 지역의 생태 환경에 심각한 영향을 미쳤다. 벌목으로 사막 지대는 점점 늘어났고, 지중해권의 많은 섬은 황무지로 변했다. 결국 로마 시대에 이르자 유럽의 해안 열대 우림은 프랑스와 스페인, 포르투갈의 극히 일부만 제외하고 다 사라졌다.

인간은 상대적으로 쌀쌀한 아열대 지역과 유라시아 및 북아메리카의 추운 광야로 퍼져 갈수록 점점 주변 환경의 식물 자원에만 의지해서 살 수 없게 되었다. 식생이 풍부한 남아시아의 열대 지역과는 달리 새로운 생활권에서는 육식을 기본으로 하는 사회, 즉 유목 민족을 비롯해 가축 사육과 농경을 병행하는 사회가 발전했다. 식물이 풍부한 인도의 초기 베다 종교는 신도들에게 채식을 설득하는 데 큰 어려움이 없었다. 반면에 지중해 지역에서는 양과 염소, 소를 먹는 육식이 일반적이었고, 채식을 하는 사람은 드물었다. 그와 동시에 인간이 자신과 자연에 대해 생각하는 것도 달라졌다. 이제 예측할 수 없던 자연과의 마법적 관계는 멀찍이 물러났다. 종교와 철학에서는 자연의 지배에 초점을 맞춘 신앙 체계가 탄생했고, 인간은 동물의 세계에서 확실하게 떨어져 나와 독자적으로 우뚝 섰다. 구석기 시대에 존재하던 양심의 동토대는 타산적 오성이 지배하는 신석기 시대의 광야에 자리를 내주었다.

인간이 약 1만 년 전부터 자연에 체계적으로 개입하고, 땅을 경작하고, 동물을 사육하는 방법을 익힌 것은 지구 역사에서 엄청난 결과를 부른 거대한 발걸음이었다. 그러나 이런 발전의 생태학적 부도덕성을 오늘날의 관점에서 무작정 비난할 수는 없다. 오늘날에는 인간이 지중해권과 유럽에서 대형 동물을 사냥할 필요가 없지만, 과거의 인간은 동물을 사냥해서 먹어야만 이 생활권을 개척할 수 있었다. 그렇지 않았다면 인간은 결코 지구의 거의 모든 지역으로 퍼져 나갈 수 없었을 것이다. 오늘날 정말 문제가 되는 것은 신석기 시대의 혁명이 아니다. 동물에게 파멸적 재앙이었던 것은 그 혁명이 불러온 과격한 정신적 결과들이었다. 수많은 지중해 문화에서는 새로운 신화와 신학적, 철학적 체계들이 생겨났다. 이것들은 새로운 사고와 낡은 사고의 커다란 간극에 주목하면서 자연에 대한 지배를 도덕적으로 정당화했다. 신화와 성담에 등장하는 인간 영웅들은 자연의 거대한 동물적 힘, 즉 하마와 악어, 용, 뱀, 켄타우로스, 티탄과 맞서 싸웠다. 당시의 저자들은 이런 싸움에서 힘들게 거둔 승리로 자연에 대한 인간의 지배를 정당화하는 데 초점을 맞추었다. 그들이 보기에도 인간의 지배는 분명 자명한 것이 아니었기 때문이다.

또 다른 형태의 〈승리〉는 동물을 길들인 것이었다. 최초로 길들여진 동물이 정말 오늘날의 의미로 경제 동물이었는지는 알 수 없다. 어쩌면 처음에는 단순히 동반자로서 동물을 찾았을지 모른다. 길들여진 최초의 동물이 염소, 양, 순록, 혹은 늑대였는지도 얼마든지 논쟁이 가능하다. 한편으로는 유익한 목적이, 다른 한편으로는 놀이와 지배욕이 거의 비슷하게 오래되었을 수 있다. 아무튼 그 시기는 유럽과 아시아에서 1만 5천 년 전쯤으로 추정된다. 그로부터 몇천 년 후에는 경제 동물이자 동반자로서 말이 뒤따른다. 약 1만 년 전 마지막 빙하기의 얼음이 물러가면서 농경이 시작되었다. 양계는 오늘날의 베트남에서 유럽까지 퍼졌다. 같은 시기에 인간이 칠면조와 돼지를 키웠다는 단서도 최초로 등장한다. 메소포타미아의 수메르인들은 이미 7천 년 전부터 비둘기를 키웠다. 그로부터 2천 년 뒤에는 이집트에서 고양이를 가축으로 키웠다는 첫 번째 증거가 발견된다. 이어 인도에서는 낙타와 물소를 사육했다. 대략 5천 년 전에는 중국에서 양잠과 잉어 양식이 시작되었다. 인도와 메소포타미아에서는 어깨에 큰 혹이 있어서 혹소라고도 불리는 제부를 길렀다. 곧이어 아랍인들은 단봉낙타를 키웠다. 단봉낙타와 비슷한 야생 라마 과 나코는 남아메리카에서 라마와 알파카의 씨가축이 되었다. 3천 년 전쯤에는 오늘날의 리비아에서 야생 나귀를 길들였고, 2천 년 전에는 티베트에서 야생 야크가 가축이 되었다.

가축을 키우는 사람은 동물과의 관계에서 가축을 키우지 않는 사람과 달랐다. 사냥꾼에게 동물을 죽이는 것은 종교적 제의에 비할 만큼 엄숙한 행위였다. 수렵 채취 사회에서 노고와 결합된 사냥은 성공할 수도 실패할 수도 있었다. 반면에 닭이나 양, 소를 키우는 목동이나 농부는 계획에 따라 동물을 죽였다. 죽이든, 아니면 다른 목적에 따라 동물을 계속 살리든 모두 키우는 사람의 마음에 달려 있었다. 동물의 삶이 완전히 인간의 권력에 맡겨져 있었다는 말이다. 가축은 인간의 의도에 따라 세상에 태어나 울타리에 둘러싸이거나 우리에 갇히고, 아니면 평생 묶여서 지내다가 마지막에 계획된 죽음을 맞았다.

이와 관련해서 지금껏 별로 주목받지 못한 관련성이 하나 있다. 인간이 다른 동물의 생명을 철저히 틀어쥐고 있을수록 인간의 정신세계는 점점 삐딱한 방향으로 흘러갔다는 것이다. 인간에 의해 지배된 자연은 점점 가치를 잃는다. 태곳적의 수렵 채취 사회와 오늘날에도 열대 밀림에 아직 남아 있는 원시 부족 사회와 달리 인간의 진일보한 문명 사회는 기술적 착취와 생활권 보장의 대가로 다른 생명들에게서 점점 멀어졌다. 삶을 불안 없이 편리하게 가꾸어 나갈수록 생명은 인간에게 점점 낯설어진다. 이런 소외는 인간에 대한 종교적 규정 및 설명 모델과 손을 맞잡는다. 인간이 자연을 폭력적으로 지배할수록 그들의 눈에 지배당하는 족속들은 점점 더 영혼이 없는 존재로 비친다.

거대 세계 종교에서는 경험 저편의 세계가 새로운 〈본래적〉 삶이자 진정한 존재가 되었다. 반면에 인간이 점점 더 큰 지배권

을 행사하는 물질세계와 성적 세계는 비본질적인 전 단계로 퇴
락했다. 자연을 지배한다는 것은 곧 수렵 채취 사회의 애니미즘
적 신앙에서 생생하게 살아 숨 쉬던 마법을 자연으로부터 빼앗
는 것을 의미했다. 신의 정신적 불꽃은 열대 우림의 꼭대기 너머
가 아니라 자연 자체에 존재한다는 바로 그 마법 말이다. 이 둘 사
이의 특별하고 흥미로운 중간 단계는 고대 이집트다. 나일강이
제공하는 생산성의 주기에 의존하는 이 황야의 땅은 인간과 동
물 관계의 탐구에 진정한 보고(寶庫) 역할을 한다.

〈나는 어떤 동물도 학대하지 않았다.〉
고대 이집트의 동물

동물들은 인간에게서 도망친다.
인간에게서 더는 신의 형상이 보이지 않기 때문이다.
— 만프레트 키버Manfred Kyber

이집트코브라에게 물리는 것은 퍽 고약한 일이다. 코브라는 끔찍한 독이 있다. 처음에는 근육 신경이 마비되고, 몸이 붓는다. 다음엔 적혈구가 서서히 파괴된다. 이어 희생자는 구토를 하고 공황 발작에 시달린다. 두 시간에서 여섯 시간이 지나면 호흡 중추가 완전히 마비되고, 물린 사람은 질식한다.

그렇다면 이집트의 파라오에 오른 프톨레마이오스 왕가의 공주 클레오파트라 7세가 자살 수단으로 코브라를 준비한 것은 그리 좋은 생각이 아니었다. 그럼에도 코브라에 가슴이 물린 그녀는 〈편안한 표정으로 아름답게 침대에 누워 숨이 끊긴 채로〉 발견되었다고 한다. 1백 년 뒤 그리스 역사가 플루타르코스 Ploutarchos(46~126년경)의 말이 그렇다. 왜냐하면 코브라에 물리면 〈서서히 죽어 가기 때문이다. 마치 깊은 잠에 빠진 것처럼〉.[1]

이런 식의 평화로운 죽음은 가당치도 않다. 그 때문에 전문가들은 클레오파트라가 코브라에 물려 자살했다는 사실에 의구심을 드러낸다.[2] 아편과 투구꽃 즙을 독당근에서 추출한 독과 섞은 음료 한 잔이면 훨씬 편안하게 죽을 수 있다는 사실은 이집트인이라면 누구나 알고 있었다. 물론 플루타르코스도 자신이 들은 이야기를 옮겼을 것이다. 그렇다면 클레오파트라는 일단 독이 든 음료를 마시고 숨진 뒤 뱀에 물려 죽은 것처럼 위장했을 가능성이 높다. 거짓에 기초한 연극적 이별이었다.

우라에우스 뱀으로도 알려진 이집트코브라는 이집트 신화에서 아주 긴 역사를 갖고 있다. 이 코브라는 불을 내뿜는 눈으로 이집트 왕좌에 앉은 지배자들을 적으로부터 지켜 준다. 뱀은 신분이 낮은 계층의 사람들에게도 수호신으로 여겨졌다. 독사에 물려 죽은 사람은 신성한 동물에 의해 선택된 죽음이라며 스스로 행복하게 최후를 맞았다. 뱀의 독을 통해 신의 거룩한 힘이 죽음을 앞둔 사람의 핏속으로 흘러 들어가 영생을 허락해 주리라는 것이다. 따라서 이집트 왕좌에 오른 그리스 출신의 클레오파트라가 스스로 우라에우스 뱀을 가슴에 올려놓고 삶과 작별한 것으로 후대에 알려지고 싶어 했던 것은 결코 이상하지 않다. 죽음의 순간에 그녀는 진정한 이집트인의 모습을 연출했고, 그로써 나일강 나라의 경건한 백성들에게 마지막으로 격정적인 메시지를 남겼다.

우라에우스 뱀은 고대 이집트의 수많은 상징적 동물 가운데 하나였다. 우리는 이집트 곳곳에서 비문과 양각, 동상, 미라의 형태로 동물들을 만난다. 그들은 그 자체로 신이었고, 인간과 신 사이의 중개자였으며, 혹은 상이집트의 한 채석장에서 발견된 비문의 내용처럼 신들의 전령이었다. 〈폐하께 기적이 일어났다. 황무지 산에서 야생 동물이 폐하께 내려왔다. 새끼를 밴 가젤이었다. 가젤의 고개는 맞은편 사람들에게로 향했다. 가젤의 눈은 사방을 보고 있었지만, 몸을 돌리지 않고 가만히 서 있다가 이윽고 숭고한 산 아래 암석으로 걸음을 옮겼다. 그러더니 왕의 군대가 지켜보는 가운데 암석 위에서 새끼를 낳았다. 그 뒤 가젤은 목이 잘렸고, 암석 위에서 번제(燔祭)*의 제물로 바쳐졌다. 사람들은 이 암석으로 왕의 석관을 덮을 뚜껑을 만들었다. 단언컨대 황무지 산의 아들이자 영생을 구가할 멘투호테프 3세에게 제물을 보낸 것은 황무지 산의 주인인 숭고한 신이었다.〉[3]

비문이 이야기하는 인물은 제11왕조의 6대 파라오 멘투호테프 3세였다. 그는 기원전 2013년부터 2001년까지 상이집트를 통치했다. 클레오파트라 시대보다 2천 년 전으로 이집트 왕국의 초창기였다. 그렇다면 왕이 죽음의 세계로 들어갈 때 어떤 돌로 석관을 써야 불멸이 보장될지 가젤이 새끼를 낳음으로써 가르쳐 준다는 이 감동적인 이야기는 무슨 의미일까? 이는 고대 이집트에서 동물이 번제의 제물로 바쳐졌다는 몇 안 되는 기록 중 하나다. 이런 행위는 이집트에서 그리 흔치 않았던 일로 보인다. 하지만 다른 한편으로 이 이야기는 가젤이 단순한 동물이 아님을 보여 준다. 가젤은 어떤 위대한 영적 힘이 왕에게 자기 뜻을 전하고 올바른 길을 가르쳐 주는 거룩한 선령이다.

* 짐승을 통째로 태워 제물로 바친 제사.

우리는 〈황무지 산의 아들이자 숭고한 신〉이 누구인지 모른다. 멘투호테프 3세 시대에는 매의 신 호루스가 이집트 최고의 하늘신이었다. 그러다 2천 년이 흐르면서 호루스는 서서히 의미를 잃고 다른 최고의 신들로 대체되었다. 호루스는 훗날 유대인의 야훼나 아랍인의 알라처럼 유일신이 아니었다. 그림과 상형 문자, 동상을 보면 어떤 때는 매가, 어떤 때는 매의 머리를 가진 인간의 형상이 나타난다. 많은 지역에 자기만의 이야기와 제식을 담은 고유한 호루스 숭배가 존재한다. 다만 몇 안 되는 공통적인 속성도 있다. 가령 호루스는 거의 항상 태양의 눈과 달의 눈을 갖고 있고, 날개 끝은 땅의 경계를 건드린다. 그러나 호루스가 어디서 유래했고, 태양신 레에 형상을 부여했는지, 아니면 오시리스의 아들인지를 두고는 국교와 민간 신앙이 확연하게 갈린다.

어쨌든 호루스는 왕의 신으로서 그때그때 통치하는 파라오의 화신이다. 인간 지배자에게 위엄과 지혜, 명성과 권력을 부여하는 것은 한 동물 존재의 영적 정신이다. 우아함과 기품, 형안은 원래 인간의 속성이 아니라 외부에서 인간에게 흘러들어 온 동물적 속성이다. 아직은 삼라만상 위에 군림하는 것은 인간도 아니고, 인간 형상을 한 신도 아니다. 인간은 그저 우주적 자연 과정의 한 부분일 뿐이다. 고대 제국에서는 인간이 자연을 지배하지 않고 자연이 인간을 지배한다. 초기 수렵 채취 사회와 비슷하게 고대 이집트의 종교는 자연의 주기적 변화와 현상을 예측 가능한 법칙으로 느끼지 않았다. 자연은 깨지기 쉬운 균형이고, 지속적인 위험이다. 인간이 할 수 있는 일이라고는 자연을 섬기는 것뿐이었다. 그래서 재생의 의식을 올리고, 태양신에게 찬가를 바친다. 인간이나 신이나 모두 함께 노력할 때만 자연의 순환은 유지될 수 있다.

세계의 순환은 영적이면서 동시에 현세적이다. 인간과 동식물을 비롯한 세상의 모든 생물은 동일한 힘의 원천, 즉 자연 자체에 존재하는 신의 거룩한 작용에서 나온다. 따라서 이집트 종교는 일신교와 다신교 사이의 모순을 모르고, 모세 오경에서 연출된 최후의 결전 같은, 하나의 신과 다른 신들 사이의 싸움도 모른다.

이후의 종교들은 신과 인간, 동물의 영역을 엄격하게 세 등급으로 나누는 일에 전력을 다한다. 반면에 이집트에서 세상 만물은 탄생과 죽음, 생성과 소멸의 순환이라는 보편적 법칙에 종속되어 있었다. 이집트인들에게 인간과 동물을 신과 연결시키는 공통점은 그들 사이를 가르는 차이점보다 더 우세했다. 〈인간〉이라는 말조차 오랫동안 존재하지 않았다. 마찬가지로 〈동물〉이라는 말도 몰랐고, 대신에 가축과 새, 물고기, 벌레라는 말만 사용했다. 동물은 인간과 같지 않으면서도 같았다. 인간은 동물에게서 어렴풋이 공통의 기원을 느꼈다. 이로써 이집트인들은 다윈보다 4천 년 전에, 서양의 박식한 형이상학자들이 오랫동안 깨닫지 못했던 모든 생명의 단일한 공통 기원을 예감했다. 오늘날까지 타고난 결함으로 동물들에게 달라붙어 있던 것들, 그들에게 저주가 되었던 것들, 그들에 대한 살해 허가증이나 다름없던 것들, 즉 동물의 이질성과 접근 불가능성은 이집트인들에게 오히려 신적인 작용의 징표로 해석되었다. 동물의 이상한 소리와 구애 의식, 진기한 몸, 그리고 독특한 행동 방식은 사람들이 이해할 수 없기에 저절로 허리를 숙일 수밖에 없는 비밀스러운 힘으로 여겨졌다.

고대 이집트에는 당나귀를 제외하고 동물에 빗댄 욕이 없었다. 이집트인들은 심지어 동물 존중을 법으로 정해 놓았다. 동물들은 이집트 정의의 여신인 마트의 저울 앞에 서서 인간의 품행을 증언했다. 피라미드의 비문들을 보면 죽은 자는 생전에 동물에게 고통을 가했다는 의심에서 벗어나야 했음을 알 수 있다. 〈나는 가축의 입에서 사료와 풀을 빼앗지 않았다〉 또는 〈나는 어떤 동물도 학대하지 않았다〉.[4] 이집트 사회의 윤리는 인간만의 특수 지위를 인정하지 않았고, 인간과 동물 모두에게 동일하게 적용되었다. 따라서 거위와 소도 저승의 법정에서 고발자로 설 수 있었다. 〈어떤 형태로든 동물 존중의 위반은 죄악으로 간주되었기〉[5] 때문이다.

4천 년 전의 이집트는 오늘날의 세렝게티 국립 공원처럼 동물의 낙원으로 상상할 수 있다. 당시 이집트에는 코끼리, 기린, 코뿔소, 수많은 원숭이종, 아프리카들개, 천산갑, 개미핥기, 땅늑대, 론영양, 기린영양이 살고 있었다. 그중 여러 동물이 고대 이집트 문명이 고도로 발달한 시기에 사라졌다. 사자와 표범, 야생 나귀, 하마, 악어 같은 다른 이국적 동물들은 이집트에서 지난 3백 년 사이에야 멸종되었다.

이집트인들은 거의 모든 일상생활에서 동물과 마주쳤다. 상

형 문자의 4분의 1에 동물이나 동물의 신체 일부가 그려져 있었
다. 동물은 이집트인들의 이름에도 영향을 끼쳤다. 예를 들면 〈뱀
의 누구〉, 〈따오기의 누구〉, 〈개구리의 누구〉 하는 식이다. 이집
트인들에게는 거의 모든 동물이 신성했다. 수소와 숫양, 따오기
와 매, 뱀과 악어, 자칼, 개구리, 박쥐 할 것 없이 수많은 동물이
그랬다. 하지만 모든 동물이 모든 시기에 모든 지역에서 똑같이
숭배되지는 않았다. 그리스 역사가 헤로도토스Herodotos(기원전
484~430년경)에 따르면 악어는 서서히 자기 속의 정령을 박탈
당했다. 누군가는 그들을 섬겼지만, 누군가는 사냥하고 죽였다.
그것은 양도 마찬가지였다. 이들 역시 어디서나 침해해서는 안
되는 성스러운 존재가 아니었다. 코끼리처럼 매혹적인 동물이
이집트인들에게 성스럽게 여겨지지 않은 것은 놀랍다. 이집트인
들은 아시리아인들처럼 상아를 얻으려고 코끼리를 사냥했다. 이
장비류 동물은 기원전 9세기에 메소포타미아와 이집트에서 멸
종되었다.

모든 〈성스러운 동물〉이 반드시 신은 아니었다. 그런 동물은
오히려 특정 삶의 에너지를 구현하는 존재로 여겨졌다. 다시 말
해 아름다움과 힘, 생명력, 지력, 행동력, 넓은 안목 같은 능력의
현현이었다. 이집트인들이 숭배하는 동물 조각상은 다른 신들의
조각상과 동급이었다. 성스러운 동물은 초월적인 힘과 자연적인
삶의 매개자로서 신의 뜻을 인간에게 통역하고 전달하는 신탁의
대리인으로까지 승급했다. 자연 과학적인 지식은 아니지만 종교
적으로 어렴풋이 예감된 진화에 대한 지식도 이런 동물을 통해

상징적으로 전달되었다. 인간 경험 저편의 공통적인 기원에 대한 기억으로서 말이다.

이집트 종교의 우주에는 혼자 동떨어진 신은 존재하지 않았다. 모두가 다른 힘들과 시공간적으로, 혹은 신화적, 사회적으로 관련을 맺고 있었다. 성스러운 무리 동물들, 그러니까 수소 아피스와 암소 아피스, 하토르*의 소들, 토트**의 따오기, 멘데스***의 숫양 등은 비옥함과 출산의 상징이었다. 이들은 종교 축제에서 파라오들의 통치 주기를 태양 주기와 비교하는 데 쓰였고, 상승과 몰락, 죽음과 삶의 영원한 순환에 종속되어 있었다. 이집트인들에게 시간의 종교는 있었지만 공간의 종교는 없었다. 시간의 종교는 어떤 영역도 나누지 않았고, 차안과 피안의 세계도 엄격하게 구분하지 않았다. 따라서 동물 삶의 시간적 흐름도 우주적 자연과 동일한 법칙이 관장하고 있었다.

물론 고대 이집트의 종교가 항상 똑같지는 않았다. 〈초기 왕조〉부터 그리스 로마 시대까지는 3천 년이 넘는다. 람세스 2세(기원전 1303~1213)에서 오늘날까지의 시간만큼이나 길다. 각 시기는 사람들의 근본 관념을 바꾸었고, 변화와 새로운 영향을 불러일으켰다. 딱히 이집트의 종교라고 할 만한 것은 존재하지 않았고, 기껏해야 몇몇 근본적인 특징과 요소만 남았다. 그랬기

* 이집트 신화에서 하늘, 사랑, 결혼, 아름다움의 여신인데, 보통 암소의 모습으로 표현된다.
** 이집트 신화에 나오는 지혜와 정의의 신인데, 따오기나 개코원숭이의 머리에 사람의 몸을 한 모습으로 묘사된다.
*** 고대 이집트 도시 멘데스에서 숭배하던 신으로서 바넵제데트라고도 한다.

에 동물과 신의 관계가 다양한 측면에서 굉장히 복잡하게 나타난 것은 결코 이상한 일이 아니다. 이집트 역사에서는 무수한 변형과 지역적 색깔이 존재했다. 따라서 토트와 호루스의 동물인 따오기와 매처럼 일부 선택된 동물을 제외하고는 동일한 동물이 모든 곳에서 똑같이 신성시되지는 않았다. 또한 한 동물의 〈신성함〉을 평가하는 등급도 매우 다양했다. 어떤 때는 한 종의 개체 전부가 신성시되었고, 어떤 때는 몇몇 대표자만 신성하게 여겨졌다. 신성 동물의 동종으로서만 존중되는 동물은 제식을 받지 못했고, 그저 〈존귀한〉이라는 수식어만 얻었다. 이에 따라 살아 있는 신성 동물은 세 그룹으로 나뉘었다. 신전에서 개별적으로 모시는 동물, 이 동물의 동종으로서 이른바 페티시 동물, 신성한 종의 선택된 개체들. 이 동물들은 집에 같이 살았고, 인간의 무덤에 부장물로 같이 묻히는 경우도 많았다.

그렇다면 〈신성〉 동물이란 정확히 무엇일까? 하나의 신일까, 아니면 상징에 지나지 않을까? 이 동물들은 대개 앞서 언급한 의미의 매개체다. 하지만 가끔은 신의 원리가 임재한 장소이기도 하다. 신적 원리는 자신의 뜻을 알려 줄 다른 존재를 찾으려고 선택된 동물에게서 자신의 에너지를 다시 빼앗을 수 있다. 아무튼 두 경우 다 그 동물은 초감각적 힘의 화신이다. 이 힘은 그 동물과 함께 쇠하는 것이 아니라 소라 껍데기 안의 게처럼 다른 동물 속으로 거처를 옮긴다.

우리는 동물 자체가 신격화된 사례도 무수히 안다. 그럴 경우, 동물 형상의 동상뿐 아니라 살아 있는 동물도 〈위대한 신〉이라는 최고 수식어와 함께 신의 지위를 소유할 때가 많았다. 이런 동물신이 나이 들어 허약해지다가 결국 목숨을 잃는 것도 고대 이집트인들의 시간적, 순환적 신앙에서는 문제 될 것이 전혀 없었다. 종교는 불멸의 원리를 하늘로 옮겨 놓지 않았고, 몇몇 선택된 인물에게만 그곳에서 불멸의 삶을 허락했다. 대신에 불멸의 원칙은 삶의 영원한 순환 속에서 초월적인 것과 자연을 서로 연결시켰다. 그렇다면 이집트인들은 영화「내게 죽음의 노래를 연주해 줘C'era una volta il West」*에서 〈하모니카 부는 남자〉 역할을 맡은 찰스 브론슨Charles Bronson(1921~2003)의 처지와 비슷했다. 늘 죽음과 함께 살아가는 남자였다.[6] 그랬기에 태양신 레도 늙고 쇠약할 수 있었고, 저승의 지배자 오시리스도 사막의 신 세트에게 살해당할 수 있었다.

　지상의 삶과 초월성은 신들의 세계도 거기서 벗어날 수 없을 만큼 긴밀하게 연결되어 있었다. 신들은 자신의 유한성으로 인해 모든 생성과 몰락의 순환에 종속되어 있었다. 뒤집어 보면 지구상의 모든 생명에는 신적인 무언가가 깃들어 있었다. 그리스 역사가 헤로도토스와 디오도로스 시켈로스Diodorus Siculus(기원전 1세기 전반기 인물)에 따르면 이집트인들은 개나 고양이가 죽으면 애도식을 거행했고, 큰불이 나면 두려움을 무릅쓰고 고양이를 구하는 일에 열과 성을 다했다고 한다. 또한 자유롭게 살아가는 동물에게는 경외심을 보였고, 경우에 따라서는 먹이를 주면서 보살피기도 했다.

<hr>

＊ 우리나라에서는「옛날 옛적 서부에서」라는 제목으로 상영되었다.

그러나 오늘날 우리에게는 여전히 많은 수수께끼가 남아 있다. 이집트 종교와 동물의 관계는 불분명하다. 이집트인들은 동물에게도 종교적 감정이 있다고 생각했을까? 적어도 한 비문에는 이를 암시하는 듯한 글귀가 적혀 있다. 그들은 비가 오지 않아 가젤이 굶주리고 목말라하면 최고신에게 기도했다. 〈태양신이 태어날 때 개코원숭이들은 춤을 춘다. 또한 태양신이 떠오르면 앞발을 들어 올리며 찬양하고, 아툼*이 동쪽 하늘에 위치하면 타조들은 계곡에서 춤을 춘다.〉[7] 고대 이집트 신왕국 시대에 나온 것으로 추정되는 사자의 서(書)**에 따르면 동물도 인간처럼 영생에 이른다. 태양신 레는 〈그들에게 숨겨진 자리를 할당해 놓았고, 인간과 신들을 비롯해 그 위대한 신이 창조한 모든 가축과 벌레는 그 자리로 빨려 들어간다〉.[8] 심지어 헤로도토스는 영혼 이동의 3천 년 주기설을 이야기한다. 그에 따르면 인간 영혼은 〈육지와 바다의 모든 동물과 모든 새를 거쳐〉[9] 이동한다.

동물은 불멸의 영혼을 갖고 있었다. 그렇다면 이집트인들은 그런 그들을 얼마나 신적인 존재로 보았고, 그들에게 어떤 마법적 힘이 있다고 믿었을까? 우리는 일반적인 경배 의식의 틀 안에서 동물 숭배가 실제로 어떤 의미였는지 잘 모른다. 그것은 숭배의 특수한 방식에 대해서도 마찬가지다. 신전에는 숭배 동물의 자연적인 생활 습성에 따라 개별 동물이 살기도 했고, 전체 무리가 모여 살기도 했다. 하지만 동물 무리와 새 떼 내에서도 보통

* 이집트 신화의 창조신.
** 죽은 사람의 관 속에 미라와 함께 넣어 둔 사후 세계에 대한 안내서.

한 마리만 선택해서 숭배 대상으로 삼았다. 개인 후원자들은 동물들이 신전에서 잘 지내기를 바랐고, 〈살아 있는 이 영혼들이 하늘로 올라갈 때 유약과 옷을 갖고 갈 수 있도록 필요한 물품들〉을 신전에 봉헌했다. 프톨레마이오스 시기의 한 기념비에 나오는 글귀다.

동물의 죽음을 기리는 제식에 관한 기록은 많다. 이 〈존귀한〉 동물신이 하늘로 올라가면 사제들은 70일간의 애도 기간을 정해 놓고 동물신을 추도했다. 애도 행렬에는 황태자와 장군, 사제들로 이루어진 국가 수뇌부가 전부 참가했다. 마치 명문 귀족가의 일원이 죽은 것이나 진배없었다. 인간의 죽음과 마찬가지로 모든 제식의 마지막에는 죽은 동물이 훗날 오시리스-아피스나 오시리스-음네비스(이집트의 황소신)로 살아가기 위해 오시리스로 변했다.

대부분의 이집트 창조 신화는 인간을 주저 없이 다른 동물들 아래에 놓는다. 하지만 구왕국 시대에 이미 예외가 발견된다. 기원전 2100년경 제10왕조의 메리카레 파라오를 위한 한 〈지침서〉에는 이런 대목이 나온다. 〈신의 가축인 인간은 부족함이 없다. 신은 그들을 위해 하늘과 땅을 만들었고 …… 그들이 코로 숨쉴 수 있도록 공기를 만들었다. 또한 그들은 신의 형상을 닮았고, 신의 몸에서 나왔다. 신은 그들을 위해 하늘에서 떠오르고, 그들을 위해 식물을 만들었으며, 그들을 먹여 살리기 위해 가축과 새와 물고기를 만들었다.〉[10] 이렇듯 우리는 아주 이른 시기에 훗날 성경과 코란에서 알게 될 인간 중심주의를 만난다. 그렇다면 이집트인들 역시 동물과의 공통점에 기반한 〈자연 친화적인〉 신앙 외에 자연 적대적인 다른 교리도 분명히 알고 있었다.

따라서 동물 숭배에서는 세심하게 구분해야 할 것이 있다. 통치자들은 무엇을 믿었는가? 강력한 힘을 가진 사제들은 신도들에게 무엇을 어떤 목적으로 지시했는가? 민간에서는 실제로 어떤 형태로 동물을 숭배했는가? 사람들이 동물 시신을 모아 방부 처리 한 다음 소, 따오기, 매, 물고기별로 각각 특수한 공동묘지에 매장했다면 이는 공식 종교의 계율이라기보다 민간 신앙의 자발적인 표출일 때가 많았다. 개와 긴꼬리원숭이, 가젤과 고양이처럼 개인적으로 좋아하는 동물들을 매장하는 것도 마찬가지였다. 사람들은 이 동물들도 방부 처리 한 뒤 항아리나 석회석 관, 청동 관, 목재 관에 혼자, 혹은 같은 종끼리 함께 담아 매장했다.

고대 이집트에서 민간 신앙의 역사는 고고학자들과 이집트학자들 사이에서 아직 해결되지 않은 문제다. 파라오 문화는 주로 명문 귀족과 사제의 삶에 대한 기록만 남겼다. 동물 숭배 및 경배의 역사에서는 실제로 수많은 편차가 존재했던 것으로 보인다. 여러 이집트학자는 동물 숭배가 처음에는 이집트 종교의 초기 형태였다고 전제한다. 그들에 따르면 실제 동물은 기원전 두 번째 천년기 초에 서서히 신령한 존재로 숭배되었고, 그러다 결국 그 형상 속에 구현된 초월적 이념들 뒤로 점점 밀려났다. 왜냐하면 개와 매, 따오기의 머리를 한 신들 외에 인간의 모습을 한 신들이 시나브로 합류했기 때문이다.

이 견해는 딱히 틀려 보이지 않는다. 그러나 메리카레 파라오를 위한 지침서가 보여 주듯 이른 시기에 이미 동물에게는 별 관심이 없고 오직 인간에게만 초점을 맞춘 신앙도 존재했다. 그러다 신왕국 시대, 즉 기원전 1550년부터 1070년까지의 시기에 갑자기 동물 숭배가 다시 곳곳에서 나타났다. 정성껏 감싼 동물 사체가 여기저기서 발굴되었고, 동물이 다시 종교 문헌의 중심에 등장했다. 이집트 문화의 마지막 전성기인 람세스 시대(기원전 1292~1070)에는 거대한 아피스 묘지 시설이 조성되었다. 칸티르 왕궁에는 방대한 동물원이 생겼고, 그로써 동물 숭배는 정점에 이른 것으로 보인다.

동물 숭배에서 벗어나 인간 중심의 종교로 나아가는 과정을 명확하게 그려 내기는 어렵다. 오히려 우리는 흐름과 반대 흐름으로 이루어진 파동에 주목해야 한다. 우리가 동물 숭배에 대해 알고 있는 많은 부분은 사실 그것을 경멸하던 사람들에게서 유래했다. 처음에는 알렉산드로스 대왕Alexandros the Great(기원전 356~323) 치하의 그리스인들이 그랬고, 나중에는 이집트를 정복한 로마인들이 그랬다. 이들은 이집트의 동물 숭배를 도대체 어떻게 받아들여야 할지 몰랐다. 물론 제식은 로마 시대에 이르기까지 국가의 큰 개입 없이 눈에 띄게 축소된 형태로 계속 거행되기는 했다. 하지만 이집트 종교의 본질은 식민 통치자들에게는 낯설었다. 그 때문에 헤로도토스, 디오도로스, 스트라본Strabon(기원전 64년경~서기 23년경), 플루타르코스, 클라우디우스 아엘리아누스Claudius Aelianus(175~235년경) 같은 역사가들은 동물 종교가 무엇을 의미하는지 자기들만의 이론을 내놓았다.

가령 플루타르코스는 신들이 자신에게 반기를 든 인간들에 대한 두려움에서 스스로 동물로 변신했다고 했고, 디오도로스는 이집트의 약자들이 강자들로부터 스스로를 지키기 위해 동물의 상징 아래 뭉쳤을 것이라고 했다. 이러한 단결이 질서와 평화를 가져오자 그들은 감사하는 마음에서 그 동물들을 숭배했다는 것이다. 그리스 로마 역사가들에게는 동물 숭배에 대한 납득할 만한 객관적인 원인이 존재해야 했다. 그들의 세계관에 따르면 그 동물들은 결코 동물이 아닐 수가 없었다. 로마인들로서는 동물이 한낱 동물이 아니라고는 도저히 생각할 수가 없었기에 이집트인들도 결코 그런 생각을 하지 않았으리라고 믿었다.

이탈리아 남부 및 아테네의 그리스인들에게 이집트 문화에 대한 관심을 불러일으킨 헤로도토스는 『역사*Histories Apodexis*』에서 동물 숭배에 대해 이렇게 기술한다. 누군가 동물을 〈고의로 죽이면 사형을 당하고, 실수로 죽이면 사제들이 정해 놓은 벌을 받는다. 그러나 따오기나 매를 죽인 사람은 고의든 실수든 죽음을 면치 못한다. …… 한 집에서 고양이가 죽으면 가족 구성원들은 모두 눈썹을 자르고, 개가 죽으면 온몸의 털과 머리카락을 자른다〉.[11] 그런데 모든 연대기 저자가 헤로도토스와 훗날의 플루타르코스처럼 동물 숭배를 객관적으로 평가하지는 않았다. 델포이 아폴론 신전의 사제는 동물을 무척 좋아하고 여린 사람이었는데, 알렉산드리아 방문 보고서를 작성할 때 동물 숭배에 대한 판단을 조심스럽게 유보했다. 반면에 로마 시인 유베날리스 Juvenalis(55~140년경)는 코를 찡그리며 이렇게 쓴다. 〈이집트인들이 망상에 사로잡혀 어떤 괴물을 숭배하는지 …… 누가 알겠는가? 누군가는 악어를 숭배하고, 누군가는 뱀으로 배를 채우는 따오기를 두려워한다. …… 어떤 식탁이든 털이 달린 동물은 올라오지 않는다. 그 땅에서는 어린 숫염소를 도살하는 것도 죄악이다.〉[12]

심지어 헤로도토스의 동료인 사모사타의 루키아노스Lucianos(120~180년경)는 이집트에 뿌리내린 동물신들에게 노골적인 경멸감을 드러냈다. 〈그런데 너, 개의 얼굴을 하고 아마포 옷을 입은 이집트인이여, 너는 대체 누구인가? 멍멍이 주제에 어떻게 감히 신이 될 생각을 하는가? 또한 멤피스에서 신으로 떠받들어지고, 신탁을 내리고, 예언자들을 거느린 이 얼룩무늬 수소는 대체 무슨 생각을 하는 것일까? 나는 어떤 연유에서인지는 몰라도 이집트 땅에서 천상의 세계로 올라간 따오기와 원숭이, 숫염소, 그리고 다른 같잖은 것들에 대해 언급하는 것이 참으로 부끄럽다.〉[13] 1천6백 년 뒤에 시인 장 파울(1763~1825)도 〈인간 몸통에 동물 머리를 얹은 이 형상들이 괴이쩍다〉고 판정했고, 요한 볼프강 폰 괴테Johann Wolfgang von Goethe(1749~1832) 역시 풍자시집 『온건한 경구Zahmen Xenien』에서 파울의 의견에 찬동하면서 〈개의 머리를 한 형상을 위대한 신〉[14]으로 받드는 이집트인들을 비꼬았다.

마지막으로 이집트의 동물 숭배는 기독교인들이 보기에는 지극히 수상쩍은 것이었다. 알렉산드리아 대주교 아타나시우스Athanasius(293~373년경)는 도저히 이해가 안 되는 동물 숭배의 잔재와 맞서 싸웠다. 기독교인들은 마지막 신전 동물을 강제로 제거했고, 동물 숭배를 금지시켰다. 그때부터 동물 숭배는 교회 저술가들에게 기껏해야 이교도의 허무맹랑한 망상과 경악스러운 원시성을 보여 주는 증거로 쓰였다. 오직 철학자 아울루스 코르넬리우스 켈수스Aulus Cornelius Celsus (기원전 30년경~서기 45년경)만 『참된 말Sermo verus』에서 기독교인들의 경멸에 맞서 이집트의 동물 숭배를 옹호했다. 그는 2세기에 다음과 같은 주장을 펼쳤다. 이집트인들에게는 단순히 동물을 숭배하는 것 자체가 아니라 동물 속에 구현된 〈영원한 이념〉이 중요했다. 순진한 생각에 사로잡힌 것은 이집트인들이 아니라 오히려 인간 중심주의라는 근시안적인 생각에 매몰된 기독교인들이다. 냉철하게 생각할 줄 아는 사람이라면 신이 예수라는 인간의 몸에 현현했다는 사실은 누구도 진지하게 믿지 못할 것이다. 게다가 인간만 선택되었고 그중에서도 유대인과 기독교인만 유일한 선민이라는 믿음은 얼마나 주제넘은 생각인가! 그것은 방자하면서도 단순하기 짝이 없다. 인간 구원의 특별한 길은 존재하지 않는다. 이 세상은 창조 일곱째 날에 수공업자처럼 휴식을 취했다는 신이 창조한 것이 아니고, 인간을 위해 창조한 것은 더더욱 아니다. 그렇지 않다면 신이 맹수에게 인간을 죽이도록 허락한 것은 어떻게 설명할 수 있을까? 설령 신이 있다고 해도 강한 이빨과 날카로운 발톱이라는 천연의 무장을 고려하면 신은 분명 인간보다 맹수를 선호했을 것이다.

켈수스의 이 주장은 대체로 호응을 얻지 못했다. 인간 중심

적인 종교들은 계속 승리의 나팔을 불었고, 오늘날까지도 세계
의 상당 부분을 지배하고 있다. 20세기 초에도 독일의 유명한 이
집트학자 아돌프 에르만Adolf Erman(1854~1937)은 동물 형상의
신을 〈순진한 판타지〉의 산물로 해석함으로써 동물 숭배를 깎아
내렸다. 1960년대의 『이집트학 사전Lexikon der Ägyptologie』에서는 동
물 숭배를 심지어 〈타락〉으로 규정했다. 거기에는 이렇게 적혀
있다. 동물 숭배는 당연히 〈몰상식한 짓〉이고, 〈그런 연유로 예전
에 건강한 감정에 의해 저지되었다〉. 동물 숭배는 〈원시적 인간
의 심리〉에만 맞을 뿐 결국 몰락을 초래한다. 삶은 〈그렇게 오랫
동안 동물 숭배에 사로잡혀 있던〉 이집트인들을 벌했고, 〈결국
그들은 동물 숭배의 유혹에 이끌려 탈선의 늪으로 깊이 가라앉
았다〉.[15]

이 글을 쓴 사람은 동물을 영적인 존재로 보는 것을 탈선이
라고 주장하면서 마치 그 너머의 삶을 알고 있는 것처럼 말한다.
그는 동물을 대상화하는 종교의 토대 위에 당당하게 버티고 서
있다. 그것은 우리가 유대교적, 기독교적 서양 문화라고 부르는
토대였으니…….

양치기와 통치자

고대 유대교의 동물

오롯한 〈정신〉이자 대제사장이자 완전함 그 자체인
늙은 신이 유유히 정원을 거닌다. 다만 지루하다.
신들도 지루함을 이겨 내려고 애쓰지만 소용없다.
어떻게 해야 할까.
결국 신은 인간을 만들어 낸다. 인간은 재미있는 족속이다.
…… 그런데 웬걸, 인간도 지루해한다.
모든 낙원이 봉착할 수밖에 없는 이 유일한 난점을 풀려는
신의 자비는 끝도 없다.
그래서 곧 다른 동물을 창조한다. 신의 첫 번째 실책이었다.
인간은 동물들을 재미있게 여기지 않고
무자비하게 지배했을 뿐 아니라
스스로 〈동물〉이라고도 생각하지 않았다.
— 프리드리히 니체

태초에 단 한 명의 인간 거주자를 위해 엿새 만에 급하게 조립식
공법으로 세상이 만들어졌다. 첫 번째 단계에서는 부지가 마련
되고 일구어졌다. 하늘과 땅은 분리되었고, 빛과 어둠은 갈라졌

다. 둘째 날에는 하늘과 물이 나뉘었고, 셋째 날에는 물과 육지가 나뉘었다. 육지에서는 씨앗을 품은 온갖 식물과 열매를 맺는 온갖 나무가 자라났다. 셋째 날이 되자 건축주는 태양과 달과 별을 만들었다. 목적은 하나였다. 미래의 거주자가 방향을 탐지하고 축제 기간을 정하는 데 도움을 주기 위해서였다. 천체는 하늘에 걸린 무수한 등처럼 인간이 시간과 공간을 지나갈 때 길을 알려 줄 길라잡이 역할을 했다. 넷째 날에는 바다가 커다란 해양 동물로 채워졌고, 공중은 깃털 달린 새로 채워졌다. 이들에게는 생육하고 번식하라는 최고의 축복이 내려졌다. 다섯째 날에는 육지가 가축과 기어다니는 동물과 들짐승으로 채워졌다. 여섯째 날에는 마침내 이 집의 주인인 남자와 여자가 들어왔는데, 둘 다 건축주의 형상과 비슷하게 만들어졌다. 이들에게는 〈바다의 물고기와 하늘의 새, 모든 가축, 모든 땅, 지상의 모든 기어다니는 동물을 지배할〉(창세기 1장 26절) 권리가 주어졌다. 이를 다시 한 번 명확히 확인하려고 건축주는 자신의 의도를 명령형으로 표현했다. 너희는 〈생육하고 번성하여 땅을 뒤덮고, 땅을 정복하고, 바다의 물고기와 하늘의 새, 땅에서 움직이는 모든 동물을 지배하라〉.(창세기 1장 28절) 마지막에는 인간과 동물이 먹을 양식으로 식물까지 정해 주었다. 이로써 건축주는 스스로 흐뭇해하며 일곱째 날에 안식을 취했고, 안식일을 거룩한 날로 선포했다.

고대 이집트인들의 생성과 소멸의 거대한 연관성을 생각하면 기원전 6세기에 생겨난 유대인들의 이 창조 설화는 소박하기 이를 데 없다. 우리는 이제 자연의 순환 대신 바빌론의 건축 양식으로 지어진 조립식 세상과 마주한다. 일곱째 날을 안식일로 정한 계율만 독창적이고 새롭다. 어디를 둘러보아도 세계 건축가가 이 세상을 만드느라 많은 수고를 했다는 말은 없다. 이집트인들에게는 세상의 생성 과정이 자연 현상의 헤아릴 수 없는 시간이었다면 유대인들에게는 단 5일에 지나지 않는다. 건축주가 실제로 관심을 보인 이 세상의 유일한 세입자인 인간이 들어오기까지 걸린 공사 기간이다.

나일 문명의 쇠퇴와 함께 지중해권에서 동물의 중요성은 크게 후퇴했다. 남부 유럽과 지중해 동부 지역에서는 완전히 다른 신앙, 즉 인간 중심적인 종교가 지배했다. 인간은 자연을 지배하기 위해 창조되었다는 것이다. 유대교를 비롯해 훗날의 기독교와 이슬람은 삶과 천체의 거대한 순환에 대해 아는 것이 별로 없었고, 다양하기 이를 데 없는 생물체 속에 구현된 자연의 에너지에 대해서는 아예 알지 못했다.

기원전 440년경 유대 학자들은 모세 오경을 편찬해 양피지에 기록했다. 이로써 유대교는 구속력 있는 원전을 얻었고, 지금껏 구전으로만 내려오던 유목 민족의 종교는 구체적인 형태를 띠게 되었다. 때는 소크라테스Socrates(기원전 470~399년경)라는 남자가 아테네에 살던 시기와 같았다. 모세 오경에 나오는 신은 야훼라는 이름의 올바르고 참된 신 하나뿐이었다. 이 이념은 이집트, 그것도 기원전 14세기 파라오 아케나톤Akhnaton(미상~1347)이 통치하던 시절의 이집트에서 유래한 것으로 보인다. 아케나톤 치하에서도 동물의 머리를 한 다른 수많은 신은 태양신이라는 하나의 신 뒤로 멀찌감치 물러났다. 그러나 〈하나의 신〉 숭배는 이집트의 전통에서 완전히 벗어난 예외이자 실패한 시도였다. 그럼에도 2백~3백 년 뒤에 지중해 동부 지역에서 아브라함 종교들을 통해 뻗어 나간 유일신의 뿌리는 여기서 찾을 수 있다. 유대 종교는 인간을 신앙 세계의 중심으로 옮긴 뒤 유일신 앞에 세웠다. 이 〈아버지 신〉은 극도로 편파적인 세계 통치자였다. 그는 오직 유대인만의 신이었고, 오직 유대인만이 그의 〈선민〉이었다.

우리가 오늘날 아는 창세기의 세계 창조론은 완전히 다른 두 부분으로 이루어져 있다. 창세기에는 방금 기술된 〈제사장 문서〉 외에 또 다른 천지 창조 이야기가 존재한다. 훨씬 오래된 이 이야기는 기원전 950년경에 나온 것으로 추정된다. 예전에는 〈야훼 문서〉라고 불리었는데, 요즘은 더 이상 사용되지 않는다. 이 문서를 누가 썼는지는 알려져 있지 않고, 내용도 딱히 길지 않다. 다만 두 창조 신화에서 다루는 것은 동일한 물음에 대한 답이다. 이 물음의 핵심은 인간 운명이다. 인간의 삶은 왜 이리 힘들고, 불공평하고, 실망스럽고, 결핍이 많고, 고통이 심하고, 또 일상에서 경험할 수 있는 의미는 없는 것일까?

두 번째 원전은 어느 동산지기의 세계를 다룬다. 사막에 사는 그는 오아시스의 비옥한 땅을 꿈꾼다. 태초에 황야가 있었고, 야훼는 그곳을 물로 충분히 적신다. 그러고는 경작지의 먼지로 첫 피조물인 인간을 만든 뒤 그의 코에다 생명의 숨결을 불어넣는다. 이로써 인간은 살아 있는 존재가 된다. 이어 야훼는 하나의 동산을 만들어 인간을 들여보낸 뒤 경작하고 가꾸게 한다. 〈그러고 나서 야훼가 말했다.《혼자 있는 것은 인간에게 좋지 않다. 내가 그에게 맞는 조력자를 만들지니.》야훼는 흙으로 들판의 모든 동물과 하늘의 모든 새를 빚은 다음 인간이 그것들을 어떻게 부르는지 보려고 인간에게 데려갔다. …… 그러자 인간은 모든 온순한 동물과 하늘의 새, 모든 야생 동물에게 이름을 붙여 주었다. 그러나 야훼는 그들 가운데에서 인간에게 정말 딱 어울릴 만한 조력자(반려)는 찾지 못했다.〉(창세기 2장 18~20절)

두 번째 원전에서 볼 수 있듯이 제사장 문서가 나오기 4백 년 전의 유대 신앙은 동물에게 놀라울 정도로 우호적이었다. 창세기 1장이든 2, 3장이든 신이 동물에게 직접 하는 말은 없지만, 인간이 야훼의 특별한 창조물이 아니라 동물과 관계를 맺으며 함께 살아가도록 창조된 동물의 이웃이라는 점은 분명하다. 물론 전체적으로 이 이야기는 상당히 여자 적대적이다. 아담과 동물의 소통이 제대로 이루어지지 않자 신은 마침내 두 번째 시도로 인간(남자)에게 어울리는 놀이 동무를 선사하기 위해 여자를 만들었다고 하니 말이다. 그러나 적어도 한 가지 점에서는 창조론이 진화 생물학과 일치한다. 인간이든 동물이든 신에 의해 똑같은 〈흙〉으로 빚어졌다는 것이다. 신은 그들의 코에 생명의 숨결을 불어넣음으로써 둘 다 똑같이 살아 있는 존재로 만들었다.

두 번째 원전의 창조 신화도 그리 독창적이지 않다. 근동의 다른 신화적 이야기에도 이런 사고는 자주 나타나기 때문이다. 다만 맨 처음에 남자를 만들고, 그다음에 동물, 마지막에 여자를 만든 창조 순서는 독특하다. 이 순서는 초기 고도 문명들의 이야기에서는 유일무이하다. 게다가 인간과 동물, 식물, 황무지는 아직 생태적 관련성을 유지하고 있다. 지배와 불의, 노예가 없는 비폭력적인 생태계가 유지되었다는 말이다.

인간이 동물에게 이름을 붙여 준 것은 온갖 신학적 사변에 불을 지폈다. 가령 가톨릭 신학자인 오이겐 드레버만(1940~)에게 이름을 부여하는 것은 중요한 문제였다. 그것은 동물 적대적인 신앙의 어둠 속에서 얼마 되지 않는 희망의 불꽃이었다. 〈창조론에 등장하는 이 이야기는 놀랄 정도로 비히브리적이고, 인류의 태곳적 기억을 뚜렷이 드러낸다. 다시 말해, 성경에서도 동물은 인간에게 대화 상대였고, 인간과 동물이 서로 이야기를 나누던 시절에 대한 기억이 완전히 사라지지는 않은 것이다.〉[1] 솔직히 말하면, 그것은 〈대화〉라기보다는 독백에 가까웠을 것이다. 아무튼 영국의 대법관을 지낸 프랜시스 베이컨Francis Bacon(1561~1626)은 동물에게 매우 암울했던 17세기에 이와 상반된 견해를 내놓았다. 창세기 2장 19~20절을 별 어려움 없이 동물에 대한 인간의 지배권으로 해석한 것이다. 대상에 대한 적절한 개념을 가진 자가 그 대상을 지배할 열쇠를 쥐고 있다는 논리다.

아무튼 두 번째 원전은 좀 더 동물 친화적인 창조론 버전이다. 반면에 제사장 문서는 2천 년 넘게 교부들과 중세를 거쳐 현재에 이르기까지 자연에서 인간의 특별한 위치를 정당화한다. 이렇게 해서 기독교 신학자들은 신의 형상을 닮은 인간과 인간의 몸으로 태어난 예수를 하나의 선으로 연결한다. 메시아가 인간 형상을 띠고 나타났다는 것은 오직 인류를 위해 이 세상을 만들었고, 그 때문에 오직 인간을 위해 죽었다는 의미라는 것이다.

창세기 1장 28절에 표현된 신의 명령도 영향력이 엄청나다. 〈생육하고 번성하여 땅을 뒤덮고, 땅을 정복하고, 바다의 물고기와 하늘의 새, 땅에서 움직이는 모든 동물을 지배하라.〉 이는 동물에 특히 우호적이지 않다. 그런데 최근에는 〈지배하라〉는 개념을 선행자들과 다르게 이해하려는 신학자들이 늘고 있다. 예를 들어 신교 신학자 루돌프 뵈징거Rudolf Bösinger(1912~2001)는 현대 기독교의 입장을 대변해서, 〈모든 동물을 지배하라〉는 말을 이렇게 해석한다. 〈그것은 원래《모든 동물을 보호하라》는 뜻이었다. 당시의 통치자들이 아직 양치기이자 양치기의 왕이었다는 사실을 고려하면 이렇게 해석하는 것이 이치에 맞다.〉[2]

히브리어 〈radah(지배하라)〉는 여러 가지로 해석될 수 있다. 그럼에도 양치기가 피조물들의 보호자 역할을 한다는 해석은 수긍하기 어렵다. 양치기는 자신의 주요 생활 방편인 가축 무리만 보호할 뿐, 그들을 위협하는 늑대와 표범, 뱀이나 날아다니는 곤충을 보호하지는 않는다. 양치기가 새에게 무슨 관심이 있을 것이며, 웅덩이의 개구리가 어떻게 되든 무슨 상관이겠는가? 하나의 무리를 책임지는 것과 모든 피조물의 안녕을 보살피는 것은 완전히 별개의 문제다. 〈지배하라〉는 말이 설령 양치기의 언어에서 차용되었다고 하더라도 그 사실로 인해 유대 신의 위대한 통치 명령이 바뀌지는 않는다.

　1966년 독일 기민당의 연구 그룹 〈생명 공학과 유전 공학의 미래〉는 이 주제에 대해 독특한 해석을 내놓았다. 그들이 내놓은 입장문의 요지는 이렇다. 〈생명 공학과 유전 공학은 성경의 창조 명령(창세기 1장 28절과 2장 15절)에서 윤리적 정당성을 확보한다. 인간은 이 명령을 통해 자연에 창의적으로 개입하고, 자신의 욕구를 위해 자연을 동원해서 변형시킬 전권을 부여받는다. 이 기술적, 창의적 형성 권한은 인간의 질병을 진단하고 퇴치하는 일과 관련된다.〉 기민당의 아마추어 신학자들은 그 성경 구절을 신이 만든 세계에 대한 보존 의무로 읽은 것이 아니라 인간 피조물 자체에 대한 빗나간 염려를 〈창조 명령〉으로 이해한다. 즉 인간은 지키는 것이 아니라 변화시켜야 한다는 것이다! 이렇듯 우리는 창세기 명령과 함께 모든 것을 할 수 있게 되었다. 심지어 그 명령은 자본주의적으로도 해석된다. 자본주의적 관념 세계에서 지배한다는 것은 곧 자본을 창조한다는 뜻이다.

　인정하든 인정하지 않든, 유대교 신은 급하게 생명을 불어넣은 자신의 피조물에게 많은 사랑을 쏟지는 않았다. 물론 인간만 예외였다. 더 정확히 말하자면 이스라엘 민족만 예외였다. 제사장 문서에서 특징적으로 나타나는 피조물과 창조주 사이의 엄격한 분리는 피조물들에게 자기만의 영적 가치가 들어설 자리를 박탈해 버렸다. 반면에 이집트인들은 생명을 선사하는 힘과 물질을 얼마나 섬세하게 연결시켰던가! 그들의 세계에서는 도처에 연관성과 상호 작용이 자리하고 있었다. 그러나 유대인들은 신적 에너지와 지상의 열매를 공간적으로 분리함으로써 둘 사이의 탯줄을 끊어 버렸다. 저 위에는 닿을 수 없는 영적인 천상의 영역이 있고, 저 아래에는 물질적인 지상의 삶이 있다는 것이다. 이로써 이집트인들에게 신령스럽게 여겨지던 모든 생명체는 단순히 물질적 환경으로 바뀌었다. 시편 8편 5~9장도 다른 것을 말하지 않는다. 〈주께서는 저희(인간)에게 영예와 존귀함을 주시었고, 당신의 손으로 만든 것들을 지배하게 하시었으며, 작은 짐승과 큰 짐승, 들판의 짐승과 하늘의 새, 바다의 물고기는 모두 저희 발 아래 두셨나이다.〉

고대 이집트와 달리 유대인들에게는 단 하나의 신만 존재했고, 그 신은 어떤 경쟁자도 허용하지 않았다. 아케나톤조차 태양신을 다른 모든 신보다 위에 두었지만, 그렇다고 다른 신들을 몰아내지는 않았다. 반면에 유대교의 신은 질투심에 눈먼 투사였다. 성경의 우상 금지 대목을 보자. 〈여호와께서 불길 속에서 너희에게 이르노니, 너희는 말소리는 듣되 형상은 보지 못하니라. …… 그러므로 너희는 감히 무도하게 어떤 형상으로도 우상을 만들 생각을 하지 말지어라. 남자의 형상이든 여자의 형상이든, 땅 위의 네발짐승 형상이든 하늘을 나는 날개 달린 형상이든, 땅에서 기어다니는 형상이든 땅 아래 물속에 사는 물고기의 형상이든.〉(신명기 4장 12~18절) 명확한 계명으로 선포된 이 규정은 온갖 종류의 애니미즘적 종교가 살아 숨 쉬는 이웃 문화들에 대한 선전 포고나 다름없었다. 〈사도에 빠져 분별없는 벌레와 하찮은 짐승을 숭배한 그들의 비이성적인 생각과 무도함에 대해 여호와께서는 죄를 지으면 마땅히 벌을 받아야 함을 깨닫게 하시

려고 그들에게 수많은 포악한 동물을 보내 벌을 주셨느니라.〉(지혜서 11장 15절)

유대인들과 기독교인들은 불과 칼을 들고 이웃 문화의 자연 종교들을 징치하러 나섰다. 이때 유대인 같은 유목 민족이 동물과 세속적인 관계를 맺은 것은 율법이 그렇게 정해 놓아서가 아니었다. 오히려 거꾸로 동물을 세속적으로 다루어야 할 실용적 목적이 종교에 영향을 미쳤다. 애니미즘 문화에서 피조물에 대한 적대적인 종교로의 발전이 필연적인지 아닌지를 두고 논쟁하는 것은 쓸데없다. 기후가 기질을 결정하고, 삶의 물질적 조건이 철학적 심성에 영향을 끼치고, 지리적 환경이 그에 상응하는 신앙 체계를 만든다. 하지만 그렇다고 해서 유대인들의 목동 종교가 반드시 다른 동물의 가치를 끊임없이 떨어뜨릴 수밖에 없었다는 주장은 받아들이기 쉽지 않다.

인간은 유일신의 도움으로 황무지를 개간했고, 그로써 스스로 창조한 경작지의 적법한 지배자가 되었다. 이 지점에서 모세 오경은 동물들을 서로 다른 기능으로 구분한다. 경제 동물에 대한 이야기가 자주 나오고, 종교적 상징으로서의 동물은 가끔 나온다. 양, 염소, 소, 나귀, 낙타는 유목민에게 젖과 털, 가죽을 제공한다. 이들은 수레를 끌거나, 사람이 올라타거나, 짐을 운반하는 용도로 사용된다. 양과 염소, 비둘기는 번제의 제물로 쓰이고, 메뚜기와 개구리는 이교도의 땅 이집트에 공포를 안겨 주는 신의 도구로 여겨진다. 뱀과 전갈처럼 독 있는 동물 뒤에는 악마의 힘이 도사리고 있다. 사자와 독수리는 종종 야훼 신의 위대함을 보여 주는 상징으로 등장한다. 하지만 유대인들이 동물을 바라보는 시선은 이집트인들과 큰 차이가 있다. 이집트에서 동물은 고유한 가치를 가진 존재로서 신적인 에너지의 대변자이자 진정한 매개자이다. 반면에 유대교에서 동물은 유일신의 권능을 드러내는 도구에 지나지 않는다.

그렇다면 유대교가 동물의 영적이고 도덕적인 지위에 별 관심이 없었던 것은 이상하지 않다. 돼지 식육 금지도 마찬가지다. 모세 오경에서는 돼지고기가 〈불결하다〉고 말하지만, 이는 위생적 또는 도덕적 판단이 아니다. 돼지는 뛰어놀 공간이 없으면 자기 똥밭에서 뒹군다. 위생학적으로 보면, 요리한 돼지고기는 염소나, 양, 소보다 건강에 더 위험하지 않다. 〈불결하다〉고 생각한 이유는 다른 데 있다. 땀샘이 없는 돼지는 틈나는 대로 물에서 뒹굴어야 한다. 그러려면 나무 그늘이 필요하다. 그 때문에 비옥한 요단강 계곡의 가나안 사람들은 1천 년 전부터 별 어려움 없이 돼지를 길렀고, 돼지고기도 먹었다. 반면에 유목민인 이스라엘인들에게 물은 매우 귀한 자산이었다. 양치기였던 그들은 죽어서야 쓸모가 있는 동물이 아니라 살아서 젖과 털을 제공하는 동물을 기르는 데 익숙했다. 그런 까닭에 경제적 이유에서 돼지 사육을 몰아냈고, 돼지를 〈불결하다〉고 선포했다. 훗날 예전부터 내려온 돼지 식육 금지를 받아들인 무슬림의 상황도 다르지 않았다. 이슬람교가 전파된 지역이 비옥하고 숲이 많을수록 그곳 사람들은 코란의 사막 종교에 그리 호의적이지 않았다. 이런 연유로 돼지 사육 문화는 이슬람에서 선명한 적대적 이미지가 되었고, 돼지고기 섭취는 무슬림에게 점점 더 큰 죄악이 되었다.

이처럼 동물에 대한 유대인들의 생각은 대개 세속적이었고, 종교성과는 별 관련이 없었다. 물론 경제 동물에 지나지 않더라도 그들을 잘 대해야 한다는 몇 가지 규칙은 있었다. 예를 들어 출애굽기 23장 12절에서는 안식일이 노동하는 동물에게로 확대된다. 〈너는 엿새 동안 일해야 하지만, 일곱째 날에는 너의 소와 나귀가 휴식을 취할 수 있도록 쉬어야 할지니라.〉 신학자들이 유대교에서 동물과의 긍정적인 관계를 묘사하고 싶을 때 자주 인용하는 대목이다. 바로 이 속에 〈공동 피조물에 대한 유대교의 윤리적 기본 입장〉[3]이 담겨 있다는 것이다. 하지만 그것이 정말 납득할 만한 설명일까? 물론 유대 신이 소와 나귀를 생각한 것은 분명 친절한 태도이지만, 그것이 정말 동물을 위한 것일까? 동물에게 규정된 휴식은 인간의 휴식 필요성에 따른 논리적 결과다. 소든 나귀든 혼자서는 밭을 갈지 못하고 수레를 끌지 못하기 때문이다. 게다가 유대 농부들은 일주일에 하루를 쉰 동물들이 다음 주에 더 힘차게 일할 수 있음을 잘 알고 있었다. 신명기 22장 4절의 다음 구절도 비슷하게 해석할 수 있다. 〈네 형제의 나귀나 소가 길에 넘어진 것을 보거든 외면하지 말고 형제를 도와 동물들을 일으킬지니라.〉 이 구절에도 〈공동 피조물〉의 정신을 적용하는 것은 너무 거창하다. 고대의 유대 양치기들은 창조 다섯째 날과 여섯째 날이 인간과 동물을 근본적으로 갈라놓았음을 아주 잘 알고 있었다. 하지만 일할 동물의 수는 적고 그들의 개체 수를 걱정해야 하는 상황이다 보니 노역 수단인 동물을 경제적인 유용성의 차원에서 다루는 것은 중요했다.

반(半)사막 지대의 주민들은 오아시스 주민들이나 나일강 유역의 농부들, 숲이 많은 지역의 사람들보다 동물에 대한 감수성과 존중이 훨씬 적었다. 또한 동물과 인간의 기원이 같다는 것에 대한 기억이 되살아나는 일도 드물었으며, 고작해야 경제 동물에게만 약간의 경건함을 보였다. 물론 그렇다고 성경에 드문드문 나오는 이런 구절을 과대평가해서는 안 된다. 양치기들의 가슴을 외경심으로 가득 채운 것은 오직 별이 빛나는 저 높은 하늘뿐이었다. 성경에서 동물에 대해 우호적으로 말하는 대목이 발견된다면 그것은 대부분 이집트와 페르시아에서 토막토막 전해져 내려오는 동물 찬가 덕분이었다. 아니면 정착 농민이었던 가나안 사람들의 계절별 제식에서 유래한 것으로 보인다. 이렇듯 야훼의 양치기들은 이민족의 추수 감사제만 받아들인 것이 아니라 자신의 경전을 설명하기 위해 이민족의 신화도 이용했다.

성경을 읽는 사람은 갑자기 완전히 동떨어진 곳에서 아주 독특한 세계 탄생 신화를 만난다. 이 신화는 창세기에 적힌 것과는 전혀 다른 이야기를 한다. 시편 139편 15절에 따르면 인간을 만든 것은 어떤 신도 황제도 지도자도 아니다. 인간은 그냥 땅에서 생겨난다. 이는 야훼의 정신이 아니라 이집트와 메소포타미아, 혹은 가나안의 정신이다. 이렇듯 유대교는 동물을 존중하는 이민족의 신화를 전한다. 이민족 신앙에 대한 이런 형태의 존속을 보여 주는 유명한 예가 바로 모세가 시나이산에 머물 때 제사장 아론이 이스라엘 사람들에게 만들어 준 〈황금 송아지상〉이다.

이집트에서 유래한 것으로 보이는 이 송아지 숭배는 물론 야훼에 의해 엄격하게 단죄되기는 하지만, 이 이야기는 유대교에서도 그를 위한 비양한 토양이 꽤 오랫동안 존재했음을 보여 준다.

기원전 5세기에서 3세기 사이에 쓴 것으로 추정되는 욥기의 38장과 39장에서는 사자, 까마귀, 야생 염소, 야생 나귀 같은 동물의 아름다움과 힘이 몇 면에 걸쳐 길게 묘사된다. 〈야생 나귀는 도시의 소란스러움을 비웃고, 양치는 자의 시끄러운 외침에 귀를 닫은 채 오직 산에서 목초지를 찾고, 푸른 풀을 쫓아다니느니라.〉(욥기 39장 7~8절) 물소의 길들여지지 않은 특성과 타조의 빠른 발놀림[〈타조가 벌떡 일어나 달려갈 때는 말과 말 위의 사람이 가소롭게 느껴지느니라.〉(욥기 39장 18절)], 혹은 말의 불 같은 힘과 놀라운 용기, 맹금류의 위엄 같은 것들을 묘사할 때도 항상 중심에 선 것은 인간의 지배력에 맞선 그들의 자율성이다. 욥기의 저자가 특히 반한 동물은 하마다. 그는 하마의 허리 힘과 강한 근육을 경건함에 가까운 태도로 칭찬한다. 하마의 뼈는 청동 관이고, 다리는 단단한 쇠막대기 같다. 하마는 신의 피조물들 가운데 〈으뜸〉으로 여겨질 만큼 매혹적이다.

여기서 으뜸이라는 말은 특권이나 총애를 받고 태어났다는 말이나 다름없다. 이는 신의 창조 행위를 인간을 향한 직선적 상승 행위로 보는 제사장 문서의 창세기와 상반된다. 악어(리바이어던)*에 대한 묘사에서도 오늘날에 널리 퍼져 있는 혐오감은 전혀 느낄 수 없다. 저자는 악어의 〈아름다운 체구〉와 〈줄지어 늘어

* 욥기 41장에 나오는 바다 괴물.

선 단단한 방패 같은 화려한 비늘〉을 예찬한다. 이런 사랑 고백은 마지막의 한 비유에서 정점에 달한다. 〈악어가 재채기를 하면 광채가 발하고, 악어의 눈은 아침노을의 눈꺼풀을 닮았느니라.〉(독자 여러분도 조용한 주중에 근처 동물원에 들러 악어의 눈을 가만히 관찰하다 보면, 아마 욥기의 저자를 사로잡았던 그 신비한 불꽃을 느낄 수 있을지 모른다.)

그러나 동물에 대한 이런 미학적 예찬은 고대 유대교의 일상적인 실천 윤리와는 별 관계가 없다. 그것은 구약 성서의 〈생경한〉 두 번째 원전으로서 〈설교자 솔로몬〉으로 유명한 전도서도 마찬가지다. 이 텍스트의 기원은 불분명한데, 기원전 3세기쯤에 쓰인 것으로 추정된다. 전도서에 담긴 숙명론적인 지혜의 상당 부분은 그리스 철학, 특히 스토아학파에서 비롯된 것으로 보인다. 예를 들어 다음 구절은 유대 신앙의 원칙과는 거리가 한참 멀다. 〈사람이 짐승보다 나은 것은 없나니, 모두가 한곳으로 향하기 때문이니라. 모두가 흙에서 나와 다시 흙으로 돌아가나니, 인간의 정기는 위로 올라가고 짐승의 정기는 땅으로 내려가는지 누가 알겠는가?〉(전도서 3장 19~21절) 이 구절은 동물과 인간이 동등한 공동 피조물이라는 사실을 웅변하는 것일까? 그럴 가능성은 별로 없어 보인다. 대다수의 유대 목동과 농부의 믿음은 이와 달랐다. 인간은 죽은 뒤에 하늘로 올라가지만, 동물은 그렇지 않다는 것이다. 다만 전도서는 이런 유대 종교의 근본 교리에 의문을 표한다. 인간 중심적인 전체 구상과는 결코 화합할 수 없는 의구심이다.

어쨌든 목동의 일상생활 및 제물을 바치는 제식에서는 죽인 피조물에 대한 구석기 시대적 죄책감이 담겨 있다. 그렇기에 동물 제물은 감사함의 표현일 수 있지만, 동시에 폭력적인 책임 회피 행위로도 해석될 수 있다. 목동 또는 농부는 도살한 동물을 바침으로써 동물 살해를 신의 뜻으로 정당화한 것이다. 〈주여, 보소서. 당신이 가르쳐 주신 대로 당신을 위해 동물을 죽였나이다.〉 인간이 고의로 동물의 생명을 빼앗은 것이 아니라 신의 계명을 따른 것뿐이라는 뜻이다.

냉정하게 볼 때 이런 식의 책임 전가 의식은 동물에게 재차 추가로 크나큰 고통을 가한다. 바로 제물의 맹점이다. 그렇다면 어떤 종교도 인간이 먹기 위해 동물을 죽인 것에 대한 양심의 가책 때문에 다시 다른 동물을 죽여 제물로 바친 이 도착적 행위를 문제 삼지 않은 것은 당연하다. 나중에 기독교인들이 가축을 제물로 바치는 것을 중단한 이유는 동물에 대한 사랑 때문이 아니다. 사도 바울은 인간의 죄악을 완전히 새로운 관련성 속에 놓는다. 즉 원죄와 결합시킨 것이다. 동물로서의 희생양은 이제 인류를 위해 희생한 신, 즉 예수가 된다. 이로써 동물을 죽일 수밖에 없었던 필연성과 양심의 가책 사이의 근원적 갈등은 사라진다. 이제는 상징적인 의미만 남아 원래의 목적에서 벗어난 방식으로 재생된다.

게다가 모든 유대인이 동물 제물을 좋아한 것은 아니었다. 특히 선지자들은 거듭 반대했다. 〈사무엘이 말하길, 여호와께서는 당신의 목소리에 순종하는 것만큼이나 제물과 번제를 좋아한다고 생각하십니까? 보시오, 순종이 제물보다 낫고, 귀 기울여 따르는 것이 숫양의 기름보다 낫습니다.〉(사무엘 상 15장 22절) 이사야서에도 이런 구절이 나온다. 〈여호와께서 말씀하시길 너희의 수많은 제물이 내게 다 무슨 소용이란 말이냐? 나는 숫양의 번제와 살찐 동물의 기름에 물렸고, 수송아지와 어린양, 숫염소의 피를 기뻐하지 않느니라.〉(이사야서 1장 11절) 호세아의 입장은 한층 더 뚜렷하다. 〈나는 사랑을 원하지 제물을 원하지 않고, 주를 알기 원하지 번제를 원하지 않노라.〉(호세아서 6장 6절)

이처럼 야훼는 선지자를 통해 연민이 아니라 싫증과 역겨움을 드러낸다. 게다가 창세기 5~10장에서는 사도에 빠진 인간에 대한 분노로 인해 함께 희생될 수밖에 없는 피조물에 대해서도 안타까움을 표하지 않는다. 인간은 악하기에 신은 〈모든 육신〉을 타락한 것으로 선언하고, 즉시 인간을 포함해 지상의 모든 육신을 쓸어버릴 결심을 한다. 성경에서 언제부터 동물에게 도덕적 책임이 주어졌던가? 동물이 어떻게 악하고, 도덕적으로 타락할 수 있을까? 그러나 함께 있으면 벌도 함께 받는다. 다만 모든 종의 한 쌍씩만 구제된다. 나머지는 홍수가 모두 쓸어버린다. 예레미야서 14장 4~6절에서는 동물이 가뭄에 희생된다. 〈들판의 암사슴조차 푸른 풀이 없어 새끼를 곤궁에 빠뜨리고, 야생 나귀도 먹이가 없어 빛을 잃은 눈으로 언덕 위에서 자칼처럼 숨을 헐떡이도다.〉 요엘서 1장 18절에는 이런 구절이 나온다. 〈목초지가 없어 가축이 탄식하고, 소들은 비루먹은 듯하고, 양들은 야위어 가는구나.〉 야훼는 자신의 집단 처벌로 동물들이 무고하게 고통을 겪는 것에는 아무 관심이 없는 듯하다. 대홍수 이후 인간과 맺은 언약은 처음에는 동물들을 포함하는 듯하지만, 이후 창세기 9장 2절에는 악의적인 대목이 등장한다. 〈지상의 모든 동물과 하늘의 모든 새와 땅을 기는 모든 것과 바다의 모든 물고기가 너희(인간)를 두려워하고 무서워하리라.〉 실제로도 그리되었으니…….

잃어버린 낙원
고대 그리스 로마 시대의 동물

우리가 〈황금시대〉라 부르는 지난 시절의 인간들은
나무 열매와 땅에서 나는 것들로 행복해했고,
자신의 용기를 피로 더럽히지 않았다.
새는 안전하게 공중을 날아다녔고,
토끼는 아무 불안 없이 풀숲을 돌아다녔으며,
악의라고는 찾아볼 길 없는 인간은 물고기를 낚지 않았다.
— 오비디우스Ovidius

처음에는 낙원이었다. 〈아직 전쟁이나 전투의 신은 없었고, 제우스나 크로노스, 포세이돈 같은 왕도 없었으며, 오직 사랑의 여왕만 있었다. 인간들은 왕에게 허리 숙여 경건한 공물을 바쳤다. 동물 그림과 향유, 몰약, 좋은 향이 바쳐졌고, 바닥에는 황금빛 꿀이 부어졌다. 제단은 소름 끼치는 황소의 피로 더럽혀지지 않았고, 당시 사람들은 다른 존재의 생명을 빼앗거나 그 고귀한 사지를 먹는 것을 무도한 짓으로 여겼다. …… 당시에는 야생 동물과 새를 비롯한 모든 피조물이 인간에게 온순하고 인간을 믿었으며, 그들 사이에는 사랑의 불꽃만 활활 타올랐다.〉[1]

이 이야기를 전한 사람은 그리스의 철학자인 엠페도클레스Empedocles(기원전 490~430년경)다. 시칠리아섬의 도시 국가 아크라가스(현재의 아그리젠토)에 살았고, 철학자이자 정치인으로 이름을 날렸으며, 의사로도 활동한 것으로 추정되는 인물이다. 그의 저술은 유대인들이 모세 오경을 편찬한 시기와 겹친다. 엠페도클레스는 유대인들과 마찬가지로 낙원을 안다. 다만 이 낙원은 그리스 시인 헤시오도스Hesiodos(기원전 700년 이전)가 보고한 〈황금시대〉 이전으로 돌아간다. 유대인들이 인류의 타락을 이야기했듯이 그리스인들도 고통과 다툼이 없던 낙원이 왜 파괴되었는지 설명해야 했다. 헤시오도스가 『노동과 나날*Érga kai Hēmérai*』에서 황금시대와 은의 시대, 철의 시대로 이어지는 세계사 과정에 주목했다면, 엠페도클레스는 낙원의 종말을 인간 탓으로 돌렸다. 창세기처럼 그는 인간의 타락을 안다. 악행은 동물 도살에서부터 시작되었다. 언제부터인가 사람들은 동물 그림 대신 진짜 동물을 제물로 바쳤다. 그로써 인간과 동물이 평화롭게 살아가던 낙원은 파괴되었다.

동물을 도살하고, 제물로 바치고, 먹는 행위에 대한 엠페도클레스의 말에는 분노와 단호함이 묻어난다. 〈칼로 영혼〉을 구하려는 짓은 멍청하다. 〈사람들이 남의 생명을 빼앗고 고귀한 몸뚱이를 먹어 치우는 것은 최악의 오점이다.〉[2] 이는 서양 문화에서 채식을 열정적으로 변호한 최초의 언급이다. 이때 이 철학자는 자신의 입장을 종교적인 관점에서 뒷받침한다. 그는 시칠리아와 남부 이탈리아에 살던 많은 그리스인과 마찬가지로 영혼 이동을 믿는다. 동물과 인간, 가끔은 식물도 다시 다른 생명체로 태어난다는 것은 고대 그리스의 종교적 전제였다. 힌두교도와 불교도만 다른 생명체로의 환생을 가정한 것이 아니었다. 그리스와 남부 이탈리아의 오르페우스교도도 같은 생각을 갖고 있었다. 특히 전설적인 피타고라스Pythagoras(기원전 580~500년경)의 제자들이 그랬다.

피타고라스학파는 인간을 동물과 동떨어진 다른 차원의 존재로 보지 않았다. 정당방위를 제외하고는 동물에 대한 어떤 형태의 폭력도 배척했다. 다만 그들 역시 인간과 동물이 한 형제라는 구상을 사다리 형태의 위계질서 틀 안에서 정립했다. 자연은 무생물에서 식물과 하등 동물을 거쳐 포유동물과 인간까지 점점 더 완벽한 존재로 발전해 나간다는 것이다. 한 생물이 더 높이 발달할수록 행동의 자유는 점점 더 커진다. 따라서 이성적 존재인 인간만이 최대한의 자유를 누린다.

모든 생명체의 환생을 초지일관 믿는 사람이라면 동물을 죽이고 먹는 행위는 당연히 범죄로 비친다. 피타고라스학파의 영향을 받은 엠페도클레스에게 그것은 심지어 살인이었다. 〈그대들은 정녕 추악한 살인을 멈추지 않으려 하는가? 암흑의 광기 속에서 서로의 육신이 갈기갈기 찢어지는 것이 느껴지지 않는가?〉[3] 아크라가스 출신의 이 철학자는 복잡한 인물이었다. 〈자연 과학자〉로서는 우주와 지구, 인간의 역학적 원인을 찾는다. 또한 호흡과 지각을 연구하고, 자연의 원소를 최초로 물, 불, 공기, 흙으로 나눈다. 그러다 마지막으로 그전의 이집트인들처럼 세계의 생성과 소멸을 순환적으로 해석하는 거대 이론을 세운다. 그에 따르면 원소들은 항상 새로 섞이고 다시 분리된다. 이런 혼합과 분리는 자석의 양극에 해당하는 사랑과 다툼의 조화이고, 세계의 전체 무대는 이 역학에 의해 결정된다. 어떤 때는 모든 것이 수천 년 동안 끔찍한 죽음을 부르는 다툼으로 향하고, 어떤 때는 뜨거운 혼합으로 되돌아간다.

엠페도클레스는 자신이 사는 세계가 다툼의 방향으로 움직이는 시대라고 믿었다. 그것은 낙원 같은 황금시대가 지났다고 말하는 대목에서 드러난다. 다툼의 마지막 단계에서는 모든 생명이 죽고, 다시 끝없이 긴 시간이 지난 뒤에야 새 생명이 소생한다. 엠페도클레스는 생명이 어떻게 싹을 틔우는지 상세히 묘사한다. 그것도 원시 형태에서 고등 형태로 발전하는 과정을 말이다. 그런데 여기서 원시 형태는 단세포 생물이 아니다. 그의 상상에 따르면 〈땅에서 목 없는 머리들이 수없이 돋아나고, 어깨 없는 팔들이 혼자 이리저리 움직이고, 이마 없는 눈들이 홀로 이리저리 두리번거린다〉.[4] 이런 혼돈 속에서 합목적적인 것만 살아남고, 몸들은 시간이 지나면서 점점 복잡해지고 완전해진다. 그러다 마지막에 두 개의 성(性)을 가진 생명체가 등장한다. 이들의 존속을 위해 특히 중요한 것은 다음 두 가지다. 〈충분한 식량〉과 〈그 식량으로 아름다운 여자들을 짝짓기로 유인하는 것〉[5]이다.

잘 훈련된 생물학자인 엠페도클레스는 우리가 다윈 덕분에 알게 된 진화 과정의 두 가지 성공 원칙을 이미 알고 있었다고도 할 수 있다. 〈자연 선택〉과 〈성 선택〉이 그것이다. 다만 엠페도클레스의 경우, 생물종은 아직 분화되어 있지 않다. 대신에 그들의 영혼은 무수한 생물로 다시 태어날 수 있다. 인간과 동물, 식물은 원칙적으로 다르지 않고, 모두가 동일한 자연 물질로 이루어져 있기 때문이다. 따라서 엠페도클레스는 자신에 대해서도 이렇게 말한다. 〈나는 언젠가 소년이었고, 소녀였고, 타조와 새였고, 바다에서 묵묵히 떠다니던 물고기였다.〉[6] 다음 삶에서 어떤 형체로 태어날지는 이번 생에서 얼마나 도덕적으로 살았는지에 달려 있다. 모든 영혼은 고대 이집트에서 마트의 저울로 심판을 받듯, 명부의 왕 하데스 앞에서 판결을 받는다. 너는 인간이나 동물, 어쩌면 식물로 태어날 만큼 선하게 살았는가?

돌이켜 보면 엠페도클레스는 과도기의 사상가처럼 보인다. 올림포스의 수많은 신을 믿는 고대 그리스인들의 민간 신앙적 요소는 찾아보기 어렵다. 또한 그리스 신화 속에 우글거리던 히드라, 미노타우로스, 케르베로스, 페가수스나 히포캄푸스, 하르피이아, 스핑크스, 키메라 같은 괴물도 등장하지 않는다. 엠페도클레스의 세계는 〈자연 과학적〉이면서 동시에 철학적이다. 하지만 그는 인간만의 특별한 지위를 인정하지 않고, 동물에게 아주 좋은 자리를 할당해 준다.

그리스 철학은 아크라가스 출신의 이 철학자와는 다른 길을 걷는다. 영혼 이동설은 여전히 시대를 아우르는 주제로 남아 있지만, 다른 동물과의 친밀감은 새로운 철학적 종교에 길을 비켜 준다. 이 종교는 비슷한 시기에 소아시아의 에페소스에서 탄생한다. 철학자 헤라클레이토스Heracleitos(기원전 540~480년경)의 고향 도시인데, 그에게 인간은 의심할 바 없이 아주 특별한 존재다. 인간만이 동물과 달리 신적인 로고스, 즉 보편적 이성의 세계로 들어갈 수 있기 때문이다. 물론 그런 축복은 극소수에게만 내려지지만, 그럼에도 인간은 그 능력 덕분에 무언가 특별한 존재, 즉 최소한 잠재적으로는 이성적 존재로 규정할 수 있다.

헤라클레이토스가 정말 신적인 로고스를 믿은 최초의 철학자였는지는 알 수 없다. 다만 이 개념이 단기간에 눈부신 성공을 거둔 것은 분명하다. 정치든 법이든, 수학이든 상업이든 곳곳에서 모든 것을 관장하는 이성에 관한 이야기가 회자된다. 감각으로 파악된 개인적 세계는 재빨리 토대를 잃고, 이제는 오직 저 위에서 신적인 이성이 밝게 비추는 추상적인 것의 영역만 중요해진다.

물론 로고스의 승승장구가 이후의 모든 그리스인이 이성을 추구하고 떠받들었다는 뜻은 아니다. 고대 올림포스의 종교는 로고스와 상관없이 유지되었고, 농부들의 신앙과 도시의 제식에도 여전히 영향을 끼쳤다. 다만 로고스의 유래를 밝히고, 로고스의 특성을 설명하고, 로고스의 사용법을 제시하고, 또 일상에서 그 위치를 정의 내릴 철학적 대가는 아직 존재하지 않았다. 이런 상황은 모든 서양 철학자 가운데 가장 위대한 인물이 등장하면서 바뀌었다. 바로 플라톤Platon(기원전 428~347년경)이다.

플라톤의 사유 중 일부는 피타고라스학파와 엠페도클레스의 전통에 서 있다. 그 역시 환생을 믿는다. 그것을 증명하기가 매우 어렵다는 것을 인정하면서도 말이다. 다만 동물로 환생하는 것은 기쁨이 아니라 형벌이자 강등이다. 말 많은 인간은 다음 생에서 원숭이가 되고, 부지런하지만 어리석은 인간은 개미로 태어난다. 도시 출신의 플라톤은 동물이나 자연에 관심이 없었다. 그럼에도 말년의 작품 『티마이오스*Timaios*』에서 세계 창조의 역사를 펼쳐 보인다. 그 내용이 피타고라스학파를 강하게 연상시키리라는 것을 알기에 만약을 위해 어느 피타고라스학파 철학자의 입을 빌려 이야기한다. 그에 따르면 세계는 유대교에서처럼 **창조된 것이 아니라** 데미우르고스라는 한 제작자가 근원 질료들을 섞어 **형상화한 것**이다. 그 결과가 이 둥근 세상이다. 이 세상 안의 모든 물질에는 영혼이 깃들어 있다. 식물에서부터 동물, 인간을 거쳐 하늘의 별에 이르기까지. 돌과 동식물, 인간과 별의 불멸성은 이 〈세계영혼〉 덕분이다. 플라톤의 세계에는 삶만 있고 죽음은 없다. 우주는 살아 있다! 모든 것에 영혼과 정신이 깃들어 있다. 하늘의 별, 지상의 올리브나무, 들판의 귀뚜라미 할 것 없이 모든 것에 말이다. 다만 얼마만큼 깃들어 있는지가 문제일 뿐이다.

　　플라톤 철학은 굉장히 풍부한 결실을 맺었고, 2천 년 넘게 영향을 미쳤다. 하지만 세계영혼 이론은 대단히 큰 성공을 거두지는 못했다. 그의 강력한 경쟁자 데모크리토스*Democritos*(기원전 460~370년경)는 이 이론에 눈길 한 번 주지 않고 시종일관 유물론을 펼쳤다. 심지어 플라톤의 제자들도 세계영혼이나 영혼 이동을 거의 믿지 않았다. 가장 중요한 반박은 플라톤보다 마흔 살 어린 아리스토텔레스에게서 나왔다. 그는 플라톤 철학을 지상으로 끌어내린 다음 관찰할 수 있는 사실들에 근거하여 다시 검토해 나갔다. 이로써 사변이 아니라 관찰에서 출발하는 새로운 철학 체계의 토대가 놓였다. 이 체계에서는 세계영혼이 들어설 자리가 없었다. 아리스토텔레스의 경우, 태초에 정신적 에너지가 있었던 것이 아니라 자신은 움직이지 않으면서 만물을 움직이게 하는 물리적 원칙인 부동(不動)의 동자(動者)만 있었고, 이것이 모든 사물을 움직이고 변하게 하는 동력을 만들었다.

플라톤과 달리 아리스토텔레스는 동물에 관심이 많았다. 과학적 동물학은 그와 함께 시작되었다. 이제 동물계는 가축과 야생 동물, 육식 동물과 초식 동물, 유혈 동물과 무혈 동물, 임신 기간이 짧은 동물과 긴 동물, 털이 있는 동물과 깃털 달린 동물, 비늘과 갑각이 있는 동물, 동면하는 동물과 그렇지 않은 동물, 생식 주기가 짧은 동물과 긴 동물, 해양 동물과 육상 동물, 하늘을 나는 동물, 야행성 동물과 주행성 동물, 많이 자란 상태로 태어나는 동물과 덜 자란 상태로 태어나는 동물, 단독 생활을 하는 동물과 무리 생활을 하는 동물, 남쪽으로 이동하는 동물과 한곳에 머무르는 동물로 나뉘었다. 이로써 서양 최초의 동물학 체계가 생겨났다. 아리스토텔레스는 피가 흐르는 척추동물을 피가 흐르지 않는 무척추동물과 구분했다. 또한 척추동물 안에서는 알을 낳는 조류와 파충류, 양서류, 어류를 새끼를 낳는 포유동물과 다시 구분했다.

그렇다면 인간은 여기서 어떤 자리를 차지하고 있을까? 동물들 중의 하나일까? 앞서 플라톤도 인간종에 대한 일종의 동물학적 정의를 내린 바 있다. 대화편 『크라틸로스*Kratylos*』에서 그는 인간을 〈깃털 없는 두 발 동물〉로 정의한다. 지어낸 것이 분명한 한 일화에 따르면 도발자인 시노페의 디오게네스Diogenes(기원전 412~323년경)는 이 개념 규정의 허점을 꾸짖는다. 깃털 뽑힌 닭 한 마리를 들고 아카데미아의 신성한 공회당으로 들어가서는 둘러서 있던 철학자들을 향해 〈플라톤의 인간〉을 보라고 일갈했다는 것이다. 결국 그들은 이 개념 규정의 약점을 깨닫고 또 다른 특징으로 보완했다. 인간은 넓고 평평한 손발톱을 가진 깃털 없는 두 발 동물이라는 것이다.

아리스토텔레스의 규정은 좀 더 완벽하고 체계적이다. 그는 인간을 유혈 동물로 분류하고, 앞서 언급했듯이 원숭이 근처로 데려간다. 그럼에도 플라톤과 마찬가지로 인간을 단순히 동물들 중의 하나로 보지 않는다. 이유는 분명하다. 두 철학자는 인간이 신체상의 동물적 특징에도 불구하고 다른 모든 생물과 구분되는 확고한 지점이 있다고 확신했기 때문이다. 인간의 영혼을 다른 모든 동물의 영혼보다 더 고귀하게 만드는 것은 바로 이성이다. 아리스토텔레스는 플라톤보다 더 강하게 이성적 인간만이 고결한 피조물이라고 생각한다. 반면에 동물은 도덕에 관심이 없고, 따라서 그에 상응하는 권리도 없다. 냉정한 동물학자 아리스토텔레스는 철저히 인간 중심적인 윤리학을 설계한다. 이 윤리학에서 〈식물과 동물은 인간을 위해 존재한다. 인간은 이것들을 사용하거나 먹기 위해 길들이거나 재배한다. 다시 말해 모든 야생 동물과 식물을 다는 아니지만 대부분 식량으로 먹거나 옷과 도구, 기타 생활필수품을 얻기 위해 사육하거나 재배한다〉.[7]

아리스토텔레스의 사유 세계를 결정한 것은 이런 식의 인간 척도만이 아니다. 여기에는 비정한 이해타산도 한몫한다. 자연을 식품 창고 정도로 여기는 사고가 동물뿐 아니라 권리 없는 타인에 대한 잔혹한 행위의 정당화로 나아가는 길은 결코 멀지 않다. 〈자연이 어떤 것도 결코 아무 목적 없이 공연히 행하지 않는다면 이 모든 것을 오직 인간을 위해 행하고 있다고 가정할 수밖에 없다. 따라서 자연의 전술도 어느 면에서는 획득의 기술이다. 사냥술이 자연 전술의 일부인 것처럼 말이다. 그렇다면 이 전술은 야생 동물에게만 사용되는 것이 아니라, 자연에 의해 피지배자로 정해져 있지만 그것이 싫어 저항하는 인간에게도 사용되어야 한다. 이런 형태의 전쟁은 자연에서 보면 정당하다.〉[8]

아리스토텔레스에게 사냥과 전쟁은 큰 차이가 없다. 힘 있는 자들은 아무 근거가 없음에도 지극히 당연하다는 듯이 힘없는 동물과 노예를 지배한다. 이는 아리스토텔레스가 노예들의 이성적 행동 능력을 결코 박탈하지 않았다는 점을 생각하면 더욱 놀랍다. 하지만 동물과 관련해서는 이성의 결핍을 동물의 모든 권리를 박탈하는 근거로 제시한다. 여기서 이런 의문이 든다. 그는 도대체 왜 이런 수고를 하는 것일까? 노예의 예에서 명확히 드러나듯이 이성의 부재는 결코 다른 생명체를 노예로 부려도 되는 기준이 아니다. 결정적인 논거는 힘 있는 자들의 지배 의지다. 이 의지는 아리스토텔레스에 의하면 다른 근거를 필요로 하지 않는다. 동물의 영혼과 이성에 관한 철학적 논쟁에서 기본적으로 이 문제가 제기되지 않는 것은 정말 이상하다. 그렇다면 동물의 영혼과 이성에 관해서 2천 년 넘게 이어져 온 말들은 대체 누구를 위한 것인가? 이로써 인간은 영혼과 이성이 명확하게 존재하는 동료 인간들까지 전쟁과 민족 대학살을 통해 아무 거리낌 없이 고문하고 노예화하고 살해할 수 있었다.

동물을 성스럽게 다루던 엠페도클레스와 동물에 대해 〈정당한 전쟁〉을 입에 올리는 아리스토텔레스 사이에는 대략 1백 년의 시간이 놓여 있다. 인간 문화사에서는 작은 발걸음이지만, 동물계에는 한 획을 긋는 중대한 발걸음이었다. 게다가 동물에 대한 도덕적 끈을 절단함으로써 이후의 인간사에 심대한 결과를 불러온 사람이 하필 〈자연 과학적〉으로 사고하는 철학자였다니! 생물학의 세계에서 자연 과학적 인식과 실천 윤리가 일치하는 일이 드물다는 사실은 예나 지금이나 마찬가지다. 반면에 승리의 진군가를 부른 것은 아리스토텔레스가 보여 준 자연 과학자의 역할 모델이다. 진정한 자연 연구자는 도덕적 감수성에서 벗어나 차갑고 합리적이어야 한다는 것이다. 그렇지 않다면 뇌 연구자가 어떻게 원숭이가 우리와 얼마나 비슷한지 확인하기 위해 살아 있는 원숭이의 두개골을 태연하게 톱으로 자를 수 있겠는가? 진정한 과학자는 서로 모순되는 두 가지 생각이 의식 속에서 만나지 못하도록 그것들을 따로따로 저장해 두는 재능이 있는 것이 분명하다. 그렇다고 우리는 그 사실을 확인하기 위해 뇌 연구자의 머리를 굳이 톱으로 자르지는 않는다.

돌아보면 아리스토텔레스의 〈정당한 전쟁〉은 스토아학파라는 영향력이 막강했던 철학의 서막처럼 보인다. 이 학파는 아리스토텔레스의 활동 시기 직후에 아테네에서 탄생했다. 그들의 자연관은 지극히 숙명론적이었다. 그들 역시 엠페도클레스처럼 자연을 주기적 순환으로 보았는데, 이 과정에서 모든 생명은 항상 반복해서 대규모 세계 화재로 희생된다. 그런데 엠페도클레스와 달리 스토아학파에는 사랑을 위한 자리가 많지 않다. 스토아적 삶이 추구하는 것은 모든 세속적인 것으로부터의 내적 해방이다. 최고의 평정심에 이르려면 욕망을 이겨 내야 한다. 플라톤이든 아리스토텔레스든 그렇게 평정심의 한가운데서 지내는 좋은 삶이란 자유민 남성에게만 가능하다고 본다. 여자와 노예, 동물은 그렇게 창조된 존재가 아니다. 이들은 스스로 복된 이성이 아닌 감정과 욕망의 지배를 받는다. 이처럼 스토아학파 역시 인간 혹은 남자에게만 허락된 로고스 종교를 설파한다.

진정한 스토아 학자는 악한 욕망을 모를 뿐 아니라 사랑과 연민, 슬픔, 근심 걱정 같은 평정심을 방해하는 감정적 동요로부터도 자유롭다. 17세기 프랑스 수학자이자 철학자인 블레즈 파스칼Blaise Pascal(1623~1662)은 스토아학파가 인간의 위대함은 알았지만 불행은 몰랐다고 썼다. 그들은 동물의 불행에도 귀를 닫는다. 또한 인간은 굳이 신의 주문 없이도 얼마든지 동물을 이용할 수 있다고 믿는다. 스토아적 세계상은 우스꽝스러울 정도로 인간 중심적이다. 전체 자연은 오직 인간만을 위해 존재한다. 스토아 학자 크리시포스Chrysippos(기원전 280~205년경)에 따르면 돼지의 영혼조차 인간을 위한 선물이다. 그것은 우리가 더 잘 먹을 수 있도록 고기를 저장하고 양념하는 것을 도와주는 소금

과 비슷하다.[9]

　기원전 3세기경의 모든 그리스인이 이에 동의한 것은 아니었다. 스토아학파의 숙적인 에피쿠로스Epicouros(기원전 341~270년경)는 전반적으로 채식을 했고, 아리스토텔레스의 제자 테오프라스토스도 육식을 거부했다. 고기를 먹기에는 인간과 동물이 생물학적으로 너무 가깝고, 동물도 분명 두려움과 고통을 느낀다는 것이다. 우리가 이미 이집트 후기의 동물 숭배 문화의 동시대 증인으로 알고 있는 플루타르코스의 논거도 이와 다르지 않다. 그는 이렇게 한탄한다. 〈나는 인간이 어떤 상황에서, 어떤 감정과 정신 상태에서 죽은 동물의 피를 처음으로 입에 대고, 죽은 동물의 살을 씹고, 생명력을 잃은 싸늘한 고기를 식탁에 올리고, 방금 전까지 포효하고 소리를 내고 움직이고 세상을 바라보던 동물의 몸을 음식이나 반찬이라고 불렀는지 궁금하다. 도살되고, 껍질이 벗겨지고, 갈기갈기 찢어진 채 피를 흘리는 동물의 모습을 그들의 시각은 어떻게 견디었고, 그들의 후각은 그 악취를 어떻게 참았으며, 그들의 미각은 다른 생명체의 상처 난 살이 입에 와 닿고 죽은 몸뚱이에서 즙과 액체를 빨아먹는 그 오욕을 어떻게 버텨 낼 수 있었을까?〉[10]

　그러나 현실의 승리자는 에피쿠로스나 테오프라스토스, 플루타르코스가 아니라 스토아학파였다. 그들의 가르침은 떠오르는 로마 제국에서 향후 수백 년 동안 큰 성공을 거두었다. 로마의 위대한 사상가 키케로Cicero(기원전 106~43)는 이렇게 말한다. 이 세계는 〈일차적으로 신들과 인간을 위해 만들어졌지만, 세계

내의 모든 설비는 오직 인간이 유익하게 쓸 수 있도록 고안되고 완성되었다〉.[11]

〈이성의 결핍〉이니 〈열등한 영혼〉이니 하는 동물에 대한 철학적 규정은 동물을 다루는 로마인들의 일상적 행위를 정당화했다. 로마법은 일하는 동물을 일말의 연민도 없이 물건과 동일시했다. 경기장에서 벌어진 동물 학대와 동물 싸움은 피에 굶주린 관객들의 가슴을 뛰게 했다. 로마 제국 시대에는 수십만 마리의 동물이 키르쿠스 막시무스 원형 경기장에서 중무장한 직업 도살꾼들에게 살육당하거나, 다른 동물들의 날카로운 이빨과 발톱에 찢기거나, 아사하거나, 흥분제에 취해 미쳐 날뛰다가 죽어 나갔다. 트라야누스Trajanus(53~117) 치하에서는 몇 주 만에 대형 동물 1만 1천 마리가 살해당했다. 다키아에서의 군사적 승리를 기리기 위한 피비린내 나는 공물로, 전쟁에 참가한 적 없는 무고한 동물들이 희생당한 것이었다.

이런 식의 학살은 만일 황제들이 대중의 긍정적인 반향을 확인하지 못했다면 불가능했을 것이다. 로마 시대의 일반인들은 영향력이 큰 철학자들과 마찬가지로 동물의 고통에 대한 감수성이 별로 없었다. 물론 그렇다고 로마인들이 가정에서 키우는 동물을 사랑하지 않았다는 뜻은 아니다. 당시 사람들은 그레이하운드와 사냥개, 심지어 안내견도 키웠다. 이른바 전령견들은 편지를 담은 작은 관을 삼켜 수신인에게 전달했는데, 그러면 수신인은 개의 배를 갈라 관을 꺼냈다. 참으로 인정머리 없는 짓이다. 아무튼 당시 인기 있던 가축은 고양이와 거북, 뱀, 토끼였다. 사

람들은 온갖 종류의 새를 장식용이나 식용으로 키웠다. 동물은
이전의 그리스인들과 마찬가지로 로마인들에게도 문장용 동물
이나 상징으로 인기가 높았다. 올빼미는 지혜의 상징이었고, 뱀
은 의술의 신 아스클레피오스처럼 치료 효과가 높은 신비스러
운 힘으로 여겨졌지만, 동시에 위험하고 두려운 존재였다. 독수
리도 제우스의 상징에서 곧장 로마 신화의 유피테르의 상징으로
넘어가더니 제국의 신탁 동물이자 문장 동물로 자리 잡았다.

　로마의 문화는 이 모든 모순을 통합하는 데 아무런 문제가
없었다. 오늘날의 우리 사회도 다르지 않다. 동물을 사랑하고 미
워하고, 그러면서도 먹는 것은 벌써 2천 년 전부터 이어져 온 서
구의 세속적 습속이다. 그리스인들이든 로마인들이든 동물을 갖
고 종교적으로 온갖 터무니없는 짓을 거행하면서도 동물을 실
제로 신성하게 여기지는 않았다. 동물은 동물학 체계 속에 세심
하게 감금된 채 도덕적으로 중요한 존재로서의 위상을 잃었다.
대신에 로마인들은 야생 동물에 대한 흥미진진한 이야기에 관
심이 많았다. 대(大)플리니우스Plinius(23~79)의 『박물지Naturalis
historia』가 발표되었을 때 대중의 관심은 아주 뜨거웠다. 이 책은
육상 동물과 수서 동물, 곤충, 그리고 일반 동물학에 관한 온갖 지
식을 망라하고 있었다.

　이로써 동물과 인간은 자연사와 철학으로 엄격하게 분리되
었고, 그것은 현재까지도 이어져 오고 있다. 자연사에서는 주로
동물의 진기하고 경악스럽고 감동스러운 면을 비롯해 조리와 관
련된 유용한 면이 언급된다. 다른 한편 철학에서는 인간이 나온

다. 인간은 동물처럼 몸뚱이와 감정에 지배당하지 않고, 자신의 삶과 행동을 스스로 자유롭게 결정한다. 오직 인간만이 자기 자신을 의식하는 능력을 갖고 있다. 상이한 생물학적 등급의 차이를 범주적 차이로 만드는 것이 바로 이 능력이다.

그리스인들과 로마인들은 모든 생명의 생물학적 친족 관계를 성경의 제사장 문서를 쓴 순진한 저자들보다 더 잘 알고 있었다. 그러면서도 인간과 동물 사이의 뛰어넘을 수 없는 간극을 강조했다. 로고스의 여신이 동물을 불멸성과 윤리에서 영원히 떼어 놓았다는 것이다. 이런 분리를 만든 이유는 분명해 보인다. 자신들이 현실에서 동물을 다루는 실질적 방법을 정당화해야 했기 때문이다. 노예와 여자를 다루는 방법까지 포함해서 말이다. 플루타르코스는 〈동물의 기민함〉에 관한 대화편에서 모든 철학적 논증의 진짜 이유를 스토아 학자 크리시포스의 입을 빌려 이렇게 밝힌다. 〈만약 모든 동물이 이성을 갖고 있다면 정의는 존재할 수 없을 것입니다. 그리되면 우리가 동물을 학대하거나 죽이는 것은 당연히 불공정한 일이 되고, 그렇다고 동물을 우리 목적에 맞게 이용하지 않으면 우리 자신이 생존할 수 없을 것이기 때문입니다.〉[12]

플루타르코스가 제시한 스토아학파의 냉정한 윤리학은 최소한 동물을 다루는 문제와 관련해서는 개선가를 불렀고, 기원 후 첫 몇백 년에 걸쳐 기독교적 윤리와 자연스럽게 혼합되었다. 기독교는 어차피 동물 문제를 어떻게 처리해야 할지 모르고 있었으니…….

〈신이 황소에게 관심이나 있을까?〉
기독교와 이슬람의 동물

사람들은 같은 종을 먹어 치웠다.

심지어 사랑스러운 돼지까지.

그러나 두 발로 꼿꼿이 걷는 것들은

먹지 않고 땅에 묻었다.

— 프란츠 요제프 데겐하르트Franz Josef Degenhardt

갈릴리의 방랑 설교자는 딱 한 번 동물의 삶에 대해 말한다. 과거의 모세처럼 시나이산에 올라 제자들에게 신의 계명에 대한 자신의 새로운 해석을 이야기할 때였다. 그는 우선 사도들에 대한 찬사부터 입에 올린다. 너희는 세상의 소금이자 빛이다! 이어 겸손과 정직, 자비와 원수 사랑을 예찬하더니 불쑥 동물 이야기를 꺼낸다. 〈공중의 새들을 보라. 이들은 씨를 뿌리지도 수확하지도 않고, 곡식을 창고에 모아 두지도 않느니라. 너희의 천부께서 그들을 기르시나니.〉(마태복음 6장 26절) 그런데 이 남자의 설교가 새들도 인간과 공동 피조물임을 가르친다고 생각한다면 착각이다. 곧바로 다음 문장이 이어지기 때문이다. 〈너희가 이들보다 훨씬 귀하지 아니하냐?〉

이 산상의 설교자는 예수다. 그의 제자들이 전하는 이야기 말고는 우리가 아는 것이 없는 남자다. 당시의 어떤 역사적 출처도 그를 지나가는 말로도 언급하지 않았다. 아무튼 게네사렛 호숫가의 갈릴리 출신이라고 하는 이 가난한 설교자는 죽은 뒤에, 로마 시민권이 있으면서 그리스 전통의 교육을 받은 한 유대인에게 새로운 종교의 영감을 불어넣는다. 이로써 타르수스의 파울루스Paulus(10~60년경) ― 일명 사도 바울 ― 는 몇 명인지 정확히 알 수 없는 같은 믿음의 수행자들과 함께 기독교를 고안해 낸다.

새로운 종교에는 예수가 중심에 서 있다. 그는 메시아이자 신의 사절이자 신의 아들이다. 사도 파울루스가 고안한 교리에 따르면, 예수는 십자가에 못 박혀 죽음으로써 아담이 낙원에서 지은 원죄를 속죄한다. 이제 새로운 종교로 개종해서 신의 마음에 드는 모든 기독교인은 구원받을 수 있다. 유대교는 메시아에 의한 지상의 구원을 기대했다. 예수 또한 지상에서 신의 나라가 임박했다는 사실 말고는 다른 것을 말하지 않았다. 그러나 파울루스는 낙원이 장차 지상에서 이루어지리라고는 믿지 않았다. 따라서 지상에 창조의 평화가 도래하길 꿈꾸는 대신 양치기의 낙원을 현세 너머의 세계로 옮겼다.

이 발걸음은 강력했고, 종국적으로 기독교와 유대교를 엄격하게 분리시켰다. 이제 현세적 시간 속에서의 구원은 다른 공간, 즉 하늘에서의 구원으로 옮겨 간다. 현세에서 구원되리라는 희망은 남아 있지 않고, 기도는 파랗게 개거나 잔뜩 찌푸린 하늘로 향한다. 자연을 알 수 없는 신비한 힘으로 경험했던 농부들과 목동들은 이제 지상의 상황을 다른 궤도로 조종할 수 있는 어떤 강력한 힘에 대한 믿음을 잃어버린다. 인간의 관여 없이 정말 무언가가 새롭게 만들어질 수 있다면 그것은 현세에서가 아니라 오직 경험 저편의 세계에서만 가능하다. 갈망하는 저 피안의 세계만이 〈진정하고〉 〈실제적인〉 삶이다. 중요한 것은 오직 그것이고, 나머지는 모두 사전 단계이자, 기껏해야 다가올 낙원을 위한 시험이나 선택 과정에 지나지 않는다. 신의 왕국을 이 세상에서 저 세상으로 옮기는 종교는 죽음의 의미도 변화시킨다. 죽음은 이제 삶의 에너지의 자연스러운 순환으로서 현세적 삶에 포함되지 않는다. 대신에 삶은 항상 죽음을 바라보고, 그 너머를 생각한다. 파울루스는 코린트 사람들에게 이렇게 설교한다. 인간은 〈마치 삶이 없는 것처럼 살아야 하느니라〉. 기독교는 옛 유대교의 소중한 신앙 자산을 〈피안의 초월 이데올로기〉로 변형시킨다. 신자들에게는 이 세상 어떤 것에도 집착하지 말고 훨씬 더 본질적인 사후의 삶에 대비하라고 충고한다. 심지어 5세기 이후에는 죽음의 상징인 십자가를 기독교의 핵심 표지로 선택한다.

19세기 말 니체는 이 피안으로의 세계 도주를 〈지금까지 삶에 가해진 가장 큰 테러〉라고 말했다. 이 도주는 왜 필요했을까? 파울루스에게는 분명 그럴 만한 정치적 이유가 있었다. 근동을 점령한 로마 당국에 자신의 종교적 판타지가 그들의 통치에 전혀 위협이 되지 않는다는 사실을 확인시켜 줄 필요가 있었던 것이다. 피안의 세계만 바라보는 사람들이 현실을 바꾸려고 할 이유가 있겠는가? 문화사적으로 보면 기독교뿐 아니라 훗날 이슬람에서도 나타나는 구원의 갈망은 〈현실 소외〉로 해석될 수 있다. 진정으로 충만한 삶을 경험 세계에서는 보지 못하는 사람은 당연히 희망을 하늘로 옮길 수밖에 없다. 게다가 이 희망은 인간을 자신의 생물학적 뿌리로부터도 급격하게 등을 돌리게 한다. 이제 진실로 가치 있는 생명은 영혼이 저 피안의 세계로 올라갈 수 있느냐에 달려 있다. 이로써 인간에게만 독점적으로 주어져 있다고 믿는 영생이 생명의 가치를 판단하는 핵심 기준이 된다. 삶에 가해진 이런 식의 종교적 테러는 동물의 삶에 대한 테러로 확장된다. 동물은 구원받지 못하기에 생존권도 보장받을 수 없다.

기독교의 구원은 무척 개인적인 문제다. 유대교와 달리 그것은 결코 자연스러운 과정이 아니다. 기독교에서의 구원은 내가 올바른 신을 경배한다고 해서 저절로 이루어지지 않는다. 인간은 기독교로 개종하고 **동시에** 신에 의해 영생의 길로 선택되어야만 불멸을 얻을 수 있다. 기독교인이라고 해서 모두가 천국에 들어갈 수 있는 것은 분명 아니다. 선하거나 올곧은 인간도 마찬가지다. 파울루스와 특히 아우구스티누스Augustinus(354~430) 이후 인간의 구원은 오롯이 불가해한 신의 뜻에 맡겨진다.

이로써 유대교에 비해 많은 것이 변한다. 유대인들에게는 천국이 가깝거나 먼 시간 속에 있었다면 기독교인들에게는 머나먼 공간이 되고, 낙원으로 들어가는 길도 지극히 개인적인 사안으로 바뀐다. 게다가 구약 성서에서 묘사된 인간과 동물의 운명 공동체는 인간만의 특별한 길로 전환된다. 그러다 보니 신약 성서에서는 동물이 설 자리가 별로 없다. 한때 방주의 따스한 품 안에서 함께 절멸의 홍수에 맞섰던 동물과 인간이 이제는 궁극적으로 대립 관계에 놓인다.

기독교인들의 머릿속에 어른거렸던 〈구원〉에 관한 구체적인 상상은 처음 몇 세기 동안 의견이 분분했고, 그리스 철학의 영향을 강하게 받았다. 유대교와 달리 여기서는 육체적 부활 대신 주로 〈영혼의 소생〉이라는 정신적 부활이 중심에 떠오른다. 플라톤이나 신플라톤주의자들과 마찬가지로 기독교인들에게도 불멸의 대상은 오직 영혼뿐이다. 다만 플라톤과 달리 단순한 영혼이 아닌 인간의 이성적 영혼만 그렇다. 그리하여 동물의 영혼은 죽음을 면치 못한다. 기독교회의 이런 생각은 더 이상 변하지 않는다. 그들은 지금까지도 동물의 영혼이 인간의 영혼에 비해 열등하고 덧없다고 정의 내린다. 기독교인들의 종교적 정체성 속에는 바로 이러한 대립이 자리하고 있다. 즉, 동물이라는 단순히 감각적 존재와 인간이라는 우월한 정신적 존재의 대립이다. 그들은 불멸에 대한 인간의 권리를 동물의 가치 격하를 통해서 얻는다.

그리스 문화에서 신화는 서서히 밀려나다가 마침내 헤라클레이토스와 플라톤, 아리스토텔레스, 스토아학파의 로고스 철학 뒤로 사라진다. 기독교도 비슷한 방식으로 유대교의 신앙적 유산으로 남아 있던 애니미즘의 마지막 잔재를 지운다. 그런데 그리스 로마인들이 다른 문화의 동물 숭배와 다산 제식을 어깨를 으쓱하면서도 받아들인 것과 기독교인들이 그리스도의 이름으로 과격하게 배격한 것 사이에는 굉장히 큰 차이가 있다. 기독교가 권력을 잡자마자 이집트에서는 동물 숭배가 금지되고, 신전들이 유린된다. 비슷한 시기에 교부 아우구스티누스는 오늘날의 알제리에서 사람들이 동물을 죽이는 것과 관련해서 일말의 가책을 느끼고 그릇된 감상주의에 빠지는 것을 경계한다. 〈그리스도께서는 일단 가장 큰 미신이 너희가 동물을 죽이고 식물을 채취할 때 느끼는 가책에 있음을 지적하셨다. 그리스도께서 이르시길, 우리에게는 동식물과 함께 사는 것이 타당하지 않다고 하시며 마귀들을 돼지 무리 안으로 들여보내셨다.〉[1](마태복음 8장 32절)

차츰 정착 생활로 돌아선 유대 유목민들은 생명의 주기적 순환에서 점점 멀어져 갔다. 게다가 파울루스 같은 지식인들도 동물에게는 전혀 관심이 없었다. 시선은 오직 피안의 세계로 향했고, 함께 살아가는 동물 세계는 시야에서 사라졌다. 동물은 그저 인간에게 쓸모 있는 존재일 뿐 그 이상도 이하도 아니었다. 신약 성서에는 이렇다 할 만한 동물 윤리가 등장하지 않는다. 예수도 윤리를 오직 인간에게만 관련시킨다. 유대교에서 가끔 나타나던 소와 양에 대한 애정 어린 말도 이제는 어림없는 소리다. 이런 식으로 예수가 인간만 배려하고 동물을 내팽개침으로써 유대교에 남아 있던 경제 동물에 대한 배려는 완전히 사라진다. 이러한 발전 양상에 정점을 찍은 것은 파울루스다. 신명기 25장 4절에서 신은 인간에게 이렇게 충고한다. 〈타작하는 소의 주둥이에

망을 씌우지 말지라.〉그런데 이 구절은 고린도 전서에서 가르치는 바에 따르면 동물과는 아무 관련이 없다. 그것은 전적으로 알레고리다. 〈하느님께서 진정 소들을 염려하신 것이더냐? 어디서나 우리에 대해 말씀하시는 것이 아니더냐?〉(고린도 전서 9장 9~10절)

기독교의 중심에는 인간만 있다. 성서에서 아무리 예수를 알레고리적으로 〈신의 양〉으로 선포하고, 초기 기독교인들에게 물고기가 상징으로 나타나고, 복음서 저자들이 아무리 동물을 자신들의 이야기에 끌어들이더라도 이 사실은 바뀌지 않는다. 또한 전설에 휩싸인 교부이자 라틴어 성서 번역자인 히에로니무스Hieronymus(347~419년경) 같은 유명한 예외가 있더라도 본질적으로 바뀌는 것은 없다. 달마티아 출신의 이 남자는 시리아에서 은자로 살았는데, 자신의 사자 두 마리조차 채식으로 키웠다고 한다. 그에 따르면 예수를 통해 시작과 끝이 다시 화해하고, 창조의 평화가 복원되고, 그와 함께 인간의 육식도 종식된다.

아름다운 이야기다. 물론 기독교의 실제 발전 양상과는 전혀 어울리지 않는 교화적인 이야기이긴 하지만 말이다. 왜냐하면 기독교를 지배하는 것은 〈창조의 평화〉가 아니라 원죄이기 때문이다. 근동의 모든 유일신 종교는 동물을 아무 의미 없는 존재로까지 격하시킨다. 그렇다면 자연에 대한 기독교적 몰이해는 홀로 동떨어진 세계가 아니다. 이슬람교가 탄생한 기원후 7세기에도 비슷한 사고가 지배한다. 무함마드는 예수와 달리 피조물에게 거듭 위로의 말을 전하고, 동물을 드물지 않게 언급한다. 하지만 이슬람 역시 동물을 인간의 공동 피조물로 진지하게 받아들이는 것이 어려워 보인다. 동물은 그들에게 대부분 식량 공급자이거나 운송 수단이다. 〈알라께서 가축을 창조하셨느니라. 가축은 너희를 따뜻하게 해줄 뿐 아니라 너희에게 유용하나니. 너희는 그것을 먹을 수 있도다. …… 또한 동물은 너희가 힘들게 지고 날라야 하는 곳까지 짐을 운반해 주리니. …… 알라께서는 너희가 타고 다닐 수 있도록, 혹은 장신구처럼 달고 다닐 수 있도록 말과 노새, 당나귀를 창조하셨느니라.〉[2]

코란은 동물을 항상 인간에 대한 유익성에 따라 〈허용〉 동물과 〈금지〉 동물, 〈기피〉 동물로 나눈다. 아랍의 일상 세계에서는 유대교와 기독교보다 동물이 훨씬 많이 등장한다. 아랍인들은 일반적인 가축과 경제 동물 외에 낙타와 말을 키우고, 살루키를 사냥개로 기르고, 치타를 길들이고, 코끼리를 여러 행사에 사용하고, 매와 독수리로 사냥을 한다. 이라크에서는 750년경에 이미 사자와 표범, 곰, 영양을 모아 놓은 동물원이 존재했다. 그렇다면 신기한 동물들에 관한 모험담을 가득 실은 동물 관련 서적이 인기를 끈 것은 놀랍지 않다. 게다가 자연이 내주지 않은 동물은 상상으로 만들거나 여러 형상을 조합해서 만들기도 했다. 예를 들면 코끼리를 잡아먹는 거대 새 로크나, 〈유대 노인〉이라 불리던 인간의 얼굴에 흰 수염을 기른 동물이 그렇다. 송아지만 한 크기의 이 상상적 형상은 토요일 밤에만 바다에서 육지로 올라온다고 하는데, 이는 지중해에 서식하는 희귀종 몽크물범을 떠올리게 하는 묘사다.

동물에 대한 이 모든 관심은 지극히 인간 중심적이다. 동물은 인간에게 유익하거나 이국적인 존재로서만 흥미를 끈다. 그렇다면 동물의 영혼에 대해서는 어떻게 생각했을까? 이에 대한 대답은 간단치 않다. 중세 아랍 세계에도 영혼에 대한 해석이 퍽 다양했기 때문이다. 게다가 그중 어떤 해석도 기독교적 해석과 일치하지 않는다. 기독교인들에게 영혼은 생물학적 삶의 에너지(아리스토텔레스), 불멸의 영성(플라톤), 개성 및 인격을 포괄하는 종합 패키지다. 육체에 생명을 불어넣고, 정신을 불멸로 만들고, 개인에게 저마다 특징을 부여하는 이 세 가지 기능은 아랍인들에게도 고대 그리스인들과 마찬가지로 비슷하게 분리되어 있었고, 아랍 학자들은 각자의 기준에 따라 동물 영혼에 관한 논쟁을 벌였다. 독실한 무슬림들에게 지상에서 겪은 모든 불의와 고통이 보상받는 곳은 천국이다. 그렇다면 동물도 마찬가지일까? 문제가 복잡하다. 코란은 인간에 의한 동물 도살을 명확하게 허용하기 때문이다. 하지만 동물도 분명 고통을 느낀다. 그 때문에 『동물에 관한 책*Kitāb al-Ḥayawan*』으로 명성을 얻은 아랍 작가 알 자히즈*al-Jāḥiẓ*(776~869)는 이렇게 말한다. 〈양의 콧물을 닦아 주고, 그들 우리의 가시와 돌을 치워 주면 그것이 곧 그들에게 낙원일 것이다.〉[3]

그렇다면 모든 동물이 천국에 오를까? 어떤 때는 예언자나 무함마드와 직접 관련된 동물들이 낙원에 들어간다고 하고, 어떤 때는 선하거나 아름다운 동물이 그렇다고 한다. 어떤 경우에도 전갈이나 모기는 아니다. 페르시아의 대표적 사상가 알 가잘리al-Ghazzālī(1058~1111)는 최후 심판의 날을 이렇게 상상한다. 〈야생 동물들이 사막과 산악 지역에서 고개를 숙이고 서서히 접근한다. 그들은 이전의 야생성에도 불구하고 인간들 속에 섞이고, 부활의 날을 맞은 겸허함이 그득하다. 그들은 자신들을 더럽히는 죄를 짓지 않았음에도 마음을 빼앗는 어떤 힘과 외경심을 불러일으키는 나팔 소리에 이끌려 여기에 모였다.〉[4]

그러나 간혹 발견되는 이런 사료들에 현혹되어서는 안 된다. 이슬람도 분명 동물을 위한 종교가 아니라 인간을 위한 종교다. 그 이유는 10세기 후반기에 나온 일종의 철학 사전인 『순결한 형제들Ikhwān aṣ-Ṣafā'』에 잘 설명되어 있다. 한 우화에서 동물들이 인간들을 고발한다. 판관은 〈정령들〉의 왕이다. 인간들은 동물을 지배할 권리가 자신들에게 있다고 주장하지만, 논리는 미약하다. 반면에 동물들의 논리는 훨씬 설득력이 있다. 그럼에도 정령들의 왕은 인간들의 손을 들어 준다. 앞으로도 동물들은 인간들의 명령과 금지 사항을 충실히 따라야 한다는 것이다. 이유는 단순하면서도 현실적이다. 인간이 동물보다 우월하기 때문이다. 그것도 신이 오직 인간에게만 낙원과 부활을 약속했다는 단한 가지 이유에서 말이다. 이처럼 철학 사전의 저자들은 인간 영혼의 불멸성을 영혼 자체의 특별한 속성에서 설명하려는 노력을 전혀 하지 않는다. 인간의 불멸성과 통치권은 논리적으로든 도덕적으로든 결코 정당화할 수 없기 때문이다. 따라서 신이 임의로 정해 놓은 결정이라면서 논의를 끝내 버린다.

대부분의 아랍 사상가는 인간이 언어와 지능, 도덕을 통해 동물과 뚜렷이 구분된다고 전제한다. 인간은 매우 특별한 존재이지만 동물은 그렇지 않다는 것이다. 이슬람에서 신과 인간의 관계는 지극히 개인적이다. 신의 마음에 들고, 신의 보상을 받고, 신으로부터 불멸을 보장하는 열쇠는 다름 아닌 개인적인 삶의 태도다. 소수의 예외만 빼고 공동 피조물에 대한 공감에 우선하는 것은 구원에 대한 동경이다. 이로써 자연은 보편적인 인간의 길이 아닌 지극히 개인적인 길의 이기적 연극을 위한 무대 배경으로 전락하고 만다.

그렇다고 동물들을 선하게 대하던 사람들이 없었던 것은 아니다. 심지어 민간 신앙에서는 마법적 연대의 잔재도 남아 있었다. 이슬람이든 기독교 세계든 암흑의 동물에 대한 미신은 존재했다. 아랍인들은 새의 비행을 과거 로마인들처럼 해석하고, 기독교 대성당에서도 이교도적 자연 숭배의 징표가 곳곳에서 발견된다. 고딕 건축술은 식물의 형태와 장식에 초점을 맞추었고, 이교도 문화의 성스러운 숲들과 관련해서 전래되어 오는 것들을 보존했다. 유대교의 신전 전통, 기독교의 상징, 그리스 철학과 이교도의 미신은 무언의 모순들로 가득한 독특한 결합이었다. 시에나 대성당의 전면부에는 귀신과 마귀, 뱀독수리, 사자, 고양이, 그리고 상상의 동물들이 새겨져 있다. 용의 머리는 번쩍거리는 이빨을 드러내고, 위대한 성인들은 천사를 비롯해 모세와 호메로스, 플라톤, 아리스토텔레스의 호위를 받으며 회합을 갖는다. 이 모든 것 위에는 성모 마리아가 앉아 있다.

이교도의 형상과 기독교 신앙의 의미심장한 결합이 교회의 모든 이데올로그에게 순순히 받아들여진 것은 아니었다. 여기서는 대체 누가 누구를 섬기는가? 기독교가 정말 이교도적 우상 숭배의 형식만 이용할 뿐인가, 아니면 낡은 미신이 우리 속에 똬리를 틀려고 기독교로 잠입했는가? 12세기의 위대한 기독교 이론가 성 베르나르도St. Bernardus(1090~1153년경)는 사도의 열정으로 클뤼니 대성당의 환상적인 건축 상징들에 반기를 들었다. 그것들이 신자들의 관심을 신의 계율에서 떼어 놓는다는 것이다. 〈저 추잡한 원숭이와 야만적인 사자들, 저 자연스러운 켄타우로스와 반인반수의 괴물들, 저 얼룩무늬 호랑이와 숫염소들이 다 무엇이란 말인가? …… 네발짐승에게 뱀의 꼬리가 달려 있지 않나, 물고기 몸통에 포유류의 머리가 달려 있지 않나, 또 앞쪽은 말이고 뒤쪽은 염소인 저 가축은 무엇이란 말인가!〉[5]

그런데 성 베르나르도는 다음 사실을 알았더라면 한층 화가 났을지 모른다. 이교도적 건축 상징 속에 담긴 애니미즘적 민간 문화를 폭력적으로 퇴치하는 과정에서 기독교는 대가를 치러야 했던 것이다. 기독교 내에서 자연과 본능을 축출하는 작업이 진전될수록 사람들은 동물이 드물지 않게 고통받은 당사자로 나오는 모호한 미신에 더 쉽게 빠져들었다. 위대한 신학자 토마스 아퀴나스Thomas Aquinas(1225~1274년경)처럼 순수한 신앙의 면밀한 관찰자조차 타락을 불러오는 동물에 대해 마귀 퇴치식과 고발로 대응하라고 권했지만, 자신이 그토록 저주하던 미신을 오히려 이런 식으로 지원하고 있다는 사실은 모르고 있었다.

기독교적 색채의 중세에는 〈동물 소송〉을 통해 죽은 자들의 악령이나 동물 형체 속으로 〈숨어든〉 마귀들을 퇴치했다. 또한 인간에게 해를 끼치거나 질병을 안겨 준다는 동물들을 잔인하게 도륙 냈다. 가장 선호된 제물은 마녀의 짐승이나 늑대 인간으로 낙인찍혀 고통받고 고문당하고 처형된 고양이와 늑대였다. 그 밖에 수십만 마리의 개와 돼지, 여우, 뱀이 성 요한절 전야에 산 채로 불태워졌다.

어쨌든 기독교적 중세는 동물 속에도 영혼이 깃들어 있다고 생각했고, 이는 미신으로 이어지면서 온갖 부정적 결과를 초래했다. 기독교적 인간 중심주의를 강력하게 지지한 사람들도 동물 영혼의 존재를 의심하지 않았다. 〈animal(동물)〉이라는 말조차 이미 라틴어에서 〈영혼〉을 뜻하는 〈anima(아니마)〉에서 유래한 것이었다. 아리스토텔레스와 아우구스티누스의 유구한 전통 속에서, 9세기에는 철학자 요하네스 스코투스 에리우게나Johannes Scotus Eriugena(810~877년경)가 13세기에는 토마스 아퀴나스가 선택된 인간 영혼과 열등한 동물 영혼의 관계를 논구했다. 그 결과 동물과 인간 사이의 골은 더욱 깊어졌고 간극은 더욱 벌어졌다. 인간에게는 모든 독점적 권리가 부여된 반면에 동물에게는 어떤 형이상학적 의미도 주어지지 않았다.

그 옛날 아리스토텔레스와 아우구스티누스도 동물적이거나 감각적인 영혼을 합리적이거나 이지적인 영혼과 구분했다. 인간은 감각과 근육만 소유한 것이 아니라 자유 의지와 탁월한 사고력도 갖고 있다는 것이다. 토마스 아퀴나스 역시 인간의 동물적 감각성을 결코 의심하지 않았지만, 옛 전통에 따라 인간에게 오성의 능력을 추가했다. 물론 동물에게도 행동에 영향을 주는 기억력과 인지력이 있다는 사실을 모르지는 않았다. 그 때문에 그의 논구는 인정하지 않으려는 마음과 양심 사이의 아슬아슬한 줄타기였다. 〈인간 사고력과 기억력은 감각적 영역과 관련된 것이 아닌, 봇물처럼 흐르는 보편적 이성에서 비롯된다는 점에서 그 탁월한 위치를 점한다. 그 때문에 인간에게 감각과 이성은 상이한 두 힘이 아니라 더 **완전할** 뿐인 하나의 힘이다.〉[6]

그렇다면 무슨 권리로 이지력이라는 작은 차이로 인간만이 불멸을 누린다는 단호한 결론을 내릴 수 있을까? 그럼에도 토마스 아퀴나스의 생각은 확고했다. 〈다른 동물의 영혼은 인간의 영혼과 달리 독자적이지 않다. 그 때문에 육체의 소멸과 함께 영혼도 사라진다.〉[7] 그렇다면 불멸의 핵심 기준은 영혼의 〈독자성〉이다. 그러나 감각적 영혼과 이성적 영혼, 비독자성과 독자성의 구분으로 이루어진 이 모래 위의 집은 토대가 허물어지는 순간 바로 무너진다. 즉, 인간의 이성 영혼은 결코 독자적이지 않기 때문이다. 그것은 토마스 아퀴나스가 앞서 언급한 맥락에서도 그럴 뿐 아니라 오늘날의 어떤 뇌 연구자도 인간 정신을 감각적 지각과 상관없는 독자적인 영역이라고 생각하지 않는다.

그런데 굳이 현대 신경 생물학까지 올라갈 필요는 없다. 토마스 아퀴나스 이후 1백 년이 채 지나지 않아 프랑스 철학자 장 뷔리당Jean Buridan(1300~1358년경)은 인간의 비물질적 이성 영혼에 종지부를 찍는다. 그는 『영혼에 관하여*Über die Seele*』에서 생각이 다른 동시대인들을 향해 이성 영혼도 물질적이고, 그래서 자연적일 수밖에 없다고 설명한다. 우리의 머릿속 어디에도 그 자체로 순수한 정신은 존재하지 않는다는 것이다. 동물들이 이지적인 행동을 보인다면 그들의 지능도 원칙적으로 우리의 지능과 다를 바 없다. 뷔리당에게는 인간과 원숭이 같은 이지적 동물과 덜 이지적인 동물만 존재한다. 이로써 그는 인간과 동물 사이에 경계를 긋는 것이 아니라, 인간을 포함한 이지적 동물과 덜 이지적인 동물만 구분한다.

뷔리당이 이런 글을 쓴 시기는 다윈의 시대가 아닌 14세기다! 게다가 이런 생각을 한 사람은 일개 범인이 아닌 유명한 파리 대학의 교수이자 학장이다. 그러나 교회는 인간 영혼과 동물 영혼에 관한 자신들의 생각을 바꾸지 않았다. 현재에 이르기까지도 교회 지도자들은 동물과 인간의 생물학적 공통 지위를 거부한다. 그들에게는 현세와 내세에서 인간만의 특별한 길을 걷는다는 판타지가 더 마음에 든다. 이미 많은 것이 밝혀졌음에도, 아는 것을 다 믿을 필요는 없다는 것이다.

물론 기독교회에도 동물을 사랑하는 사람들이 있었다. 아시시의 성 프란체스코San Francesco d'Assisi(1182~1226년경)가 한 예다. 우리는 그에 대해 아는 것이 많지 않고, 첼라노의 토마소 Tommaso da Celano(1190~1260)가 열광적으로 전한 이야기로만 안다. 그가 쓴 성 프란체스코 전기는 분명 있는 그대로를 전달하는 것이 목표가 아니었다. 저자는 이 방랑 설교자의 급진적인 가르침이 교회에 너무 큰 해를 입히지 않을 정도로만 그를 전설화했다. 이야기 형식은 이전의 여러 문화에서 현실과 허구를 명확히 구분하지 않고 큰 충돌 없이 뒤섞은 이야기들과 비슷했다.

첼라노의 토마소가 묘사한 프란체스코는 사도 바울 같은 수준의 종교 창설자가 아니고, 토마스 아퀴나스 같은 유형의 종교적 감찰관도 아니며, 성 베르나르도 같은 유력 정치인도 아니다. 자기 이름으로 쓴 편지나 신학 논문도 없다. 다만 그의 가르침을 토대로 설립된 한 수도회만이 그를 기억한다. 우리는 첼라노의 토마소를 통해 프란체스코가 모든 동물을 신의 창조 계획에 포함시켰음을 안다. 프란체스코는 그런 뜻에 맞게 살아가고자 노력한다. 그에게 인간과 동물의 구분보다 앞서는 것은 모든 피조물이 하나라는 고대의 생각이다. 그가 볼 때, 벌레든 거미든 인간들이 마음대로 고통을 안기거나 죽여도 될 만큼 무가치한 동물은 없다. 프란체스코는 올가미에 걸린 토끼들을 놓아주고, 잡은 물고기를 물로 돌려보내고, 시장에 팔려고 내놓은 양을 돈을 주고 사서 풀어 주고, 당시 이탈리아에 널리 퍼져 있던 잔인한 조류 사냥을 막기 위해 황제에게 도움을 청했다고 한다. 조류에 관한 그의 설교는 훗날 〈당나귀 형제님〉이라는 별칭만큼이나 전설이 되었다.

교회는 청빈한 삶을 강조하고 창조의 평화를 실천하는 아시시의 이 잔소리꾼을 어떻게 처리해야 할지 몰랐다. 프란체스코 같은 남자들은 위험했다. 그들은 예수를 떠올리게 했고, 그로써 교회의 세속적 권력 체계를 위협했다. 프란체스코의 인기가 높아지자 교회는 이 무정부주의자의 지혜를 대중적으로 상품화함으로써 자신들에게는 무해한 것으로 만들기로 마음먹었다.

1980년 부활절 일요일, 교황 요한 바오로 2세는 프란체스코를 자연 및 환경 보호의 수호성인으로 추대함으로써 더 이상 현실 세계와 아무 관련이 없는 거룩함의 세계로 올려 보내 버렸다. 게다가 교회는 과거에 사도 바울이 나사렛 예수에게 했던 것과 똑같은 일을 프란체스코에게도 반복했다. 예수의 사회 정의에 관한 가르침이 십자가에 못 박혀 죽은 메시아의 형상 뒤로 소리 소문 없이 사라진 것처럼 프란체스코의 청빈 윤리 및 동물 윤리도 거룩한 성인의 형상 뒤로 아무 울림 없이 사라지게 한 것이다. 이로써 죽은 예수만이 선한 예수고, 죽은 프란체스코만이 선한 프란체스코가 되었다.

오늘날 〈공동 피조물〉에 관한 이념이 필요하면 교회는 언제든 프란체스코의 가르침을 손쉽게 끄집어낸다. 그러나 이 가르침에서 실질적인 결과를 이끌어 낼 준비가 되어 있지 않는 한 빛 좋은 개살구다. 19세기 중반에도 교황 피우스 9세는 열성적인 동물 보호 운동가들이 로마에 사무실을 열지 못하게 했다. 이 세상은 인간을 위해 창조된 것인데, 동물 보호가 굳이 왜 필요하냐는 것이다. 교회의 새 교리 문답서도 동물을 인간의 하인 정도로 여긴다. 영국에서는 교회가 거대 기업처럼 대토지를 관리하면서 양심의 거리낌 없이 목축업자와 대량 사육자에게 임대한다. 스페인에서는 가톨릭 고위 성직자 중 누구도 투우에 강력하게 반대하지 않는다. 심지어 교황 요한 바오로 2세는 1988년에 한 투우사에게 축복을 내리기까지 했다. 캐나다의 물개 도살자들은 성공회와 가톨릭 주교들의 지원을 확신하고, 영국 교회의 중앙

총회는 여전히 교회 소유의 땅에서 조직화된 사냥을 허용한다.

기독교는 옛 유대교적 믿음과 간혹 거기서 활활 타오르던 동물과의 운명 공동체라는 신념에서 벗어났다. 주술적 세계로부터의 이 이탈에 화룡점정을 찍은 것은 신교의 종교 개혁이었다. 마르틴 루터Martin Luther(1483~1546)는 「철새들의 탄원서 Bittschrift der Zugvögel」라는 익살스러운 글 때문에 동물 애호가로 여겨질 때가 많지만, 이 글은 그의 전체 작품에서 외딴섬에 지나지 않는다. 다른 글들에 따르면, 동물의 영혼 문제는 그에게 한낱 조롱거리일 뿐이다. 한 남자가 개와 다른 동물들도 천국에 가느냐고 묻자 그는 이렇게 답한다. 〈그야 물론이지요. 주님께서 새로운 하늘과 새로운 땅을 창조할 것이고, 새로운 포메라니안과 금빛 피부의 다른 강아지도 만들 것이기 때문이지요.〉[8] 신랄하게 빈정거리는 이 말은 놀랍게도 훗날 신교 신학자들에 의해 진지하게 받아들여졌다. 그들은 루터의 모든 말을 승화하고 미화했던 것처럼 이 말도 인간과 동물을 위한 새로운 희망으로 해석했다. 그러나 루터의 신학은 오직 인간만을 위한 것이고, 불멸의 동물에 대한 언급은 어디에도 나오지 않는다. 장 칼뱅Jean Calvin(1509~1564)의 교리도 동물에게는 어떤 형태의 영성도 허용하지 않는다. 영혼은 인간의 배타적 소유물로 여겨지고, 신의 영광은 신의 창조물들이 아닌 오직 인간에게서만 나타난다.

칼뱅의 프로테스탄티즘은 더 이상 자연 신학을 모르고, 신학을 자연 과학으로부터 면밀하게 분리시킨다. 우주는 전체적으로 거대한 기계로서 결코 영적이지 않고, 오직 기계적 원리로 돌아간다. 자연 역시 마술적 속성을 박탈당한 채 물질적 질료로 환원된다. 우리를 둘러싼 지상의 모든 것은 내세를 위한 무가치한 전 단계일 뿐이다. 신은 인간이 자연을 열심히 착취하고 부를 쌓는 것을 흡족하게 생각한다. 세상 만물은 인간이 취해 사용하기 위해 존재한다. 유대인들의 옛 경험 종교는 이제 다음의 경악스러운 사명을 띤 믿음의 종교가 된다. 천국의 특권적 자리를 위해 지구를 약탈하라!

이 길이 오늘날 문제가 많은 데는 근본적으로 두 가지 이유가 있다. 현재 서구 문화권에서 상당히 진척된 것으로 보이는 세계의 탈주술화 과정이 끝까지 이루어지면 신성(神性)을 깨뜨리는 이 작업은 언젠가 인간 자신을 겨냥할 것이다. 왜냐하면 자연을 착취하고, 개인적인 부를 늘리고, 거기서 기쁨을 느끼는 것에는 굳이 신이 필요 없기 때문이다. 종교는 부차적인 의미로 전락하다가 결국에는 무용해진다. 인간의 세속적 욕망을 위해 자연이 바쳐야 할 공물이 점점 증가하면서 한때 기독교의 신을 믿었던 우리는 다른 출구를 모색한다. 17세기와 18세기에 이미 이런 흐름에 불만을 품었던 프로테스탄트들 사이에서는 대안적 구상들이 생겨났다. 다음 장에서는 그에 대해 언급할 것이다. 오늘날의 수많은 동물 애호가는 힌두교 및 불교 사상에 해결책이 있다고 믿는 듯하다. 그렇다면 일단 이것부터 살펴보자.

위선적인 소 숭배

힌두교와 불교의 동물

군자는 동물들을 친절히 대하되 사랑하지 않고,

사람들을 사랑하되 집착하지 않는다.

— 맹자(孟子)

아바타가 무엇인지 아는가? 어쩌면 2009년에 개봉한 제임스 캐머런James Cameron(1954~) 감독의 사이언스 픽션 영화를 떠올리는 사람도 있고, 인터넷의 가상 세계에서 활동하는 사용자의 세컨드 라이프, 즉 분신을 떠올리는 사람도 있을 것이다. 그러나 원래의 아바타는 인위적으로 아름답게 꾸민 인물이 아니라, 인도 바라문교의 성전 베다에 나오는 세계신 비슈누로 하늘에서 내려온 화신이다. 산스크리트어로 〈아바타라Avatara〉는 〈지상으로의 강림〉을 뜻한다.

그러나 탄생의 과정은 어찌나 멀고도 험한지! 처음에 비슈누는 물고기로 내려온다. 그런 다음 일종의 인도식 노아의 방주처럼 경건한 인간들을 거대한 배에 태우고 물살을 헤쳐 간다. 두 번째 화신은 거북이다. 거북은 만다라산을 등에 지고 다닌다. 신들과 마귀들이 〈우윳빛 바다를 휘저으며〉 세상을 혼란에 빠뜨리자 비슈누는 다시 한번 멸망으로부터 구해 낸다. 세 번째는 더 이상 물고기나 파충류가 아닌 거대한 멧돼지 형상의 포유동물이다. 그는 원시 바다 깊은 곳으로 추락한 대지의 여신 부데비를 구한다. 네 번째 시도에서는 사자의 머리를 한 모습으로 나타나 마귀의 왕 히란야카시푸를 죽인다. 다섯 번째 시도에서는 처음으로 인간의 모습으로 나타난다. 그러니까 난쟁이 바마나로 나타나 단 세 번의 발걸음으로 세상 측량을 끝낸다. 여섯 번째는 전투력이 더 강한 모습으로 강림한다. 〈도끼를 든 라마〉인데, 이 힘센 남자는 한 브라만에 대한 살인을 응징한다. 일곱 번째 강림에서 세상의 신 비슈누는 전혀 다른 라마로 돌아온다. 여덟 번째 화신은 〈흑인〉 크리슈나로서 전쟁터에서 전차를 조종한다. 아홉 번째 강림에서는 크리슈나의 형제인 부처로 등장한다. 그러다 열 번째 강림에서야 비슈누는 백마를 탄 칼키의 모습으로 세계의 균형을 궁극적으로 복원하는 데 성공한다.

비슈누의 아바타 이야기는 고대 인도의 수많은 창조 신화 중 하나로 고대 서사시 『바가바드 기타*Bhagavad Gītā*』에 실려 있다. 이 서사시의 기원은 기원전 제3천년기로 거슬러 올라가는데, 나중에 인도의 고대 서사시 모음집 『마하바라타』의 일부가 되었다. 아바타 이야기는 많은 신화 중에서 특별한 위치를 차지한다. 그 안에는 오늘날의 관점에서 보면 진화 과정을 연상시키는 발전 양상이 선명하게 담겨 있기 때문이다. 비슈누는 처음에는 바다의 물고기였다가 파충류로 변하고, 다음에는 포유동물이었다가 그다음에는 인간의 모습이었다가 마지막에는 신적인 인간으로 발전한다.

　신과 인간이 동물이 되고, 동물이 인간과 신이 되는 것은 인도 설화에서는 결코 이례적이지 않다. 이런 이야기들은 고대 인더스 문화뿐 아니라 기원전 1500년경 페르시아 초원 지대에서 인도 북쪽으로 이주한 아리아인들의 신화에도 나타난다. 오늘날 우리가 힌두교라고 부르는 것의 뿌리도 바로 이들이 갖고 들어온 종교다. 사람들은 이 종교를 교리와 계명, 법을 모아 놓은 경전 베다(《앎》, 〈성스러운 법〉이라는 뜻)의 이름을 따 베다교라 부른다. 여기에는 끊임없이 싸우는 무수한 신이 등장한다. 온 세상이 신과 악마, 선과 악, 남성적인 것과 여성적인 것의 전쟁터다. 이는 우리가 아는 고대 페르시아 신화와도 다르지 않다. 게다가 신들 자체도 공기와 물, 불, 흙 같은 원소로 환원된다. 이로써 비슈누뿐 아니라 베다의 수많은 신은 오늘날까지도 힌두교도 사이에서 계속 살아가고 있다.

　베다교는 많은 점에서 오늘날 힌두교도가 믿고 따르는 종교와 차이를 보인다. 유대교처럼 현세와 내세가 존재하고, 인간의 영혼은 사후에 하늘로 올라간다. 그런데 아리아인들이 볼 때 이런 세계 질서는 그저 당연하게 주어지는 것이 아니다. 인간은 지속적인 제식을 통해서만 자신과 자신의 행위를 우주적 세계 질서와 조화를 이룰 수 있다. 인간은 신들의 은총을 보장받기 위해 신들을 경배한다. 이런 경배의 최고 형식은 특히 피에 굶주린 여신들에 대한 자기희생이다. 그러나 인간들은 보통 변덕스러운 신들에게 자기 대신 다른 제물, 즉 동물을 주로 바친다. 제물로 가장 인기 있는 동물은 인도영양의 아름다운 검정색 수컷이다. 나중에야 소와 말, 염소, 거세된 숫양이 추가된다. 동물 제물은 베다교의 중심에 놓인다. 사람들은 제식에 따라 동물을 불태움으로써 신들과 소통하고 하늘의 존재들이 세계 질서를 유지하게 한다. 그렇다면 제물은 신들을 단순히 섬기는 것을 넘어 신들을 길들이는 것이기도 하다. 순순히 따르는 법을 배워야 하는 야생 동물처럼 말이다. 그리고 인간은 양심의 가책을 받지 않도록 희생된 동물을 위해 하늘에 자리를 마련해 둔다. 이로써 그들은 인간과 세계 질서를 위해 죽음으로써 불멸의 삶을 누린다.

제물을 바치는 제식이 중요해질수록 성직자, 즉 브라만 계급도 중요해졌다. 기원전 제1천년기 초 아리아인들이 계속 남하해 마을과 도시를 건설하면서 그들의 위상은 점점 올라갔다. 브라만은 엄격한 위계적 사회 질서인 카스트 제도에서 가장 높은 계급을 차지했다. 성직자들이 무소불위의 권력을 차지하자 우리가 기독교와 이슬람에서 본 것과 같은 일이 발생했다. 신심이 두터운 신자들이 세속을 등진 채 금욕 생활에서 지복을 구한 것이다. 그 일환으로 새로운 성전 『우파니샤드Upanisad』가 탄생했다. 이 성전은 베다의 일부지만, 그 안에는 전혀 다른 정신이 숨 쉬고 있었다. 지배자들의 세속적 법칙은 점점 중요성을 잃었고, 절제와 금욕의 개인 윤리가 새로운 정신으로 떠올랐다. 아울러 동물 제물은 거부되었고, 영적 침잠을 위해 명상이 시작되었으며, 육체적인 것은 이제 정신적인 것 뒤로 완전히 물러났고, 고행자들은 정의로운 세계 질서를 경배하는 대신 세계의 얽매임에서 완전히 벗어나는 길에 대해 이야기했다.

이로써 상황이 심각해졌다. 브라만의 통치 질서가 위험에 빠진 것이다. 대응책으로 브라만은 성직자들의 공식 문헌인『브라흐마나*Brāhman*』로 베다 경전을 보완했다. 그 중심에는 제물이 있었다. 제물은 인간이 세속적 불행에서 구원받을 수 있는 유일한 가능성이었다. 그런데 세속적 불행은 이제『우파니샤드』에서든『브라흐마나』에서든 새로운 형식을 띠게 되었다. 환생론이 그것이다. 지중해 지역의 영혼 이동설과 거의 같은 시기에 인도에서도 환생이 화두로 떠올랐다. 이제 세계의 운명은 지극히 개인적인 운명으로 바뀌었다. 지금의 내 삶이 팍팍하고 절망적이라면 그것은 내 삶의 방식에 문제가 있어서다. 운명의 주인은 바로 자기 자신이다. 인간은 다음 생에서나 더 나은 운명을 개척할 수 있기를 바랄 수밖에 없다.『브라흐마나』는 여전히 정기적으로 제물을 바치는 것을 중시한 반면에 고행자들은 신들이 아니라 도덕적으로 모범적인 삶을 향해 나아간다.

그렇다면 환생론은 어떻게 탄생하게 되었을까? 극동 지역의 종교들은 농경 문화의 사고 체계에서 비롯되었다. 농사일은 힘들고 고달프다. 지중해 지역의 농부와 양치기도 마찬가지이지만 인도와 중국의 농부도 삶을 사랑하지 않는다. 때 되면 힘겹게 씨를 뿌리고 고생스럽게 수확하는 것처럼 죽을 때까지 반복되는 노동을 좋아할 사람이 어디 있을 것이며, 태풍과 장마, 가뭄과 추위처럼 종잡을 수 없는 기후적 재앙을 사랑할 사람이 어디 있겠는가? 따라서 그들의 종교는 언제나 똑같이 되풀이되는 순환에

서 벗어날 희망을 이야기한다. 그러나 이 요지부동의 삶에서 도
망치는 것은 기독교나 이슬람보다 힘겹다. 삶의 나사는 하나의
생에서 다른 생을 향해 끝없이 돌아간다. 이번 생의 속박으로부
터 빠르게 구원받는 방법은 없고, 기다리고 있는 것은 오직 다음
생의 환생뿐이다. 결국 신자들은 마치 저주처럼 삼사라의 순환,
즉 윤회의 덫에 걸리고 만다.

　기원전 6세기에 마침내 자이나교와 불교가 탄생한다. 두 종
교는 갠지스강 동쪽 계곡에서 등장하는데, 기원은 금욕주의적
수행이다. 이들의 윤리는 선한 삶에 맞는 자기 의무로 이루어져
있다. 최고의 계율은 생명의 존중과 보존이다. 기독교의 그리스
도나 힌두교의 고행승과 비슷하게 불교의 아라한도 충동과 배고
픔, 육체적 쾌락, 의지, 물질대사처럼 살아 있는 생명체라면 결코
벗어날 수 없는 것들의 극복을 갈망한다. 그러나 해탈의 길은 멀
고, 해탈의 자격은 단 한 번이 아니라 여러 번의 윤회로 주어진다.
해탈을 갈구하는 자는 그 과정에서 무수히 실패하고, 다시 새롭
게 시작한다. 오직 이 모든 것을 털어 내고 더 본래적인 현실에 도
달하려는 소망 때문이다. 모든 새로운 삶은 새로운 고통, 육신의
간난, 타인들과의 이별, 죽음과 싸우는 고통을 의미한다. 수행자
가 궁극적으로 갈구하는 것은 모든 것이 사라지고 소멸되는 무
(無)다. 이는 니르바나, 즉 열반의 고요한 상태다.

　자이나교도와 불교도는 환생론을 윤리적 교리의 중심에 놓
았다. 이런 이유에서 신들에게 동물을 제물로 바치는 행위를 엄
격히 거부했다. 비슷한 시기 남부 이탈리아와 시칠리아에서 피

타고라스와 엠페도클레스가 가르쳤듯이 그들도 동물 살해를 무고한 영혼의 살해로 보았다. 인도 문화사의 일부 전문가는 불교의 융성이 농업 위기와 밀접한 관련이 있다고 여긴다. 아리아 문화와 브라만 문화는 원래 소를 키우는 목축업자들의 문화였다. 소는 신분의 상징이자 가장 귀한 공물이었다. 그런데 기원전 제1천년기에 소 목축업자들과 농부들 사이에 갈등이 생겼다. 급속도로 증가하는 인구를 먹여 살리려면 농부들에게는 곡식과 채소를 키울 목초지가 필요했다. 이로써 소 사육은 경제 문제가 되었다. 그러나 지배 계급인 브라만은 소를 결코 포기할 수 없었다. 소를 통해 그들의 신분이 결정되었기 때문이다.

동물 소유는 카스트 계급에 따라 허용되거나 금지되어 있었다. 동물을 키울 권리는 다른 많은 유목민의 경우와 마찬가지로 사회적 신분의 상징이었다. 최고 계급인 브라만만이 키울 수 있는 가장 고귀한 동물은 암소였다. 〈암소 1천 마리를 기부한 사람은 죽은 뒤에 지옥을 보지 않을 뿐 아니라 어디서든 승리를 거둘 것이다.〉 대서사시 『마하바라타』에 나오는 내용이다.[1] 그러나 자이나교도와 불교도의 종교적, 정치적 개혁 운동은 이에 반기를 든다. 그들은 기근으로 고통받은 시대에 모든 동물을 공동 피조물로 선언하면서 소 사육을 공격한다. 그런데 동물을 〈우의〉와 〈선의〉로 대해야 한다는 그들의 윤리에는 영적인 이유 외에 경제적 이유도 있었다. 목축업에서 농경으로의 포괄적인 전환이 필요했던 것이다.

수세에 몰린 브라만은 반대자들의 논거를 역이용해 소를

〈신성한 동물〉로 선언해 버렸다. 소의 특권과 소를 잘못 다루었을 때 가해지는 혹독한 처벌은 오늘날까지도 소 숭배의 위선적인 인간 중심주의를 잘 보여 준다. 소는 브라만의 동물로서 인도의 거의 모든 도로에서 우선 통행권을 누리고, 소에게 해를 가한 사람은 비인도주의적인 처벌을 받는다. 차를 타고 가다가 실수로 소를 죽인 사람은 평균 소득자의 반달 치 월급을 벌금으로 내야 한다. 심지어 과거에는 소를 훔친 사람은 손발이 잘렸다. 개와 다른 동물이 소를 다치게 했을 때는 종교적 규정에 따라 죽임을 당한다. 그런데 〈소가 보는 데서, 혹은 외양간 안에서 소변을 보는 행위〉[2]까지 처벌하는 것은 소의 명예가 아니라 브라만의 명예에 대한 훼손으로 보아야 할 것이다.

소는 신성한 동물로 여겨졌음에도 밭을 일구는 데 사용할 수 있었다. 지칠 줄 모르는 억센 제부(혹소)는 오늘날까지도 경제적 축복으로 간주되고 있다. 이로써 신성함과 공동 피조물, 경제적 이익이 손을 맞잡는다. 동물과의 관계는 근동의 종교보다 훨씬 더 세심하게 종교를 통해 규정된다. 자이나교의 승려들은 마시는 물에 빠진 작은 생물까지 해치지 않는다. 반면에 히말라야를 넘어 중국과 동남아시아로 빠르게 전파된 불교는 불가피하게 현실적 타협을 선택한다. 가령 티베트에서는 최소한 겨울 몇 개월 동안은 채식으로만 사는 것이 불가능하다. 그 때문에 야크 도살이 허용된다.

불교에서는 동물 살해 금지와 관련해서 어떤 것을 예외로 간주하고 어떤 것을 예외로 간주하지 말지를 두고 치열한 논쟁이 벌어졌다. 예를 들어 티베트인들은 작은 동물을 자주 죽이는 것보다 큰 동물을 드물게 죽이는 편이 낫다고 생각했다. 반면에 스리랑카와 동남아시아의 소승 불교에서는 선택이 가능할 경우 큰 동물보다 작은 동물을 죽이는 편을 선호했다. 동물 살해를 가장 큰 죄악으로 여겨지지는 않았다. 더 나쁜 것은 다른 생명체에게 마음대로 고통과 아픔을 가하는 행위였다. 불교 승려들이 덫과 올가미에 걸린 야생 동물을 놓아주거나, 도살 직전의 동물을 풀어 준 이야기는 수없이 많다. 사원에서는 식사를 준비할 때 일부 음식을 항상 야생 동물의 몫으로 떼어 놓기도 한다. 심지어 부처는 어느 전생에서 암컷 호랑이가 새끼들을 먹일 수 있도록 스스로 몸을 내놓았다고 한다.

불교 승려들은 대부분 탁발로 살아가고, 농부들이 가져다주는 것을 먹는다. 자신의 배고픔 때문이 아니라 다른 이유로 죽은 동물을 먹는 것은 그나마 받아들일 만한 일로 여긴 듯하다. 육식 자체가 문제가 아니라 도살이 문제이기 때문이다. 물론 모든 불교도가 승려처럼 살 수는 없다. 이따금 동물을 도살하지 않으면 대다수 농부는 살아남지 못하고, 농부가 없으면 승려도 존재할 수 없다. 전사 계급의 사정도 마찬가지로 어렵다. 군직(軍職)은 직업이 아니라 태어날 때부터 속한 특정 계급의 의무다. 전사의 의무는 주군을 위해 싸우는 것이다. 그럼에도 인명이나 동물의 목숨을 앗아 가면 안 된다. 단 사람이든 동물이든 자신의 주군을 공격하지 않는 한 말이다. 오늘날 이 땅에 존재하는 4백만 자이나교도는 이론과 실제 사이의 간극을 안다. 그들의 윤리에 따르면 식물에게도 마음대로 해를 끼쳐서는 안 된다. 그러나 이런 계율을 철두철미 지키는 삶은 불가능하다.

이런 점에서 힌두교는 훨씬 덜 엄격했다. 그들의 신앙은 오늘날까지도 세계 질서 유지를 최우선으로 삼는 옛 종교와 고행자들의 금욕주의로 찢겨져 있다. 기독교회도 그랬지만, 세속적 권력과 겸허함 및 절제의 영적 이상은 잘 맞지 않는다. 따라서 힌두교의 전통적 교리와 실천적 삶은 상당히 상이하고 모순적이다. 채식이 널리 퍼져 있지만 의무적이지 않을 때가 많다. 종교적 규정은 시대와 시류, 혹은 지역에 따라 굉장히 다르다. 동물을 죽이는 일을 하거나 동물 가죽과 깃털, 뿔을 가공하거나 그 비슷한 일로 살아가는 사람도 어쨌든 불교만큼 종교적으로 배척당하지는 않는다. 동물에 대한 정당방위도 당연히 허용된다.

심지어 제후가 사냥을 나갈 때면 어떤 구속도 받지 않았다. 힌두교의 마하라자(인도 토후국의 군주)는 세계 질서 내에서 자신의 우월한 위상을 자기만의 방식으로 드러냈다. 그들은 안전한 코끼리 등에 올라타고 정글로 들어가 야생 동물을 사냥했다. 특히 무도한 군주들은 적당한 크기의 사냥터를 조성한 뒤 혹시 모를 사고를 막기 위해, 그 안에 사는 호랑이와 표범의 이빨을 부러뜨리고 발톱을 갈게 했다. 1970년대 초 인도 숲에는 겨우 수백 마리의 호랑이만 살아남았고, 수천 마리는 군주들의 사냥으로, 나중에는 식민 통치자들의 사냥으로 목숨을 잃었다. 이런 살해에 전적으로 책임이 있는 군주들은 결코 좋은 힌두교도라고 할 수 없었다. 그럼에도 이런 추악한 행동으로 군왕의 지위가 위태로워지거나 자기 종교의 배신자로 낙인찍히는 일은 없었고, 대중도 큰 불평 없이 용인해 주었다. 다만 이런 지배자들 외에 사냥은 일반적으로 금지되었다(동물 살해 때문이라기보다 왕의 특권에 대한 도전으로 간주되었기 때문으로 보인다).

현실 힌두교는 현실 기독교처럼 이따금 교리와 현실의 괴리가 심각하다. 종교적 규정은 모순으로 가득 차 있고, 실천은 어차피 이론과 별개의 문제로 다루어진다. 기원후 제1천년기의 성전 『바가바타 푸라나*Bhāgavata Purāṇa*』에는 이렇게 적혀 있다. 〈야생 동물, 낙타, 당나귀, 원숭이, 들쥐, 뱀, 새, 파리를 자기 자식처럼 다루어야 한다. 그들 사이에는 별 차이가 없다!〉[3] 심지어 베다의 현인 야즈나발키아는 저주까지 마다하지 않는다. 〈규정을 어기고 동물을 죽이는〉 자는 〈그 동물의 털 개수만큼 많은 나날을 끔찍한 지옥에서 살게 될 것〉[4]이다. 그런데 제식과 제사 음식에 관한 규정으로 들어가면 육식은 성스러운 의무가 된다. 힌두교의 종교 설화집 『쿠르마 푸라나*Kūrma Purāṇa*』에는 이런 구절이 있다. 〈조상에게 바친 제사 음식이나 신에게 바친 제물을 먹는 자리에 초대된 사람이 고기를 거부하면 (도살된) 동물의 털 개수만큼 많은 나날을 지옥에서 보내게 될 것〉[5]이다.

인도에는 채식이 널리 퍼져 있지만, 결코 엄격한 종교적 규정은 아니다. 사람들은 창조신이 처음부터 동물을 인간의 맛있는 식량원으로 계획해 놓았다는 세계 질서를 근거로 제시하곤 한다. 반면에 환생은 불교와 달리 동물 살해에 반대하는 논거로는 놀랄 정도로 하찮다. 주된 이유는 금욕이다. 진정한 힌두교도는 육신의 행복을 되도록 멀리해야 한다. 쾌락과 기쁨을 아는 사람은 그 감정으로 인해 삶을 사랑하는 경향이 있다. 세속적 삶에 대한 애착이 클수록 이별은 더 어려워지고, 죽음은 더 고통스럽게 여겨진다. 그 때문에 독실한 힌두교도는 육식을 자발적으로 포기한다. 『브라흐마 푸라나*Brahma Purāṇa*』에는 이렇게 적혀 있다. 〈먹을 수 있고 음식으로 조리할 수 있는 것 중에서 고기보다 맛있는 것은 없다. 고기를 먹지 말아야 하는 것도 그런 연유에서다. 맛있는 음식을 먹는 것으로는 행복이 생기지 않는다.〉[6]

동물에 대한 연민이 아니라면 채식 뒤에는 어떤 믿음이 숨어 있을까? 힌두교도든 불교도든 세계를 윤회의 고리에서 벗어나야 할 해탈의 시선에서 바라보기에 삶 자체는 그리 높은 가치가 있는 것이 아니다. 그러나 해탈 역시 그것이 속한 세계 질서를 받아들이지 않고는 생각할 수 없다. 따라서 신자들은 자신의 해탈에만 전력을 다하는 것이 아니라 삶의 에너지를 총괄하는 전체 질서를 유지하려고 애쓴다. 그러니까 해탈의 길을 가능케 하는 이 시스템 자체를 지켜야 한다. 신적인 힘이 삶의 이 나선형적 순환 구조를 만들 때 무엇을 생각했든 간에 믿는 자의 사명은 주어진 세계 질서를 지지하는 것이다. 육신의 사슬에 묶인 삶은 고달프지만, 신의 관점에서 보면 애당초 잘못되거나 썩어 문드러진 것이 아니다. 신은 지금 있는 그대로의 모습을 원했다. 그렇다면 모든 생물은 자신의 의무를 충실히 이행해야 한다.

세계는 모든 생물이 자신에게 할당된 역할을 수행하는 하나의 거대한 생태계다. 그런데 각 생물에 대한 가치 평가는 그리 생태적이지 않다. 가령 힌두교 교리에 따르면 세계 질서 유지에 더 큰 기여를 하는 생물은 좀 더 복잡한 구조의 생명체들이기 때문이다. 실제 생태계적 의미와는 정반대의 판단이다. 아무튼 별로 놀랍지도 않지만, 그런 고등 동물 중에서도 가장 중요한 역할을 하는 것은 인간이다. 인간(여기서 인간은 오직 남자 인간을 가리킨다)은 가장 완벽한 감각 기관을 갖고 있고, 그로써 육체적, 정신적 행위 가능성의 여지가 가장 크다. 인간과 비교할 때 다른 전체 생명체는 결함투성이다. 감각 기관은 불완전하고, 육체적 행위 가능성은 제한적이다.

힌두교에서도 인간은 만물의 척도이고, 동물은 결점이 많은 존재다. 그런데 전체적으로 보면 힌두교의 논거는 더 신중하고, 서양의 엄격한 범주화만큼 명확하지 않다. 동물과 인간의 경계는 많은 경계 가운데 마지막 경계일 뿐이다. 네발짐승은 다리가 없는 뱀이나 벌레와 다른 단계에 있고, 물고기는 해면동물과 구분된다. 경계선은 영원히 변치 않을 것처럼 그어져 있고, 지상의 모든 생명체가 살아가는 실존의 형태는 처음부터 정해져 있다.

힌두교든 불교든 생물학적 진화는 몰랐지만 영적인 진화는 알고 있었다. 여기서도 인간은 최종 단계에 해당하지만, 오직 완전한 인간만 그렇다. 영성 면에서 인간은 본래적으로 완전한 존재가 아니고, 완전함은 소수만이 도달할 수 있는 목표다. 반면에 인간과 비교할 때 감각적으로 불완전한 동물은 해탈 가능성이 극히 희박하다. 결함 있는 감각성으로 인해 깨달음에 이를 수 없다는 것이다. 『바가바타 푸라나』에 쓰여 있듯이 동물은 〈마음의 일에 무지하다〉. 따라서 인간이 동물로 환생하는 것은 악독한 저주이자, 힌두교의 경우 대개 범죄자들의 죽음 뒤에 기다리고 있는 끔찍한 형벌이다.

불교에서도 동물 환생은 결코 좋은 운명이 아니다. 〈올바르지 못한〉 행동을 하고 음험하게 살아간 사람은 그 벌로 뱀이나 전갈, 지네로 다시 태어난다. 마음에 증오가 가득하고 생전에 주변 사람들에게 〈독살스럽게〉 군 사람은 독사로 환생한다. 사이가 나빴던 사람들은 다음 생에서 몽구스와 코브라, 혹은 까마귀와 올빼미로 다시 만난다. 남에게 개라고 욕한 사람은 내생에서 스스로 개가 된다. 고대 그리스의 플라톤이 동물 환생에 대해 말한 것도 이와 별반 다르지 않다.

힌두교도와 불교도는 해탈 능력에 따라 생명을 분류한다. 다만 기독교와 달리 동물 영혼과 인간 영혼을 범주적으로 명확하게 가르지는 않는다. 등급의 차이가 있을 뿐이고, 그 사이의 간극은 영혼의 순환을 통해 극복될 수 있다. 물론 여기서도 신적인 영역으로의 입장을 결정하는 것은 정신의 깨달음이지만, 동물도 열심히 노력하면 인간의 단계로 올라갈 수 있다. 동물이 더 이상 존재하지 않고 모든 영혼이 이상적인 인간 삶의 길을 거쳐 열반에 들 때 완전한 세상이 이루어진다.

해탈 사상과 관련해서 힌두교와 불교의 교리는 결코 동물 친화적이지 않다. 하지만 생물종들 사이의 경계는 확정적이지 않고 상호 침투성이 있다. 그에 비하면 인간의 기준에 따른 생명의 가치 판단은 별로 진보적이지 않다. 초기 베다 창조 신화에 이미 세계는 완벽하게 인간 형상을 띤 신의 신체 부위에서 생겨난다고 적혀 있다. 『바가바타 푸라나』를 보자. 〈산은 신의 뼈대이고, 강은 신의 정맥이며, 나무는 신의 털이고, …… 말과 노새, 낙타와 코끼리는 신의 손발톱이다. 야생 동물을 비롯해 다른 모든 동물은 신의 엉덩이와 허리쯤에 있는 것으로 생각할 수 있다.〉[7]

힌두 신앙에는 이따금 원숭이나 들쥐를 신성한 존재로 떠받드는 신화처럼 아주 오래된 이야기들이 스며들어 있음에도 이 신앙을 지배하는 것은 기본적으로 인간 중심적인 질서다. 힌두교의 중심에는 인간의 해탈만 있을 뿐, 그 외에는 아무것도 없다. 기독교와 마찬가지로 인간은 육체적, 정신적 우월성을 기반으로 동물을 지배할 권리를 얻는다. 다만 고대 그리스나 기독교처럼 정신의 자유 덕분에 육체적 욕구를 자제하고 통제하는 것이 가능하다. 인간을 동물보다 고귀한 존재로 끌어올리는 능력이다.

삶의 실용적 측면에서 보면 동물의 〈가치〉는 세 영역으로 나뉜다. 우선 소처럼 몇몇 뛰어난 동물은 사회적 권력의 상징으로 작용한다. 두 번째 영역은 경제적 가치로서의 동물이다. 여기서는 노동 수단으로서 동물을 잘 다루는 법을 포함해 경제적으로 유익하게 다루는 법이 고려된다. 이런 동물은 학대해서는 안 된다. 그런데 놀랍게도 그에 대한 이유는 끊임없는 윤회의 고리가 아니라 세계 질서의 유지 및 해탈 측면에서 바라본 학대의 무의미함이다. 좋은 힌두교도는 유익한 동물을 잘 보살펴야 한다. 그래야 노동 수단을 확보할 수 있고, 인간을 위해 일하는 것이 경제 동물의 사명이라는 힌두의 법에 따르는 셈이다. 세 번째 영역에서야 동물은 공동 피조물 및 영혼 이동의 구상과 관련해서 일정한 역할을 한다.

그런데 힌두교의 다양한 신앙을 과도하게 일반화해서는 안된다. 인도 아대륙에만 근 10억 명의 교도가 있다는 점을 감안하면 예외 없는 규칙은 없다. 동물에 전반적으로 우호적인 태도를 보이는 불교의 3대 거대 종파도 마찬가지다. 불교적 색채가 강한 나라에서도 종교적 의무와 일상적 실천 사이에는 큰 괴리가 있다. 현대적 농기계들이 농경지에 투입된 이후 들판의 생물에 대한 세심한 배려는 막을 내린다. 세계 최대 규모를 자랑하는 중국의 양계장은 세상에서 가장 잔인한 양계장으로 꼽힌다. 살인적일 만큼 좁은 철창에 갇혀 치료제로 담즙을 추출당하는 수많은 반달곰의 처지도 그보다 나아 보이지 않고, 중국 모피 농장의 상황도 상상할 수 없을 만큼 야만적이다.

〈나는 누구에게도 육식을 허락하지 않았고, 지금도 허락하지 않으며, 앞으로도 허락하지 않을 것이다.〉 수없이 울려 퍼진 부처의 이 가르침은 공허하게 들린다. 이제는 경제가 절대 권력자로서 전통 윤리를 호령한다. 그 전형적인 예가 중국과 태국, 베트남 같은 나라들이다. 어떤 깨달음의 종교도, 어떤 종교적 의무도, 어떤 환생에 대한 믿음도 그런 현실을 막지 못한다. 어쩌면 불교는 처음부터 농부가 아닌 승려만을 위한 실천 윤리였을지 모른다. 현재 세계의 많은 곳에서 자신의 양식을 스스로 생산할 필요 없이 물질적으로 안락하게 살아가는 사람들이 이 승려들이 거주하는 절을 찾는다. 그렇다면 오늘날에 불교를 자신의 신앙

적 길로 선택한 사람은 가난한 승려들의 부유한 정신적 혈족들
이다.

여기서 이런 의문이 든다. 어째서 우리는 극동 지역의 지혜
가 아닌 하필 자본주의에 장악당했을까? 중세 이후 자연과 동물
을 연구한 서양 사상가들은 거기에 어떤 기여를 했을까? 그리고
계몽주의자들이 동시대인들을 계몽하면서 잘못한 것은 없을까?

사상가들과 사랑하는 가축
바로크와 계몽주의 시대의 동물

우리는 우리 자신이 노예로 삼은 동물들을
우리와 동등한 존재로 보는 것을 좋아하지 않는다.
— 찰스 다윈

〈옛날 옛적, 햇빛이 쏟아지는 무수한 태양계로 흩어진 우주의 어느 외진 구석에 영리한 동물들이 인식을 발명해 낸 별이 하나 있었다. 세계사의 가장 교만하고 기만적인 순간이었다. 그러나 그조차도 한순간일 뿐이다. 자연이 몇 번 숨을 내쉬고 들이마시자 별은 곧 굳어 버렸고, 영리한 동물들은 죽고 말았다. 누군가 이런 식으로 한 편의 우화를 지어낼 수 있을 테지만, 그것만으로는 자연 안에서 인간의 지성이 얼마나 하찮고, 허망하고, 피상적이고, 무의미하고, 자의적인지 충분히 설명하지 못할 것이다. 인간이 없었던 영겁의 시간이 있었다. 인간이 다시 사라진다고 해서 어떤 일도 일어나지 않는다. 인간 지성에는 인간 삶을 넘어서는 다른 사명은 존재하지 않기 때문이다. 지성은 인간적이고, 그것의 소유자와 생산자만이 마치 세계의 축이 그 안에서 돌아가는 것처럼 그것을 격정적으로 받아들인다. 하지만 만일 우리가 모기와 소통이 가능하다면 모기도 그런 격정으로 공중을 떠다니고, 자기 안에서 세계의 중심축이 움직이고 있는 것 같다고 우리에게 이야기할 것이다. 자연에서 이만큼 하찮고 비난받을 만한 일은 없지만, 약한 입김으로는 곧바로 튜브가 부풀어 오르지 못하듯 인간의 미약한 인식력은 이를 깨닫지 못한다. 모든 짐꾼이 자신을 경탄하는 사람을 갖고 싶어 하듯 가장 자부심이 강한 인간 족속인 철학자조차 우주의 눈이 사방에서 망원경으로 자신의 행동과 사고를 집중적으로 보고 있다고 생각한다.〉[1]

우주 내에서 인간의 위치를 니체만큼 시적으로 표현한 사람은 거의 없다. 니체가 영리한 동물에 관한 우화로 우리에게 인식의 한계를 가차 없이 보여 준 지 1백 년도 훨씬 넘었다. 우리 실존의 우연성과 인간종의 왜소한 옷장에서 사고의 개념 옷을 꺼내 입는 제한된 선택 능력에 대해서 말이다.

인간이 자기 종의 목표에 맞추어 진화 과정을 직접 써 내려가는 법을 습득한 이후 〈영리한 동물들〉의 오만은 하늘을 찔렀다. 그들은 다른 모든 동물을 배척하면서 스스로 독보적인 존재라고 믿었다. 이런 배타성에 회의를 품은 사람은 소수의 철학자뿐이었다. 나머지 대다수 인간은 자신의 동물적 유산을 체계적으로 깎아내렸다. 아침에 면도할 때나 저녁에 일을 마치고 돌아왔을 때 거울 속에서 이죽거리며 웃고 있는 털 있는 원숭이를 말이다. 플라톤, 아리스토텔레스, 키케로, 아우구스티누스, 토마스 아퀴나스, 데카르트, 바뤼흐 스피노자Baruch Spinoza(1632~1677), 파스칼, 로크, 라이프니츠, 칸트, 게오르크 빌헬름 프리드리히 헤겔Georg Wilhelm Friedrich Hegel(1770~1831) 할 것 없이 모든 철학자가 인간과 동물 사이에 거대한 도랑을 팠다. 그들에게는 인간의 이성과 오성, 사고력과 판단력이 동물과 인간을 구분하는 절대적 척도였다. 게다가 이 모든 능력은 인간에게서 경험적으로 증명될 수 없기에 경험 세계, 즉 〈단순한〉 물질적 영역을 인간적 완전함의 천박한 모조품 정도로 격하시켰다. 또한 이성과 자유 의지가 주도권을 쥐지 못한 생명체에게는 오직 영혼 없이 자동으로 돌아가는 시계 장치만 존재한다고 믿었다. 괴테조차 잘못된 전통에 매몰되어 영혼의 복된 자유를 육체의 세속적 부자유와 명확하게 구분 지었다. 그는 『잠언과 성찰*Maximen und Refexionen*』에서 동물을 가리켜서 〈몸뚱이의 압제에 눌려 사는〉 존재라고 표현했다.

동물을 몸의 노예로 설명하는 철학적 전통은 길다. 인간이 스스로를 동물과 〈다른〉 존재로 규정한 시기에는 인간과 동물의 확정적 차이에 의구심을 품은 사상가는 소수에 불과했다. 물론 그런 사람은 고대에서 계몽주의를 거쳐 현재에 이르기까지 매 시기마다 존재했지만, 강단 철학에서는 항상 아웃사이더로 몰렸다. 자연 과학이 마법과도 같던 신의 외투를 서서히 들추고, 행성들이 궤도를 바꾸고, 지구가 우주의 중심에서 사라지고, 인체를 비롯해 해부학과 혈액 순환에 관한 연구가 진전되고, 중부 유럽과 북아메리카에서 왕권신수설이 계몽적 합리성(〈모든 인간은 평등하고 자유롭다〉)에 자리를 내주고, 노예와 여자도 같은 인간일 수 있다는 생각이 차츰 퍼져 나가는 동안, 같은 시기에 동물 실험과 육류 생산을 통한 동물 살해 시스템은 산업적 동물 이용이라는 완벽한 공포에 이르기까지 서서히 완성되어 갔다. 이로써 환호받던 이성은 도살장과 사육 농장, 실험실에서 권력의 도구로 전락하고 말았다.

자연은 인간을 위한 셀프서비스 상점이다. 스토아학파의 옛 사상은 아직도 서양 문화사에 영향을 미치고 있다. 9세기에 아일랜드 신학자이자 철학자 에리우게나는 인간의 이익에 따른 자연의 질서 체계를 확정한다. 〈올바로 철학하는 사람치고 이 가시적 세계가 가장 높은 것에서부터 저 아래에 있는 것까지 전부 인간을 위해 창조되었고, 그렇다면 인간이 그 위에 우뚝 서서 이 모든 가시적 사물을 지배해야 한다는 사실을 모르는 이가 있을까?〉[2]

자본주의의 철학적 선구자인 로크는 17세기에 예부터 잘 알려진 방식으로 〈이성〉을 창조 안으로 가져간다. 지구 자체를 비롯해 지구 안의 모든 것은 원래 인간이 생계를 유지하고 삶을 즐길 수 있도록 주어졌다는 것이다. 자연이 생산하는 열매든, 자연이 먹여 키우는 동물이든 할 것 없이 말이다. 바로크 시대의 기독교 시인 바르톨트 하인리히 브로케스Barthold Heinrich Brockes(1680~1747)는 야생 산양에 굽은 뿔을 갖추게 한 것이 얼마나 현명한 신의 선견지명인지에 대해 입에 침이 마르도록 칭찬한다. 이유는 아주 간단하다. 인간이 산책용 지팡이의 손잡이로 쓰기에 안성맞춤이라는 것이다. 이는 창조된 세계를 생각할 수 있는 모든 세계 가운데 최상의 세계라고 부른 라이프니츠의 확신을 헛소리로 치부한 볼테르Voltaire(1694~1778)의 날카로운 조롱을 불렀다. 프랑스 작가이자 철학자인 볼테르는 풍자 소설 『캉디드Candide』에서 이렇게 말한다. 〈그런 논리라면 인간의 코는 신에 의해 처음부터 안경 받침대용으로 탁월하게 만들어졌다는 말인가!〉

바로크 시대 깊숙이 들어서도 동물의 지위에 대한 철학적 논쟁을 결정한 것은 동물의 무한한 이용과 계단식으로 정연하게 짜놓은 **자연의 사다리**였다. 의학과 자연사에서 발견된 새로운 인식들도 자연을 가치 충만한 인간과 가치 없는 동물로 엄격하게 구분하는 흐름을 돌리지 못했다.

물론 어느 시대나 예외는 있는 법이다. 경직된 철학적 모델보다 자신의 감수성에 더 큰 신뢰를 보낸 사상가들이 그렇다. 르네상스 시대의 보편학자 레오나르도 다빈치Leonardo da Vinci(1452~1519)는 동물을 다루는 인간의 냉혹함을 비난한다. 인간은 자기 자신을 동물의 왕이 아닌 〈야수의 왕〉으로 불러야 하는데, 그 자신이 〈가장 잔인한 야수〉이기 때문이라는 것이다. 비슷한 시기에 네덜란드 인문주의자 데시데리위스 에라스뮈스Desiderius Erasmus(1466~1536)는 사냥을 정조준한다. 〈역겨운 사냥 뿔피리 소리〉에 취해 미친 듯이 뛰어다니는 인간들을 보면 그들 스스로 동물로 변해 버린 듯하다. 그의 영국인 친구 토머스 모어Thomas More(1478~1535)도 『유토피아Utopia』에서 쾌락 사냥을 더는 보고 싶어 하지 않는다. 〈그 때문에 유토피아 사람들은 사냥을 자유로운 인간에게는 어울리지 않는 일로 여기면서 전적으로 백정들에게 맡겼다.〉 재기 넘치는 프랑스 도덕 철학자 미셸 에

켐 드 몽테뉴Michel Eyquem de Montaigne(1533~1592)는 심지어 동물적 본능과 이성적 행동 사이의 확고한 경계에까지 의심의 칼날을 들이댄다. 그가 볼 때, 교만함에 눈먼 〈인간은 모든 피조물 가운데 가장 한심하고 연약한 족속이다〉. 몽테뉴는 자연을 관찰하면서 인간과 동물의 〈동일한 행동과 동일한 능력〉을 발견하고는 〈우리와 그들 사이의 유사성에 주목할〉 것을 요구한다.[3] 왜 인간들은 동물이 인간과 비슷하게 행동하는 것을 보면서도 비슷한 동기와 비슷한 방식을 추론해 내지 못하는 것일까?

　　몽테뉴의 이런 회의적 목소리에는 무언가 이단적인 것이 담겨 있다. 그것은 기독교적 세계상의 근간을 뒤흔들기 때문이다. 그러다 보니 바로크 시대에 그에 대한 반대 목소리가 흘러나온 것은 자연스럽다. 네덜란드 철학자 스피노자는 『윤리학Ethica』에서 동물도 느낄 줄 아는 존재라는 점을 인정한다. 그렇다고 동물이 〈본성상 우리와 일치하는 것〉은 아니라고 주장한다. 그는 동물에 대해 감정 이입 대신 냉철하고 객관적인 태도를 취할 것을 요구한다. 〈우리의 이익을 추구하는 이성의 계율은 …… 우리에게 인간들과 손잡고 살아가라고 가르친다. 우리와 본성이 다른 동물이나 사물이 아니라 말이다.〉[4] 스피노자에게 인간을 잡아먹는 것은 동물의 자연권이다. 거꾸로 동물을 자기 것으로 취하는 것도 인간의 자연권이다. 인간의 도덕은 인간에게만 적용되어야 하고, 동물에 대한 연민을 자제하는 사람만이 〈이성적인〉 인간이다. 반면에 〈허황한 미신이나 여자들의 연민〉 같은 다른 모든 것은 나약하다.[5]

데카르트의 이성은 한층 더 차가웠다. 그는 이 문제를 뿌리에서부터, 정확히는 신경에서부터 건드리면서 동물의 고차원적인 감정 영역을 박탈했다. 이 내용은 철학사에서 가장 큰 결실을 맺었으면서도 동시에 가장 끔찍한 저서 중 하나인 『이성을 올바르게 이끌고 학문에서 진리를 탐구하기 위한 방법 서설*Discours de la méthode pour bien conduire sa raison, et chercher la verité dans les sciences*』에 나온다. 데카르트는 여기서 인간의 특수 지위에 대한 기독교적 관점에 새로운 근거를 마련하고자 한다. 핵심 수단은 당대의 주도 학문인 수학과 역학이다. 그는 정신의 역학자로서 동물이 본질적으로 기계이고, 그것도 자동 기계이자 시계태엽 장치라고 냉정하게 잘라 말한다. 동물은 삶의 비이성적인 모방꾼으로서 고차원적인 감정생활을 기계적으로 흉내 낼 뿐이라는 것이다. 그는 자동 기계로서의 동물 속에 감추어진 메커니즘을 찾으려고 동물의 머리와 심장을 해부하고, 심실의 압력을 알아내려고 살아 있는 개의 심장끝을 잘라 낸다.

데카르트도 이전의 토마스 아퀴나스와 마찬가지로 정신은 오직 인간에게만 있다고 생각한다. 이로써 영혼의 철학을 다시 뷔리당 훨씬 이전으로 돌려놓는다. 냉철한 합리주의자들이 볼 때, 동물에게 영혼을 인정하는 것은 감상주의에 젖은 망상이자, 〈미덕의 올바른 길에서 동떨어진 …… 나약한 생각일 뿐이다〉. 왜냐하면 〈그런 자들은 동물의 영혼이 우리와 본질적으로 동일하고, 그래서 우리 역시 이번 생 이후에는 파리나 개미처럼 두려워할 것도 희망할 것도 없을 것이라고 오인하기 때문이다〉.[6]

인간을 동물과 구분하는 것이 합리적 정신이라면 그것은 우리 몸속 어디에 있을까? 데카르트는 역학의 대가로서 이 문제에 답해야 했고, 뇌 속의 작은 내분비 기관인 솔방울샘을 정신의 소재지로 점찍는다. 여기서부터 신체의 복잡한 기계가 조종된다는 것이다. 그에 따르면 신체 기관들은 분수와 계단식 폭포가 있는 17세기 물 정원의 자동 기계처럼 작동하는데, 각 기관은 수관과 저장 용기, 기계식 용수철의 역할을 하거나 아니면 시계의 톱니바퀴 장치와 비슷하게 돌아간다.

동물처럼 자극에만 반응하고 저급한 영혼을 가진 존재는 윤리와 관련해서 기대할 것이 전혀 없다. 동물이 자동 기계라고 굳게 믿고, 심지어 그 믿음을 신학에까지 끌어들인 사람은 한마디로 바보다. 데카르트는 다른 모든 피조물에 맞서 천국에서 인간의 독점적 자리를 지키기 위해 오류와 망상, 부도덕의 대포를 쏘아 댄다. 그는 묻는다. 동물이 정말 인간과 비슷하다면 우리는 어디로 가야 하는가? 염려 섞인 그의 대답은 당혹스러울 정도로 솔직하다. 어쨌든 천국으로는 가지 못한다는 것이다! 부활의 희망을 인간의 특수 지위와 결부시킨 사람은 동물이 인간과 원칙적으로 비슷하다는 점을 부인할 수밖에 없다.

데카르트의 이런 부정적 견해는 시대정신과 일치한다. 영국 철학자 토머스 홉스Thomas Hobbes(1588~1679)도 〈이성 없는 동물〉에 대한 연민을 모른다. 〈길들이거나 부릴 수 있는 동물은 …… 마음대로 멍에를 씌워도 되고, 전쟁에서 위험하다고 판단되는 동물은 쫓아가 죽여도 된다.〉[7] 물론 그렇다고 모든 사람이

홉스의 의견을 좇은 것은 아니었다. 프랑스에서는 〈동물의 이성〉에 관한 격렬한 논쟁이 벌어졌다. 철학자들과 신학자들도 입장을 표명했는데, 어떤 때는 이쪽의 손을, 어떤 때는 다른 쪽의 손을 들어 주었다. 비판가들이 볼 때 자동 기계 이론은 동물 섭취를 정당화하려는 이해할 만한 목표를 훨씬 벗어났다. 데카르트 이론의 똑똑한 회의론자인 피에르 벨Pierre Bayle(1647~1706)은 이 이론으로 말미암아 동물에 대한 온갖 잔인한 짓이 정당화될 수 있다는 점을 정확히 꿰뚫고 있었다. 그렇다면 동물에 대한 데카르트의 생각은 17세기를 대표하는 유일한 견해가 아니라 다른 많은 견해 중 하나일 뿐이었다. 물론 큰 화를 부른 치명적인 견해였지만.

바로크 시대에 동물과 인간의 관계는 퍽 다양한 면모를 띠고 있었다. 영주의 궁정에서 동물은 사회적 위신을 드러내는 수단이었다. 어떤 이국적인 동물이 실용적인 면에서 쓸모가 없어 보일수록 궁중 사람들은 즐거워했다. 예를 들면 삐쩍 마른 그레이하운드, 제멋대로 구는 경주마, 일부러 불구로 만든 비둘기 같은 동물 말이다. 아끼는 동물이 죽으면 웅장한 무덤과 비석을 만들어 주었다. 이국적인 동물은 낯선 야생성의 상징이었고, 궁정 동물원의 희귀 동물은 관람객들에게 공포의 감정을 자아냈다.

경악스러운 잔혹함과 학대도 바로크 세계에서 동물을 다루는 방식 중 하나였다. 물론 이것은 데카르트의 동물관(動物觀)에 따른 행위는 아니었다. 생각해 보라! 동물들의 싸움을 지켜보면서 그것이 단순히 자동 기계끼리 서로 물고 뜯고 할퀴는 것이라고 생각하면 즐거움의 강도가 한결 약해지지 않겠는가! 게다가 데카르트의 견해는 철학적 논쟁 밖에서는 많이 알려져 있지 않았을 것이다. 그렇지 않다면 불도그가 곰이나 황소에 맞서 싸우는 것을 구경하거나, 생생한 〈동물 후려치기〉를 보는 것이 무슨 재미가 있었겠는가? 사람들은 여우나 오소리, 토끼, 들고양이를 그물망에 넣고 몇 번 공중으로 휘휘 돌리다가 그대로 땅바닥에 후려쳤다. 뼈가 부러지거나 내출혈로 동물이 너무 빨리 죽을 것 같으면 바닥에 모래를 좀 더 깔아 짓이겨지는 과정을 연장시켰다. 너무 짧은 재미는 진정한 재미가 아니기 때문이다. 이런 사디즘적 가학 행위는 관중의 마음을 사로잡았고, 〈다들 이 귀족적 놀이에 즐겁게 폭소를 터뜨렸으며, 제후들과 귀족들, 특히 그들의 부인들은 이 폭소를 통해 가슴이 뻥 뚫리면서 시원해지는 느낌을 받았다〉.[8]

동물을 바닥에 후려치는 것보다 더 남성적인 것은 사냥이었다. 그러나 바로크 궁정은 단순한 사냥에서는 별 기쁨을 찾지 못했다. 박진감 넘치는 순수 사냥의 즐거움보다 앞선 것은 대량 학살의 이데올로기였다. 군주들은 학살당하는 제물의 수를 점점 갱신해 나갔고 수십만 마리의 동물이 사냥 대회에서 희생되었다. 1763년 2월 20일 뷔르템베르크의 카를 오이겐Karl Eugen(1728~1793) 공작이 개최한 궁정 사냥 축제에서는 동원된 야생 동물 5천2백 마리가 목숨을 잃었다. 데카르트가 원한 〈자연의 주인이자 지배자〉로서의 인간이 이제 그 추악한 민낯을 드러냈다. 한없이 무의미하게 사용하려고 다른 피조물에 대해 그렇게 무한한 권력을 가지려고 한 것이다.

다른 한편으로 데카르트 철학은 동물에 대한 온갖 잔인한 짓을 정당화한 것과는 완전히 다른 결과도 초래했다. 데카르트 사상을 인간에게도 적용할 만큼 진지하게 받아들이게 되면 생각지도 못한 새로운 차원의 세계가 열린다. 프랑스 의사이자 철학자인 라메트리가 악동 기질을 발휘해 그 길을 갔다. 그는 인간을 순수 기계적으로 설명하면서 불멸의 이성 영혼을 인간에게서 즉시 잘라내 버렸다. 이로써 이제는 동물만이 아니라 인간도 자동 기계가 되었다.

흄은 도발적이지는 않지만 대신 굉장히 명확한 태도로 그 대열에 합류했다. 스코틀랜드 태생의 이 경험론자는 너무 뛰어난 관찰자여서 동물에게도 감정이 있다는 것을 인정하지 않을 수 없었다. 그러면서도 지각과 행동을 기계론적 원칙에 따라 설명하는 데카르트의 시도가 마음에 들었다. 흄도 일단 영혼이 깃든 존재의 내면을 원인과 결과에 따라 해석했고, 인간과 인간 이성에도 그런 해석을 거침없이 들이댔다. 이성의 활동조차 결국에는 〈우리 자신은 의식하지 못하지만 우리 속에서 작용하고 있는…… 일종의 본능 또는 기계적 힘〉이라고 추정한 것이다. 〈본능은 여러 가지일 수 있지만, 인간에게 불을 피하라고 가르치는 것도 하나의 본능이다. 부화한 새끼를 어떻게 돌보아야 하고, 새끼 양육에 필요한 설비와 질서를 어떻게 세워야 하는지 세밀하게 어미 새들에게 가르치는 본능처럼 말이다.〉[9]

경험과 사고의 상호 작용에 대한 흄의 통찰은 20세기에 행동주의라는 이름으로 성공을 거둔 정신적 흐름에 철학적 초석을 놓았다. 구체적으로는 동물과 인간의 정신을 확고한 감각적 학습 행동의 척도에 따라 설명하는 흐름이다. 어떻게 보면 이는 역사의 아이러니다. 동물을 폄하하고 인간을 격상시키려고 데카르트가 제시한 그 해석이 훗날 동물과 인간이 얼마나 비슷한지를 보여 주는 데 훌륭하게 사용되었기 때문이다.

영혼 논쟁 속으로 역학을 끌어들인 것은 동물에게 어떤 이득도 안겨 주지 않았다. 하지만 동물을 자동 기계로 본 구상보다 이후의 철학에 훨씬 더 치명적인 영향을 끼친 것은 데카르트가 정립한 육체와 정신의 엄격한 분리였다. 물론 고대 그리스인들도 정신이 육체보다 더 본질적이라고 주장했다. 그러나 데카르트는 육체를 사정없이 혹평하면서 인간의 단순한 부속물 정도로 격하시켰다. 이렇게 해서 기괴한 방식으로 혹사당한 인간 정신의 개념이 탄생했다. 이 개념은 계몽주의 철학을 관통해서 육체에 적대적인 19세기까지 심대한 영향을 끼쳤다. 정신과 몸이 불가분의 상호 작용 속에서 인식되지 않는 한 동물은 생명체로서 진지하게 받아들여질 기회를 영원히 잡을 수 없었다.

그러나 수학적 냉철함과 엄격함으로 무장한 바로크의 인간 중심주의 세계상은 그리 오래가지 못했다. 라이프니츠는 놀랄 만큼 뛰어난 정신의 곡예술로 기독교의 전통적 관점을 동시대 물리학의 새로운 자연관과 결합시키고자 했다. 철학적으로 위대한 마지막 시도였다. 이 거대한 세계 기계는 왜 이렇게 나쁘게 구상되었을까? 악과 굶주림, 전쟁, 불행은 대체 왜 존재할까? 라이프니츠는 신에 의해 탁월하게 창조된 이 기독교적 관점의 세계를 더 이상 무수한 실망이 존재하지 않는 세계로 개조하려고 했다. 문제 해결의 열쇠는 중대한 관점의 이동이었다. 세계는 여전히 신의 완벽한 예술 작품이고, 〈생각할 수 있는 세계들 가운데 최상의 세계〉가 분명하다. 그러나 세계는 스토아학파가 과거에 생각했고 많은 기독교인이 현재 생각하는 것과 달리 인간만을 위해 만들어진 것이 아니다. 인간은 신의 계획에서 중요한 한 부분인 것은 맞지만 유일한 중심은 아니다.

이런 상황에서 라이프니츠는 동물에게 그들만의 고유한 〈생각〉과 넓은 의미에서 〈이성적 추론 능력〉이 있다고 인정한다. 물론 그럼에도 동물은 여전히 정신적으로 인간에 비해 보잘것없다. 이 생각은 시대의 흐름을 타는 듯했다. 법률가 크리스티안 토마지우스Christian Thomasius(1655~1728)도 동물의 이성을 적극 지지하고 나섰기 때문이다. 다만 그는 동물 외에 식물과 무기물까지 끌어들였다. 이들 모두가 인간처럼 〈삼단 논법을 만들 수 없다〉는 이유만으로 지혜가 없다고 할 수는 없다. 이들의 삶의 기술은 오히려 지능이 별 필요 없을 정도로 지혜롭고, 이 삶의 예술가들은 항상 자신이 무엇을 해야 하는지 안다.

라이프치히 대학교의 고문헌학자인 요한 하인리히 빙클러 Johann Heinrich Winkler(1703~1770)가 1742년부터 1745년까지 발행한 네 권의 모음집에도 비슷한 내용이 나온다. 모음집 저자들은 여러 날 개최된 학제 간 회의를 통해 주목할 만한 몇 가지 견해를 발표한다. 그에 따르면 동물에게도 지능이 있고, 특히 몇몇

에게는 이성의 징후도 보인다는 것이다. 〈일부 동물종은 특유의 기하학적 건축술과 미래를 위한 대비, 도덕적 행동, 특별한 소리에 기반한 고유의 언어를 통해 탁월한 사고 능력을 증명한다.〉[10] 이처럼 동물의 정신 능력을 진지하게 시험해 본 빙클러와 그의 동료들은 동물에게도 불멸의 권리가 있음을 인정한다.

함부르크 대학교의 동양 언어학 교수 헤르만 자무엘 라이마루스Hermann Samuel Reimarus(1694~1768)도 동물의 지능과 감각 능력을 면밀히 관찰한다. 때는 린네와 뷔퐁이 동물계를 체계적으로 분류하던 시기였다(〈창조 질서〉 참조). 과학자들은 〈자연사〉를 썼고, 그 과정에서 동물들을 자신들의 질서에 맞는 자리에 넣으려고 애썼다. 그렇다면 라이마루스는 1760년 『동물의 충동에 관한 일반적 관찰Allgemeine Betrachtungen über die Triebe der Thiere』을 발표하기 전에 이미 참고할 새로운 동물학 문헌들을 갖고 있었다. 이 책은 상당한 영향을 미쳤다. 1837년에는 청년 마르크스가 이 책을 읽고 〈기뻐하는 마음으로 숙고하게〉 되었다고 밝혔다. 뷔퐁이 『자연사Histoire naturelle』에서 그랬듯이 라이마루스도 동물에게 〈이성〉을 인정하지 않았다. 대신에 뷔퐁과 마찬가지로 〈네발 동물〉에게 생산적인 상상력이 있다고 보았다. 따라서 동물들도 기억할 수 있고, 의지를 형성할 수 있다. 또한 그들은 〈생득적 관념〉도 갖고 태어난다. 그래서 이미 많은 사물을 알고 있고, 새로 배울 필요가 없다. 성서에 비판적이었던 신학자 라이마루스는 결국 동물을 라이프니츠의 〈생각할 수 있는 세계들 가운데 최상의 세계〉 이론에 편입시킨다. 느낄 줄 아는 동물의 영혼 역시 완전한 세계를 설계한 신의 계획의 일부라는 것이다.

그러나 세계들 가운데 최상의 세계니, 동물까지 포함시킨 신의 계획이니 하는 말들은 결국 미사여구에 지나지 않았다. 실제적인 결과는 어떻게 되었던가? 우리 인간이 동물에 대해 의무를 갖게 되었을까? 빙클러와 그의 동료들이 동물의 영혼도 불멸이라고 아무리 주장해도 동물은 여전히 도살되고 삶아지고 끓여지고 구워지는 운명에서 벗어나지 못하고 있다. 동물 실험만 중단해야 한다는 것이 동물의 불멸성에서 끄집어낸 결론이다. 그 외에는 동물을 계속 죽여도 괜찮다. 그렇다면 신은 왜 최상의 세계에서 동물이 그토록 끔찍한 고통을 당하게 하는 것일까?

데카르트의 논리에 따르면 답은 간단했고, 신은 자의적으로 고통을 만들어 낸다는 혐의에서 자유로울 수 있었다. 자동 기계는 고통을 느끼지 않기 때문이다. 그러나 동물도 감정이 있다고 확신하는 사람은(18세기에는 대부분이 그렇게 생각했다) 동물에게 고통을 가하는 신의 세계가 정말로 생각할 수 있는 최상의 세계인지 깊은 의구심을 품을 수밖에 없었다. 이런 상황에서 철학자 크리스티안 볼프Christian Wolff(1679~1754)는 동물이 신의 예술 작품으로서 창조의 질서에서 한자리를 꿰차는 것에 반대했다. 〈동물이 신의 작품이고, 따라서 어느 누구도 한 예술가의 작품을 마음대로 훼손하면 안 된다는 이유로 반대하는 일부 사람의 논리는 여기서는 맞지 않다. 왜냐하면 인간이 동물을 먹고 산다면 그것은 신의 작품을 훼손하는 것이 아니라 신이 만든 목적대로 사용하는 것이기 때문이다.〉[11]

그러나 그것으로 과연 동물의 고통이 설명되고 용서될까? 결국 신학자들은 원죄에 도움을 청하는 것 말고는 다른 생각이 떠오르지 않았다. 그들은 불안에 떠는 육식자들에게 이렇게 말한다. 동물의 영혼도 아담의 원죄로 타락했다. 그렇다면 그런 타락한 영혼을 먹지 못할 이유가 있을까? 인간이 더 많은 동물을 먹을수록 오히려 더 많은 동물이 아주 빠르게 천국에 들어갈 수 있다. 이 견해는 진지하게 받아들여졌고, 그 과정에서 모든 전쟁과 민족 대학살에 대해 아주 훌륭한 근거를 마련해 주었다. 동물들에 대한 이런 미식가적 천국행 특급 열차 이야기가 별로 와닿지 않는 사람에게는 다른 설명이 주어졌다. 동물은 죽음으로써 인간을 위해 희생하는 것이 아닌가? 그로써 그들은 더 고귀한 존재가 되고, 불멸의 영혼에 지능과 이성이 더 증가한다는 것이다. 이런 터무니없는 생각을 한 사람은 철학자 게오르크 프리드리히 마이어Georg Friedrich Meier(1718~1777)였다. 그는 태연히 말한다. 〈동물에게는 인간의 손에 죽는 것보다 더 큰 선행이 없다.〉[12]

영혼을 둘러싼 논쟁이 동물에게 가져다준 것은 무엇일까? 일단 데카르트 같은 유형의 철학자들은 동물의 불멸성을 인정하지 않았고, 그들을 먹을 수 있는 자동 기계로 단순화시켰다. 그러나 스스로를 창조의 유일한 목적으로 삼으려던 인간의 꿈은 계속 유지될 수 없었다. 그런 전통적 관점으로는 전쟁과 질병, 자연재앙과 같은 실제적인 세상사가 설명되지 않았던 것이다. 그러다 마지막으로 라이프니츠가 나타나 모든 생물은 생각할 수 있는 최상의 세계에 각자의 방식으로 현명하게 기여한다고 설명했을 때 동물에 대한 관점은 달라질 수밖에 없었다. 사람들은 갑자기 생각을 바꾸어 동물 영혼의 불멸성을 선포했는데, 오직 지금까지처럼 즐겁게 동물을 먹기 위해서였다. 나중에 라이프니츠 철학이 영향력을 잃자 불멸성은 다시 손쉽게 제거되었다.

많은 사람이 동물 영혼의 지위를 정의하는 데 많은 지면을 할애했지만, 남은 것은 인간이 양심의 가책에도 불구하고 우리보다 덜 똑똑한 동물을 먹어도 되는 이유에 대한 천박하고 수상쩍은 변명뿐이었다. 독일 철학자 요한 고틀리프 피히테Johann Gottlieb Fichte(1762~1814)는 『자연법의 토대*Grundlage des Naturrechts*』에서 그야말로 제목 그대로 동물에 대한 자연법을 인정사정없이 써내려갔다. 그는 동물을 모자나 집처럼 인간의 소유물로 규정한다. 모든 인간은 타인의 소유물을 침해하지 않는 한 마음대로 동물을 다루어도 된다. 심지어 공공의 동물, 즉 경제 동물이 아닌 야생 동물은 〈유해한 존재〉이기에 마구 쏘아 죽여도 된다고 공언한다. 〈합리적인 국가라면 당연히 …… 야생 동물을 유익한 것이 아닌 유해한 것으로 …… 적으로 보아야 한다.〉[13] 명백하게 유해한 동물이 주변에 더는 충분히 보이지 않으면 사냥꾼은 덜 유해한 동물에게로 눈을 돌려야 한다. 어쨌든 모든 야생 동물은 근본적으로 불필요하고 해롭다. 따라서 〈자신에게 직접적으로 해를 끼치지는 않지만(여우나 늑대처럼 해를 끼치는 것들은 이미 퇴치하고 있다) 전혀 이득도 되지 않는 맹수, 가령 개구리매나 그 비슷한 맹금류, 심지어 참새와 유충, 다른 해충을 소탕할 의무를 사냥꾼에 부과하는 것〉[14]은 합당하다.

궁정 사회가 아무리 동물 학대를 즐기고, 그들의 철학자들이 아무리 차가운 합리성을 설파하더라도 계몽주의 시기 이후부터는 동물에 대한 인간의 자의적 지배를 주장한 이데올로그들은 서서히 사람들의 의식 속으로 파고드는 한 가지 요소를 염두에 두어야 했다. 바로 학대받는 피조물에 대한 동정이었다. 바로크 시대에도 이미 귀족의 사냥과 동물 싸움 쇼가 모든 사람에게 환영받지는 않았다는 증거는 다수 존재한다. 속설에 따르면 동물을 괴롭힌 아이는 나중에 동물에게 고통을 준 바로 그 부위에 병이 든다고도 했다. 같은 시기 영국과 미국, 독일의 프로테스탄트 일부 종파는 동물을 느끼는 존재이자 인간의 반려, 즉 〈공동 피조물〉로 보았다.

〈동물도 고통을 느낄 수 있을까?〉
연민의 귀환

인간이 모든 피조물 가운데 가장 고귀하다는 사실은
어떤 다른 피조물도 그 점에 대해 아직 이의를
제기하지 않았다는 점에서 이미 알 수 있다.
— 게오르크 크리스토프 리히텐베르크Georg Christoph Lichtenberg

오늘날 서양 문화권에서는 동물을 가리켜 감정과 의식이 없는 자동 기계라고 규정한 17세기의 데카르트 생각에 동의하는 사람은 거의 없을 것이다. 만일 그가 그런 견해로 지금의 유권자들에게 표를 얻으려고 한다면 아마 5퍼센트 장벽 조항에 걸려 의회 입성에 실패할 가능성이 크다. 그러나 현실적으로 보면 우리는 대부분 데카르트적으로 살아가고 있다. 우리는 산업적 동물 이용에 길들여져 동물의 고통에 귀 닫고, 생기 없는 〈경제 동물〉의 겁에 질린 얼굴에서 눈을 돌린다. 슈바이처의 주장처럼, 데카르트는 어쩌면 동물이 단순한 기계라는 주문으로 유럽의 전체 철학에 요술을 걸었을지 모른다. 하지만 다른 한편으로 보면, 동물을 경제적으로 사용하는 인간들은 예부터 철학적 근거나 정당성 따위는 전혀 거들떠보지 않았다.

그러다 17세기와 18세기에 이르러 주로 영국과 미국의 프로테스탄트 교회 내에서 반대 움직임이 일기 시작했다. 청교도, 퀘이커교도, 경건주의자들은 동물을 다루는 인간의 태도를 근본적으로 다시 숙고해 볼 것을 교회에 요구했다. 모든 생명체는 천국에 들어갈 자격을 얻기 위해 태어난다. 그것은 인간만의 특별한 소명이 아니다. 그 교도들에게는 세계 전체가 〈죄악의 도가니〉였다. 또한 그들은 아담의 타락이 그 자신뿐 아니라 미래의 인류에게도 원죄의 부담을 지웠다고 확신했다. 동물들도 낙원에서 추방되면서 인간 못지않게 고통을 겪었다. 이후에 질병과 전염병을 비롯해 온갖 고통에 시달렸기 때문이다. 그렇다면 아담에게 일방적으로 책임이 있지만, 모든 피조물이 그것을 함께 책임져야 했던 저주가 인간과 동물을 하나의 운명 공동체로 묶는다는 것이다.

인류의 타락은 온 세상을 혼란에 빠뜨렸고, 동물은 인간의 잘못으로 아무 죄 없이 함께 고통을 겪었다. 이런 이유에서 프로테스탄트 종파들은 피조물을 돌보았고, 당시 퍼져 있던 모든 자의적인 동물 학대에 반대했다. 그들은 사냥과 동물 싸움 쇼를 미신 및 동물 훼손과 마찬가지로 사악한 짓으로 낙인찍었다.

청교도의 견해는 분명했다. 동물의 고통을 보고 즐기는 사람은 아담의 타락을 반복하고 동물을 또다시 무고하게 괴롭히는 것이다. 또한 금욕적으로 생활하고 오직 내세에 대한 기대에서 기쁨을 얻으라는 신의 계율을 위반한다. 이로써 동물 학대는 이중으로 손가락질받는다. 첫째, 그것은 원죄의 상징적 반복이다.

둘째, 인간이 신 앞에서 자신의 신실함과 믿음을 입증해야 할 시간의 무의미한 낭비다. 훌륭한 청교도인은 삶을 노동으로 보내고, 신은 그에 대해 세속의 부로 보상해 준다. 인간은 창조의 〈집사〉로서 땅을 경제적으로 이용할 의무가 있다. 동물을 노동 수단으로 투입할 수는 있지만, 잘 먹이고 정성스럽게 돌보아야 한다. 다른 행동은 신의 계율과 경제적 효율성에 어긋난다.

신교 종파들의 신앙생활은 가혹하고 즐거움이 없다. 힌두교나 불교처럼 삶은 전적으로 피안의 세계에 초점이 맞추어져 있다. 처음에는 청교도나 퀘이커교도도 이 저주받은 세속의 땅에서 자신과 함께 살아가야 하는 동물에 관심이 없었다. 모든 희망은 현세의 무의미하고 덧없는 고통에서 구원받는 것이었다. 그들에게는 장신구도 축제도 성탄절도 없으며, 모든 쾌락은 죄악이었다. 바로 여기서 오늘날 교회에서 다시 자신의 자리를 찾는 윤리학의 토대가 마련되었다. 바로 공동 피조물 구상이었다.

그런데 고통을 함께 겪는 인간과 동물의 운명 공동체는 까다로운 문제를 제기한다. 아담의 죄로 동물도 기독교의 구원사에 포함된다면 그들에게도 이 땅의 불행에서 구원될 희망이 존재할까? 그렇다고 하는 사람은 단순히 동물 학대만 반대하는 것이 아니라 동물에 대한 평가도 근본적으로 바꿀 수밖에 없다. 따라서 동물을 적절히 대우해야 한다는 윤리학에서 이제 연민의 윤리학이 나온다. 인간과 동물은 동등하지는 않지만 한 형제인데, 좀 더 똑똑하다는 이유로 형제를 잡아먹어도 될까? 영국에서는 토머스 트라이언Thomas Tryon(1634~1703)이 채식을 열정적으로 옹호하는 글을 썼다. 피타고라스학파와 힌두교를 연구했던 그는 영혼 이동을 믿지는 않았지만 세계를 하나의 거대한 유기체로 보았다. 그가 볼 때, 모든 생명체에는 영혼이 깃들어 있다. 동물에게서 〈내면의 빛〉을 느낀 사람이라면 더는 동물을 먹을 수 없고 〈형제애적인〉 마음으로 대하려고 애쓴다.

신교의 영역에서 트라이언은 혼자가 아니었다. 독일에서는 슈바벤의 경건주의자인 아담 고틀리프 바이겐Adam Gottlieb Weigen(1677~1727)이 『성서에 기초한 피조물에 대한 인간 권리 논구Schrifftmässige Erörterung deß Rechts des Menschen über die Creaturen』를 썼다. 그가 볼 때도 아담의 원죄는 피조물 모두에게 해당된다. 그 때문에 우리는 죄 없이 고통당하는 동물에게 잘해야 하고, 〈어떤 형태의 학대〉도 하지 말아야 한다.[1] 동물 보호 사상은 청교도와 퀘이커교도뿐 아니라 경건주의 정신에도 굳게 뿌리내렸다. 1776년 영국 성직자 험프리 프리맷Humphrey Primatt(1735~1778년경)은 동물 역시 창조주가 숨결을 불어넣은 〈살아 있는 영혼〉이라고 설명했다. 인간과 동물은 운명 공동체로 묶인 형제다. 둘 다 신의 피조물로서 비슷한 방식으로 고통을 느낀다. 〈인간이든 동물이든 고통이 가해지면 아프다. 인간이든 동물이든 고통을 겪는 모든 존재는 그것을 느끼는 한 나쁜 일을 겪는다.〉[2]

이어 프리맷은 오늘날에도 많은 사람을 채식주의로 만드는 논거를 제시한다. 〈만일 우리가 어떤 끔찍한 섭리로 인해 동물과 같은 수준의 지능과 반성적 능력을 갖고 있어서 인간의 모습을 한 다른 존재들이 우리가 자신들과 똑같은 능력을 갖고 있지 않다는 이유로 우리를 잔인하게 학대하고 노예로 부린다면 그들의 행동 속에 담긴 부당함과 잔인함은 명백할 것이다. 그렇다면 그로부터 자연스레 다음과 같은 추론을 내릴 수 있다. 우리가 두 발로 걷든 네발로 걷든, 우리의 머리가 위로 향하든 아래로 향하든, 털이 있든 없든, 꼬리가 있든 없든, 뿔이 있든 없든, 귀가 짧든 길든, 당나귀 같은 소리를 내든 인간처럼 말을 하든, 새처럼 노래하든 물고기처럼 소리를 내지 못하든, 이 차이들로 인해 선천적으로 다른 존재를 억압하고 학대해도 되는 권리가 주어졌다고 생각해서는 안 된다.〉[3]

프리맷이 볼 때 인간과 동물 사이의 종 경계는 신의 공동 피조물이라는 전제에 비하면 하찮기 그지없다. 인간과 동물은 언젠가 세속의 고통에서 구원될 것이기에 기독교 종파들은 이미 지상에서부터 동물을 〈형제〉로 받아들일 것을 가르친다. 심지어 일부 퀘이커교도는 한 걸음 더 나아간다. 즉, 동물에게 고통을 야기한 것이 인간이기에 인간에 의해 문명화되지 않은 자연을 〈속세의 타락에서 벗어난 피신처〉로 이상화하면서 〈황무지〉를 창조의 본래적 상태로 여긴다.

수백 년 동안 기독교회는 민간 신앙에서 늘 살아 숨 쉬던 애니미즘을 몰아내려고 애써 왔다. 그런 만큼 교황청은 프로테스탄트 종파들이 갑자기 동물을 다시 창조의 계획 속으로 끌어들이는 것을 쉽게 받아들일 수 없었다. 그들의 신앙은 종의 구별보다 인간과 동물의 공동 운명을 강조했던 것이다. 아무튼 그럼에도 프로테스탄트 분파의 신도들은 소수로 남았고, 그들의 믿음은 동조자를 거의 얻지 못했으며, 기독교 역사에서 뒷방 늙은이 신세로 밀려났다.

그러나 그들이 철학에 미친 영향은 컸다. 퀘이커교도의 이상화된 자연 이해는 프로테스탄트 시계공의 아들인 루소에게 영감을 주었다. 그는 이를 바탕으로 〈자연 상태〉를 만들어 낸다. 문명의 치명적인 결과가 도래하기 이전의 낙원 모습이다. 루소에 따르면 인간을 타락시킨 것은 문명이다. 인간은 원래 고귀한 야만인이고, 어떤 형태의 원죄로부터도 자유롭다(이것은 퀘이커교도와 다른 점이다). 루소는 동물도 인간과 마찬가지로 스스로 자신을 유지해 나가는 〈정교한 기계〉로 생각한다.[4] 그러나 데카르트와 달리 고통을 느낄 줄 아는 기계다. 인간과 동물의 차이는 근본적으로 육체적 특징이나 이성에 있는 것이 아니라 자신의 삶을 자유롭게 만들어 나갈 수 있느냐에 달려 있다. 퀘이커교도는 원죄의 짐으로 고통받은 피조물에 대해 연민을 강조했다면 루소는 종교성을 완전히 배제하고 이를 설명한다. 인간에게 동물을 돌볼 의무를 부과하는 것은 신이 아니라 연민과 미덕이라는 것이다. 또 다른 계몽주의자 볼테르도 이 점에서는 루소의 견해에 동조한다. 그의 생각은 이렇다. 동물이 이성과 감정이 없는 기계라는 주장은 한심하고 옹색하다. 동물도 학습 능력이 있고 감수성을 갖고 있다. 따라서 인간은 동물을 잘 대우해야 한다.

그사이 영국에서는 제러미 벤담Jeremy Bentham(1748~1832)이 새로운 윤리학을 내놓았다. 이 윤리학에는 인간에게만 주어진 이성의 특권이 없다. 벤담은 묻는다. 고통을 느낄 줄 아는 생명체의 행복을 최대한 늘리고 그들의 고통을 최대한 줄이지 않는다면 도덕의 의미는 어디에 있겠는가? 그는 논쟁을 즐기는 투사로서 동시대 억압받는 모든 사람, 특히 노예와 여성의 권리를 위해 싸운다. 그에게 완전히 새롭고 좀 더 정의로운 사회에 대한 희망을 품게 한 것은 프랑스 혁명이다. 1789년 벤담은 이렇게 말한다. 〈그날이 올 것이다. 살아 숨 쉬는 나머지 피조물들이 압제의 사슬에 묶여 받지 못한 권리를 다시 찾게 될 날이. 프랑스인들은 피부가 검다는 이유로 인간 존재를 압제자의 변덕에 온전히 내맡겨서는 안 된다는 사실을 진작 깨달았다. 어쩌면 언젠가는 다리 개수와 피부의 털, 엉덩이 뒤쪽 꼬리도 감정이 있는 존재를 그런 운명에 맡길 이유가 되지 않는다는 사실을 깨달을 것이다. 대체 인간과 동물 사이의 뛰어넘을 수 없는 경계란 무엇이란 말인가? 지능일까, 언어 능력일까? 그러나 성장한 말이나 개도 태어난 지 하루나 일주일, 혹은 한 달 된 인간 아기보다 훨씬 이해력이 높고 소통 능력이 뛰어나다. 그렇다면 인간과 동물의 경계를 이루는 것은 과연 무엇이어야 하는가? 문제는 동물도 생각할 수 있느냐, 혹은 말할 수 있느냐가 아니다. 그들도 고통을 느낄 수 있느냐는 것이다.〉[5]

벤담의 이 격정적인 문장은 훗날 동물권 운동의 핵심 텍스트가 된다. 그러나 공리주의의 철학적 창시자 벤담은 이 텍스트 말고는 동물을 직접적으로 조명한 적이 거의 없다. 심지어 동물의 자아의식을 전반적으로 박탈하고, 삶의 조망 능력을 조금도 인정하지 않는다. 그 때문에 벤담이 볼 때 동물에게는 고통 회피를 넘어서는 것 말고는 삶에 대한 진지한 관심이 없다. 따라서 동물 섭취는 전적으로 정당화된다. 〈우리에게는 유익하고 그들에게는 해롭지 않기〉[6] 때문이다. 동물은 공포와 불안이 없기에 〈죽음조차 해로운 일이 아니라는〉 것이다. 이는 인간도 잠을 잘 때는 언제든 불시에 고통 없이 죽여도 된다는 논리나 다름없다.

같은 시기에 별로 알려지지 않은 마인츠 출신의 철학자 빌헬름 디틀러Wilhelm Dietler(미상~1797)는 동물에게 권리를 인정하는 문제를 두고 훨씬 더 상세하고 깊이 있게 숙고한다. 그가 〈동물에 대한 정의〉를 요구한 것은 벤담보다 2년 빠른 1787년이다. 여기서 그는 동물 권리의 반대자들이 오늘날까지도 제시하는 온갖 논리를 무력화시킨다. 〈동물에게 이성이 없다는 해괴한 이유로 그들의 권리를 인정하지 않으려고 한다면 동물권을 아주 이상하게 생각하거나 어설픈 철학을 갖고 있는 것이 분명하다. 우리를 고소할 수 있는 사람 외에는 다른 누구의 권리도 인정하지 않으려는 사람이라면 당연히 동물권을 박탈할 이유가 있는 셈이다. 동물은 우리를 모욕죄로 법정에 세우지 못하기 때문이다. 하지만 그것은 미성년 아이들도 할 수 없는 일이다. 그렇다고 아이를 죽이거나 다치게 하는 것이 불법이고 부당하다는 것을 부인할 사람은 없다. 그렇다면 아이에게도 당연히 일정한 권리가 있다. 이런 논리로 보자면 동물도 일정한 권리를 가져야 한다. 즉, 동물을 대하는 인간의 많은 행동은 부당하고, 허용되지 않아야 한다. 결국 여기서 주장하고 싶은 것은 단 하나다. 인간에게 동물을 잘 대해야 하는 의무가 있는 것이 아니라 동물에게 본래적

인 권리가 있다는 것이다.〉[7]

동물의 권리를 인정하라는 것이 그들을 인간처럼 대하라는 의미는 아니다. 디틀러가 염두에 두고 있던 것은 청구권이다. 동물은 살해당하지 않고 먹히지 않고 학대당하지 않을 권리가 있다는 것이다. 그 중심에는 행복에 대한 권리가 있다. 오늘날의 관점에서 보면 〈생태학적〉 행복이라고 불러야 무방할 듯하다. 왜냐하면 여기서는 개별 생명체의 이익뿐 아니라 전체 자연의 균형도 중요하기 때문이다. 행복의 원천은 모든 생명체가 각자 자리에서 자신의 역할을 다하는, 훼손되지 않은 온전한 자연이다. 이 균형이 파괴되면 신의 창조 평화는 혼란에 빠지고 불행은 늘어난다. 디틀러에 따르면 동물을 마음대로 괴롭히고 죽이는 행위 같은 창조에 대한 의도적 개입은 적법한 질서에 어긋난다.

오늘날에는 디틀러만큼 별로 알려지지 않은 덴마크 철학자 라우리츠 스미트Lauritz Smith(1754~1794)가 비슷한 방식으로 논증한다. 그는 스스로 자신에게 권리가 있음을 인식하는 사람에게만 권리를 인정하는 태도의 난센스를 지적한다. 그렇다면 자신에게 권리가 있음을 모르는 어린아이와 정신병자는 어떻게 되는가? 그들에게는 권리가 없는가? 프리맷과 비슷하게 스미트도 이성으로만 존재의 우월을 규정할 경우 인간보다 이성적으로 뛰어난 존재는 인간을 먹어도 된다고 말한다. 〈너는 살아 있는 동물의 살을 갈기갈기 찢는다. 동물은 너의 지배권 아래 있다고 생각하기 때문이다. 그렇다면 너보다 더 강한 존재가 너 또한 그렇게 다룰 권리를 갖게 될 것이다.〉[8]

스미트 같은 사상가를 기억에서 지워 버린 것은 철학사의 못된 장난질이다. 19세기 말 행동 심리학적 연구가 시작되기 오래전에 이미 스미트는『자연의 완전한 학문 체계 구축과 동물 및 동물에 대한 인간 의무의 규정 *Versuch eines vollständigen Lehrgebäudes der Natur und Bestimmung der Thiere und der Pflichten des Menschen gegen die Thiere*』에서 동물도 〈정신〉을 갖고 있다고 설파한다. 그에 따르면 동물에게도 표상 능력, 미각, 청각, 후각, 시각, 인식력, 상상력, 〈판단과 추론 능력〉, 〈개별적 자기 정체성의 감정〉, 자의식, 기억력, 의지가 있다. 왜냐하면 〈자연은 동물에게 기쁨과 행복, 그리고 자기 상태에 대한 만족감을 찾을 의무를 부여했기 때문이다. 자연의 명령에 따르는 것이 인간의 의무라고 한다면, 같은 인간을 올바르게 대해야 하는 것이 우리의 의무이듯 동물에게 권리를 돌려주는 것도 우리의 직접적인 의무다〉.[9]

스미트는 〈존엄〉이라는 개념을 동물에 적용한 최초의 사상가 중 한 명이다. 이 말의 역사는 아주 길다. 스토아학파로 거슬러 올라가는 이 개념은 르네상스 시대에 〈인간 존엄〉으로서 근대적 형태를 띤다. 그럼에도 18세기 말까지는 아직 인구에 회자되지 않았다. 그렇다면 존엄은 누구에게 해당되고, 누구에게는 해당되지 않을까? 스미트는 동물의 많은 감각적, 정신적 능력을 토대로 동물에게 존엄을 부여한다. 그러나 그의 존엄 구상은 관철되지 못했다. 그보다 비교가 안 되게 유명한 철학자가 강력한 영향력을 발휘해 인간에게만 존엄이 돌아가도록 규정했기 때문이다.

다름 아닌 칸트였다. 그는 철학 내에서 점점 확산 일로에 있던 피조물에 대한 연민과 동물 존중을 다시 최소한으로 제한했다. 프랑스의 루소와 볼테르는 동물을 인간의 먼 운명 동지로 여겼고, 그와 함께 도덕 철학적으로 관심을 가져야 할 존재로 생각했다. 또한 독일의 디틀러는 최초로 〈동물의 권리〉를 언급했고, 덴마크의 스미트는 〈동물의 존엄〉을 이야기했다. 반면에 칸트의 생각은 확고했다. 인간은 동물에게 어떤 직접적 의무가 없고, 잘못한 것도 없다는 것이다. 동물에게 가할 수 있는 불의는 존재하지 않는다. 동물은 자의식이 없고, 따라서 〈인격〉이 없기에 〈지위와 존엄 면에서 우리와 완전히 다른 존재〉다. 칸트에 따르면 동물은 〈사람이 마음대로 처분해도 되는〉[10] 물건이다.

칸트처럼 시종일관 인간에게만 독점적 이성을 인정하는 사상가도 어쨌든 연민을 완전히 배제하지는 않는다. 그는 동물의 고통에 대해서는 비정하게 눈을 감지만 동물 학대에는 반대한다. 이유는 동물 학대가 동물에게 해를 주어서가 아니라 인간의 성정을 난폭하게 만들기 때문이다. 동물에게 못되게 구는 사람은 인간에게도 못되게 군다. 이 논거는 새로운 것이 아니라 고대부터 다양하게 반복되어 왔다. 그런데 칸트는 〈동물과 관련한〉 이 교육학적 배려를 새로운 방식으로 설명한다. 동물 학대는 지금껏 신의 창조물을 거칠게 다루는 짓으로 여겨져 왔다. 반면에 칸트는 동물 학대자의 잘못을 심판하는 기관으로 인간 속의 다른 것을 내세운다. 바로 우리 자신의 이성이다. 이전에는 신의 창조에 대한 존중이 중심에 있었다면 칸트는 동물 학대 금지의 이유를 **자신에 대한 존중**으로 설명한다.

칸트가 비록 동물의 고통에는 무심했음에도 이 전환은 중대한 파장을 낳는다. 이전에는 동물을 다루는 문제를 신이 주도했다면 이제는 새로운 심판 기관으로서 이성이 등판한다. 인간은 동물을 괴롭혀서는 안 되는데, 그 이유는 바로 **자기 자신을 위해서**다. 이는 중요한 진전이지만, 동물들과 관련해서 보면 칸트 이성 윤리학의 부산물 정도에 지나지 않는다. 이 논거는 아르투어 쇼펜하우어Arthur Schopenhauer(1788~1860) 같은 동물 애호가에게는 너무 얄팍하고 빈약해 보였다. 그는 40년 뒤 격분해서 칸트의 논거를 탄핵한다. 〈그것은 결국 우리가 예행연습으로 동물에게 연민을 가져야 한다는 말인데, 그렇다면 동물은 인간에 대한 연민을 연습하기 위한 병리학적 모형일 뿐이다.〉 이런 식으로 동물은 〈철학적 도덕에서 완전히 추방되고 …… 인간의 자의적 목적, 즉 생체 해부나 몰이사냥, 투우, 경주, 혹은 무거운 짐을 운반하기 위해 죽도록 채찍질당하는 단순한 물건 또는 **수단**이 되고 만다. 에라, 퉤!〉[11]

쇼펜하우어는 칸트와 달리 인간 이성에는 별 관심이 없었다. 이성을 믿지도 않았다. 19세기 서양 사상가에게는 지극히 이례적일 수밖에 없는 극동의 지혜에 영감을 받은 그는 동물에 대한 모든 악행의 뿌리가 서양 도덕 감정의 토대를 이루는 기독교와 유대교에 있다고 보았다. 〈동물에게는 아무런 권리가 없다고 마음대로 상상하고, 동물에 대한 우리의 행위를 도덕적으로 판단해서는 안 된다고 착각하고, 그런 도덕적 언어로 우리에게는 동물에 대한 의무가 없다고 가르치는 망상이야말로 바로 서양의

파렴치한 야만성과 잔인함이고, 그 원천은 유대교에 있다.〉[12]

쇼펜하우어가 유대교에만 책임을 물은 것은 너무 일방적이다. 왜냐하면 고대 그리스인들에게서 나타나는 육체와 영혼의 분리, 스토아학파의 윤리학도 우리가 동물을 냉정하게 물건으로 취급하는 데 나름의 방식으로 일조했기 때문이다. 다만 분격한 쇼펜하우어가 동물의 고통에 주의를 환기시킨 것은 전적으로 옳다. 그는 철학이 동물을 손바닥 뒤집듯 쉽게 윤리학에서 배제하는 것을 원치 않는다. 사실을 직시하고, 철학자들만의 개념에서 벗어나라! 쇼펜하우어는 이런 구호로 서양 철학의 주류와 맞서 싸웠다. 지구는 인간을 위해 존재하는 것이 아니다. 동물이 오직 인간에게 이익을 안겨 주고 인간을 즐겁게 하기 위해 존재한다는 상상은 허황하기 짝이 없다. 철학자들과 〈성직자들〉이 〈그럴싸한 궤변〉을 많이 만들어 낼 수는 있다. 그러나 인간과 동물을 그런 인위적인 말로 명확하게 구분하는 것은 난센스다. 〈동물과 인간은 주요 측면이나 본질 면에서 동일하기〉 때문이다.[13]

쇼펜하우어에 따르면 우리가 동물을 아무 존중 없이 잔인하게 대하는 것은 무엇보다 유대교와 기독교의 유산이다. 그는 두 종교가 이 땅에서 완전히 사라졌으면 좋겠다고 생각한다. 왜냐하면 기독교가 동물 문제에서 환골탈태하는 것은 차마 기대할 수 없기 때문이다. 〈기독교적 도덕이 동물을 고려하지 않는 것은 그 자체의 결함이다. 그 결함을 인정하는 편이 기독교가 계속 유지되는 것보다 낫다.〉[14] 그런데 쇼펜하우어가 이 글을 쓰기 2년 전 독일에서 최초로 동물 보호 단체가 설립되었다.

그것도 경건주의 종파의 기독교인들에 의해서 말이다. 이 단체의 정신적 아버지는 튀빙겐의 목사 크리스티안 아담 단Christian Adam Dann(1758~1837)이었다. 그는 1822년 「비이성적 피조물인 가련한 동물이 이성적 공동 피조물이자 자신의 주인인 인간에게 보내는 부탁Bitte der armen Thiere, der unvernünftigen Geschöpfe, an ihre vernünftigen Mitgeschöpfe und Herrn, die Menschen」이라는 제목의 논문을 발표했다. 그런데 여기서 그는 동물 학대를 죄악으로 비난하면서 자신이 성서의 가르침과 전적으로 일치한다고 착각한다. 하지만 그의 공동 피조물 윤리는 시야가 아주 좁다. 그는 인간 반려자로서 동물의 역할을 상기시키면서도 우리가 동물에게 가하는 〈수많은 불필요한 괴롭힘〉만 비난한다. 반면에 〈인간의 이익을 위한 불가피한 고통〉은 신이 허락한 것으로 본다. 이렇게 해서 인간은 계속 고기를 먹고 의학적 동물 실험을 해도 된다.

동물 보호 운동은 처음부터 트라이언이나 프리맷 같은 사상가들의 이념보다 훨씬 온건하고 조심스러웠다. 그들이 목표로 삼은 것은 동물에 대한 관계를 완전히 바꾸기보다 최악의 상황으로 치닫는 것을 막는 일이었다. 단 목사의 친구인 성가 시인 알베르트 크나프Albert Knapp(1798~1864)가 1838년 독일 최초의 동물 보호 단체를 설립한 이후 조직화된 동물 보호는 사회적으로 명망 높은 의식 운동으로 자리 잡았다.

영국에서는 훨씬 이전부터 조직화된 동물 보호 운동이 전개되었다. 1822년에 이미 동물에 대한 과도한 학대 행위를 처벌하는 법이 최초로 가결되었다. 그로부터 3년 뒤 동물 학대 방지 협회가 설립되었다. 설립자는 성공회 신부인 아서 브룸Arthur Broome(1780~1837)이었다. 그 전까지 성공회 교회는 동물 보호 운동을 매우 의심스러운 시선으로 바라보았지만, 시간이 지나면서 분위기가 바뀌었다. 동물 학대 방지 협회는 영향력 있는 정치인들과 귀족 사회의 신사, 숙녀들을 자기편으로 빠르게 끌어들였고, 심지어 1835년에는 훗날 오랜 기간 영국을 통치할 빅토리아 공주의 후원까지 받게 되었다.

그런데 동물 보호의 주제는 처음에는 지극히 제한적이었다. 주로 말과 소, 당나귀처럼 수레를 끄는 가축을 적절하게 대우하는 문제가 그 대상이었다. 사냥 문제는 신중하게 회피되었고, 퀘이커교도가 오랫동안 요구해 온 채식은 언급되지 않았다. 윌리엄 카우허드William Cowherd(1763~1816) 같은 사람들의 유산도 이어지지 못했다. 스웨덴 신비주의자 에마누엘 스베덴보리Emanuel Swedenborg(1688~1772)의 추종자로서 사회 활동에 다양하게 참여한 이 목사는 초기 산업화된 맨체스터에서 노동자들에게 고기를 먹지 말라고 설교했다. 육식이 영적인 능력을 떨어뜨린다는 이유에서였다. 카우허드에게 채식은 모든 인간의 평등과 자유에 대한 요구에 발맞추어 더 나은 세계로 나아가는 작은 발걸음이었다. 그의 이런 정신에서 1847년 윤리적으로 어떤 타협도 용납하지 않는 채식 협회가 탄생했다.

그러나 채식 협회가 요구한 동물까지 포함시킨 만인의 〈보편적 형제애〉는 조직화된 동물 보호에서는 언급될 수 없었다. 여기서는 한결 온건하게 진행되었다. 연민은 좋지만, 더 이상의 요구는 원치 않았던 것이다. 이것이 다윈이 1859년 진화론을 제시했을 때의 상황이었다. 그는 비록 인간을 다른 유인원들 옆의 동물로 분류하는 일을 동료인 헉슬리에게 맡겼지만 진화론의 메시지는 분명했다. 이제부터는 누구도 더 이상 동물이 인간의 공동 피조물인지, 혹은 신이 그들에게 어떤 역할을 계획해 두었는지 궁리할 필요가 없었다. 이 문제는 신 없이도, 신에 대한 여러 다양한 해석 없이도 답할 수 있었다. 인간과 동물은 같은 뿌리에서 나왔고, 생물학적으로 둘 다 〈공동 피조물〉이라는 것이다. 〈창조〉라는 말이 여전히 지혜로운 행위라면 말이다.

다윈은 동물에게 우호적인 말년의 저서 『인간의 유래와 성 선택』에서 많은 수고를 들여 자연이 인간 속에 형성시킨 놀라운 특성들을 일일이 열거한다. 예를 들면 감수성과 배려, 미적 감각, 공감과 도덕에 대한 능력 같은 것들이다. 이 모든 속성은 하늘에서 뚝 떨어진 것이 아니라 진화 과정에서 발전했다. 인간의 모든 소질, 심지어 지능조차 자연에 뿌리를 두고 있다. 〈인간과 다른 고등 동물 사이의 정신적 차이가 아무리 크다 해도 그것은 분명 정도의 차이일 뿐 종의 차이는 아니다.〉[15]

그렇다면 이런 의문이 생긴다. 인간의 이 모든 놀라운 정신적 특성이 동물계에서 유래했고 그중 많은 것이 다른 동물에게서도 나타난다면 그에 상응하는 도덕적 결론을 이끌어 내야 하지 않을까? 다윈은 『인간의 유래와 성 선택』 제4장에서 〈모든 살아 있는 피조물에 대한 사랑이 인간의 가장 고결한 특성〉이라고 썼다. 이 얼마나 뒤늦은 깨달음인가! 다윈 자신은 오랫동안 그렇게 살지 않았기 때문이다. 그는 대학 시절에 올빼미를 먹었고, 남아메리카 탐사 여행 중에는 이구아나와 거북, 아르마딜로는 물론이고 심지어 퓨마까지 먹었다. 희귀한 타조(나중에 다윈 타조라 불리었다)를 보면서야 비로소 식욕이 사라졌다. 노년에는 육식을 줄이긴 했지만 평생 고기 없이 산 적이 없는 사람이었다.

이 위대한 생물학자가 만일 채식 생활로 돌아섰다면 오늘날까지 자연 과학계의 수많은 다윈 숭배자에게 얼마나 큰 영향을 미쳤을지 상상해 보라. 지금은 고기를 먹지 않는 사람들 가운데 생물학자보다 목사의 딸이 한결 많다. 생물을 연구하는 생물학자들이 계속 육식을 고집하는 것은 아이러니다. 따라서 동물에 대한 연민은 여전히 신학자들과 섬세한 감성을 가진 도시인들의 일로 남아 있다.

그런데 동물과 인간의 관계 면에서 도시를 중심으로 중대한 분화가 시작되었다. 동물을 유익함의 도구로만 보는 것이 아니라 〈애완동물〉로 키우기 시작한 것이다. 한편으로 도시인들은 19세기와 20세기를 지나면서 동물을 도살하는 일에서 서서히 멀어졌다. 하지만 다른 한편으로 고기를 더 많이 먹게 되었다. 농부들에게 고기는 자주 먹지 못하는 귀한 음식이었는데, 20세기 들어서 고기가 점점 저렴해졌다. 산업적 동물 사육과 도축 덕분이었다. 일상 세계에서 도축은 근교의 뒷마당으로 사라졌다. 최초의 동물 보호법이 학대를 금지했지만, 동물을 산업적으로 죽이는 공장들이 속속 생겨났다. 동물 실험도 지금까지 엄청난 규모로 진행되고 있다. 최초의 모피 동물 사육장도 직물 공장에 산업적으로 사육된 밍크의 털가죽을 공급했다.

이는 자본주의적 시민 사회의 범죄사에서 그야말로 섬뜩한 순간이었다. 이성을 갖고 있다는 이유로 동물에 대한 인간의 특권을 인정했던 철학적 근거가 허물어지고, 다른 생명에게 공감하는 시민들이 동물 보호에 점점 관심을 기울이던 바로 그 시점에 산업적 동물 공장들에서 동물에게 헤아릴 수 없는 고통을 가하는 일이 시작된 것이다. 동물 생명을 이처럼 대규모로 잔인하고 냉혹하게 경시했던 적은 인류 역사에서 단 한 번도 없었다.

동물과 인간이 서로 얼마나 가까운지를 증명한 다윈의 이론은 동물의 운명에 도움이 되지 못했다. 오히려 무수한 사회 다윈주의자가 생존 경쟁과 적자생존을 인간 세계에 그대로 전이시키는 결과로 이어졌다. 그로써 동물의 가치가 높아진 것이 아니라 인간의 가치가 떨어졌다. 특정 사회 집단이든, 정신적 장애인이나 육체적 장애인이든, 아니면 특정 인종이나 민족이든 간에 말이다. 이는 다윈의 의도에서 완전히 벗어난 뒤틀린 발전이었다.

다윈은 『인간의 유래와 성 선택』에 이어 이번에는 『인간과 동물의 감정 표현 *The expression of the emotions in man and animals*』을 출간했다. 여기서 그는 동물의 표정과 감정을 특히 자기 아이들과 비교했다. 그 과정에서 불쾌감, 슬픔, 낙담, 절망, 기쁨, 사랑, 헌신, 역겨움, 죄책감, 경멸, 언짢음, 토라짐, 수치, 공포, 화, 무시, 경탄, 깜짝 놀람, 두려움, 수줍음, 겸손함 같은 감정과 심리적 움직임을 확인했다.

영국의 사회 개혁 운동가 헨리 스티븐스 솔트Henry Stephens

Salt(1851~1939)는 동물의 인지적, 감정적 능력에 대한 다윈의 연구를 보면서 마침내 그에 따른 합당한 결과를 요구할 이유를 찾았다. 동물들이 비록 낮은 수준일지라도 인간처럼 감수성이 있고 이지적이라면 그들에게도 비록 낮은 단계일지라도 나름의 권리를 인정해야 한다는 것이다. 솔트는 다윈이 죽은 지 10년 후『사회적 발전의 관련 속에서 고찰한 동물의 권리*Animals' Rights: Considered in Relation to Social Progress*』를 발표했다.

디틀러와 벤담도 이미 동물의 〈권리〉를 이야기했지만, 솔트는 이 문제를 체계적으로 발전시켰다. 그는 영국 대중에 최초로 〈동물권〉 철학을 제시했다. 지금껏 권리의 개념은 여전히 인간에게만 한정되어 있었다. 솔트는 빅토리아 시대에 가장 영향력이 컸던 철학자 스펜서를 소환했다. 스펜서는 모호한 인물이었다. 사회 다윈주의자로서는 진화론을 사회적 게임 법칙으로 끌어들였고, 자유주의자로서는 기독교적 가치관에 맞서 싸웠으며, 법철학자로서는 인간의 모든 자유가 타고난 〈권리〉라는 대원칙을 천명했다. 따라서 인간은 타인의 자유를 침해하지 않는 한, 할 수 있는 것은 다 해도 되는 권리를 갖는다. 스펜서에 따르면 인간은 자유를 갖고 있기에 권리도 가진다. 솔트는 그것이 인간에게만 적용될 이유가 있느냐고 묻는다. 동물도 많은 것을 하거나 하지 않을 자유가 있지 않은가? 그렇다면 그들의 자유도 마찬가지로 권리가 아닌가? 솔트의 생각은 명확했다. 〈감정과 경험이 의심할 바 없이 증명하듯이 실제로 권리라는 것이 존재한다면 논리적으로 그것이 인간에게만 있고 동물에게는 없는 것이 될 수

는 없다.〉[16]

　솔트는 사회적 진보와 평등권의 열렬한 투사였다. 그는 몇몇 동지와 함께 인도주의 연맹을 설립했다. 회원 수는 5백 명이 넘지 않았지만, 활동은 굉장히 적극적이었다. 솔트는 두 권의 잡지를 발행했고, 작가 쇼와 러시아 무정부주의자 표트르 크로포트킨Pyotr Kropotkin(1842~1921) 같은 유명 인사의 지지를 받고 두 사람을 초청 연사로 부르기도 했다. 동물 학대 방지 협회의 동물 보호 운동가들과는 달리 솔트는 동물 문제를 상류층의 고상한 취미 생활 정도에서 벗어나게 하려고 애썼다. 또한 강력한 적들의 반발을 두려워하지 않고 〈아마추어 도살자들의 도축 행위〉인 사냥에 맞서 싸웠다. 이로써 단순한 동물 보호 지지자들과 동물권 투사들은 더 이상 합치될 수 없었고, 그때부터 서로 칼끝을 겨누는 앙숙이 되었다. 동물 보호 운동가들은 단순히 시민 사회에 머물렀던 반면에 동물권 운동가들은 자신들의 활동을 사회적 해방 운동으로 이해했다.

　그런데 당시는 동물권에 대한 투쟁이 법철학적으로 인정받기 힘든 시절이었다. 솔트가 동물에게도 〈태생적으로〉 권리가 있다고 주장한다면 그것은 〈자연법〉의 철학적 구상에 따른 것이었다. 즉, 권리는 창조주에 의해서건 자연에 의해서건 확고하게 정해진 자연적 세계 질서에서 나오는 것이라는 말이다. 그러나 권리에 대한 이런 규정은 19세기가 흐르면서 점점 의문시되었다. 교회의 점진적인 몰락과 함께 자연법적 권리에 대한 믿음도 무너졌다. 19세기 말의 법학자들은 더 이상 보편적 정의(正義)를 전제하지 않았다. 그들에게 권리란 인간이 타인에게 〈있다고 인정하는〉 것일 뿐이었다. 그것이 사회적 〈목적에 맞다〉는 이유로 말이다. 그렇다면 기준은 자연적 질서가 아니라 국가와 공동선을 위한 합목적성이다. 그런 권리는 국가에 의해 〈실증적으로 정해진다〉. 이 이론을 법실증주의라고 부른다.

그렇다면 솔트 시대의 법학자들에게 정의와 권리는 결코 동일한 것이 아니었다. 또한 그들은 동물의 권리를 인정하는 것이 공익적 차원에서 국가에 왜 유용한지 설명할 수가 없었다. 이로써 〈노예 제도가 존재하는 한 인권은 없고, 고기를 먹는 한 동물권은 없다〉는 솔트의 요구는 정치적으로 메아리 없는 외침에 그쳤다. 근대 법치 국가는 동물의 정의에 신경 쓸 이유를 알지 못했다. 그것은 국가의 자기 이해와 과제 밖에 있었다.

독일의 철학자 레오나르트 넬존Leonard Nelson(1882~1927)도 비슷한 문제에 직면했다. 투쟁적인 그는 칸트주의자였지만, 인간이 동물에게 직접적인 의무는 없고 간접적인 의무만 있다는 칸트의 주장이 못마땅했다. 인간의 성정을 난폭하게 만든다는 이유만으로 동물 학대의 부당성을 지적하는 것은 근거가 얼마나 빈약한가? 만일 어떤 동물 학대자가 난폭하지 않다면 어떻게 할 것인가? 그럴 경우 칸트의 논리에 따라 동물 학대를 허용해야 할까? 넬존은 이런 수상쩍은 결론을 받아들일 수 없었다. 〈나는 동물에게 인간의 자의적인 목적에 악용되지 않을 권리가 있다고 주장한다. 이는 동물 학대의 여파로 인간성이 손상되지 않을 인간의 권리와는 매우 다른 권리다.〉 이어 넬존은 과거에 프리맷이 언급한, 인간보다 우월한 종의 가능한 권리를 언급한다. 〈내 말이 이해되지 않거나 그와 함께 제시된 결론이 너무 멀리 나갔다고 느끼는 사람이라면 자신보다 우월한 어떤 존재가 자신을 그렇게 마음대로 학대해도 되는지 스스로에게 물어보면 된다.〉[17]

넬존은 의무가 있는 생명체에게만 권리를 인정하는 칸트의 주장을 이상하게 여긴다. 권리와 의무는 정말 그렇게 불가분의 관계로 연결되어 있을까? 디틀러와 마찬가지로 넬존은 우리가 모든 인간에게 의무를 요구하지는 않는다고 말한다. 어린아이와 지적 장애인의 경우 권리는 있지만 의무는 없다. 그렇다면 권리의 핵심 기준은 의무를 수행할 수 있느냐가 아니라 〈이해관계를 갖고 있느냐〉이다. 왜냐하면 고통을 느낄 줄 아는 생물체를 하나의 인격체로 만드는 것은 언어나 이성이 아니라 그의 이해관계이기 때문이다. 따라서 넬존은 잠재적으로 이해관계 능력이 있는 모든 생명체의 권리를 요구한다. 솔트나 넬존 같은 사상가들의 생각은 관철되지 못했다. 그들의 주장은 철학사에서 부차적으로만 언급된다. 그럼에도 20세기 초 새로운 동물 윤리에서 가장 중요한 세 가지 논거가 논의 테이블에 올라온다. 하나는 **동물의 존엄**에 대한 구상이고, 다른 하나는 감정이 있는 모든 존재의 **행복과 고통에 관한 윤리학**이고, 마지막으로는 **이해관계, 즉 자기 이익을 가진 모든 생물의 권리**를 인정하라는 요구다. 이 세 가지 논거는 현재의 논쟁과 토론에서 중요한 역할을 한다. 그렇다면 이것들의 강점과 약점을 좀 더 자세히 살펴볼 필요가 있다.

3부

새로운 동물 윤리

철문

현대적 동물 윤리로 나아가는 길

신속하고 간단하게 결론을 맺겠습니다.
우리는 모두 똑같은 상황에서 창조되었기에
자연 자체가 만들어 준 개인 간의 차이만 제외하면
모두 똑같습니다.
그렇다면 개인이건, 개인이 속한 집단이나 계급이건
남들보다 특별 대우를 받거나 특권을 누리는 일이
있어서는 안 됩니다.
— 게오르크 뷔히너Georg Büchner의
『당통의 죽음*Dantons Tod*』에서 생쥐스트의 대사

1915년 9월이었다. 박사 학위를 세 개나 갖고 있던 철학자이자 신학자이자 의사인 한 인물이 오고우에강의 증기선을 타고 적도 아프리카를 지나가고 있었다. 얕은 물과 모래톱 사이를 지나며 은고모로 향하는 여정은 지치고 힘들었다. 이 학자가 내적 흥분 속에서 골몰하고 있던 사유도 힘들기는 마찬가지였다. 〈나는 바지선 갑판에 멍하니 앉아, 어떤 철학에서도 찾지 못한 근본적이고 보편적인 윤리 개념을 골똘히 찾고 있었다. 이 문제에만 집

중하려고 관련 문장들을 한 장 한 장 써 내려갔다. 그러다 셋째 날 해 질 무렵 우리가 막 하마 무리를 지날 때였다.〉 그의 생각을 단단히 가로막고 있던 〈철문〉이 불현듯 열렸다. 사초와 갈대 사이에서 우글거리던 하마들의 장관이 그에게 너무나도 자명한 진리를 일깨워 준 것이다. 앞으로 그의 삶을 윤리적으로 결정지을 진리였다. 〈나는 살고자 하는 생명들에 둘러싸인 살고자 하는 생명체다.〉[1]

이 학자는 슈바이처였고, 그가 오고우에강에서 찾은 핵심 개념은 〈생명에 대한 외경〉이었다. 알자스로렌 지방의 카이저스베르크에서 개신교 목사의 아들로 태어난 슈바이처는 오랫동안 당대의 정신과학과 싸웠다. 자기 시대의 문화를 총체적으로 혁신해야 한다는 것은 그의 오랜 신념이었다. 제1차 세계 대전 발발 뒤에는 기존의 도덕에 대한 의구심은 더욱 증폭되었다. 〈지금까지의 윤리학은 인간과 인간의 관계만 다루고 있기에 불완전하다. 정말 중요한 것은 자신을 둘러싼 모든 생명체와의 관계다. 인간은 자기 종족뿐 아니라 모든 피조물의 생명까지 그 자체로 성스럽게 느낄 때만 윤리적이다.〉[2]

슈바이처는 모든 피조물을 적절하게 존중하는 새로운 철학을 추구했다. 또한 생각과 행동이 따로 놀지 않고, 모든 생명에게 동등한 가치를 인정하는 이념에만 충실한 윤리학을 발전시키고자 했다. 이로써 〈살아 있는 모든 것에 대한 무한대로 확장된 책임〉이 그의 입에서 흘러나온다.

이 특이한 시대의 불평꾼은 열대 지방의 의사가 되었고, 나중에는 인류와 동물의 구호자로서 이상주의자들의 이상이 되었다. 슈바이처는 윤리학을 모든 생명으로 확장함으로써 퀘이커교도의 전통과 연결된다. 하지만 그를 홀린 것은 천국이 아닌 지상의 삶이고, 그는 이 삶에 전적으로 외경심을 표한다.

그렇다면 이 외경은 어떻게 설명할 수 있을까? 슈바이처가 오고우에강의 하마들에게 완전히 매료되었을 수는 있다. 그러나 그도 알다시피 자연 자체에는 그의 윤리학을 위한 토대가 없다. 〈**자연은 생명에 대한 경의를 모른다.** 가장 이성적인 방식으로 수많은 생명을 탄생시키지만, 가장 무의미한 방식으로 다시 파괴하는 것이 자연이다. …… 자연을 지탱하는 생명에의 거대한 의지는 **불가사의한 자기모순**에 빠져 있다. 존재들은 다른 존재의 희생 속에서 살아간다.〉[3] 만일 슈바이처가 살아 있는 모든 존재가 존중받는 것을 보고 싶어 한다면 윤리학의 토대를 자연의 게임 규칙이 아닌 그 반대에서 찾아야 한다. 흄과 칸트 같은 철학자도 그와 다르지 않았다.

자연에서는 원칙적으로 어떤 행동 지침도 얻지 못한다는 유명한 윤리학적 법칙은 흄에게서 유래했다. 무언가 특정 방식으로 존재한다는 사실이 그것이 어떠해야 한다는 사실을 말해 주지는 못한다. 예를 들어 나는 인간이 원래 나무 위에서 살아가지만 햇살 환한 공터에 머무는 것을 좋아하는 영장류라고 말할 수 있다. 그런데 이 말에서 인간이 햇살 가득한 공터 언저리의 나무에서 살아야 한다는 결론을 내릴 수는 없다. 또한 독일에서는 두 명 중 한 명만 규칙적으로 칫솔질을 한다는 사실에서 필연적으로 더 많은 독일인이 규칙적으로 양치질을 해야 한다는 결론을 내릴 수도 없다. 존재에서 당위로 나아가는 것은 결코 논리적 수순이 아니다.

자연은 우리가 윤리학을 정립하는 데 별 도움이 되지 않는다. 슈바이처는 생물학에서 도덕의 근거를 찾고 생존 투쟁에서 강자의 권리를 〈자연스러운 것〉으로 여기게 되면 우리에게 어떤 길이 기다리고 있는지 경고하듯이 설명한다. 의사 슈바이처가 중앙아프리카의 랑바레네에서 윤리학에 관해 집필하는 동안 유럽에서는 제1차 세계 대전과 함께 온갖 형태의 사회 다윈주의가 맹위를 떨친다. 그의 윤리학은 자연의 냉정한 산문과 인간 마음 속 뜨거운 시 사이의 복잡한 줄다리기다. 이때 그의 개념들은 사회 다윈주의의 개념들과 그렇게 멀리 떨어져 있지 않다. 그는 쇼펜하우어 및 니체와 함께 도덕적 기초를 〈삶의 의지〉에서 찾는다. 그러나 그가 좋아했던 철학자들에게서는 염세적이거나 오만하게 나타나던 것을 슈바이처는 긍정적이고 영적으로 보고자 한다. 〈삶의 의지〉를 가진 존재라면 누구나 그 의지를 실현할 모든 가능성을 가져야 하고, 모든 생명체는 삶의 행복에 대한 권리가 있다는 것이다.

아름다운 말이다. 그런데 자연 존재인 인간이 왜 다른 생명체의 삶의 의지를 침해해서는 안 된다는 의무감을 자기 안에서 느끼는 것일까? 마찬가지로 자연 존재인 동식물은 그런 배려를 전혀 모르지 않는가? 슈바이처가 내놓은 대답에서는 칸트의 냄새가 진하게 풍긴다. 즉, 인간은 자신의 행동을 자유롭게 결정할 수 있는 유일한 생명체라는 것이다. 인간을 다른 모든 동물과 구분하는 것도 바로 이 자유다. 그런데 자유를 가진다는 것은 동시에 책임을 진다는 뜻과 같다. 무언가를 의도적으로 행한 사람은 자신의 행동에 대해 스스로(혹은 가끔 타인에 대해) 책임을 져야 한다. 자신이 결정한 행동이기 때문이다. 그리고 인간은 다른 동물과 달리 다른 생명체의 삶의 의지를 인식할 수 있기에 그 의지를 적절히 배려해야 한다. 한마디로 인식력이 큰 생명체일수록 책임도 크다는 것이다.

그렇다면 슈바이처의 윤리학에는 두 가지 요소가 있다. 하나는 감정과 감각으로 느끼는 모든 생명의 의지 공동체이고, 다른 하나는 거기서 적절한 결론을 이끌어 내는 인간만의 독점적 이성이다. 이로써 동물의 존엄은 인간의 존엄과는 완전히 다르다. 스미트와 마찬가지로 슈바이처도 동물의 존엄이 충분히 존중받아야 할 〈삶의 의지〉와 행복에 대한 자연권에 있다고 본다. 반면에 인간의 존엄은 칸트와 마찬가지로 이성에 그 뿌리가 있다. 인간은 도덕적으로 올바른 행동을 할 때만 자신의 행동과 삶에 정당성을 확보한다. 동물의 행복이 **자연적이라면** 인간의 행복은 **선한 행동의 결과**다. 슈바이처는 이렇게 쓴다. 〈윤리는 모든 생명체의 삶의 의지에 대해 마치 자신의 생명에 그러하듯 외경심을 보여야 할 필요성을 느끼는 데 그 본질이 있다. 이로써 윤리적인 것의 근본 원칙이 주어진다. 생명을 보존하고 키우는 것은 선하고, 생명을 파괴하고 억압하는 것은 악하다.〉[4]

슈바이처는 이것으로 윤리학의 단단한 〈철문〉을 열었다고 확신했고, 스스로를 낡은 윤리학의 폐허 더미 위에서 새로운 윤리학을 선포하는 사도로 보았다. 〈오늘날에는 가장 열등한 존재에 이르기까지 모든 살아 있는 것에 대한 끊임없는 배려를 이성적 윤리학의 요구로 받아들이는 것을 과도하다고 생각한다. 하지만 언젠가는 인류가 생명을 함부로 해치는 행위가 윤리학과 결코 양립할 수 없는 일임을 깨닫기까지 그리 오랜 시간이 걸린 것을 이상하게 여기는 시대가 올 것이다.〉[5]

동시대인들의 생각은 달랐다. 〈20세기의 교부〉로 불리며 막강한 영향력을 행사하던 개신교 신학자인 카를 바르트Karl Barth (1886~1968)는 슈바이처를 향해 즉각 포문을 열었다. 〈인간은 동식물을 비롯해 모든 생명이 아니라 **자신의 생명**, 즉 **인간 생명**에게만 마음이 움직인다.〉[6] 바르트가 볼 때는 오직 인간의 존엄만 존재하고, 창조의 다른 모든 것은 인간에게 개인적인 〈대여품〉으로 맡겨진 부속물일 뿐이었다. 교회의 눈에 슈바이처는 아웃사이더였다. 거의 모든 기독교 고위 성직자는 슈바이처의 질책에 귀를 닫았고, 동물 생명의 가치가 결코 인간 생명 아래에 놓이지 않는다는 주장을 무시했다. 오늘날까지도 생명에 대한 슈바이처의 외경은 공식 교단으로부터는 별다른 반향을 얻지 못하고 있다. 기껏해야 해 질 녘 풍경을 담은 교회 달력의 금언 문구나 견진 성사 수업 시간에 듣기 좋은 일화로 쓰일 재료일 뿐이다.

슈바이처는 신학자들이 자신의 윤리학에 노골적으로 반감을 드러내도 개의치 않았다. 그에게 쉽게 해결할 수 없는 복잡한 문제는 따로 있었다. 철문을 여는 것과 그 문을 지나가는 것은 또 다른 문제였다. 예를 들어 생명에 대한 외경은 어떻게 실천할 수 있을까? 모든 생명체의 삶의 의지를 어떻게 동일하게 존중할 수 있을까? 동물에게 고통을 가하지 않고는 살아갈 수가 없다. 퀘이커교도의 답은 한결 간단했다. 모든 생명은 원죄에 의해 타락했고, 따라서 갈등은 필연적이다. 그렇다면 이런 상황에서 어떻게 최선을 만들어 낼지를 궁리해야 한다는 것이다. 그러나 외경심으로 생명을 사랑하지만 그럼에도 살아남기 위해서는 남의 생명을 죽여야 한다는 사실을 안다면 어떻게 해야 할까? 슈바이처는 지속적으로 이 문제에 골몰했다. 결국 그는 실천 원칙으로서 (불교처럼) **의도**가 중요하다는 사실을 깨달았다. 부득이할 때는 생명을 빼앗는 것이 허용되지만 불필요한 경우에는 허용되지 말아야 한다는 것이다. 슈바이처는 말한다. 〈소에게 먹이려고 들판의 꽃을 베는 농부라도 집으로 돌아가는 길에 심심풀이로 길가의 꽃을 꺾는 일은 삼가야 한다. 그것은 꼭 필요한 일이 아님에도 다른 생명에 위해를 가하는 행위이기 때문이다.〉[7] **어쩔 수 없는 필연성**에서 일어나는 일은 도덕적으로 정당하다. 그러나 죽임의 필연성이 없을 경우 모든 생명은 무한한 공감과 존중, 연민을 받아 마땅하다.

이 원칙은 퍽 간단해 보이지만, 막상 일상에 적용하려면 무척 어렵고 복잡하다. 필연성은 어디서 시작하고 어디서 끝날까? 슈바이처가 랑바레네에 머물렀던 시기에 그 원칙과 관련해서 모순적으로 비치는 많은 이야기가 전해진다. 슈바이처와 아내 헬레네가 아프리카에 머문 지 1년이 지났을 때였다. 그들은 집에 염소 세 마리, 양 한 마리, 영양 한 마리, 고양이 한 마리, 거위 두 마리, 닭 쉰두 마리, 앵무새 한 마리를 키웠다. 슈바이처가 책상 위를 지나가는 개미 떼를 그대로 내버려두었고, 동물들 때문에 손상되지 않도록 집필한 원고를 빨랫줄에 걸어 두었다는 따스한 이야기도 있다. 그런데 오고우에강 위의 새를 쏘는 것은 거부했지만, 이상하게도 자신의 집 앞 베짜기새의 둥지로 접근하는 맹금류는 즉시 쏘아 죽였다고 한다. 〈이 새의 고통이 나에게 도둑을 죽일 권리를 주었다.〉 그는 이렇게 설명하면서 자의적으로 자연에 개입했다.[8] 하지만 매에게도 자신과 새끼를 먹여 살리기 위해 베짜기새를 죽일 권리가 있지 않을까? 왜 배짜기새의 고통이 슈바이처가 쏘아 죽인 매 새끼들의 고통보다 더 커야 할까? 이런 자의적 개입과 〈도둑〉 같은 수식어는 슈바이처의 윤리학과는 별로 어울리지 않아 보인다. 1960년 슈바이처를 방문한 시사 주간지 『슈피겔*Der Spiegel*』의 기자 클라우스 야코비Claus Jacobi(1927~2013)도 당혹스러운 사건을 목격한다. 어느 날 누군가 슈바이처에게 다리 하나가 부러진 새를 가져왔다. 그러자 그 의사는 나머지 다리도 마저 부러뜨릴 것을 권했다. 새한테는 어쨌든 아직 날개가 남아 있다고 하면서 말이다. 사실이라면 이 역시 곤혹스럽기 짝이 없다.

　슈바이처는 실천을 위한 기준 및 결정에 도움이 될 만한 부분은 나중에 밝히겠다고 미루었다. 자신의 방대한 문화사 제3부에서 그것을 제시하고 근거를 대겠다고 약속한 것이다. 하지만 이 부분은 끝내 쓰이지 않았다.

외경 윤리학이 오늘날 그처럼 숭고해 보이는 것은 무엇보다 그 원칙에 맞게 일관되게 실천할 수 없기 때문이다. 그것은 동물을 대하는 일종의 태도다. 그런데 현대적 삶에서 실질적인 동물 윤리를 새로 확립하는 데 그런 태도만으로 충분할까? 슈바이처는 일반 사람이 지킬 수 없는 높은 기준을 설정해 놓았다. 어떤 목사도 신도들에게 고의로 풀 줄기를 뽑거나 무심결에라도 꽃을 꺾지 말라고 설교하지 않는다. 결국 동물 윤리 문제가 새로운 실천적 동력을 얻기까지는 50년이 더 걸려야 했다. 현대적 동물권 운동이라는 말을 입에 올릴 수 있을 만큼 크나큰 동력을 말이다.

1960년대와 1970년대는 서구 사회의 변혁기였다. 평화 운동, 여성 운동, 환경 운동, 자본주의적 소비 사회에 맞선 대안 운동처럼 수많은 자극이 사회를 강타했다. 좀 더 평화롭고 공정한 세계를 위한 시간이 무르익은 듯했고, 모든 것은 당장 실천에 옮겨져야 했다. 동물권 운동도 비록 소수이기는 했지만 시대의 그런 흐름 중 하나로 분류되었다. 폭력에 반대한다는 면에서는 평화 운동과 겹쳤고, 자본주의적 소비 행태를 포기한다는 면에서는 대안 운동과 겹쳤다. 그러니까 채식은 도축과 육식보다 한결 부드럽고, 피를 흘리지 않고, 편안함을 포기하는 삶의 방식이었다. 빈집 점거자, 제3세계 활동가, 여성 운동가 들과 마찬가지로 동물권 운동가들도 스스로 전통적 불의를 새로운 정의로 대체하는 해방 운동가로 인식했다.

젊은 철학자 싱어의 저서가 이 새로운 운동의 신호탄이 되었다. 옥스퍼드 대학교에서 객원 교수로 근무할 때 구내식당에서 한 학생에게 동물을 먹을 합당한 이유가 없다는 논리에 설득당한 그는 그 뒤 뉴욕 대학교의 조교수가 되어 세계적인 베스트셀러 『동물 해방*Animal Liberation*』을 썼다.

1975년에 출간된 이 책은 격렬한 논쟁을 불러일으켰다. 괴팍한 성자 슈바이처와 겸손한 사회 활동가 싱어보다 더 큰 대조는 생각하기 어려울 듯하다. 슈바이처를 비롯해 싱어의 선구자들은 철저히 아웃사이더였고, 동물에 관한 그들의 견해 역시 주목받지 못하고 문화적 퇴적층 깊은 곳에 묻혀 있었다. 반면에 싱어는 딱 맞는 시기에 딱 맞는 책을 썼다. 언론은 도살장, 사육 시설의 배터리 케이지, 동물 실험실의 당혹스러운 장면을 반복해서 공개했다. 물론 이런 잔인한 행위를 막으려고 실제 행동에 나서지는 않으면서 말이다. 서구 사회는 극단적인 이율배반에 빠져 있었다. 애완동물은 따뜻한 거실에서 편안하게 살아가는 반면에 헤아릴 수 없이 많은 소와 돼지, 닭, 거위는 단단히 묶이고 우리에 갇힌 채 하루하루를 고통스럽게 살아갔다. 해마다 잔인하게 고문당하다가 죽어 나가는 수백만 마리의 실험동물은 말할 것도 없다.

영국의 급진적 동물 해방 운동가들은 1972년 〈자비대〉로 통합되었다. 훗날 〈동물 해방 전선〉의 전신이다. 독일에서는 프랑크푸르트 동물원장이자 열성적인 생물종 보호 운동가인 그르지메크가 〈닭 강제 수용소〉의 개념을 널리 알렸고, 그로 인해 1976년에는 주 고등 법원에 출두해야 했다. 그사이 저개발 국가들에서 깜짝 놀랄 만한 뉴스들이 전해졌다. 수많은 종이 마지막 서식처에서 무더기로 사라진 것이다. 인간의 불과 전기톱은 수백만 년 동안 이어져 온 것들을 한순간에 파괴해 버렸다. 자국에서든 외국에서든 동물을 무지막지하게 다루는 것은 자연적 질서의 일부가 아닌 인간의 야만적 행동임이 분명했다.

그렇다면 대표 철학자들은 이 모든 것을 얼마나 더 못 본 척할 수 있을까? 싱어는 자신의 책에서 벤담의 논거를 끌어들이며 〈공리주의자〉로서 도덕의 세 가지 중요한 원칙을 제시한다. 평등, 행복, 유익성이다. 생명을 유지하거나 고통을 회피하려는 성향처럼 동일한 관심사, 혹은 동일한 이익을 가진 존재는 성별과 인종, 생물종의 차이를 떠나 동등하게 대우받아야 할 권리가 있다. 이것이 이론적으로 싱어의 최고 원칙이다. 이 원칙을 어기고 다른 종들보다 인간종을 선호하는 사람은 도덕적이지 않고 종 이기주의적으로 행동하는 것이다. 즉 〈종 차별주의자〉다. 싱어의 친구인 심리학자 리처드 라이더Richard Ryder(1940~)가 1970년에 도입한 개념이다.

인종주의가 다른 인종들에 대한 오만을 드러낸다면 〈종 차별주의〉는 다른 생물종에 대한 〈오만〉을 의미한다. 반면에 싱어와 라이더는 도덕적 평가에서 어떤 생물이 호모 사피엔스종에 속하느냐 아니냐는 하등 중요하지 않다고 말한다. 그렇다면 윤리학에서 적절하게 고려해야 할 생물과 그렇지 않은 생물은 어떻게 구분될까? 도덕적으로 유의미한 대상을 정의 내릴 기준이 필요해 보인다. 왜냐하면 슈바이처와 달리 식물이나 〈얼음 결정체〉[9]는 싱어에게 도덕적으로 아무 의미가 없기 때문이다. 그의 도덕적 핵심 개념은 〈생명〉도 〈외경〉도 아닌, 바로 솔트의 경우처럼 〈정의〉다.

싱어가 벤담에게서 발견한 이 기준은 곧 고통과 행복을 느낄 줄 아는 능력이다. 고통과 행복을 느낄 줄 아는 존재는 도덕 공동체에 포함시켜야 하고, 그런 능력이 없으면 제외해야 한다. 〈고통을 느끼거나 삶의 기쁨을 아는 모든 존재에게는 자기 이익이 있다. 예를 들어 돼지가 우리 종의 일원이 아니라는 사실이 고통과 불쾌함을 회피하려는 돼지의 이익을 무시할 이유가 될 수는 없다.〉[10]

여기까지는 충분히 공감이 간다. 돼지처럼 고통과 행복을 느낄 줄 아는 생물은 적절하게 대우받을 권리가 있다. 그렇다면 고통과 행복을 느낄 줄 아는 존재들 사이에서 이해관계상의 갈등이 발생하면 어떻게 해야 할까? 슈바이처처럼 싱어도 심사숙고를 위해 과거의 철학에 손을 내민다. 바로 벤담의 공리주의다. 이 목적을 위해 공리주의는 이미 〈공동선에 대한 유용성〉이라는 기준을 알고 있었다. 〈공리주의utilitarianism〉라는 개념도 〈유익하다util〉라는 말에서 나왔다. 가령 세계 평화를 파괴하는 폭군은 죽여도 된다. 그의 개인적 불행보다 임박한 불행의 총합이 더 크기 때문이다. 이 원칙을 동물에 적용하면 더 분명해진다. 동물은 느낄 줄 아는 존재로서 원칙적으로 인간과 동등하다. 그런데 〈다른 동물〉을 먹으려는 인간의 욕구와 그것을 피하려는 동물의 이해관계가 충돌할 때는 어떻게 해야 할까? 결정은 아주 쉽다. 인간 입의 단순한 즐거움은 그로 인해 몸과 생명을 내주어야 하는 동물의 말할 수 없는 고통에 비하면 깃털처럼 가볍다.

그런데 얼핏 새로운 도덕의 이상적 해결책처럼 보이는 이 견해에도 몇 가지 고약한 함정이 숨어 있다. 벤담처럼 싱어도 생물의 가장 중요한 이익은 고통을 겪지 않는 데 있다고 설명한다. 그렇다면 내가 먹으려는 동물을 죽이기 전에 고통 없이 빠르게 마취시킨다면 어떨까? 또한 친구도 가족도 없는 중환자를 고통 없이 죽이는 것에 반대할 이유가 있을까? 유산 일부를 소아 백혈병 병원에 기부하려고 아무에게도 사랑받지 못하는 부자 고모를 죽여도 될까? 여기서 결과를 정당화하는 것은 관련 당사자들에게 주어질 행복과 불행의 크기다. 싱어의 이론에 따르면 그 친척을 살해하는 것은 불의가 아니다. 공공의 이익이라는 좋은 결과가 개인에 대한 나쁜 수단을 정당화하기 때문이다.

싱어 이론의 토대를 이루는 유용성의 문제는 고약한 뒷맛을 남긴다. 그에게 최고의 선은 생명이 아니라 공동선이다. 고통과 기쁨은 기본적으로 산수 문제처럼 각각 모두 더한 다음 개인의 삶과 죽음을 결정할 기준으로 제시된다. 섬뜩한 방정식이다.

이 문제를 깊이 생각할수록 싱어도 자기 이론의 위험한 약점을 점점 더 분명히 깨닫게 되었다. 그는 자신의 철학을 〈선호 공리주의〉로 정의했다. 그에 따르면, 무언가를 하거나 하지 않을 자기만의 〈선호〉가 있는 생물은 의도가 없는 생물보다 더 높은 도덕적 지위를 가진다. 그러니까 고통을 느끼는 능력 외에 추가 기준으로 의식과 자의식이 더해진 것이다. 싱어는 1979년 자신의 책 『실천 윤리학*Practical Ethics*』을 출간한 이후에는 존재의 가치

등급을 알고 있었다. 고통을 느낄 줄 아는 존재는 그의 이익에 맞게 적절히 고려되어야 하고, 의식이 있는 존재는 윤리적으로 좀더 배려해야 하며, 인간(앞서 언급한 부유한 고모처럼 별로 달갑지 않은 인간까지 포함해서)과 유인원처럼 자의식이 있는 존재는 최고의 윤리적 등급으로 보호해야 한다는 것이다.

싱어는 이 등급 사다리의 세 번째 존재에게 〈인격체〉라는 이름을 붙인다. 인격체는 자기 자신을 의식하고, 자신의 행동을 계획할 수 있으며, 자신의 소망을 알고, 과거와 현재, 미래를 조망할 수 있다. 또한 매우 복잡한 이해관계의 소지자로서 죽임을 당하지 않고 광범하게 존중받을 무조건적인 권리를 갖는다. 이 논거에 따르자면 부유한 고모도 계속 존중받아야 하고 경솔하게 공동선에 희생당해서는 안 된다.

처음에는 단순하게 들리던 것들이 이제 복잡해진다. 유인원과 돌고래를 비롯해 다른 고등 동물들을 특히 우대해야 한다는 것에는 의문의 여지가 없다. 하지만 싱어의 〈인격체〉 개념은 실제로 얼마나 쓸모가 있을까? 누구는 〈인격체〉이고 누구는 아닐까? 가령 개는 어떨까? 개가 초보적인 자의식이라도 갖고 있는지 결정할 수 있으려면 개의 의식에 대해 많은 것을 알아야 한다. 그것도 사람들이 실제로 알고 있는 것보다 훨씬 더 많은 것을 말이다. 개는 현재와 미래를 알고, 자기만의 관념에 따라 다른 개들과 자신을 구분할까? 〈의식〉과 〈자의식〉 같은 개념은 규정하기가 무척 어렵고, 어떤 생물에게 그것이 있는지 없는지 확실하게 결정하기는 더더욱 어렵다.

싱어의 규정에 따르면 중증 지적 장애인이나 태아, 심지어 신생아도 〈인격체〉로 인정받지 못한다. 비정하면서도 당황스럽게 느껴지는 대목이다. 우리는 그들의 내면에서 무슨 일이 일어나는지 정확히 알지 못한다. 그럼에도 싱어는 그들이 〈인격체〉가 아니라고 추정한다. 그 말은 곧, 경우에 따라 중증 지적 장애인이나 신생아를 고통 없이 죽이는 것이 다 자란 돼지를 죽이는 것보다 더 정당할 수 있다는 뜻이기도 하다. 싱어 이론의 많은 연구자는 바로 이 지점부터 흥미를 뚝 잃어버린다. 그는 특히 독일에서 큰 논란을 불러일으켰다. 낙태 반대자와 장애인 단체는 그를 기피 인물로 선언했고, 유대인 대학살로 조부모까지 잃은 이 남자가 나치 신념을 갖고 있다고 비난했다.

싱어는 동물을 윤리학에 포함시키려고 중증 장애인의 생명을 판 것일까? 게다가 부유한 고모 같은 사람은 아주 특별한 상황에서는 죽여도 된다는 생각을 여전히 갖고 있는 것은 아닐까? 이 문제에 대한 그의 입장은 항상 명확하지는 않다. 내가 1990년대 말에 싱어를 처음 만났을 때 그는 생물들의 서로 다른 생명 가치와 관련한 내 질문에 조심스럽게 답하려고 애쓰는 기색이 역력했다. 그사이 그는 선호 공리주의의 기준에 수상쩍은 부분이 있음을 정확히 알고 있었다. 결국 우리는 명확하게 판단하고 그에 따라 행동하기에는 다른 생물의 내면에 대해 너무 모른다.

그런데 싱어의 입장에는 철학적으로 중요한 또 다른 비판점이 있다. 나는 당시 그에게, 만약 집에 불이 났을 때 젖먹이와 개 중에서 하나만 데리고 나갈 수 있다면 젊은 엄마는 누구를 구해야 하느냐고 물었다. 싱어는 자신의 이론에 따르면 젖먹이보다 더 많은 의식을 갖고 있는 개에게 우선권이 있다고 답했다. 다만 그럼에도 엄마들이 젖먹이를 선택하는 것은 지극히 자연스러운 일인데, 그것이 〈그들의 본능에 맞기〉 때문이라고 덧붙였다. 그러면서 엄마들이 그런 자연스러운 본능을 갖고 있는 것은 지혜롭고 좋은 일이라고 했다.[11]

인간 본능에 관한 싱어의 견해에서 이상한 점은 그것이 여기서만 언급되고 그의 윤리학 어디서도 나오지 않는다는 것이다. 나머지 모든 곳에서의 기준은 오로지 정의다. 그런데 여기서도 싱어가 공정한 태도를 기대하는 생물들의 심리적 장비는 전혀 고려 대상이 아니다. 그는 인간을 동물로, 그것도 다른 동물들과 가까운 혈족으로 보지만, 인간의 동물적 본능은 인정하지 않는다. 대신에 싱어의 윤리학은 인간에게만 있는 정의의 기계로만 작업한다. 도덕적 결정을 내릴 때 주어진 상황에서 무엇이 정의롭고 정의롭지 않은지를 항상 이성적으로만 계산하는 기계 말이다. 여기서 감정은 아무런 역할도 하지 못한다. 한마디로 싱어가 정의로운 행동을 기대하는 인간은 이상적 인간이지 결코 현실적 인간이 아니다. 게다가 그런 이상적 인간이 바람직한지도 확실치 않다. 그런 인간을 견딜 수 있는 사람이 과연 몇이나 될까?

싱어와 같은 시기에 미국 철학자 리건이 발전시킨 동물권 윤리도 비슷한 문제점을 알고 있었다. 하지만 리건은 1983년 동물 철학에 관한 자신의 대표작 『동물권 옹호 *The Case for Animal Rights*』에서 싱어와 확실히 선을 긋는다. 그는 부유한 고모의 예가 보여 주듯 공리주의가 생명의 가치를 덧셈으로 서로 경중을 따진다고 비판한다. 그리되면 부유한 고모와 다른 생물의 생명권은 **절대적 이지 않고 상대적인 것**이 되고 만다.

자신의 고백에 따르면 1970년대 초까지는 아직 육식과 낚시를 즐기고 정육점에서 일하고 모피 모자를 구입하고 동물 실험을 옹호하고 서커스 구경을 다녔다는 리건은 도덕 공동체에 누구를 포함시키고 누구를 포함시키지 말지에 대한 확실한 기준을 찾으려 했다. 마침내 그가 찾아낸 기준은 지금껏 자신이 익숙하게 해왔던 행동을 철저하게 숙고하고 바꿀 것을 요구했다. 그렇다면 과연 누가 도덕 공동체에 들어갈 권리가 있을까? 이 물음에 리건은 〈삶의 주체〉인 생물에게 그런 권리가 주어진다고 답한다. 즉, 세계를 인지하고, 자기에게 무슨 일이 일어나는지 알아채고, 그것도 그 일이 단순히 다른 누군가에게만이 아니라 자신에게 무슨 의미가 있는지 알아채는 모든 생물이 그렇다.

동물들은 거기에 속할까? 리건에게는 의심의 여지가 없다. 우리의 애완동물, 예를 들어 개만 하더라도 우리는 그들이 우리와 비슷하게 기뻐하고 화를 내고 고통스러워하고 슬퍼한다고 생각하지 않는가? 그런 상황이 주어지면 그들도 어떤 식으로든 우리와 비슷한 태도를 보이지 않는가? 그들의 감각은 어쨌든 우리의 감각처럼 기능하고, 그들의 생리학도 우리와 비슷하다. 무엇보다 인간과 개는 뿌리가 같고, 포유동물로서 지속적인 자잘한 과도기 속에서 큰 단절이나 비약 없이 따로따로 발전해 왔다. 이런 간접 정황들을 보면서 리건은 모든 포유동물이 우리처럼 〈삶의 주체〉라는 사실을 의심하지 않는다. 그들은 모두 선호를 갖고 있고, 그 소망을 충족시키기 위해 행동으로 옮기는 능력도 갖고 있다.

그렇다면 포유동물만 그럴까? 새들도 그렇지 않을까? 심지어 어쩌면 물고기도? 그러나 최소한 물고기에 대해서는 리건도 확신을 갖지 못한다. 그는 물고기의 인지 능력 연구를 통해 몇몇 어종의 〈연상적 사고〉에서부터 굉장히 인상적인 기억력을 넘어 가변적인 사회적 행동에 이르기까지 놀라운 사실들이 밝혀졌음을 잘 알고 있다. 하지만 그와 동시에 자신이 포유동물과 조류 외에 물고기까지 〈삶의 주체〉로 선언하면 어떤 상황이 찾아올지도 잘 안다. 결국 그는 지금까지도 어류를 도덕 공동체 밖에 내버려 둔 채 〈논쟁의 여지가 가장 적은 종들〉[12]로만 공동체를 제한한다.

리건은 자신의 도덕 공동체에 속하는 전 고객을 도덕적으로 보호하기 위해 그들 모두에게 원칙적으로 **태어날 때부터 동일한 본래적 가치**를 인정한다. 이 이념은 원래 칸트에서 유래했지만, 칸트는 그 가치를 유일한 이성적 존재인 인간으로 한정했다. 그런데 이 계몽주의자를 둘러싼 토론에서도 이미 드러나듯이 본래적 가치의 유무에 대해서는 이론이 분분하다. 논리학자, 분석 철학자, 비판적 합리주의자는 증명할 수도 없는 모종의 〈가치〉를 도덕의 중심으로 삼는 것을 쉽게 받아들이지 못한다. 그 가치가 비록 〈인간 존엄〉으로서 모든 현대적 헌법의 토대를 이루고 있다고 하더라도 말이다.

싱어에 비하면 리건의 구상은 덜 도발적이다. 그의 이론 안에서는 부유한 고모뿐 아니라 신생아와 중증 지적 장애인도 생명의 위협 없이 안전하게 살아갈 수 있다. 물론 그들 중 대부분은 자신의 소망을 행동으로 옮길 능력이 없어 그들의 〈선호-자율성〉은 실현되지 않은 소질로 남아 있지만, 잠재적 행동의 소유자로서 타고난 본래적 가치를 인정받는다. 반면에 리건의 비판자들은 이런 본래적 가치에 대한 사변에 만족하지 못한다. 본래적 가치는 주장만 할 수 있을 뿐 증명은 불가능하기 때문이다.

리건의 이론과 관련해서는 두 가지 중요한 반박이 더 있다. 동물을 윤리학으로 받아들이는 싱어의 기준은 고통을 느끼는 능력이다. 하지만 앞서 말했듯이, 그에게는 가끔 또 다른 기준으로 의식이나 자의식이 추가된다. 어떤 동물이 인간과 유사할수록 〈인격체〉로 존중받을 가능성은 더 높아진다. 그러니까 고통만이 아니라 정신적 유사성도 중요하다는 말이다. 이 논거는 싱어의 경우에는 나타났다가 다시 사라졌고, 그 뒤 재차 나타났다. 이 문제에서 리건보다 확신을 갖지 못한 것이 분명하다. 반면에 리건에게는 이 두 번째 기준이 중요하다. 복잡하게 느끼는 생물만이 〈삶의 주체〉이고, 그런 속성을 보면서 우리는 인간과의 정신적 유사성을 확인한다. 이 논거를 두고 동물권론자들은 오늘날까지도 분열되어 있다. 인간과 최대한 유사한 생물만 도덕적으로 배려할 필요가 있다고? 서양 윤리학의 역사에서 모든 악의 뿌리는 사실 여기에 있지 않을까? 미국 철학자이자 법률가인 게리 프란치오네Gary Francione(1954~)는 이렇게 발끈한다. 〈정신의 유사성 이론은 완전히 맥락을 잘못 짚었고, 기껏해야 새로운 종 차별주

의적 위계질서를 세우는 쪽으로 나아갈 뿐이다.)[13]

또 다른 반박을 설명하기 위해서는 내가 키우는 토끼 이야기를 하고 싶다. 리건의 기준으로 보면 내 토끼는 〈삶의 주체〉이고, 본래적 가치도 갖고 있다. 그렇다면 비록 널찍한 우리에서 살고, 여름이면 테라스에서 마음껏 뛰놀 수 있음에도 원래는 내가 키우면 안 될 정도로 귀하고 아름다운 존재다. 인간의 보호하에 있는 토끼는 원칙적으로 삶의 주체로서 살 수가 없기 때문이다. 아무튼 어느 정도 편하게 자기 삶을 즐기기를 바랄 뿐인 토끼가 내 집에 산다. 자, 이제 무언가 끔찍한 일이 일어났다고 가정해 보자. 역병이 발생했고 수십만 명이 병에 걸렸다. 불행 중 다행으로 사람들을 죽음으로부터 지켜 줄 혈청 실험을 위해 몇몇 생물만 있으면 된다. 사람들은 그것을 인간에게 시험할 수도 있고 동물에게 시험할 수도 있다. 이런 상황에서 그들은 혈청 테스트를 위해 내 토끼를 달라고 부탁한다.

나는 어떻게 해야 할까? 리건의 이론에 따르면 본래적 가치를 가진 모든 생물의 이익은 **원칙적으로 동등하게** 존중되어야 한다. 본래적 가치에는 등급이 없다. 그렇지 않다면 그것은 가치가 아니다. 그렇다면 나는 토끼와 마찬가지로 내 아들도 내줄 수 있어야 한다. 과연 그럴 수 있을까? 아니면 제비뽑기로 결정해야 할까? 개별 존재의 권리보다 공동선을 중시한 싱어의 덧셈법 행복에서 문제시되었던 것이 리건의 이론에서는 확 뒤바뀐다. 즉 가치를 가진 모든 개별 존재는 완전히 동등하다. 리건은 1983년의 책에서는 아직 동물의 본래적 가치를 특정 조건에서 훼손할 수 있는지 저울질했다면 나중에는 그런 유보 조항을 철회했다. 그의 논리학과 모순되기 때문이다. 본래적 가치는 지고의 선이다. 따라서 덧셈 방식으로는 가치가 높아지지 않는다. 한 인간의 생명은 다른 인간의 생명으로 상쇄될 수 없다. 토끼 역시 본래적 가치를 갖고 있기에 토끼의 생명권은 원칙적으로 어떤 것으로도 보상받을 수 없다.

그러나 문제는 아들이냐 토끼냐, 이것만이 아니다. 내 토끼의 생명 이익이 역병에 걸린 수십만 명의 생명과 바꿀 수 없을 정도로 절대적이라는 사실도 중요하다! 내가 토끼의 생명 이익이 뒤셀도르프나 독일에 있는 모든 사람의 생명만큼 중요하다고 주장한다면 사람들은 뭐라고 할까? 리건도 자기 토끼의 생명이 그만큼 소중하니까 수십만 명을 죽게 내버려둘까? 아마 그러지는 않을 것이다. 물론 이것이 너무 비현실적인 예라는 점은 인정한다. 하지만 이는 거의 모든 철학적 딜레마가 안고 있는 문제이다. 결국 관건은 리건의 동물 윤리학이 문제가 많은 본래적 가치를 통해 어쩌면 자신도 동의하지 못하는 결과를 야기할 수 있다는 것이다.

싱어의 논거와 리건의 논거는 현재 우리가 안고 있는 문제를 잘 보여 준다. 그들은 묻는다. 동물 문제에 대한 기존의 사회적 합의에는 얼마나 많은 약점이 있는가? 또한 인간에 관한 어떤 자기 이해가 기존의 불의를 옹호하는 사람들을 움직여 수많은 잔혹 행위를 정당화하는가? 그들은 도발적 확신으로 철학 앞에 거울을 들이밀며, 결국 우리 도덕의 한계를 결정하는 것은 논리와 합리성이 아니라 우리의 생물학적, 심리학적 판단이 아니냐고 묻는다. 그러나 싱어와 리건의 대안적 제안도 안타깝지만 설득력이 없다. 나중에 좀 더 자세히 설명할 기회가 있겠지만, 그들의 대안에는 인간 이성을 다루는 문제에서 한 가지 자기모순이 담겨 있다. 어쨌든 지금은 일단 동물 보호와 동물 권리에 어떤 차이가 있는지부터 살펴보고, 그다음에 동물권 철학이 실천적으로 어떤 의미가 있는지 질문을 던져 보자.

보호냐, 권리냐?

해방의 윤리학

동물 없는 세상이 얼마나 위험해질지는
상상조차 할 수 없다.

— 엘리아스 카네티Elias Canetti

필라델피아 시내 파란색 고층 빌딩 앞에서는 담홍색 플라밍고들이 날개를 치고 날아오르고, 기린들은 고속 도로를 내달리고, 얼룩말들은 도로를 가로지른다. 위풍당당한 사자 한 마리가 어느 은행 건물 옥상에서 군왕의 자세로 인적 없는 눈 덮인 대도시를 내려다본다.

할리우드 영화 「12 몽키즈12 Monkeys」는 환상적인 단호함으로 필라델피아 동물원에서 해방된 동물들을 지구 재앙의 마지막 생존자로 보여 준다. 치명적인 바이러스로 인류가 멸망한 것이다. 영화 끝에서야 이 미친 짓거리가 한 분자 생물학자의 머리에서 비롯되었다는 사실이 드러난다. 의심을 받았던 동물권론자들은 동물원에서 동물들을 해방시키는 일에만 열중할 뿐, 나쁜 실험으로 나쁜 종말을 맞은 인간에게는 신경도 쓰지 않는다.

1995년 이 영화가 개봉할 당시만 해도 동물권 운동은 아직 도발 수준에 머물러 있었다. 시작된 지 얼마 되지 않았고, 굉장히 급진적이었으며, 서구 사회를 향해 〈동물 해방 문제〉에 눈을 돌리라고 목소리를 높였다. 동물권 운동은 동물에 관한 사회적 논의에 또 하나의 시선을 제공했다. 동물 문제에 관심이 있는 사람은 이제 새로운 방식으로 스스로에게 질문을 던져야 했다. 인간만의 배타적 도덕 공동체 저편에 동물의 〈고유 가치〉나 〈권리〉 같은 것이 존재할까? 인간은 동물에 대해 어떻게 행동해야 할까? 동물 식용과 같은 문제에서 책임감 있는 이용 가능성이 존재할까? 인간의 안녕을 위한다는 명분으로 동물에게 고통을 가하거나 치명적인 실험을 하는 것이 정당할까? 인간에 의한 동물의 대량 사육은 윤리적 이유에서 거부되어야 할까? 종합하자면, 어떤 식으로 근거를 대든 간에 인간 세계 저편에 존재하는 〈가치〉나 〈권리〉를 고려할 때 우리는 인간 욕구의 충족을 위해 동물을 이용하거나 죽여도 될까?

동물 문제에 관심이 많은 사람들의 투쟁 전선을 다시 한번 명확히 정리해 보자. 동물을 대하는 우리의 태도에 비판을 가하는 가장 일반적인 형태는 동물 보호다. 동물 보호에 동조하는 사람은 굉장히 많다. 독일 최대의 상부 조직인 독일 동물 보호 연맹은 회원 수만 50만 명에 이르고, 7백 개가 넘는 단체가 가입해 있다. 그런데 이 단체들 가운데 회원들에게 일관되게 육식을 포기하라거나 동물 실험과 사냥 협회에 대해 공격적으로 대응하라고 요구하는 곳은 없다. 오히려 독일 동물 보호 연맹은 동물 실험을 허용하면서 〈꼭 필요한 정도〉로만 제한할 뿐이다. 저명한 동물 보호 운동가 그르지메크조차 자신의 독자들과 시청자들에게 동물 실험의 필요성을 거듭 상기시킨다. 그의 텔레비전 방송에 함께 나오는 하인츠 질만Heinz Sielmann(1917~2006)은 심지어 사냥이 자연 보호에 도움이 된다고 말한다. 세계 자연 기금(WWF)의 지도층에는 영국 왕실을 비롯해 열정적인 사냥꾼이 많다. 독일 WWF에서 다년간 명예 회장을 맡은 비트겐슈타인 가문의 카지미르 왕자도 배터리 케이지로 사육하는 자신의 개인 양계장이 동물 보호와 모순되지 않는다고 여긴다.

생명 존중 때문에 동물 보호에 뛰어든 운동가들을 움직이는 동력은 주로 연민이다. 이런 태도는 앞서 보았듯이 경건주의와 퀘이커교의 전통에서 유래했다. 그렇다면 연민은 2백 년 전부터 이어져 온 동물 보호의 원천이다. 이런 정신에 입각한 운동가들은 동물에게 가해지는 불필요한 고통을 없애려고 노력한다. 예를 들면 무의미한 학대, 부주의한 살해, 때로는 인간의 손익 사고가 불러온 무자비한 결과들 말이다.

하지만 이런 식의 비판에도 불구하고 동물 보호는 대안적이거나 사회 비판적이지 않고, 보수적이고 현상 유지적이다. 그 시작부터 이 운동의 핵심을 이룬 것은 〈부르주아적〉 연민이었다. 따라서 동물 보호를 단순히 〈부르주아적〉 운동으로 여긴 마르크스와 프리드리히 엥겔스Friedrich Engels(1820~1895)는 〈동물 학대 반대자들〉을 〈자선 단체 조직자〉나 〈금주 단체 설립자〉 혹은 박애주의적 교도소 개혁자들과 같은 부류로 설정했다.

동물 보호론자들은 동물에 대한 무자비한 착취의 결과는 비판했지만 그 원인은 거의 거론하지 않았다. 인간은 원칙적으로 자연이 내어 준 모든 것을 사용해도 된다는 부르주아적 자유주의의 근본 가치만큼은 건드리지 않은 것이다. 반면에 자본주의적 자유주의 시스템과 〈동물〉 자원의 무한 착취에 대한 인간의 특권에 의문을 제기하는 사람들은 우리 사회의 가치 시스템과 소유권 체제 자체에 반기를 들었다. 이는 전통적 동물 보호 운동가들의 관점에서는 너무 지나친 것처럼 보였다. 바로 이것이 동물 보호와 동물 권리를 가르는 명확한 경계였다.

모든 동물권론자는 두 가지 점에서 의견이 일치한다. 첫째, 동물은 인간의 도덕 공동체 안으로 받아들여져야 한다. 둘째, 동물은 소유자가 마음대로 처분해도 되는 **물건**이 아니다. 이 관점도 2백 년이 넘는 역사를 갖고 있지만, 구체적인 이론적 형태는 앞서 설명했듯이 20세기 초에야 솔트와 넬존에 의해 확립되었다. 그에 따르면 느낄 수 있는 모든 생물은 마땅히 자유롭게 발전할 권리가 있다. 그리고 고통을 가하는 동물 실험과 육식은 허용해서는 안 된다.

우리가 싱어와 리건을 통해 이미 알고 있는 동물권의 핵심 논거는 다음과 같다. **모든 인간**을 **모든 동물**과 구분하는 기준은 존재하지 않는다. 그럼에도 우리는 인간을 도덕적으로 동물과 구분한다. 하지만 그에 대한 근거는 선입견일 뿐이다. 우리가 이성과 자의식, 언어를 근거로 끌어들인다면, 인간도 예를 들어 신생아나 중증 지적 장애인, 중증 치매 환자처럼 모두가 그런 능력을 가지고 있지는 않다는 사실에 부딪히고, 반면에 고통을 느끼는 감정이나 행복을 느낄 수 있는 능력을 기준으로 삼으면 상당수 동물에게도 그런 감정이 있다는 사실을 인정할 수밖에 없다.

동물권론자들은 인간이라고 해서 특별히 도덕적 의미가 있다고 생각하지 않는다. 우리를 인간으로 만드는 모든 특성 가운데 그 어떤 것도 오직 인간만의 것은 없기 때문이다. 따라서 미래의 윤리학은 더 이상 〈종 차별주의적〉이어서는 안 된다. 도덕 철학은 철저하게 동물로 확대되어야 한다. 싱어 같은 동물권 철학자들은 인간이 마침내 이 방향으로 걸음을 떼게 된 것을 인간 윤리학의 중요한 발전으로 여긴다.

독일어권에서는 이와 관련한 학술 논쟁이 상당히 제한적으로 머물러 있다. 철학자 우르줄라 볼프Ursula Wolf(1951~)와 스위스 윤리학자 볼프만 동물의 감정과 이익, 선호, 자의식의 수준, 해방감, 권리를 옹호하는 영역에서 오랫동안 고군분투해 오고 있다. 기껏해야 독일 동물 윤리학의 대가 고트하르트 마르틴 토이치Gotthard Martin Teutsch(1918~2009)가 유일하게 두 사람을 지지하는 정도다. 그러다 최근 몇 년 사이 이와 관련해서 파충류 껍질처럼 완고하던 독일 대학들에서도 약간의 변화가 일기 시작했다.

반면에 앵글로색슨 국가들의 상황은 예나 지금이나 완전히 다르다. 여기서는 싱어와 리건의 뒤를 이어 이미 오래전부터 폭넓은 학술 논쟁이 존재한다. 영국에서는 미즐리가 싱어와 비슷하게 복잡한 감정을 가진 모든 동물을 〈인격체〉로 존중하자는 주장에 동조했고, 스티븐 클라크Stephen Clark(1945~)는 주로 동물들의 이익에 관해 논증을 펼쳤다. 미국에서는 영국 출신의 수의 사 마이클 폭스Michael Fox(1937~)가 〈동물 권리〉를 위해 매진했고, 버나드 롤린Bernard Rollin(1943~2021)은 도덕을 완전히 배제한 채 잔인하게 진행되는 동물 실험의 무도함을 강하게 비판했다. 레이먼드 프레이Raymond Frey(1941~2012)는 동물이 인간에 비할 만한 이익을 갖고 있지 않지만 그럼에도 고통을 느끼는 존재로서 그에 합당한 방식으로 윤리학에서 고려되어야 한다고 주장했고, 스티브 사폰치스Steve Sapontzis(1945~)는 싱어의 공리주의와 리건의 동물권 이론 사이에서 의도적으로 비체계적인 중도의 길을 추구했다. 또한 데일 제이미슨Dale Jamieson(1947~)은 동물권을 〈자유〉를 갈망하는 동물의 욕구에서 풀어 나갔다. 이때 그는 동물권 운동을 새로운 환경 운동의 일부로 보았는데, 이로 인해 자연 보호 운동가들과 동물권론자들의 강경한 대치 전선을 중재하는 길로 나섰다. 프란치오네는 동물을 더 이상 〈소유물〉로 보아서는 안 되고 동물 해방을 최고의 목표로 제시했다. 그리고 데이비드 데그라치아David DeGrazia(1962~)는 지금까지 제시된 모든 논거를 처음으로 체계적으로 분류하면서 각각의 장단점을 명확하게 분석했다.

이런 흐름과 나란히 북아메리카와 서유럽의 대다수 국가에서는 동물의 윤리적 대우를 위해 싸우는 사람들(PETA) 같은 동물권 보호 단체가 설립되었다. 특히 네덜란드, 스칸디나비아반도, 영국 같은 프로테스탄트 국가들에서는 그런 단체들이 그야말로 우후죽순처럼 생겨났다. 영국에서는 단기간에 생체 해부 금지 협회와 전국 생체 해부 반대 협회 같은 대규모 단체가 새로운 동물권의 지평을 열었다. 스웨덴과 노르웨이에서는 〈고통스러운 동물 실험에 반대하는 북유럽 협회〉가 동물권의 기치를 치켜들었다. 특히 스웨덴에서는 1990년대에 작가 아스트리드 린드그렌Astrid Lindgren(1907~2002)의 적극적인 참여와 여론의 압박 아래 결국 동물 보호법을 수정하기에 이르렀다. 스웨덴 법은 동물에 대한 인간의 행동을 규제하는 데 그친 독일 법과 달리 동물의 권리를 인정했다. 예를 들면 적절한 크기의 생활 공간을 보장하는 권리와 야외에 머물 권리 같은 것들이다.

독일어권에서는 애니멀 피스, 동물 권리를 위한 사람들, 동물 공장 반대 연합 같은 단체들이 성공을 거두지 못했다. 그러다 보니 몇몇 동물권론자의 언어와 주장은 점점 과격해졌다. 그에 대한 예가 1990년대에 애니멀 피스의 이론적 자문 위원으로 활동한 오스트리아 작가 카플란이었다. 그는 인간의 윤리적 책임을 어떤 유보 조건 없이 즉시 동물로 확대할 것을 주장했다. 싱어가 고등 동물과 인간에게 존엄성을 부여하려고 그들을 〈인격체〉라는 개념으로 통합했다면 카플란은 정반대의 길을 걸었다. 인간의 〈침해될 수 없는 존엄〉을 부정한 것이다. 〈어떻게든 인간 존엄의 비밀을 규명하려고 필사적으로 시도할 때마다 존엄의 불가침성에 대해 아주 곤란한 진실을 마주할 수도 있다는 의심이 간간이 솟구친다. 즉, 인간의 존엄이 침해될 수 없다는 것은 그것이 원래는 전혀 존재하지 않기 때문이라는 것이다.〉[1]

자유 민주주의 사회의 〈인도주의적〉 자기 이해에서 보면 카플란의 이 테제는 도발적이다. 〈인간의 존엄〉은 과연 부정해도 되는 것일까? 히틀러 파시즘에서 중중 장애인을 〈가치 없는 생명〉으로 경시하며 사지로 내몰았던 역사를 아는 사람이라면 카플란에 찬성할 수 없고, 그런 테제의 허용을 경계할 수밖에 없다. 그렇다면 카플란이 말한, 인간과 고등 동물의 연대 공동체라는 새로운 질서는 논쟁의 여지가 상당하다. 인도주의적 도덕의 토대를 뒤흔들기 때문이다. 게다가 그런 일을 독일에서 마지막으로 실행한 사람들이 민족 학살자와 전쟁 범죄자였기에 분노는 쉽사리 가라앉지 않는다.

이런 과격 단체들은 대담한 이론이나 도발적인 말로만 불쾌감을 유발하는 것이 아니다. 동물권 운동가들은 스스로를 〈해방 운동가〉로 이해하고, 그에 따른 전형적인 특징을 가감 없이 드러낸다. 예를 들어 그들에게는 그들만의 언어가 있다. 고기를 먹는 사람을 〈육식 동물〉, 동물을 죽이는 것을 〈살인〉이라 부르며, 언제든 종 차별주의라는 용어로 상대를 비난할 준비가 되어 있다. 또한 동물권 운동 단체들은 자기들만의 제식이 있다. 사냥을 방해하고, 정육점 진열창에 피를 묻히거나 구호를 적고, 동물원에서 시위를 하고, 양계장이나 모피 농장에 몰래 들어가 닭과 밍크를 풀어 준다. 충분히 공감이 가는 공익적 차원의 동물권 운동 단체들도 있지만, 그 주변에는 항상 독립적으로 움직이는 과격한 폭력 집단도 있다. 가령 사냥 망루를 톱으로 자른다거나 편지 폭탄을 보낸다거나 살해 위협도 서슴지 않는 집단들이다. 특히 동물 권리 시민군, 정의부, 동물 해방 전선 같은 영국의 지하 단체들이 악명이 높다. 연방 형사국에 따르면 독일에서는 지난 10년 사이 2천 건 이상의 관련 범죄가 일어났지만, 그중 상당수는 사소한 범죄였다.[2]

비건으로 살아가고, 양모 스웨터와 가죽 신발, 벌꿀, 유제품을 포기하는 것은 동물권론자들의 규범에 속한다. 그들의 눈에는 비건 외의 모든 채식주의자조차 도덕적으로 의심스럽다. 또한 그들은 동물 보호론자들을 비롯해 동물의 권리를 요구하지 않는 사람들을 경멸한다. 이 경계가 그들의 정체성을 형성하고, 자존감과 그들만의 연대 의식을 강화한다. 개인적 동기는 무척 다양하다. 예를 들어 윤리적으로 자신을 정화하려는 소망, 정치적 참여에 대한 재미, 사회의 근본 가치를 뒤집고 주류에 맞서는 행위에 대한 희열, 세상의 무시에도 불구하고 꿋꿋하게 자신의 소신을 밀고 나가는 것에 대한 쾌감, 남들이 자신보다 기본적으로 나쁘다고 생각하는 우월감 같은 것들이다. 때로는 이 모두 혹은 상당수가 혼재되어 있기도 한데 이는 다른 해방 운동의 영역에서도 다르지 않다.

1990년대에는 당시 독일 정신 분석학회의 회장이던 위르겐 쾨르너Jürgen Körner(1943~)가 동물권론자들의 심리를 연구했다. 그가 내놓은 분석 결과는 이렇다. 동물권 운동가들은 심리적으로 스스로를 도덕적으로 우월한 존재로 만들기 위해 자신이 보호하는 동물들을 악용한다는 것이다. 존중과 배척의 새로운 축을 가동시키면서 말이다. 동물권론자들은 타인들과의 연대를 끊고, 대신에 〈세계를 좋은 사람과 나쁜 사람으로 명확히 나눈다. …… 이러한 가름이 급진적일수록 그들은 자신이 완전히 착한 사람에 속한다고 점점 확신하게 된다. 게다가 이 모든 것은 동물을 위해 하는 일이기에, 그리고 동물은 혹시 이의가 있어도 반박할 수가 없기에 그들은 자신들의 입장에 어떤 자기중심주의가 깔려 있는지 전혀 모른다. 그것은 관점을 뒤집어, 동물권론자들이 나쁜 사람들의 무리에서 자신을 정말 좋은 사람으로 부각시키기 위해 동물과 동물의 이익을 이용하고 있다고 생각할 때 비로소 드러난다).[3]

독일 동물 보호 연맹의 입장에서 동물권론자들은 대체로 공포다. 연맹은 동물 보호라는 명목 아래 공공에서 벌어지는 범죄를 염려하고 〈동물 보호 테러리즘〉을 경고한다. 동물 보호 운동가들은 동물에 대한 〈공정한〉 대우를 관철하기 위해 과격한 수단을 사용하는 것에 반대한다(그것은 많은 동물권 운동가도 마찬가지다). 사람에 대한 폭력이든 물건에 대한 폭력이든 간에 말이다. 동물 보호 운동가들의 비판은 대개 대량 사육자들과 연구실 실험자들의 신념이나 의도에 맞추어져 있지 않다. 그들이 가장 중요하게 생각하는 것은 오직 동물의 주관적 심리적 안녕뿐이다. 동물권론자들이 못마땅해하는 지점도 바로 여기다. 동물 학대의 무절제와 과도함에만 반기를 드는 동물 보호는 근본적으로 모든 것을 그대로 두자는 것이나 다름없다. 이런 방식으로는 동물에 대한 불의를 결코 바로잡을 수 없다는 것이다.

동물 해방 투쟁을 결산하면 평가는 결코 후하지 않다. 싱어의 베스트셀러가 나온 지 40년이 지났지만 큰 성공은 보이지 않는다. 독일의 동물권 운동가들은 여전히 다음과 같은 질문을 받을 때가 많다. 왜 하필 동물인가? 이 세상에는 동물 권리 말고도 몸 바쳐 싸울 만한 사회 문제나 인간 문제가 얼마나 수두룩한가? 예전에 독일의 한 연방 장관은 동물 보호에 관한 질문을 받자, 닭을 배터리 케이지에 가두는 문제보다 차라리 대도시에서 비좁은 닭장 같은 곳에 사는 사람들의 문제에 더 많은 관심을 가져야 하지 않느냐고 반문한다. 독일 유력 주간지의 한 학술부장은 사적인 대화에서 동물 복지를 위해 싸우는 모든 공적인 운동을 터무니없는 것으로 여긴다. 동물에 신경 쓸 시간이 있으면 유치원 공간을 마련하는 일에 더 신경 써야 한다는 것이다. 또 언젠가 뉘른베르크 동물원의 척추동물관 책임자는 필자에게 동물 권리는 지구상에서 권리를 박탈당하고 사는 모든 사람이 자신의 권리를 획득할 때까지 기다리는 편이 낫지 않겠느냐고 말했다.

여전히 많은 사람이 이와 비슷하게 생각한다. 하지만 사람들은 동물권이 사소한 문제가 아니라 정말 중요한 문제라는 점을 간과하고 있다. 즉, 우리가 무수한 동물의 고통에 눈을 감는다면 그것은 우리 자유 민주주의 사회 질서의 자기 이해와 공공의 감수성에 맞지 않다. 이런 의미에서 동물을 다루는 우리의 태도에 대한 물음은 매우 진지한 사회적 도전이고, 지난 수십 년에 걸친 동물권 운동의 총체적인 좌절은 주목할 만한 패배다.

동물권론자들은 왜 서유럽에서 여론의 호의적인 반응을 받지 못했을까? 왜 소수의 사람만 환호하는 산발적인 폭력 행위만으로 주목을 끌게 되었을까? 성격이 조금씩 다른 PETA, 애니멀 피스, 동물 권리를 위한 사람들, 동물 공장 반대 연합 같은 동물권 단체들은 오늘날 확고하게 자리를 잡았지만, 다양한 사회 비판 영역에서는 별로 언급되지 않는 틈새 상품에 불과하다. 여론의 관심은 1990년대에 비해 상당히 낮아졌고, 〈동물 해방〉은 어디서도 진지하게 주목받지 못한다. 그에 대해 호모 사피엔스종의 타락이나 종 차별주의적 사고 외에 또 다른 이유가 있다면 무엇일까?

예를 들면 동물권론자들의 엘리트적 자아상을 들 수 있다. 그들의 과격한 태도는 쉽게 거부감과 조롱을 불러일으킨다. 엄격한 윤리에 따른 이런 행동은 동물권 단체들의 자기 이해에 속할 때가 많다. 우리의 윤리가 너희에게 너무 강하다고 느껴진다면 그것은 너희가 너무 약하다는 것이다! 이는 영웅적인 자아상과 집단 결속력을 강화시키지만 장기적으로 보면 집단을 배타적이고 작게 만든다. 도덕적 엄숙주의는 자기만이 옳다고 하는 의식으로 쉽게 빠지는데, 일반 사람들은 그들이 말하는 대로 철저하게 따르며 살 수 없다. 수많은 폐단에 대한 책임을 호모 사피엔스종 전체나 개인 모두에게 지우는 한, 누군가 자신의 태도를 바꾸길 기대하기는 어렵다.

동물의 내면에 대한 그들만의 이상한 확신도 비판받아 마땅하다. 필자는 동물의 내면에서 실제로 무슨 일이 일어나는지는 누구도 정확히 알지 못한다고 앞서 말한 바 있다. 그럼에도 인간과 다른 동물을 원칙적으로 구분하지 않는 동물권론자들의 의인화한 언어는 그들의 급진성을 부채질한다. 하지만 고통과 기뺨을 느낀다는 것만으로 인간과 고등 동물이 원칙적으로 같다는 것을 충분히 증명할 수 있을까? 그들이 말하는 동일성은 구체적으로 무엇을 의미하는가? 인간과 동물은 기껏해야 상호 간의 차이 속에서 같을 뿐이다. 고릴라와 침팬지, 두꺼비와 청개구리, 들쥐와 멧돼지가 같지 않은 것처럼 말이다.

싱어도 동일성의 개념이 다음과 같은 뜻이 아님을 인정한다. 〈동물은 여러분과 나와 똑같은 권리를 갖고 있지 않습니다. …… 선거권, 표현의 자유, 종교의 자유, 그중 어느 것도 다른 동물에게는 해당되지 않습니다. 마찬가지로 인간에게 해가 되는 것이 일부 동물에게는 별로 혹은 전혀 해가 되지 않을 수도 있습니다.〉[4] 그런데 원칙적으로 서로 같다는 전제하에서 그런 차이를 인정할 수밖에 없다면 그 차이도 결국 본질적으로 같지 않을까? 많은 차이의 유보하에서 동일성을 말하는 것보다 차라리 **많은 동일성의 유보하에서 다름**을 말하는 것이 더 낫지 않을까? 이로써 그들이 도덕적 근거로 제시한 동일성 원칙은 토대가 허약하다.

따라서 인간과 동물의 동일성 원칙을 무시했기에 동물에 대한 공포 정치가 자행되었다는 주장은 설득력이 떨어진다. 물론 앞서 보았듯이 동물과 인간 사이에 확고하게 경계선을 그은 것은 인간종만의 지극히 특이한 설정인 것은 맞다. 게다가 유인원과 인간이 유전적으로 극히 미세한 차이만 있다는 말도 맞다. 하지만 기존의 도덕이 아무리 잘못된 것처럼 보이더라도 거기서 동물과 인간의 원칙적인 동일성 원칙을 도출할 수는 없다.

동물권론자들의 목표 설정도 문제가 많다. 그들이 꿈꾸는

해방된 동물 세계는 과연 어떤 모습일까? 영화 「12 몽키즈」에서
처럼 족쇄에서 풀려난 얼룩말과 플라밍고의 모습일까? 아닐 것
이다. 그들이 꿈꾸는 세상에서는 소와 돼지, 닭 같은 경제 동물
이 더 이상 사육되지 않는다(최소한 서유럽에서는). 시장이 없
으면 동물 사육에 대한 관심도 사라질 것이기 때문이다. 따라
서 이 모든 동물은 멸종된다. 종에 적합하게 키워질 수 없는 대
부분의 애완동물도 마찬가지다. 한 농장에서 해방된 동물들과
함께 살아가는 카렌 두베Karen Duve(1961~)와 힐랄 세즈긴Hilal
Sezgin(1970~) 같은 자부심에 찬 동물권론자들의 멋진 사진도
더는 언론에 등장하지 않는다. 이제 동물권론자들의 삶에 동물
은 존재하지 않는다. 동물원도 그 안의 동물들이 자연스럽게 죽
게 되면 문을 닫는다. 호랑이와 코끼리, 영양은 번식도 하지 못하
는 상태에서 한동안 시혜의 빵으로 그럭저럭 살아간다. 이들은
많은 지원을 받지만 관객과는 동떨어진 채 마찬가지로 이곳으로
옮겨진 서커스 동물들과 함께 고립된다. 승마는 폐지된다. 대부
분의 대형 동물은 50년 내에 유럽에서 사라진다. 숲에서도 그들
을 보는 일은 드물다. 오늘날 야생 동물의 총수는 사냥 목적을 위
한 인위적인 조절의 결과이기 때문이다. 이로써 우리 아이들이
교류를 통해 감수성을 키울 수 있는 많은 생물은 더 이상 존재하
지 않는다. 동물과 인간의 단절은 완전하게 이루어질 것이고, 아
이들에게 동물 세계는 별나라 이야기가 되고, 동물 그림책이 호
황을 누리는 시절도 끝난다. 동물, 봉제 인형, 동화 속 주인공, 만
화책의 오리, BBC 애니메이션, 텔레비전에서 방영되던 세렝게

티 평원의 생생한 사냥 장면을 비롯해 많은 것이 더는 우리 곁에
남아 있지 않을 것이다.

　비좁은 우리에 갇혀 살던 경제 동물이 사라진 것을 슬퍼할
이유는 당연히 없다. 반면에 인간 삶에서 동물의 총체적인 상실
은 결코 사소한 일이 아니다. 그런데 문제는 이런 실제적인 결과
만이 아니다. 동물권 운동에 대한 철학적으로 가장 중요한 비판
은 아직 언급되지 않았다. 바로 동물권 철학자들이 자신의 도덕
적 근거를 설명하는 방식이다. 내가 착각하는 것이 아니라면 싱
어부터 데그라치아에 이르기까지 거의 모든 동물 윤리학자의 이
념적 기저에는 (내가 보기에는) 잘못된 도덕관이 깔려 있다. 그들
의 〈철문〉은 여전히 단단히 닫혀 있다. 그렇다면 좀 더 현실적인
동물 윤리학은 어떤 모습일 수 있을까?

종에 적합한 도덕

인간과 동물의 윤리학

제가 이렇게 말하면 어떤가요?
〈여기 닭이 나왔어요, 이걸 드세요,
아니면 제가 또 다른 닭을 죽일까요?〉
— 영국 코미디언 사샤 배런 코언Sacha Baron Cohen의
가상 캐릭터 알리 G가 비건이자 동물권 활동가인
마이클 서트클리프Michael Sutcliffe에게 하는 말

볼슐레거가 브라운슈바이크의 거대한 성 안드레아스 교회의 설교단에 올랐을 때 나도 청중석에 앉아 있었다. 이 작가의 〈인간과 동물의 윤리학〉 강연에 참석한 사람은 1천 명이 넘었고, 몰려든 청중을 수용할 다른 공간은 전혀 없었다. 열렬한 교회 비판자 볼슐레거는 쩌렁쩌렁한 목소리와 감동적인 언어로 낙원의 평화와 동물에게는 너무나 비참한 현실에 대해 이야기했다. 여기가 그 옛날 종교 개혁가 루터의 설교 장소라는 점도 이 무신론적 설교의 효과를 배가시켰다.

볼슐레거는 카를하인츠 데슈너Karlheinz Deschner(1924~2014)와 드레버만과 함께 1990년대에 교회를 격렬하게 비판하고 동

물 권리를 비타협적으로 옹호한 지식인 삼인방 중 한 명이었다. 1997년의 이 강연은 무척 큰 문학적 즐거움이었지만, 다른 한편으로는 나 자신에게 몇 번이고 다음과 같은 질문을 던지게 했다. 나는 〈동물 권리〉 문제를 어떻게 생각하고 있는가? 1970년대에 싱어의 동물 해방이 던진 참신하고 강렬한 인상은 이미 오래전에 개념 규정을 둘러싼 논쟁 속에서 재빨리 증발해 버렸다. 나는 어차피 신생아와 중증 장애인에 대한 싱어의 입장에 공감할 수 없었다. 그리고 포유류를 비롯해 조류, 심지어 어류의 권리까지 존중받는 세계가 실현될 가능성이 조금이라도 있는지도 지극히 불분명했다. 동물권에 대한 요구는 세부적으로 어떤 근거를 제시하든 실천적 차원에서는 결국 실패할 수밖에 없는 것이 아닐까?

나는 동물권론자들의 일부 근거와 결론에 분명 공감하는 구석이 있음에도 왜 그것이 틀렸다고 생각하는지 스스로에게서 설명을 찾고자 했다. 그러다 마침내 이것이 〈도덕〉에 관한 그들의 인식 및 그 관념을 다루는 방식과 관련이 있음을 깨달았다. 거의 모든 동물권 철학자와 지지자는 인간 도덕에서 중요한 것은 〈정의〉이고, 그 도덕적 정의에 따르면 동물을 다루는 사람들의 태도가 부당하다는 사실을 설득시켜야 한다고 생각하는 것으로 보인다. 따라서 그들은 독자층의 도덕적 통찰력에 호소한다. 간단히 말해서, 동물을 대하는 우리의 태도는 좀 더 옳고 좀 더 나은 정의에 맞게 바뀌어야 하고, 각자 그 사실을 깨달아야 한다고 요구하는 것이다.

이런 통찰력을 갖는다는 것은 곧 사람들이 내면의 종 차별주의를 극복하려면 기존의 생각을 바꾸어야 한다는 것을 의미한다. 동물권 철학자에게 종 차별주의는 이성적으로 아무런 근거가 없는 나쁜 습관적 생각과 같다. 그것은 떨쳐 버려야 한다. 이런 생각 뒤에는 사람들이 자신의 입장과 의견, 습관적 사고가 이성에 어긋난다는 사실을 깨달으면 태도를 바꾸게 될 것이라는 믿음이 깔려 있다. 이는 철학사에서 아주 오랜 역사를 가진 견해다. 최소한 플라톤으로 거슬러 올라가는 이 견해는 지금도 대다수 도덕 철학자의 사고를 지배하고 있다. 그러나 필자가 생물학과 도덕 심리학 연구를 통해 얻은 인식에 따르면 이것은 잘못된 생각이다.

거의 모든 동물권 철학자를 비롯해 대부분의 철학자는 도덕에서 가장 중요한 것을 이성으로 여긴다. 그들은 비이성적인 동물에게도 권리를 인정해야 한다고 주장할 때도 이성적 논거를 댄다. 심각한 지적 장애인과 중증 치매 환자는 인격체로 존중하면서 인지 능력이 있는 다른 동물은 인격체로 대우하지 않는다면 얼마나 비논리적인가! 그렇다면 인간을 동물보다 도덕적으로 더 중한 존재로 여기는 것은 **비이성적인** 태도이고, 따라서 우리는 그런 태도와 결별해야 한다.

거의 모든 동물권 철학자는 이성적인 논거를 도덕의 결정적인 요소로 여긴다. 이 논거에 방해가 되는 감정은 배제한 채 말이다. 그러나 이 전제는 겉보기만큼 그렇게 절대적이지 않고, 반론도 얼마든지 가능하다. 어쨌든 이 전제로 인해 철학자들이 제시하는 도덕적 근거는 대다수 사람의 감정과 별 관련이 없는 치명적인 결과로 이어진다. 그러다 보니 이성 철학자들이 이성적 논거에도 불구하고 자신의 말을 따르지 않는 인간들에게 거듭 절망하는 것은 놀랍지 않다. 문제는 사람들에 있다기보다 오히려 잘못된 전제에 있음에도 결국 그들에게 남는 것은 오만과 분노, 체념뿐이다.

이성이 무엇인지는 명확하지 않다. 많은 고대 그리스인의 믿음처럼 신적인 어떤 것일까? 혹은 칸트의 말처럼 우리 안의 심판 기관일까? 아니면 18세기의 흄이나 오늘날의 많은 심리학자가 생각하는 것처럼 교육과 사회적 표준의 영향, 학습 태도, 그리고 현실과 맞닥뜨리면서 쌓은 실제적 경험의 총합일 뿐일까? 나는 여기서 이 문제를 깊이 파고들고 싶지는 않다. 결국 그것이 중요한 것은 아니기 때문이다. 내가 중요하게 생각하는 것은 다른 문제다. 이성이 인간에 의해 규정되는 것은 맞지만, 인간이 이성적으로 행동하리라는 것은 머릿속 사변일 뿐이라는 것이다. 인간은 결론을 도출하고, 자신에 대해 숙고하고, 미래를 계획하고, 어려운 결정을 저울질하고, 그래서 〈동물의 권리〉에 관한 책을 쓸 수 있다. 이런 폭넓은 능력 면에서 인간은 다른 동물에 비해 뛰어나다. 하지만 자기 성찰과 미래 계획, 신중한 사고는 우리의 일상에 실제로 어떤 의미가 있을까? 인간의 일상적 행위에서 이성이 차지하는 부분은 과연 얼마나 될까?

대다수 철학자는 남들도 자신과 같다고 믿는 듯하다. 수학자들이 사람들에게 사물을 논리적으로 보라고 요구하듯이 철학자들도 사람들이 이성적일 것이라고 생각한다. 철학에서는 이성이 그만큼 중요한 역할을 하기 때문이다. 그러나 그들은 보통 사람들을 모를 뿐 아니라 보통 사람들에게서 출발하지도 않는다. 〈인간〉이 무엇인가 하는 척도는 바로 철학자 자신이다. 도덕과 관련해서 그들은 남들도 도덕 철학자의 인식이나 행동처럼 인식하고 행동하길 기대한다. 그러나 실제로 맞닥뜨리는 결과는 기대와 너무나 다를 때가 많다. 모두에게 동일한 이성이 있다고 생각했는데 말이다. 이런 인식은 소박하고, 현재 우리 대학들에서 주류로 자리 잡은 〈분석 철학〉에 대한 심각한 도전이다. 이 철학은 스스로 과학으로 이해하고, 그렇기에 원칙적으로 하나의 도덕 철학이 아닌 많은 도덕 철학이 존재한다는 사실을 인정하지 않는다.

반면에 나는 이성을 인간 동물학적 관점에서 인간 동물의 많은 능력 가운데 하나로 볼 것을 제안한다. 이성은 인간이 빛을 향해 올라갈 수 있도록 하늘에서 내려 준 동아줄이 아니다. 또한 자기 자신을 인식하는 정신으로서 하늘을 향해 계속 자라나는 위풍당당한 나무도 아니다. 이성은 감정의 바다에서 끊임없이 위태롭게 흔들리며 이리저리 떠다니는 줄기 없는 부유 식물이다. 어떤 경우든 인간에게 사고 규칙을 제시하는 것은 이성이 아니다. 오히려 사고의 생물학적, 심리학적 규칙이 이성을 결정한다.

이성의 역사는 이성이 비롯된 생물학적 본성의 역사를 모르고는 불완전한 이야기에 그친다. 현실 인간에게 초점을 맞춘 윤리학은 이를 고려해야 하고, 오직 논리적으로만 설득하는 것이 아니라 **심리 논리적인** 설득에 주안점을 두어야 한다. 싱어와 리건을 비롯해 다른 동물권 철학자들이 맹점을 보이는 것이 바로 이 지점이다. 그들은 한편으로는 인간을 다른 동물들 가운데 하나로 보고 끊임없이 이 유사성을 강조하면서도 다른 한편으로는 인간에게 비현실적인 만큼 엄청난 이성과 통찰력이 있다고 믿는다. 도덕적 결정에서조차 이성의 사용이 상대적이고 산발적일 수밖에 없는 인간에게 어떻게 그것이 윤리적 논리학과 도덕적 이성 규칙에 부합한다는 이유로 동물의 이익을 동등하게 배려하라고 요구할 수 있을까? 평소 다른 도덕적 결정을 내릴 때도 이성을 별로 사용하지 않고 그저 〈남들 하는 대로〉 금지되지 않은 것만 따라 하는 인간이 왜 하필 동물을 다루는 문제에서만 이성을 발휘할 것이라고 생각할까?

따라서 이제 이렇게 물어야 한다. 새로운 동물 윤리학의 수신인은 누구인가? 동물권 철학자들은 어떤 사람에게 영향을 주고자 하는가? 이 물음은 결코 사소하지 않다. 바로 여기에 성공의 열쇠가 있기 때문이다. 그렇다면 도덕이 무엇이고 무엇이어야 하는지부터 명확하게 생각을 정리해야 한다. 우리는 대체 왜 도덕적으로 행동하고, 도덕은 어떤 원리로 돌아가고, 그 한계는 어디에 있을까?

도덕은 마법의 주문이다. 일상의 도덕, 신념 도덕, 책임 도덕, 계급 도덕, 계약 도덕, 최대치 도덕과 최소치 도덕, 주도 도덕, 통제 도덕, 여성 도덕과 남성 도덕, 상도덕, 경영자 도덕, 페미니스트 도덕, 신학자 도덕 등 종류도 많다. 새로운 문제가 발생하면 사회는 언제든 신속하게 새로운 도덕을 만들어 낸다. 게다가 항상 똑같이 예전의 가치를 소환한다. 즉 양심에 호소하고, 책임을 외치고, 더 많은 평등과 민주주의, 형제애를 요구한다. 사회가 혼란스러워지면 예부터 도덕관념부터 부르짖는다. 다만 놀라운 것은 사고의 전환과 책임감 증대처럼 아름다운 말이 진지하게 나오기 시작하면 많은 사람의 얼굴에 저항의 기색이 나타난다는 점이다. 그것도 실제 현실 상황보다 사고 전환에 대한 거부감이 더 거세다.

도덕적으로 생각하는 사람은 세계를 두 영역으로 나눈다. 존중해야 할 세계와 경멸해야 할 세계다. 철학자들은 2천 년 넘게 이 존중과 경멸의 기준을 확정 지을 명확한 증거를 찾기 위해 열심히 머리를 굴렸다. 주목할 만한 성과도 있었다. 철학적 영향 아래 수백 년에 걸쳐 시민적 법치 국가 같은 근대적 도덕 체계가 탄생한 것이다. 하지만 다른 한편으로 이 구조는 국가 사회주의에서 큰 도덕적 저항 없이 순식간에 무너질 정도로 허약했다. 당대의 철학자들 가운데 확고한 자유주의자들과 민주주의자들조차 인권 같은 사회적 근본 가치가 정말 최종적인 것인지 심각한 의구심을 품을 수밖에 없었다.

이유는 무엇일까? 이 책의 훨씬 앞부분에서 우리 선조들이 어떤 상황에서 무슨 이유로 사회적 행동 규칙에 이르게 되었는지 이미 언급했다(《1.6퍼센트》 참조). 의도가 있고, 다른 존재의 의도를 인식하고, 그에 따라 행동하는 생물에게는 일종의 행동 규범이 필요하다. 여기서 그들이 초점을 맞추는 것은 함께 살아가는 집단 내 다른 구성원들의 행동이다. 그들의 사회적 행동과 배려, 협력이 향하는 반경 역시 가까운 주변 사람들로 제한된다. 그들의 행동은 이 좁은 울타리 안에서만 〈옳거나 그르다〉.

그렇다면 도덕이란 결국 사회적으로 복잡하게 행동하는 생물들이 서로 잘 지내기 위해 하는 행동들이다. 인간이나 유인원처럼 고도로 발달한 영장류의 단계에서는 무엇보다 다른 존재를 (집단 내의 지위에 맞게) **존중하는 것**이 중요하다. 게다가 자신도 다른 구성원에게 존중받을 수 있도록 세심하게 신경 쓴다. 어쩌면 인간에게만 독점적일지 모르는 또 다른 단계에서는 내가 타인을 존중하는지, 그리고 얼마나 존중하는지의 문제는 결국 자기 존중의 문제가 될 수 있다. 나는 타인을 존중할 때 기분이 좋고, 타인의 이익을 무시해서 그들로부터 처벌을 받으면 기분이 나쁘다.

내가 타인에게 하는 행동과 기대들 가운데 상당수는 성찰로 형성된 도덕관이 아니라 타고난 도덕 감정에서 비롯된 것들이다. 영국 철학자들이 18세기에 벌써 언급했고, 지금도 흔히 〈도덕 본능〉이라 부르는 감정이다. 이런 도덕 감정은 필요하다. 하지만 복잡한 공동생활에는 이것만으로 충분하지 않다. 아니, 어떤 때는 그것이 방해가 되거나 해롭기까지 하다. 우리는 부당한 일을 당했다는 생각이 들면 분노를 표출하고, 심지어 가끔은 타인에 대한 살의까지 느끼지만 일반적으로 그런 감정을 억누른다. 또한 무수한 타인의 생명보다 내 자식의 생명을 더 귀히 여기는 것은 생물학적으로 타당한 일이지만, 다른 한편으로는 남에게 피해를 주면서 자기 것을 지키는 행동은 전체 집단의 이익에 위배될 수 있다. 이런 이유에서 철학자들과 입법자들은 2천 년 훨씬 전부터 타인을 우리 자신처럼 존중해야 한다고 호소해 왔다.

물론 처음에는 그리스 자유민 남자만 그런 존중의 집단에 속했고, 훨씬 나중에야 비자유민과 노예, 여성이 포함되었다. 하지만 도덕 집단에 누가 받아들여졌든 간에 사회에는 도덕적(그리고 법률적) 규칙이 필요하다. 그런데 사회 구성원들끼리 〈갈등 없이 잘 지내기〉 위해 그런 제도만으로는 불충분하거나 더 이상 도움이 되지 않을 때는 사회적 교통 법규, 즉 불문율이 필요했다. 위정자의 입장에서는 이런 사회적 안정을 위해 노예나 여성의 이익은 오랫동안 중요하지 않았다. 그러다 언제부터인가 그들도 중요한 의미를 띠게 되었다. 주로 경제적 이유에서였는데, 여기서는 이 부분에 대해 자세히 다루지 않겠다. 어쨌든 서양이든 동양이든 도덕 공동체와 관련해서 동물은 점점 중요성을 잃어 갔다. 앞서 살펴보았듯이 동물은 언제부터인가 그저 인간이 죽여야 하는 〈맹수〉와 경제적으로 이용할 수 있는 〈유익 동물〉의 역할밖에 하지 못했다.

그렇다면 동물이 인간에게 영적, 도덕적 의미를 상실한 것은 단순히 유대교나 기독교, 이슬람교 같은 잘못된 종교 때문이 아니다. 그리고 아리스토텔레스나 스토아학파 같은 철학 때문만도 아니다. 오히려 종교와 철학은 사회적 안정성 면에서 동물의 역할이 점점 줄어드는 시대적 흐름을 반영했을 뿐이다. 이렇게 해서 동물의 행동과 성격에 대한 관심은 전반적으로 퇴락했고,

종교와 철학은 기껏해야 그런 경향을 강화하고 정당화했을 따름이다.

　　대부분의 철학자와 입법자가 남자였기 때문에 동물이 도덕에서 배제된 것도 아니다. 물론 남자가 대체로 여자보다 동물을 덜 사랑하는 것은 사실이다. 그렇다고 동물을 도덕의 문밖에 내친 것은 그들을 지배하거나 인간과 명확하게 구분하기 위해서가 아니었다. 아리스토텔레스는 인간을 이성적 존재로 정의했지, 여타 동물과는 〈다른 동물〉로 정의하지는 않았다. 그는 인간에게서 아주 특별한 동물을 본다. 인간은 **이성과 언어를 가진 동물**이자, **정치적, 사회적 동물**이다. 이 정의는 동물학적 차원의 경계 구분이지 도덕적 차원의 경계 구분이 아니다. 왜냐하면 아리스토텔레스 시대에는 동물을 도덕적인 면에서 인간과 비교할 수 있는 단계로 보지 않았기 때문이다. 게다가 동물을 경제적으로 이용하는 것은 논의조차 되지 않을 정도로 지극히 당연한 일로 받아들여졌다. 아리스토텔레스 이전의 피타고라스와 엠페도클레스조차 그런 이용에 전혀 반대하지 않은 듯하다. 그들은 단지 동물을 제물로 바치고 먹는 행태만 비난했을 뿐이다. 그렇다면 젊은 동물권론자들이 고대 그리스 문화에서 오늘날까지 줄기차게 이어져 왔다고 생각하는 〈인간 중심주의〉는 어느 시기에도 지배 수단이었던 적이 없었고,[1] 어떤 철학적 개념 규정을 통해서도 정당화되지 않았다. 그보다 훨씬 더 결정적이었던 것은 인간이 영적인 삶을 추구하는 데 다른 동물의 필요성이 점점 줄어들었다는 점이다. 게다가 상호 존중과 위계질서, 배제 같은 복잡한 사회적 관계에서도 동물은 전적으로 불필요해졌다. 이로써 그들은 **인간 세계** 안으로 더는 진입하지 못하고 **주변부**에만 머무르면서 서서히 사물이 되어 갔다.

슈바이처의 말처럼 동물이 〈윤리학에서 배제된〉 것은 아리스토텔레스 같은 개별 인간의 책임이 아니다. 또한 집단으로서 〈인간〉 자체의 책임도 아니다. 본성의 타락으로 동물을 업신여기게 되었다는 〈나쁜〉 호모 사피엔스의 이미지는 몇몇 동물권 론자의 망상이다. 인류사에서 동물의 모든 고통에 책임이 있는 〈인간〉은 존재하지 않는다. 우리 자신과의 도덕적 결산은 여기서 재빨리 한계에 부딪힌다. 도덕적으로 마땅히 가르치거나 훈계할 만한 〈인간〉은 어디에도 없다. 누구도 〈인간 자체〉로서 자신의 종에 책임이 있다고 느끼지 않는다. 철학자 카를 슈미트Carl Schmitt(1888~1985)는 말한다. 〈인류를 말하는 사람은 거짓말쟁이다!〉 왜냐하면 인류라는 것은 누구도 거기에 속할 직접적인 의무가 있는 집단은 아니기 때문이다.

지중해 사막 지대와 반사막 지역의 문화에서 동물이 영적으로 점점 중요성을 잃은 것은 사실이다. 또한 타인에 대한 존중과 자기 존중에서도 동물의 역할은 차츰 줄어들었다. 사자를 죽이거나 자신의 가축으로 위세를 드러내는 경우가 아니라면 말이다. 그런데 위르겐 하버마스Jürgen Habermas(1929~) 같은 철학자들이 이런 것들에서 동물이 도덕적으로 별 의미가 없다는 결론을 내리는 것은 의아하다. 왜냐하면 오늘날 동물에 대한 도덕적 의미가 사라진 **현실**에서 그래야 한다는 **당위**를 도출할 수는 없기 때문이다. 하버마스에게는 우리가 언어적으로 타당성 주장을 서로 비교할 수 있는 존재만 도덕적으로 중요하다. 동물은 우리의 언어를 모르고, 그래서 포기할 수 있는 존재이기에 우리의 윤리학에 포함시켜서는 안 된다. 그런데 탁월한 논증 기술로 제시된 그의 이론에는 흄이 말한 존재와 당위(〈철문〉 참조)의 분리에 대한 위반이 담겨 있다. 왜냐하면 하버마스는 결국 우리가 동물과 소통하지 못한다는 관습에서 우리가 동물과 관계할 필요도 없다는 규범을 만들어 내기 때문이다.

하버마스에게 도덕의 토대는 의사소통이다. 이로써 그는 플라톤의 전통에 선다. 하나의 가치를 고른 뒤 그에 따라 자신의 윤리학을 측정하고 그 밖의 모든 것을 발전시키는 전통이다. 그 가치는 어떤 때는 〈선〉이고, 어떤 때는 〈정의〉, 어떤 때는 〈자유〉, 어떤 때는 〈내재적 가치〉 혹은 〈행복〉이다. 그런데 무엇이 중심에 서든 결국 이 모든 것은 항상 인간이 서로 갈등 없이 잘 지내는 것의 토대를 규명하려는 상이한 시도들일 뿐이다. 따라서 윤리학의 목표는 정의와 자유 같은 것이 아니다. 정의와 자유가 약간 부족한 경우가 오히려 절대적 정의나 절대적 자유의 경우보다 인간들끼리 더 잘 지낼 수도 있기 때문이다. 급진적 공산주의와 급진적 자유주의의 함정이 그에 대한 명백한 증거다. 이처럼 우리는 대개 철학적으로 하나의 선명한 원칙에서 도출되지 않아 명확하게 근거를 제시하기 어려운 혼합 형태를 선호한다.

그 때문에 나는 감히 이렇게 주장하고 싶다. 대다수 철학자에게 실제로 중요했던 것은 그들이 절대적으로 내세웠던 가치가 아니었다고. 그들의 목표는 〈정의〉가 아니라 인간들이 최대한 서로 잘 지내는 것이었다. 아무튼 그런 절대적 가치들 때문에 우리는 고대부터 상당히 파괴적인 결과를 낳은 엄청나게 과장된 두 가지 짐을 질질 끌고 다녔다. 첫째, 우리는 정의와 자유, 또는 선이 〈그 자체〉로 존재한다고 믿는다. 둘째, 우리는 어떤 무언가를 하게 하거나 그만두게 하는 신념을 과대평가한다. 물론 고대 그리스 사상가들을 비난할 수는 없다. 그들은 오늘날의 대다수 〈보통〉 사람처럼 세계가 〈그 자체〉로 존재한다고 믿었다. 그들의 생각 맞은편에는 모든 것이 각자의 자리를 차지하고 있는 하나의 객관적 현실, 즉 선과 정의, 진리가 서 있었다. 이것들은 나무와 별처럼 실제로 존재했지만, 인식하기가 훨씬 더 어려웠을 뿐이다. 플라톤은 사람들이 만일 선하게 행동한다면 이 위대한 우주적 선이 그들 안에서 작용하고 있다고 생각했다.

오늘날의 철학자들 가운데 더 이상 이런 것을 믿는 사람은 거의 없다. 확고하게 정해진 하나의 정의는 존재하지 않는다. 정의롭거나 선한 사람도 없고, 기껏해야 자신의 행동이 좋은 결과로 이어지거나 정의로울 수 있도록 애쓰는 사람만 있을 뿐이다. 사회 심리학이 우리에게 인상적으로 보여 주듯 대다수 사람은 이와 관련해서 상당히 유연한 원칙을 갖고 있다. 환경과 상황에 따라 다르게 행동하는 것이다. 그럼에도 많은 사람뿐 아니라 많은 철학자도 선이나 정의에 대한 신념이 굉장히 중요하다고 생각한다.

가령 확고한 동물권론자들은 절대 닭고기를 먹지 않는다.

자신의 가치에 위배되고, 고기를 먹으면 마음이 편치 않을 것이기 때문이다. 그런데 만일 미국 동물권론자 마이클 서트클리프 같은 상황에 처한다면 어떻게 해야 할까? 영국 코미디언 사샤 배런 코언의 가상 인물인 알리 G의 TV 토크 쇼에서 마이클은 닭고기를 먹을 의향이 있는지 질문을 받았다.「당연히 먹지 않을 겁니다.」마이클이 화를 내며 답했다. 그러자 알리 G가 재차 물었다.「제가 이렇게 말하면 어떤가요?〈여기 닭이 나왔어요, 이걸 드세요, 아니면 제가 또 다른 닭을 죽일까요?〉」마이클은 당혹스러워하며 질문에 답하지 않았다.

사실 그가 내려야 했던 결정은 어렵지 않다. 그 닭을 먹으면 죽은 닭은 한 마리에 그치지만, 그가 닭을 먹지 않아 알리 G가 위협한 것과 같은 일이 실제로 발생한다면 죽은 닭은 두 마리가 된다. 이 경우 공리주의자의 선택은 분명하다. 닭을 먹어야 한다는 것이다. 그러나 닭을 먹는 것은 질문에 답을 하지 못할 정도로 마이클의 자아상에 심각하게 어긋나는 일이다. 그렇다면 그의 신념은 어떤 일이 있어도 두 번째 닭을 구해야 한다는 그의 책임감과 대립한다.

윤리적으로 행동하는 이유가 자신의 마음이 편하기 위해서인지, 아니면 최대한 많은 선을 이루기 위해서인지는 굉장히 큰 차이다. 우리는 이 차이에 계속 주목할 필요가 있다. 기존의 동물권 윤리학은 일차적으로 신념을 지향하기 때문이다. 반면에 책임과 관련해서는 놀랄 정도로 무관심할 뿐 아니라 심지어 때로는 퇴행적이기까지 하다.

그에 대한 이유는 앞서 언급한 고대 그리스인들의 두 번째 유산에서 찾을 수 있다. 오늘날 우리는 〈정의〉 자체가 존재하지 않음을 알고 있음에도 정의는 여전히 우리에게 남아 있다. 현재의 철학에서는 우주적 정의를 찾아내는 일이 더는 중요하지 않다. 그럼에도 〈정의〉를 만들어 내는 것은 여전히 중요하다. 상당히 이상한 일이다. 우리는 기본적으로 절대적 정의가 존재하지 않고, 앞으로도 존재하지 않을 것임을 알기 때문이다. 게다가 대다수 사람의 삶에서는 원칙적인 정의가 있든 말든 전혀 상관이 없다. 관건은 그들 스스로 특정 상황에서 부당한 대우를 받지 않는다고 느끼는 것이다.

그 때문에 실천적 동물 윤리학은 일차적인 목표를 정의나 자유, 또는 다른 가치에 두어서는 안 된다. 그보다는 서로 잘 지내는 틀 안에서 동물들이 현실적으로 어떤 역할을 할 수 있을지 숙고해야 한다. 이런 의미에서 오늘날 거의 알려지지 않은 핀란드 철학자 에드워드 웨스터마크Edward Westermarck(1862~1939)는 우리의 도덕적 원칙을 상수가 아닌 변수로 설명한다. 그가 볼 때 도덕적 행동에 대한 객관적 척도는 존재하지 않는다. 웨스터마크에 따르면 도덕의 성공적인 작동에는 어떤 법칙도 어떤 최고의 원칙도 필요하지 않다.

싱어와 리건을 비롯해 다른 많은 이론가와는 달리 나는 도덕을 하나의 원칙 또는 상위 개념에서 도출하고 싶지 않다. 이런 상위 개념과 그 기준은 경우에 따라서는 생각만큼 별 효용이 없다. 실례로 다음의 공리를 보자. 〈동물은 **고통을 느끼기에** 그들의 이익에서 동등한 대우를 받아야 한다.〉이 기준은 싱어에서 프란치오네에 이르기까지 대다수 동물권 윤리학자의 이론적 중심에 놓여 있다. 그러나 전적으로 신뢰할 만하거나 일관되지 않다. 만일 동물을 유전 공학적으로 더는 고통을 느끼지 못하도록 변화시킨다고 생각해 보라(나는 과학이 지금도 이렇게 할 수 있고, 아니면 곧 할 수 있을 것이라고 믿는다). 육체적으로 둔감하고 통증에서 자유로운 닭은 더 이상 고통을 느끼지 못한다. 그야말로 데카르트가 상상한 동물 기계다. 싱어의 철학에 따르면 아픔과 고통을 느끼지 못하는 이런 동물은 불가피하게 그 도덕적 지위를 잃을 수밖에 없다. 그렇다면 주저 없이 배터리 케이지에 넣고 키워도 된다. 이로써 동물 문제는 전반적으로 해결되고 많은 동물권론자는 환호해야 한다.

하지만 나는 그들이 그러지 않을 것이라고 생각한다. 그들은 최소한 무척 불쾌할 것이다. 어쩌면 굉장히 분노할 수도 있다. 이는 그들 스스로도 자신의 철학을 믿지 못한다는 반증이다. 그렇다면 그들이 동물을 도덕 공동체 안으로 끌어들인 것은 분명 동물이 고통을 느껴서도 아니고 〈자기 삶의 주체〉라서도 아니다. 동물에 대한 존중을 그런 식으로 협소하게 만든 철학적 근거는 좋은 뜻이기는 하지만 설득력이 없다.

싱어와 리건을 비롯해 다른 이들의 동물권 철학은 창문이 별로 없는 건물과 같다. 또한 자신들의 이야기를 듣는 청중이나 독자의 심리는 과대평가하면서 자신들의 윤리에 깔려 있는 문제의 복잡성은 과소평가한다. 따라서 나는 나 자신의 성찰 역시 생물학 및 심리학과 상관없이 논증하고 싶지 않고, 그 과정에서 도덕 감정과 직관을 완전히 배제하지 않을 생각이다. 다만 인간의 본능과 관련해서는 수많은 오해가 존재하는 듯하다. 가령 우리는 천성적으로 종 차별주의자가 아니다. 태어날 때부터 노예 착취자나 인종주의자도 아니다. 영국 동물학자 도킨스가 말한 인간의 〈종 이기주의〉는 허구다(도킨스의 주장 가운데 다른 많은 것이 그렇듯 말이다). 인류 역사에서 다른 민족은 멸시하면서도 자기 개는 끔찍이 사랑한 폭군도 많았다. 또한 열정적으로 개를 사랑하는 사람은 자기 개의 생명을 자신의 숙적이나 다른 성범죄자의 목숨보다 귀하게 여기지 않을까?

인간이 자기 종에게만 유독 애착을 보인다는 생물학적 〈종 편향성〉도 확실치 않다. 우리 종에 대한 연대감은 생물학적 영역이 아닌 전혀 다른 영역에 있을 가능성이 높다. 인간으로서 인류의 일부라는 것은 **상상의 영역**에 가깝다. 우리가 인간들 사이의 인간으로 느끼는 것은 상상의 세계에 속한다. 미국 철학자 코라 다이아몬드Cora Diamond(1937~)에 따르면 인간이라는 것은 〈행동, 생각, 발언, 감정, 관습에서 드러나는〉[2] 공통의 무엇일 뿐이다. 그렇다면 그것은 우리처럼 상상력이 뛰어난 동물이 만들어 낸 상상의 앙상블이다. 따라서 그것을 윤리학에서 단순히 〈종 차별주의〉라는 개념 하나로 축소시킬 수는 없다.

우리에게 도덕적 의미를 좌우하는 것은 타인과의 생물학적 유사성이라기보다 오히려 우리의 상상 세계 내에 존재하는 문화적 유사성이다. 우리는 하나의 **태도**를 갖고 있고 그 **성격**이 우리의 관심을 끄는 존재를 도덕적으로 흥미롭게 관찰한다. 예를 들어 우리는 개나 말에게 상을 주거나 벌을 주지, 생판 모르는 사람에게 그러지는 않는다. 동물에게 권리가 있든 없든 우리의 개나 말은 태도나 행동으로 우리에게 인정을 받거나 질책을 받는다. 이는 우리가 도덕적으로 의미가 있는 우리 주변의 다른 생물들과 관계하는 방식과 다르지 않다. 반면에 2천만 명의 상하이 주민은 우리가 혹시 상하이에 산다면 모를까 우리 개인에게 도덕적으로 큰 의미가 없다. 게다가 설령 상하이에 산다고 해도 우리가 도덕적으로 관심을 보이는 사람은 그중 몇 명뿐이다.

작가 로베르트 무질Robert Musil(1880~1942)은 언젠가 이렇게 말했다. 거의 모든 인간은 자기 자신과의 관계에서 이야기꾼이다. 그들은 타인과의 관계 속에서 자신의 행동을 해석하고, 자신을 발명하고, 자신의 이야기를 만들어 낸다. 이런 식으로 각자의 머릿속에 상상의 그물망이 생겨난다. 우리가 누구 혹은 무엇을 높이 평가하고 존중하고 경멸하고 무시할 것인지에 대해 강한 영향을 주는 것도 바로 이 그물망이다. 거의 모든 인간에게 해당되는 일반적인 심리적 메커니즘이 존재한다. 이 메커니즘은 의식적으로 몰아낼 수 없다. 우리 속에는 생물학적 종 이기주의가 도사리고 있는 것이 아니라 심리적 〈근거리 이기주의〉 같은 것이 깔려 있다. 우리는 보통 심리적으로 가깝게 느껴지는 것을 낯선 것보다 더 존중하는 경향이 있다. 이것은 우리가 다른 많은 동물과 공유하는 유산이다. 과연 어느 누가 인간에게 그런 감정을 자발적으로 내려놓으라고 요구할 수 있을까? 앞서 보았듯이,

선택 상황에 놓인 엄마가 불타는 집에서 자기 아이를 내버려두고 개를 구해서 나올 수 있을까? 개의 의식이 갓난아이보다 더 발달했고 그로써 고통을 느끼는 능력도 더 크다는 싱어의 논거에 따라서 말이다. 만일 그런 일이 실제로 일어난다면 그것은 말 그대로 인간종의 본성에 어긋난 변태적 행동이 아닐까?

나와 먼 것보다 나와 가까운 것을 선호하는 인간 이기주의는 동물 윤리학에서 큰 문제가 되지 않는다. 우리가 다른 많은 도덕적 문제에서 보았듯이 윤리적 감정의 폭은 그럼에도 확장될 수 있기 때문이다. 물론 때로는 지적 차원의 깨달음에 국한되더라도 말이다. 아무튼 결정적인 요소는 우선적으로 정의와 불의 문제가 아니라, 우리가 유리한 조건에서 우리의 감수성을 그에 맞게 어떻게 벼리느냐는 것이다.

좋은 것, 더 좋은 것, 가장 좋은 것
무지의 윤리학

현대인이 자신이 먹을 동물을 직접 죽여야 한다면
채식주의자의 수는 헤아릴 수 없이 증가할 것이다.
— 크리스티안 모르겐슈테른Christian Morgenstern

학생들은 즐거워 보였다. 담배를 피우고, 농담을 하고, 함께 웃고,
실험 도구로 장난을 쳤다. 웃음거리의 희생자는 개코원숭이였
다. 여러 번 톱질하고 꿰맨 머리의 상처로 몰골은 처참했다. 끔찍
한 흉터, 두개골 속의 금속판, 펑크 헤어스타일, 반쯤 밀어 버린
머리를 보고 있자니 살아 있는 난파선이나 다름없었다. 한 학생
이 그런 상처투성이의 희생자를 흉내 내며 낑낑거리는 목소리로
말했다. 「여기서 날 꺼내 줘, 제발 약속해 줘! 여기서 날 꺼내 줘!」
다들 큰 소리로 웃었고, 그중에는 실험 책임자 토머스 제나렐리
Thomas Gennarelli도 있었다.

　1980년대 초 펜실베이니아 의과 대학 뇌병원 실험실에서
있었던 일이다.[1] 1984년 동물 해방 전선 활동가들이 병원에 잠
입해서 70시간 분량의 비디오테이프를 빼내 영상을 공개했을 때
미국인들은 격분했다. PETA는 이 자료 중 가장 끔찍한 장면만

모아 26분 분량의 다큐멘터리 영화 「쓸데없는 호들갑Unnecessary Fuss」을 제작했다. 제목은 자신의 실험실에서 일어난 상황에 대한 대중의 분노를 〈쓸데없는〉 홍분으로 치부한 제나렐리의 발언에서 따왔다. 많은 동물권론자가 체포되고 경찰이 곳곳에서 비디오테이프를 수색하고 나서자 분위기가 바뀌었다. 영화는 나중에 관타나모와 아부 그라이브 수용소에서의 학대 장면이 공개되었을 때처럼 많은 미국인에게 충격을 주었지만, 제나렐리와 동료들에게는 극도의 고통을 가한 원숭이 실험에 대한 책임을 묻지 않았다. 다만 그들의 이상한 직업 윤리와 충격적인 위생 상태, 실험동물을 다루는 경박한 태도만 문제시되었다. 결국 실험실은 폐쇄되었고, 제나렐리에게는 영장류에 대한 일체의 실험이 금지되었다.

여론의 격분을 불러일으킨 결정적인 지점은 앞서 언급한 펑크 헤어스타일의 〈개코원숭이〉에 대한 조롱이었다. 동물 윤리학자들이 깊이 생각해 보아야 할 것도 바로 이 지점이다. 사실 원숭이 입장에서는 실험실에서의 조롱으로 육체적으로건 정신적으로건 고통을 받지 않는다. 불쌍한 개코원숭이는 그런 조롱 이전에 이미 훨씬 끔찍한 일을 겪었고, 그런 조롱을 알아듣지도 못한다. 그럼에도 많은 사람이 동물에 대한 비웃음과 경멸을 모욕으로 느낀다. 그러니까 그런 행동은 우리의 도덕 감정에 상처를 주고 분노를 불러일으킨다.

그런데 우리가 이 조롱에 대해 격분하는 것이 모욕당한 동물의 이익과 직접 관련 있는 것은 아니다. 그보다는 오히려 괴로 위하는 동물에 대한 조롱을 비도덕적이고 비난받을 행동이라고 **느끼는** 우리의 도덕적 태도와 관련이 있다. 다시 말해, 우리는 무엇보다 우리의 감정과 상상 세계가 모욕당했다고 느끼는 것이다. 도덕을 받치고 있는 것이 바로 이 세계다. 이는 동시에 이런 뜻이기도 하다. 예를 들어 싱어가 기준으로 삼은 〈고통〉 같은 동물권 철학자들의 기준들은 엄격히 말해서 결코 기준이 아니라는 것이다. 이는 통증을 느끼지 못하는 동물이라면 싱어의 기준에 따르면 배터리 케이지에 넣는 것도 허용해야 한다는 예에서 이미 확인한 바 있다. 하지만 내가 보기에는 싱어도 그것을 허용하지 못할 것이다. 그의 감정이 받아들이지 못할 테니까.

펜실베이니아 의과 대학에서 일어난 개코원숭이 조롱 사건이 보여 주는 것은 극명하다. 도덕에서는 결코 엄정한 기준이 최우선이 아니라는 점이다. 철저하게 따지고 극단적인 경우까지 감안했을 때 그 기준은 결국 난감한 상황이나 황당한 딜레마에 빠질 때가 많다. 중증 정신 장애인과 갓난아이의 생명 가치에 대한 싱어의 판단만 떠올려 보아도 알 수 있다. 또한 수십만 명의 생명 이익이 원칙적으로 토끼 한 마리의 생명 이익과 동등하다고 보는 리건의 방정식도 마찬가지다.

그렇다면 윤리학에서는 다른 모든 것을 명확하게 결정해 줄 엄격한 기준을 반드시 찾아야 할까? 내가 다이아몬드와 관련해서 말하고자 했던 것도 결국 〈인간 존재〉에서 관건은 여러 특성의 덧셈이 아니라는 점이다. 그보다 우리 모두가 인간으로서 중요한 의미를 띨 수밖에 없는 인간적 표상 세계의 일부라는 감정이 중요하다. 윤리학은 그와 관련해서 어떻게 **적절하게** 행동할 수 있는지를 다룬다. 이는 흄까지 거슬러 올라가는 사유다. 그다음에야 〈정의〉와 〈자유〉, 〈이익〉과 〈행복〉 같은 측면들이 일정한 역할을 한다. 이 측면들은 우리의 감정이 먼저 결정한 것을 사후에 정당화하는 마케팅 부서나 다름없다. 물론 내가 적절하다고 여기는 것은 우리의 정의감이나 어쩌면 자유에 대한 우리의 생각에도 영향을 받지만, 결코 **그것들에만** 영향을 받지는 않는다. 그렇지 않다면 인간은 내면의 나침반을 항상 자신에게 정의롭게 보이는 것에만 맞출 것이다. 현실 삶을 잠시만 들여다보아도 그렇게 사는 사람은 극소수에 불과하다는 것을 알 수 있다.

다만 뒤집어 생각하면 사람들이 일반적으로 하는 행위가 전부 괜찮다는 뜻은 아니다. 그것은 앞서 설명했다시피 〈자연주의적 오류〉다. 그러나 윤리학은 사람들의 일상적 행동과 그 방식을 고려해야 한다. 적절한 윤리학을 발전시키고 실현하고 싶다면 그것을 간단히 무시해서는 안 된다. 어떤 철학자도 자신의 윤리학으로 인간을 새롭게 만들어 낼 수는 없다. 일례로 이런저런 연설에서는 한없이 적합한 칸트의 윤리학을 생각해 보라. 그러나 그의 윤리학은 실제 삶에는 제한적으로만 적합하다. 칸트는 우리 모두가 마치 미국 TV 시리즈 「스타 트랙Star Trek」에 나오는 미스터 스포크 같은 외계 종족인 것처럼 인간을 관찰한다. 그에게는 이성적 능력이 있는 인간만 가치가 있고, 나머지는 도덕적 쓰레기로 취급해 해부대에서 치워 버린다. 도덕이란 항상 〈이성적으로〉 행동함으로써 〈선한〉 인간을 만드는 것이 목표이기에 그는 우리를 철저하게 이성적인 인간으로 교육시키고자 한다.

그런데 이성도 정의감과 마찬가지로 도덕의 유일한 동기가 아니다. 오히려 사람들은 대개 타인에 대한 자신의 감정뿐 아니라 남의 행동이나 기대에도 잘 맞아떨어지도록 행동한다. 그렇다면 적절함에는 두 개의 극이 있다. 하나는 우리의 **자기 존중**이고, 다른 하나는 **남들의 시선**이다. 사회 심리학은 지난 수십 년 동안 여기서 본질적인 것이 두 번째라고 우리를 설득시켜 왔다. 그에 따르면 우리는 항상 주변 사람들의 기대대로 행동하고, 그 과정에서 우리 내면의 한계를 어렵지 않게 이동시킨다. 〈미덕〉이 결정적인 요소인 아리스토텔레스 윤리학이나 내면의 〈도덕 법칙〉으로 규정되는 칸트의 윤리학에 비하면 이는 충분히 유익한 반발이자 의심이다. 그런데 사회 심리학자들도 과장의 경향을 보인다. 도덕이란 결국 남들이 우리 주변에 일으킨 바람을 붙잡는 것뿐이라고 믿기 때문이다. 그 말이 맞다면 모든 인간은 도덕적으로 항상 똑같이 행동해야 한다. 그러나 그렇지 않다. 이 일반화도 실제 현실에 들어맞지 않는다.

두루 살펴보건대, 한 사회의 도덕적 진보는 좋은 논거보다 오히려 폭넓은 계층의 사람을 특정 문제에 민감하게 만드는 감성에 의해 생겨난다. 사회적 사건의 동력은 정서다. 혹은 미국 철학자 리처드 로티Richard Rorty(1931~2007)의 말을 빌리면 다음과 같다. 〈도덕적 진보는 …… 점점 넓어지는 공감의 폭에 좌우된다. 감성을 무시하고 이성으로 돌진함으로써 생겨나지 않는다는 말이다. 달리 표현하자면, 손쉽게 변질되는 지방 하급 심판 기관에 토대를 두는 대신 어떤 공간과 어떤 문화적 경계에도 구속되지 않는 비역사적인 도덕 법칙에 따라 판단하는 인간 내면의 상급 법원에 근거하지도 않는다는 것이다.)[2]

다만 인간의 감수성은 제한적으로만 믿을 수 있다. 불안과 증오, 혹은 거친 상황이 주어지면 쉽게 사라진다. 그럼에도 수천 년 동안 도덕을 더 나은 방향으로 몰고 간 힘은 같은 시대를 살았던 사람들의 감수성과 그에 기초한 법이다. 철학자들 중에는 서양 문화와 윤리학의 역사를 더 많은 정의로의 발전 과정으로 해석하는 사람이 많다. 벤담 역시 인권 선언에서부터 모든 인간의 평등을 거쳐 동물 권리로 이어지는 발전을 하나의 연결된 선으로 보았다. 그러나 이 발전은 몇 차례 격렬한 반동이 있었지만 **감수성 증대의 점진적 과정**으로 해석하는 편이 한층 더 적합해 보인다. 이런 맥락에서 감수성 증대는 우리 자신뿐 아니라 타인의 자기 존중을 위해 우리가 존중해야 할 대상의 폭이 점점 확장되는 것을 의미한다.

오늘날 우리는 주로 도시민의 형태로 최대한 세속적인 삶을 산다. 인류 역사에서 지금의 서구 사회만큼 종교의 역할이 미미했던 적은 없다. 현세를 넘어 저세상에서 보상과 처벌이 이루어지고 죽음이 삶의 토대를 이루는 종교적 이데올로기는 오늘날 사회 한구석에서 근근이 연명할 뿐이다. 대신에 현실에서 일어나는 죽음과 삶, 그리고 주변에서 명확하게 보이는 고통에 대한 우리의 감수성은 상당히 민감하다. 이로써 우리는 대체로 최대한 많은 생물이 좋은 삶을 살아가길 바란다. 과거의 그 어떤 문화권보다 훨씬 더 진심으로 말이다. 여기에는 동물도 좋은 대우를 받아야 한다는 것도 포함된다. 이처럼 우리는 감수성의 증대와 함께 우리의 집이나 이 지구에서 동물을 다시 우리의 〈반려〉로 인식한다.

우리가 동물을 경제 동물로만 보지 않을수록 동물의 가치는 점점 높아진다. 가정에서는 사랑받는 존재로, 열대 우림과 세렝게티, 혹은 바다에서는 보존 가치가 높은 존재로 말이다. 야생 동물의 마지막 서식지가 참담할 정도로 쪼그라들고, 기술과 문명이 자연으로부터의 〈소외〉라는 말이 나올 정도로 인간을 자연의 폭력에서 해방시킨 이런 세상에서는 무엇보다 동물과 인간 동물의 공통점에 주목해야 한다. 그렇기에 우리가 모든 동물을 일상적 삶이나 철학에서 배제하는 것은 과거 그 어느 때보다 당혹스럽기 짝이 없다. 동물은 더 이상 〈우리들 쇼의 단순한 소도구〉가 되어서는 안 된다.[3] 그 대신 동물에 대한 더 많은 존중을 올바른 일로 여기는 사람의 수는 점점 늘고 있다.

이렇게 높아지는 감수성의 토대는 무엇일까? 아마 많은 동기가 있을 듯하다. 인간이 동물을 타도의 대상으로 삼을 때보다 스스로 자연으로부터 소외되었다고 느낄 때 동물은 더 애틋하게 여겨지는 법이다. 동물에 대한 친밀감은 우리가 동물에게서 멀어진 만큼 높아진다. 인간의 무분별한 착취로 인한 지구 생태계의 위협도 동물을 가해자가 아닌 피해자로 보이게 한다. 또한 이는 동물과의 생물학적 친족성에 대한 감각도 일깨운다. 왜냐하면 생태계 파괴는 우리뿐 아니라 동물의 삶과 생존에도 위협적

이기 때문이다. 이렇듯 동물과 인간이 노아의 방주에 함께 다닥다닥 붙어 앉아 있는 상태에서는 점점 더 많은 사람이 동물에게 부당한 일이 가해지는 것을 원치 않는다. 동물을 제대로 대우해야 한다는 우리의 감정은 이미 오래전부터 동물에 유리한 방향으로 바뀌고 있다.

　오늘날 부유한 선진국에서는 많은 사람이 마치 재교육이라도 받은 듯 예전의 서구 기독교 전통에서 잃어버렸던 동물에 대한 존중을 일부 되찾았다. 우리가 동물을 대하는 문제에서 〈정상〉이라 여겨 왔던 것들이 오래전부터 빠른 속도로 변하고 있다. 그전에는 공공장소에서 자기 개를 때리고, 보행자 구역에서 송아지를 도축하고, 재미로 노루와 토끼, 여우를 바닥에 내동댕이치던 사람이라면 누구나 이런 변화를 느낄 것이다. 그럼에도 참 희한한 일이지만, 서구 선진국에 사는 대다수 사람은 자신이 사육 조건에 깊이 분노하는 바로 그 동물들의 고기를 먹고, 재미로 즐기는 사냥을 허용한다.

　동물에 대한 감수성 증가는 동물 사육의 잔인함을 폐지한 것이 아니라 단순히 지하로 숨어들게 했다. 동물과 동물의 고통에 대한 감수성은 계속 증가하고 있음에도 그런 잔인한 일은 여전히 수없이 반복되고 있다. 모든 채식주의자와 비건의 동기에는 동물에 대한 걱정만이 아니라 건강이나 몸매에 대한 걱정도 섞여 있더라도 예전에 당연시되던 동물 소비에 대한 생각은 지속적으로 옅어지고 있다.

　다만 문제는 우리가 결코 느끼고 생각하는 대로 행동하지 않는다는 것이다. 우리가 동물을 다룰 때 적절하다고 여기는 것과 허용하거나 감수하는 것 사이의 균열은 엄청나다. 이때 우리가 그런 생활 습관의 이면을 텔레비전이나 아니면 토요일에 장을 보러 갈 때 동물 애호가들이 걸어 놓은 플래카드를 통해 잠시 알게 되는 것도 도움이 된다. 우리 사회처럼 감성적으로 개화된 사회에서는 심리적으로나 기술적으로 소와 돼지를 죽일 수 있는 사람이 소수라는 것은 분명하다. 그리고 누구도 그렇게 하라고 요구하지도 않는다.

인간이란 그에 맞는 감정 세계와 표상 세계를 갖고 있다는 말이 맞다면 우리가 동물을 보고 동물에 대해 숙고하는 것도 우리의 감정 세계와 표상 세계를 보여 준다고 할 수 있다. 오늘날 동물에 대한 우리의 감정 세계와 표상 세계는 이전과 많이 다르다. 게다가 내가 동물에 대해 얼마나 알고 있는지에 따라 크게 좌우되기도 한다. 문어에 대해 많이 아는 사람, 그러니까 문어의 높은 감수성과 어린아이 같은 장난, 학습 능력에 대해 아는 사람이라면 문어를 먹어야 할지 한 번 더 생각하게 된다. 그런데 문어에 대해 알고 있는 것도 우리가 지금껏 인간의 제한된 수단으로만 알아낸 지극히 적은 지식일 뿐이다. 아마 우리는 이 매혹적인 동물에 대해 안다고 생각하는 것보다 모르는 것이 여전히 훨씬 더 많을 것이다. 그 때문에 나는 1997년에 **무지의 윤리학**을 제안한 바 있다. 우리는 동물의 내면과 감수성, 고통을 느끼는 능력, 의식에 대해 결코 확실하게 판단할 수 없다는 사실을 인정해야 한다. 철학자 마르틴 하이데거Martin Heidegger(1889~1976)처럼 동물들의 모든 세계가 〈빈약하다〉고 생각하는 사람은 그 자신의 표상 세계가 빈약한 것이다.

동물에 대해 적절한 생각을 가지려면 철학은 일단 우리가 동물에 대해 충분히 알고 있다는 오만함을 내려놓아야 한다. 전통적 윤리학자든 현대적 동물권론자든 어떤 동물에게 존중할 만한 의식이 있고, 어떤 동물은 그렇지 않은지 마치 자로 잰 듯 확정해 버린다. 그러나 인간의 척추동물 뇌는 다른 뇌의 내면에 대해 실제로 무엇을 알고 있을까? 우리가 소나 달팽이의 내면에서 일어나는 일을 알고 있다는 증거는 어디에도 없다. 그럼에도 우리는 끊임없이 평가하고, 우리가 알지도 못하는 것을 우리 자신의 것과 비교한다. 이런 상황에서는 좀 더 신중한 자세로 미래의 윤리학을 우리에게는 없는 지식이 아니라 우리에게 분명히 존재하는 무지를 토대로 구축하는 편이 더 나을 듯하다.

고등 동물에게 순수한 욕구 충족을 넘어 복잡한 이해관계가 있다는 사실은 충분히 납득 가능하다. 갓난아이도 그들의 이해관계를 물어볼 수는 없지만 우리는 그들에게도 그런 것이 있다고 믿는다. 우리는 모든 동물종, 가령 포유동물을 결코 우리의 반려견이나 갓난아이만큼 애정을 담아 우리의 도덕에 포함시키지는 않는다. 동물과의 관계에서 우리에게 요구되는 것은 사랑과 애틋함이 아니다. 우리가 동물이든 갓난아이든 그 진정한 내면을 모르는 존재들과의 교류에서 끌어낼 수 있는 윤리학적 근본 규칙은 이렇다. 신중한 유추에 의해 추정된 그들의 이익을 존중하고, 반드시 죽여야 할 이유가 없을 때는 최대한 비폭력적으로 동물을 대해야 한다.

　동물의 내면에 대해 우리가 구속력 있는 지식을 가질 수 없다는 사실을 아는 사람이라면 동물을 지금까지처럼 계속 사물로 취급하는 것에 신중해질 수밖에 없다. 이때 동물이 우리와 **똑같이** 느끼느냐는 중요하지 않다. 그저 어떤 형태로든 느낀다는 것만으로 충분하다. 다른 동물의 감정을 우리와 동일한 감정처럼 인정하지 말아야 할 이유가 있을까? 우리와 **다르기에** 동물을 존중하는 것은 미래의 도전 과제다. 우리의 감수성 지수는 인간종의 좁은 한계를 뛰어넘을 수 있는 정도에 달려 있다.

　곤충은 감정이 없고 하등 동물은 감정이 미미한 것으로 알려져 있지만 그 역시 미지의 영역이다. 이런 상황에서 고통과 행복을 느끼는 것을 도덕성의 기준으로 삼아 곤충 및 하등 동물과 선을 긋는 것은 불확실하다. 이것은 잠정적인 경계로서 생물학의 최신 지식수준에 따라 얼마든지 옮겨질 수 있다. 〈고통〉이라는 것도 자연 과학적으로 명확하게 규정할 수 있는 기준이 아니다. 인간은 항상 자신의 고통만 알 뿐 타인의 고통은 잘 모른다. 어떤 환상통이 그를 괴롭히는지, 어떤 공포가 그를 사로잡고 있는지 누가 알겠는가?

　이처럼 동물과의 관계에서 도덕성의 기준을 어디에 놓을지 알 수 없다면 개별 사례에서는 어떻게 결정을 내려야 할까? 이 문제는 사뭇 까다롭다. 기독교 신학은 지금껏 인간만 왜 피안의 세계로 들어가고 침팬지는 왜 가지 못하는지 납득할 수 있도록 설명하려고 골머리를 앓아 왔다. 생물학적 진화가 더는 부인할 수 없는 사실로 자리 잡은 뒤에도 생물학자든 철학자든 인간이 정확히 언제부터 나무를 타는 원숭이에서 원시 인류로 발전하다가 지금의 인간이 되었는지 **기준점**을 찾지 못했다. 쓸모없는 왕겨가 아닌 하늘의 밀알을 수확하도록 선택받은 첫 번째 원숭이가 누구인지 어떻게 알겠는가? 그럼에도 우리는 현대 동물 윤리학이 다른 어떤 분야도 제공할 수 없었던 것을 우리에게 제공해 주길 기대한다.

이런 차원에서 보면 다음과 같은 물음이 제기된다. 싱어나 다른 동물권론자들처럼 대형 유인원에도 인간과 똑같은 권리를 요구한다면 모든 것을 결정하는 경계선은 인간과 침팬지 사이가 아닌 오랑우탄과 긴팔원숭이 사이에 그어져야 할까? 아니면 원숭이와 원원류 사이에? 혹은 심지어 포유동물과 조류, 조류와 파충류, 양서류와 어류, 척추동물과 벌레, 거미와 곤충 사이에? 하지만 우리는 무슨 권리로 누구는 제외하고 누구는 포함시키는가? 대체 무슨 권리로 슈바이처의 주장처럼 해초나 나무, 말미잘은 책임과 외경의 세계로 받아들이지 않는가?

침팬지는 구원론에서 배제하면서 의식 없는 상태로 부유하는 3센티미터 크기의 태아는 배제하지 않는 기독교적 도덕이든, 아니면 문어가 두더지보다 훨씬 고도로 발달한 생물임에도 당연하다는 듯이 척추동물 외의 동물을 차별하는 독일의 동물 보호법이든 몰상식하기는 마찬가지다. 분자 생물학적 차원의 신경학적 차이에 도덕적 잣대를 들이대는 것은 어불성설이다. 식물과 동물, 인간에 대한 모든 등급 판정과 가치 위계질서는 자의적이다.

규범으로 쓸 수 있는 것은 모두 우연적이다. 가령 서구 사회에서는 대체로 원숭이를 먹지 않는다. 노르웨이인과 일본인을 제외하고는 고래와 돌고래 섭취도 거부한다. 그런데 문어도 고래만큼 도축 과정에 문제가 많다. 이 동물은 잡은 뒤 내장을 도려내도 바로 죽지 않는다. 이 섬세한 두족류는 세 개의 심장과 아홉 개의 뇌를 갖고 있어서 죽이기가 쉽지 않다. 그래서 살이 연해지고 공기가 들어가도록 대개 산 채로 돌이나 벽에 50회가량 내리쳐서 죽인다. 만일 문어가 사람들이 많이 키우는 가축이라면 그런 식으로 때려죽여서 먹는 사람은 아마 사디스트밖에 없을 것이다. 과연 어느 누가 2010년 월드컵에서 스타가 된 매혹적인 〈점쟁이 문어 파울〉을 그렇게 죽여서 먹을 생각을 하겠는가?

우리 아이들이 생물학적으로나 윤리적으로 유익한 이런 지식을 학교에서 배운다면 얼마나 좋을까! 그리되면 독일에서는 곰이나 개를 먹지 않으면서 더 감각적이고 지적인 동물로 알려진 돼지는 왜 먹는지를 두고 토론을 벌일 수 있다. 또한 동물에 관한 여러 주장도 함께 논의해 볼 수 있다. 예를 들면 동물을 죽일 수는 있지만 고의로 괴롭혀서는 안 된다고 주장하는 독일 철학자 로베르트 슈패만Robert Spaemann(1927~)의 논거에 대해서 말이다. 그가 볼 때 식용으로 동물을 죽일 경우 죽음의 고통을 최소화할 때만 정당하다. 나는 내가 진행하는 텔레비전 방송에서 슈패만에게 문제를 하나 냈다. 내가 고안한 사고 실험이었다. 일단 자신이 먹을 노루를 직접 선택할 수 있는 숲속 농장이 있다고 상상해 보자. 이때 농장 주인은 노루를 죽이지 않고 마취만 시킨다. 그런 다음 노루의 뒷다리 하나를 잘라 슈패만에게 건넨다. 노루는 이제 다리 세 개로 살아가야 한다. 물론 약간 불편하지만 의족을 달아 웬만큼 견딜 수 있다. 슈패만은 그런 노루의 뒷다리를 받아서 먹을까? 내 초대 손님은 입꼬리를 살짝 삐죽거리며 생각하더니 이윽고 말했다.「아니요, 먹지 않을 겁니다!」

〈다리 하나 없는 노루〉이야기는 정곡을 찌른다. 관건은 고통의 고려나 살해의 정당성 문제가 아니다. 이 문제는 철학서에서나 다루어진다. 실제 삶에서 중요한 것은 나의 감성으로 받아들일 수 있는 것이 무엇이고, 받아들일 수 없는 것이 무엇이냐는 것이다. 숲속 농장의 다리 하나 없는 노루처럼 자신이 직접 보는 고통에는 거부 반응을 일으킨다. 반면에 이 세상의 수많은 도축장에서 일어나는 고통처럼 직접 보지 못하는 고통에는 대부분 아무 일 없다는 듯 눈을 감아 버린다.

사람들이 동물과 관련해서 자신의 직관에 모순되지 않는 것만 행하고 받아들인다면 이미 많은 것을 바꿀 수 있다. 우리는 대량 사육을 허용하지 않을 것이고, 우리 손으로 직접 죽이거나 죽일 수 있는 동물만 먹을 것이다. 심리적으로 너무 큰 억압을 요구하지 않는 이런 윤리학은 우리 사회를 완전히 변화시킬 것이다. 이때 비건주의와 채식주의의 이상은 당분간 〈규범적 이념〉, 즉 당장 실천할 수는 없지만 앞으로 추구해야 할 목표로서 작용할 것이다.

일부 동물권론자처럼 〈선〉과 〈악〉 중에서 하나를 결정하라고 강경하게 요구한다면 그것은 윤리학을 양자택일의 문제로만 제한한다. 그러나 도덕은 앞서 살펴보았듯이 우리 안에 있는 것도 우리 밖에 있는 것도 아니고, 어떤 높은 심판 기관의 결정 사항도 아니다. 또한 도덕적 성적표는 수, 우, 미, 양, 가로 단순하게 나누어지지도 않는다. 적절한 행동은 흑백 두 가지 말고도 그 사이에 쉰 가지가 넘는 회색 톤으로 존재한다. 우리는 심리학의 창시자 중 한 명인 미국 철학자 윌리엄 제임스William James(1842~1910)의 인식 덕분에, 삶에는 옳고 그른 것보다 더 많은 가능성이 있음을 안다. 더 좋은 것도 있고 훨씬 좋은 것도 있으며, 덜 좋은 것도 훨씬 나쁜 것도 있다. 이런 차원에서 동물 윤리학자 볼프는 윤리적 〈개선주의〉를 주장한다. 그의 판단에 따르면 〈동물 보호에서 가장 낮은 단계의 자잘한 걸음은 아무것도 하지 않는 것보다 좋고, 큰 변화와 전환은 그보다 더 좋다. 개선주의적 관점에 따르면 가령 이런 식이다. 고기를 적게 먹는 사람은 좋고, 락토 베지테리언은 더 좋고, 비건은 가장 좋다〉.[4]

흄에 따르면 도덕의 과제는 다른 존재에 대한 따뜻한 감정을 사회적으로 확장하는 것이다. 특히 더 가치 있고 고결한 것으로 분류될 수 있는 감정들을 말이다. 이때 〈개선주의적〉으로 접근하면 어떤 엄숙주의보다 성공 가능성이 더 커진다. 반면에 싱어 같은 사람이 제시한 윤리학은 〈성자와 영웅〉에게만 해당된다. 인간 사회는 먼 미래에도 그런 성자와 영웅이 소수에 불과할 터이기에 이 윤리학이 우리 사회에서 주류가 될 가능성은 없다. 〈무지의 윤리학〉에서 관건은 동물에 대한 **동등한** 권리 보장으로 윤리학의 범위를 터무니없이 줄이기보다 실천의 영역에서 가능한 것부터 결정 내릴 수 있는 여지를 활짝 열어 두는 것이다. 고통을 느낄 줄 아는 동물에 대한 동등한 권리의 대원칙은 일상에서 우리의 사소한 행동을 통해 이미 무너져 내린다. 또한 평등의 원칙은 때로 재앙적인 결과로 이어질 수 있고, 〈성자와 영웅〉의 도덕은 사냥꾼, 수의학자, 유전 공학자, 농민, 축산업자처럼 성자가 아닌 사람들로 확대될 수 없다. 결국 모든 도덕은 실천 가능한 만큼만 좋다.

동의하든 동의하지 않든, 실천 영역에서 윤리적으로 **다른 존재에 대한 동등한 권리 요구**는 동물 공정 사회의 구축을 위한 현실적 계획이 아니라 하나의 **기준치**다. 윤리적 동기에서 출발한 다른 단체들, 가령 〈세계를 위한 빵〉 같은 단체도 기아를 세상에서 단숨에 몰아내는 것이 아니라 기존의 곤궁을 완화하는 방향에서 서서히 접근한다. 이 단체의 비전이나 기준치를 묻는다면 아마 세계를 위한 빵의 대변인은 기독교 정신에 입각해서 세상의 빈곤을 전반적으로 퇴치하는 것이 목표라고 말할 것이다. 하지만 실제 현실에서 그들이 돌보는 것은 콩고 난민촌 하나가 전부다. 최대한 많은 난민을 살리겠다는 실낱같은 희망만 안고서 말이다.

다른 모든 문제도 그렇지만, 동물권 문제에도 현재로서는 사회적 수용성의 통념을 깨뜨리지 않고는 넘어설 수 없는 한계들이 존재한다. 많은 사람의 이익이 **원칙적으로** 위태로워진다고 사회적 다수가 생각하는 경우가 그렇다. 그런데 집단 사육 같은 절박한 문제는 그렇지 않다. 이 문제는 받아들일 수 있는 사람보다 받아들이지 못하는 사람이 훨씬 많기에 시작하기가 한결 수월하다. 하지만 동물 실험을 즉각 전면적으로 폐지하자는 요구는 그렇지 않다.

이런 점에서 과제는 분명하다. 감수성을 확대하는 과정을 더욱 촉진하고, 감정과 행동 사이의 간극을 줄여야 한다는 것이다. 무척 어려운 일이다. 서유럽과 북아메리카의 현대 사회에서 도덕적 힘은 무엇보다 18세기 계몽주의 철학에 상당 부분 의지하고 있음에도 도덕적 진보에 대해서는 제한적으로만 열린 태도를 보인다.

기존의 도덕이 스스로 버티고 유지하는 힘은 그 자체로 권력이다. 국가 내에서의 권력 투쟁이 온갖 근본적인 비판에도 다수의 시민이 만족하는 쪽으로 조절되는 한 대안적 도덕은 항상 어려운 처지에 놓일 수밖에 없다. 게다가 많은 사람이 실제로 〈선한〉 것이 아니라 그저 **선하고자 할** 뿐이라는 사실이 상황을 더 어렵게 한다. 도덕은 공식적으로 어떻게 규정되든 심리 공학이기도 하다. 그래서 자잘한 문제에서 스스로 〈나쁘다〉고 느끼면서도 장시간 그렇게 행동하는 것이 가능하고, 또한 단기간이라면 큰 문제에서 스스로 〈나쁘게〉 느끼는 것도 가능하다. 하지만 큰 문제에서 계속 스스로 〈나쁘다〉고 느끼는 상황은 견디지 못한다. 자기 자신을 사랑하든 사랑하지 않든 사람들은 모든 시간과 에너지를 자신의 현재 모습을 방어하는 데 쏟는다. 누구도 자신을 이중인격자나 생명에 적대적인 인간으로 커밍아웃함으로써 자기 존재를 위태롭게 만들고 싶어 하지 않는다. 슈바이처의 말처럼 양심은 어쩌면 〈악마의 발명품〉일지 모른다. 그러나 소수의 사람만 양심의 가책 없이 스스로와 잘 지내기에 인간의 마음은 항상 새로운 도덕적 요구를 피해 갈 출구를 찾는다. 그것이 힘들 경우, 새로운 도덕적 유혹에 앞서 자신의 행동을 결정하게 한 것에 스스로를 내맡긴다.

이런 상황에서 할 수 있는 것이라고는 우리가 비공개적으로 동물들에게 하는 짓을 반복적으로 지적하고 공개하는 일밖에 없다. 우리는 각자 타인에게 개별적으로 말을 걸어야 하고, 동시에 더 나은 법과 대안, 더 엄격한 금지가 실현되도록 노력해야 한다. 그렇다면 구체적으로 무엇을 할 수 있고 무엇을 해야 할까? 4부에서 다룰 문제다.

4부

무엇을

해야
할까?

사랑하고 미워하고 먹고

동물과의 관계에서 나타나는 일상적 혼돈

내가 보기에 인간 지능에 대한 가장 강력한 반박은
인간이 원래 죄악 목록에서 보면 가장 최악에 속하는데도
스스로를 우두머리 동물로 선언한 데 있다.
— 마크 트웨인

뉴스는 늦여름 저녁 황금 시간대에 전해졌다. 1997년 전 세계로 중계된 기자 회견에서 미국 항공 우주국 나사의 연구자들은 세상을 흥분시킬 만한 사실을 발표했다. 남극에서 발굴되어 앨런 구릉 84001이라고 이름 붙여진 감자 크기의 작은 돌덩이에서 박테리아와 비슷한 존재의 잔해가 발견되었다는 것이다. 이 돌은 보통 돌이 아니라 약 1천5백만 년 전 운석 충돌로 떨어진 화성의 작은 파편이었다. 미국 천문학자 제프리 마시Geoffrey Marcy(1954~)는 이를 두고 〈이번 세기의 가장 중요한 발견 중 하나〉라고 평했다. 심지어 독일의 시사 프로그램 「타게스테멘 Tagesthemen」 앵커는 우주적 흥분에 빠져 의기양양한 목소리로 이렇게 선포했다. 「우리는 이 우주에 혼자가 아닙니다!」

이 발언에서 앵커가 더 이상 혼자가 아니라고 한 〈우리〉가

누구인지 덧붙이지 않은 것은 유감이다. 우리 인간을 말할까? 하지만 인간은 어차피 혼자가 아니라 다른 수많은 생명체와 지구를 공유하고 있다. 그렇다면 진정한 창조의 의미에서 지구에 있는 모든 생명체, 즉 인간과 동식물 일반을 가리킬까? 그래서 우리가 더 이상 혼자가 아니라 화석으로 확인된 다른 혹성의 박테리아와 함께 이 우주에 살고 있음을 지구의 모든 생물체와 함께 기뻐해야 한다는 말일까?

어쨌든 이 예언자들은 딱한 처지에 놓였다. 화석에서 극소량의 다환 방향족 탄화수소가 발견되었다고 해서 그것이 화성에 완전한 생물체가 있다는 뜻은 아니고, 은하계에 제비 한 마리가 날아들었다고 해서 천문학에 여름이 오는 것도 아니다. 그런데 재미로 이런 상상은 가능해 보인다. 우주 연구자들이 어느 날 머나먼 별에서 이른바 소의 지능을 가진 존재를 발견한다. 이 얼마나 놀라운 일인가! 수많은 광선이 쏟아지는 우주의 엄청난 크기와 다채로움에 감탄하는 목소리가 사방에서 터져 나온다. 생명의 신비가 마법의 외투에서 또 하나의 주름을 펼쳤다고 하면서 말이다. 우리는 우주의 이 동반자에게서 생명의 경이로움을 느끼고, 미지의 생명을 이해하려고 온갖 노력을 다할 것이다.

외계 지능에 대한 이런 관심은 얼마나 이율배반적인가! 지구에서는 그렇게 어렵게 여겨지던 생명에 대한 존중과 관심이 우주의 다른 생명체에게는 얼마나 손쉽게 주어지는가! 우리는 지상에 존재하는 헤아릴 수 없이 많은 생물을 잡초와 약초, 관상용 관목, 가축, 야생 동물, 해충, 맹수, 동물원 동물, 애완동물, 경제 동물 등으로만 나누어 바라본다. 우리 행성의 생물은 주로 인간의 필요에 따라 기능적으로 분류된 존재에 지나지 않는다. 인간과 다른 생물 사이의 공통점은 이런 꼬리표 뒤로 사라져 더 이상 보이지 않는다. 반면에 같은 생물인 인간에 대해서는 그러지 않는다. 우리는 〈야생 인간〉, 〈민간 인간〉, 〈전투 인간〉, 〈직업 인간〉, 〈사적 인간〉, 〈애완 인간〉이라는 말을 입에 올리지 않는다. 인간은 기능적으로 정의 내릴 수 없다는 말이다.

　　다른 동물들도 인간의 눈과 분류 체계 안에서만 그렇게 정의 내릴 수 있을 뿐이다. 어떤 동물도 처음부터 도축되고, 사냥감이 되고, 쫓기고, 독살되고, 귀여움을 받고, 훈련을 받고, 공포를 주거나 경탄의 대상이 되려고 태어나지 않는다. 동물 사랑과 관련해서 남다른 자부심을 가진 독일인들도 그 사랑을 모든 동물에게 쏟지는 않는다. 동물에게 잘하는 사람은 사람에게도 잘한다. 항간에서는 동물을 혐오하거나 가축을 싫어하는 사람은 본성이 뒤틀린 사람이라는 말도 한다. 환경 재단과 자연 보호 단체는 시민들에게 큰 호응을 받는다. 이탈리아에서는 유망(流網) 어업 방식과 명금류 살해가 금지되어 있다. 거북 수프는 도착적인 인간들의 취향으로 여겨진다. 고양이와 개, 말에 관한 저술은 일정한 판매가 보장된 안전한 사업이고, 텔레비전의 동물 관련 방송은 시청률이 상당히 높다. 독일 대도시의 동물원들은 매년 콘서트, 극장, 시민 대학 강좌, 스포츠 행사를 다 합친 것보다 더 많은 관람객이 찾는다. 그렇다면 우리는 과연 동물의 어떤 점을 사랑할까?

서유럽이나 미국에서 스스로를 동물 애호가라고 생각하는 사람들도 딱정벌레나 하이에나, 들쥐, 성게를 좋아하는 경우는 극히 드물다. 독일인들의 거실에는 관상용 물고기 같은 작은 동물 말고도 2천만 마리가 넘는 애완동물이 우글거린다. 그런데 독일인들은 독수리나 좀, 바퀴벌레, 촌충은 좋아하지 않는다. 그렇다면 〈동물 사랑〉은 선별된 특정 종에게만 맞추어진 협소한 감정이다. 자연이 다채로운 형태를 부여하지 않은 생물종에게는 인간이 직접 손을 댄다. 예를 들어 금붕어와 페르시안고양이의 품종을 개량하고, 개 주둥이를 퍼그의 귀여운 얼굴형으로 만들고, 비둘기에게 화려한 깃털을 달아 주는 식이다.

심리학자 쾨르너의 견해에 따르면 동물에 대한 친밀감은 〈우리가 그들에게서 다름과 낯섦을 느끼는 동시에 우리 자신에 대한 무언가를 재발견할 수 있기에 그처럼 매력적으로〉 느껴진다.[1] 인간 본성의 그런 거울을 위해서는 적절한 상이 필요한데, 그 상으로는 바퀴벌레나 모기, 성게보다 개나 고양이가 더 잘 어울린다. 쾨르너는 동물 사랑을 인간과 동물의 공동 기원에 대한 동경으로 본다. 인간이 동물적 본성에서 멀어질수록 동물 속에서 그것을 다시 만나고자 하는 갈망은 커진다. 〈이것은 양극이다. 완전히 낯선 것에서 친밀함을 발견하고, 친밀한 것에서 낯섦을 발견하는 것이야말로 동물에 대한 우리 사랑의 근본 동기다.〉[2]

동물 사랑의 동인이 자기중심적이라는 데는 의심의 여지가 없다. 사심 없는 사랑이 어차피 없는 것처럼 동물 사랑 자체를 위한 동물 사랑은 없다. 투견 사육사의 자부심이든, 고양이 애호가의 보호자적 본능이든, 아니면 비둘기 사육사의 즐거움이든 이런 사랑의 다양한 동기들 뒤에 잃어버린 낙원에 대한 동경이 실제로 숨어 있는지는 그리 중요하지 않다. 다만 이 모든 동기의 공통점은 동물들에게 존중받고 인정받고 〈사랑받으려는〉 욕구가 숨어 있다는 것이다. 동물원에서 어떤 아이가 호랑이에게 〈호랑이, 안녕!〉 하고 소리친다면 관심과 인정을 받으려는 것 말고 무엇 때문에 그러겠는가?

우리와 동물의 애정 관계가 결코 대칭적이지 않다는 사실도 별 문제가 되지 않는다. 생각해 보라. 부드러운 털을 가진 고양이가 마치 인간이 쓰다듬는 것을 삶의 의미처럼 느껴서 정말 우리 품에 안기고 싶어 하는지 누가 알겠는가? 또 〈호랑이, 안녕!〉 하고 소리치는 아이들 가운데 꾸벅꾸벅 조는 호랑이가 그렇게 줄기차게 떠들어 대는 소리를 귀찮아할 것이라고 생각하는 아이가 있을까? 그보다는 오히려 호랑이가 눈을 끔벅거리는 것을 자신에 대한 관심의 표현으로 해석하고 기뻐할 가능성이 훨씬 높다. 동물은 인간의 이런 생각에 반박할 수가 없다. 그렇기에 인간은 동물이 정말 자신에게 관심이 있어서 어떤 특정 행동을 한다는 환상을 더욱 키운다. 우리는 〈자기중심주의를 스스로에게 숨기기 위해 동물의 관심에 대한 환상이 필요하다. 동물에 대한 우리의 통제력을 착각하면서 마치 자발적인 선물인 양 동물이 우리에게 보이는 관심을 즐긴다〉.[3]

우리의 주목을 받지 못하는 다수의 종과 달리 우리와 완전히 상관이 없지는 않은 동물들은 세상을 풍성하게 하는 존재이거나 위협적인 존재로 여겨진다. 인간 문화에는 착한 동물과 나쁜 동물이 가득하다. 이야기책에 나오는 래시, 스누피, 밀루에서부터 강아지 이데픽스, 늑대 인간, 스코틀랜드 네스호에 산다는 정체불명의 동물 네시, 북유럽 신화에서 황금을 지키는 용 파프니르, 고질라, 불행을 가져오는 검은 고양이, 가필드, 프리츠 더 캣, 킹콩, 원숭이 핍스, 아라비안나이트에 등장하는 거대한 새 로크, 갈매기 조나단에 이르기까지 무수한 동물이 인간 문화와 함께해 왔다.

가장 선호되는 대상은 애완동물이다. 인간 가정에서 식탁 위가 아닌 식탁 아래의 고정 자리로 배정받을 만큼 특별한 행운이 따른 피조물이다. 인간과 함께 살아가는 이들은 자기만의 이름을 얻고, 주인의 말이나 명령에 어느 정도 주의 깊게 귀를 기울인다. 이런 개가 어느 날 죽으면 그 몸은 동물 사체가 아닌 시신으로 대우받는다.

1899년 파리 근교 아니에르에 최초의 근대적 동물 공동묘지가 공식적으로 문을 연 뒤로 그 전까지 사랑하는 공동 피조물을 분쇄기나 용광로에 넣고 처리하던 산업적 재활용 방식에 반발하는 애완동물 보호자들의 수는 증가했다. 애완동물을 매장할 정원은 없지만 자신이 키우던 강아지나 고양이를 혹시라도 재활용 비누로 다시 보고 싶지 않았던 사람들은 사랑하는 반려동물을 〈반려동물 사제〉의 인도 아래 저승으로 보내려고 했다. 독일에서는 2015년까지 150개가 넘는 동물 공동묘지가 생겨났고, 애완동물 열 마리 중 하나가 이곳에 매장되었다. 이런 흐름에 반대하는 일부 세력의 반대도 별 소용이 없다. 인간에게만 독점적으로 주어진 장례식을 동물에게 〈남용한다〉며 격렬하게 반대한 개신교회와 가톨릭교회가 그들이다. 또한 산토끼도 날벼락을 맞았다. 이들이 갓 매장한 반려동물을, 가령 집토끼를 실수로 다시 파헤치지 못하도록 때로 약을 놓아 잡았던 것이다.

애완동물은 인간의 〈동반자〉와 〈친구〉로서 여러 가지 기능을 수행한다. 예를 들어 규칙적으로 먹이를 주게 하거나 새장이나 개집을 청소하게 함으로써 아이들의 책임감을 키우는 교육자 역할을 하고, 슬픔에 빠진 사람에게 위안을 주는 치료사 역할을 하기도 한다. 애완동물 중에서도 특히 개는 달리기 대회 같은 스포츠에 투입되기도 하고, 또 전통적인 로덴 재킷과 모자로 통일한 사냥꾼 단체가 문화적 전통이라는 이름 아래 사회적으로 용인되는 동물 죽임을 연출하는 행사에서도 인간의 영원한 동반자로 큰 환영을 받는다.

동물은 온갖 종류의 판타지를 위한 이상적인 투영체다. 동물에 관한 이야기들 가운데 가장 넓게 퍼진 보편적인 형식은 인간적 감정의 전이다. 개인적 체험이나 〈애정 관계〉의 묘사건, 아니면 동물에 관한 언론 보도건 할 것 없이 말이다. 사람들은 감동적인 이야기와 인간 본성을 재미나게 빗댄 유머러스한 이야기를 좋아한다. 느릿느릿 기어다니는 딱정벌레에 터무니없이 요란한 엔진 소리를 장착한 동물 영화는 여전히 존재한다. 또한 월트 디즈니의 다큐멘터리 영화 「사막은 살아 있다The Living Desert」 이후 이 장르를 처음부터 따라다닌, 언제나 인기 있는 앙증맞은 의인화는 오늘날에도 거의 매일 텔레비전에서 볼 수 있다.

우리 마음속 사랑의 우주로 들어오지 못한 동물들은 가끔 괴물로 쓰인다. 상어, 독거미, 하이에나, 악어는 러시아인이나 중국인, 나치, 나쁜 외계인, 그 밖의 다른 끔찍한 형상들과 마찬가지로 독일인들의 거실과 아이들의 방을 공포로 물들인다. 우리 주변의 실제 위협은 기껏해야 진드기나 여우 촌충 같은 작은 생물에 불과할 텐데도 계몽된 유럽인들은 추가로 뱀과 거미, 쥐, 비둘기를 혐오하고, 자연의 터전을 상실한 대형 고양잇과 동물에게 터무니없는 쇼를 시키는 서커스단의 조련사를 불안스레 바라볼 뿐이다.

다큐멘터리 영화만큼 이국적인 동물과 인간의 발길이 닿지 않은 자연에 대한 동경을 만족시키는 것은 없다. 동물 영화의 증가와 열대림 및 해양 생태계 축소 사이의 상관관계는 결코 우연이 아니다. 지구상에 온전한 자연이 줄어들수록 매혹적인 동물들이 가득한 밀림과 햇빛 찬란한 바다를 보려는 욕구는 점점 커진다. 전 세계 곳곳에서 고도의 현대적 테크놀로지로 지극히 다채롭게 찍은 환상적인 자연 영상이 매일 우리의 거실로 쏟아진다. 야생 동물의 서식지가 우리 시대만큼 위협받은 적은 없었고, 마지막 남은 동물의 모습을 이처럼 가까이서 선명하게 볼 수 있었던 적도 없었다. 미로 같은 개미굴과 새 둥지에 설치한 초소형 카메라, 거대한 망원 렌즈, 컴퓨터 애니메이션은 자연의 숨겨진 마지막 비밀을 드러낸다.

시대적 의식이 있는 다큐멘터리 영화들은 도덕적 경고와 오락 사이의 균형을 맞춘다. 도덕적 냄새를 물씬 풍기는 자연 영화조차 시청자들의 정신적 안식에 도움이 된다. 이국적인 동물 다큐멘터리의 대중적 성공은 우리를 온갖 일상적 문제에서 벗어나게 해서 머나먼 다른 세계로 얼마나 푹 빠지게 하느냐에 달려 있다. 펭귄들과 함께 남극 대륙을 여행한다든지, 새들과 함께 세계 곳곳을 날아다닌다든지 하는 식이다. 텔레비전의 동물 다큐멘터리는 선하고 아름답고 진실한 것의 보고(寶庫)이자, 잃어버린 오리지널 세계다. 자연 영상은 왜곡되지 않은 진실한 삶의 모습을 어떤 뉴스보다 더 사실적으로 보여 준다.

동물들끼리 서로 죽이고 죽고, 동물과 사람이 서로 죽이고 죽는 이런 두 가지 잔인함에도 불구하고, 아니 바로 그런 잔인함 때문에 사람들은 동물 다큐멘터리를 즐긴다. 가장 인기 있는 모티브인 킬리만자로에서의 사냥 장면은 교육 영화보다 흥미롭고, 뱀들의 짝짓기 영상은 어떤 글보다 사람들의 가슴에 와닿는다. 모든 잔인함 뒤에는 손상되지 않은 자연의 총체적인 조화가 자리하고 있다. 바짝 마른 진흙 웅덩이에서는 펠리컨과 악어가 비참하게 죽어 가고, 어미 물소는 방금 살해당한 새끼를 향해 목 놓아 울고, 건조한 사바나 지역에서는 늙은 코끼리가 목말라 죽어 간다. 우리는 동물 다큐멘터리 속의 이런 잔인함을 도덕과 상관없이 즐길 수 있다. 뭐, 자연은 원래 그런 거니까. 해설이 멈추고, 음악이 시작되고, 애절한 피리 소리가 울려 퍼진다. 카메라가 뒤로 빠지면서 오카방고 삼각주 위로 석양이 펼쳐진다. 이상향의 모습이다.

이런 다큐멘터리 필름은 생태계 파괴와 인간에 의한 종의 멸종이라는 또 다른 잔인함에 대해서도 침묵하지 않는다. 인류에 대한 비난은 필수 항목이자, 모든 진지한 자연 다큐멘터리의 불문율이다. 물론 시청자들은 원시림에서 수백 년 된 나무들이 전기톱에 잘려 나가는 것을 보고 싶어 하지 않는다. 하지만 그다음에는 틀림없이 다음 장면들이 이어진다. 훼손되지 않은 세계가 등장하고, 경고의 목소리에 이어 인간의 발길이 닿지 않은 마지막 낙원이 펼쳐진다. 감정의 냉온탕은 자연을 즐기는 특별한 매력으로 작용한다. 위협받는 자연의 상황을 알고 난 뒤에야 마지막 낙원들의 매력에 흠뻑 빠지기 때문이다. 인간은 대량으로 존재하는 것에는 결코 관심을 갖지 않는다.

그런데 지금껏 어떤 자연 다큐멘터리도 동물에 대한 우리의 고정 관념을 바꾸어 놓지 못했다. 오래전부터 내려오는 수많은 편견이 동물에 대한 인간의 말을 지배해 왔다. 아프리카 사자, 특히 수사자는 다른 고양잇과 동물들에 비해 분명 용기가 출중하다고 할 수 없음에도 우리는 여전히 〈사자 같은 용맹함〉이라는 말을 입에 올린다. 악어는 실제로는 전혀 그렇지 않은데도 〈게걸스러운 포식자〉로 여겨진다. 타조가 위험에 처하면 모래에 고개를 처박는다는 말도 마찬가지로 헛소리다. 스라소니는 인간에게 위험하고, 독수리와 수염수리는 양 떼에 상당한 위해를 가하고 심지어 어린아이까지 낚아채 갈 수도 있다는 생각 때문에 이 세 종은 중부 유럽에서 거의 멸종되었다. 또 우화에 등장하는 귀여운 곰이 현실에서 문제를 일으키는 순간 야수로 규정되면서 무수한 아마추어 사냥꾼의 표적이 된다.

인간의 감정과 고정 관념은 예부터 동물들에게 위험했다. 기분에 따라 결정하는 사람은 평생 아무짝에도 쓸모없고 고기 맛도 별로인 동물의 생존권을 인정할 이유가 없다. 동물 애호가 들의 마음속에는 낭비에 가까울 정도로 다채로운 진화 과정에서 선택된 몇몇 동물의 자리만 있을 뿐이다. 대개 〈귀엽거나〉〈고결한〉 외모의 호감 가는 동물이 애정과 감탄을 야기한다. 하지만 귀 여운 토끼도 운이 나쁘면 가스나 총탄 실험을 위해 잔인하게 살해당하고, 충직한 개도 인간들의 전쟁을 위해 죽는다.

동물에 대한 평가는 맥락에 따라 다르고, 동물에 대한 모든 새로운 말도 관련 상황에 좌우되는 듯하다. 예를 들어 철학적 논쟁에서는 〈이성〉, 〈고통과 행복을 느끼는 능력〉, 〈의식〉, 〈자율적 선호〉라는 개념이 관심을 끈다. 화보 잡지와 오락 영화에서 동물은 〈호색한〉, 〈강도〉, 〈순진무구한 어린양〉, 〈도둑〉, 〈수다쟁이〉, 그리고 다른 비슷한 신기한 존재로 등장한다. 동물들의 존재 이유가 마치 인간을 즐겁게 하거나 인간에게 겁을 주려고 하는 데 있는 것처럼 말이다. 문학에서 동물은 아름답거나 악마적인 존재로 나타나고, 식탁의 대화에서는 고기 맛과 그에 어울리는 포도주에 관한 문제가 흥미를 끈다. 동물에 대한 애정 표현에서는 온갖 사랑스러운 애칭이 사용되고, 의회 토론에서는 연설자의 성향에 따라 〈인류의 시금석〉, 〈생산 수단〉 혹은 〈상품〉이 되고, 성직자의 설교에서는 〈동물 형제〉가 된다. 동물을 죽이는 문제에서도 도덕적 판단은 입장에 따라 다르다. 어떤 때는 〈소유권 침해〉, 어떤 때는 〈야만적 행위〉, 〈사냥감〉, 〈살해〉, 〈대량 학살〉, 〈식량 생산용 행위〉, 또는 다리를 다친 말이나 병든 애완동물에게는 〈안락사〉라는 말이 거론된다.

애완동물을 선택할 때도 우리는 보호해야 할 자연과 생물종을 선택할 때와 마찬가지로 의심할 바 없이 인간만의 독특한 척도를 사용한다. 철학자 플레스너는 말한다. 〈가슴의 변증법이 존재한다면 이성의 변증법보다 분명 더 위험하다.〉[4] 우리는 한편으로는 동물을 사랑하면서도 다른 한편으로는 멸종시키고 먹어 치우고 독살한다. 그렇다면 가슴의 도덕에는 어떤 감정과 동물에 대한 어떤 정서적 이해가 깔려 있을까?

동물을 물건처럼 취급하고 하찮게 여기든, 혹은 인간화하고 악마화하든, 아니면 이국적인 것과 기괴한 것으로 단순화하든 이 모든 것은 어떤 질서와 도덕 체계에도 부합하지 않는다. 동물과의 관계를 규정하는 것은 이성이 아니라 오히려 감정들에 뿌리를 두고 있고, 불쾌감이나 쾌감과 연결된 미학적 도덕이다. 죽여서 먹는 동물이든 집에서 사랑스럽게 키우는 동물이든 그것을 결정하는 기준은 종이 한 장 차이다. 우리가 그 동물을 볼 때 느끼는 감정이 좌우한다는 말이다. 예를 들어 우리는 동물의 귀여움과 애처롭게 우는 것에 마음이 끌린다. 여기서는 도덕적 규정이 아니라 미학적 기준이 지배적이다. 천진해 보이는 흰쥐는 애완용으로 인기가 높지만, 하수구의 회색 쥐는 죽여야 할 무가치한 동물이다.

사회학적으로 볼 때 농업의 비중이 점점 줄어드는 사회에서는 무엇보다 젊은 층이 동물의 경제적 사용에 거리를 두는 현상은 별로 놀랍지 않다. 동물 도축도 예전만큼 자명하게 여겨지지 않는다. 오늘날의 시장이 제공하는 다양한 먹거리도 육식을 포기하는 것을 과거 어느 때보다 쉽게 만들어 준다. 거기에 돼지 페스트와 살모넬라, 광우병까지 영향을 미친다. 지난 30년 전부터 이미 소고기와 돼지고기의 평균 소비량은 약간 감소했다. 정육 기술자와 판매자의 수도 지속적으로 줄고 있다. 과거에 부의 상징으로 여겨지던 육식은 건강상으로나 도덕적으로 점점 미심쩍어 보인다.

그럼에도 서구화된 사회에서는 여전히 육식을 하는 사람이 절대다수다. 사람들이 집단 사육과 동물 실험을 별다른 가책 없이 받아들일 수 있는 것은 무엇보다 우리가 동물의 고통을 직접 목격하지 않기 때문이다. 철학자 볼프의 말처럼 우리가 오랫동안 지켜 온 것은 우리의 감수성이다. 〈우리는 동물이 고통스러워하고 죽어 가는 것을 직접 보거나 체험하지 않는다. 그들의 고통과 죽음은 철저하게 폐쇄된 외부 공간에서 이루어진다. 이로써 우리에게 불쾌감을 유발하는 일은 치외 법권적 상태에서 진행된다. 우리는 많은 영역에서 드러나는 뚜렷한 분열 상태에서 살아간다. 혐오스러운 일과 행위는 공공의 시선에서 벗어나 은밀하게 처리된다. 정신 병원, 사형 집행, 대량 사육에서는 우리가 직접 보는 것은 견디지 못하지만 그 장점은 포기하고 싶어 하지 않은 일들이 행정적 관료주의를 중심으로 추방의 형태로 일어난다. 그럼으로써 지켜지는 것은 추방된 존재들, 예를 들어 실험실과 동물 공장에서 비참하게 살다가 마지막에 도축되는 동물들이 아니라 일반 소비자들의 여린 감정이다. 이런 상황에서 단순히 감정에 호소하는 것은 효과가 없다!)⁵ 학대 및 고통과의 직접적인 대면이 애초에 면제된 사람이라면 스테이크나 프라이드치킨, 혹은 화려한 모피 코트로 삶을 마감한 동물들의 감정을 생각할 이유가 없다. 접시 위의 커틀릿에는 사랑스러운 테리어나 페르시안고양이에 비해 조금도 뒤지지 않은 한 생명체의 감각 기관과 인지 기관의 흔적은 전혀 남아 있지 않다.

　동물의 고통을 완벽하게 배제하고 숨기는 것이 현재로서는 동물과의 교류에서 나타나는 혼돈을 유지하기 위한 마지막 가능성으로 보인다. 인류 역사상 동물과 인간의 관계가 오늘날처럼 혼란스러웠던 적은 없기 때문이다. 우리는 동물을 마치 물건처럼 생산 수단화하고, 생존 기계나 고기 공급원으로 사육하면서도 민법에는 〈물건〉으로 취급해서는 안 된다고 분명히 못 박는다. 또한 자신의 애완용 토끼는 귀여워하면서도 정육점의 토끼 고기는 맛있게 먹는다. 수백만 마리의 돼지와 닭, 소를 비좁은 우리와 배터리 케이지로 몰아넣는 야만적인 살해 기계를 지원하면서도 동시에 독일 농림부 장관과 농민 단체 회장들은 건강한 농업에서 생산된 질 좋은 제품만 구매하라며 소비자의 이성에 호소한다. 우리는 원숭이 지능 연구를 통해 그들이 당혹스러울 만큼 우리와 비슷하다는 사실을 알면서도 그들의 머리통에 구멍을 내고 사지를 절단하고 영혼과 몸을 중독시키고 의학적 연구 명목으로 전기 충격을 가한다. 동물 보호법에서는 동물을 〈공동 피조물)로 정의하면서도 〈합리적 이유〉에서 그들에게 해를 가하는 것은 허용한다. 동물을 사랑하는 마음으로 앵무새와 카나리아를 키우면서도 혐오감에서 독을 놓아 비둘기를 죽인다. 조류 애호가를 자처하면서도 까치와 어치, 까마귀 같은 〈유해 조류〉를 쏘아 죽이는 사냥꾼 행사에 기꺼이 참여한다. 자발적 종 보호자들과 발맞추어 표범의 멸종을 비난하면서도 이제 친칠라와 밍크 모피로 눈을 돌린다. 잠재적 위험이 있다는 이유로 주변의 모든 동물을 멸종시키고도 스릴러 영화에 나오는 거대 상어와 킬러 악어를 보며 즐거워한다. 햄스터를 끔찍하게 아끼면서도 그들을 평생 비좁은 창살 우리에 가두어 둔다.

이 모든 것에서 가장 이상한 점은 앞서 언급한 모든 모순이 독일 입법부에 의해 받아들여져 법률화되었다는 사실이다. 〈동물 보호법〉이라 불리는 이 법만큼 이상한 것이 있을까?

죽임에 관한 짧은 텍스트

동물과 법

칼이 번쩍이고 돼지들이 비명을 지른다.
우리는 이들을 이용하기만 하면 된다.
먹기 위해서가 아니면 돼지는
어디다 쓸까, 하고 모두가 생각하기 때문이다.
다들 만면에 웃음을 머금고 돼지를 뜯어 먹는다.
식인종의 방식대로.
언젠가 베스트팔렌의 햄을 보고 자기도 모르게
〈빌어먹을!〉이라는 말이 튀어나올 때까지.
— 빌헬름 부시Wilhelm Busch

차가운 법조문에 〈공동 피조물〉이라는 따뜻한 단어가 외로이 서 있다. 〈이 법의 목적은 공동 피조물로서 동물에 대한 인간의 책임감에서 그들의 생명과 안녕을 지키기 위함이다.〉

1986년 이후 독일 동물 보호법은 18세기 말 경건주의 전통에서 나온 공동 피조물이라는 개념을 받아들였다. 그런데 입법자들이 이 말을 어떻게 이해했는지는 법 조항의 구체적인 기술에서 여실히 드러난다. 그에 따르면 공동 피조물이라는 말은 동물을 실험실에서 산 채로 부식시키거나 독살시키고, 좁은 철망 우리에 가두고, 모피를 얻기 위해 독가스로 죽이는 행위와 모순 되지 않는다.

1933년의 원안을 여러 차례 보완하고 수정한 이 동물 보호 법은 공동 피조물에 대한 존중을 담은 텍스트가 아니라 동물을 죽이는 것에 관한 짧은 글이다. 22개 조항에는 동물을 이용하고, 도축하고, 거세하고, 절단하고, 그들의 장기를 적출하고, 치명적 인 의학적 실험을 실시하고, 그들을 사고팔 인간의 권리가 규정 되어 있다. 마지막에는 이 모든 것을 전문적인 자격 없이 행하는 자들, 즉 〈규정에 위배되게〉 행하는 사람들에 대한 처벌이 나열 되어 있다.

동물 보호법은 행정법에 속한다. 인간의 소유물에 대한 당 국의 허가와 승인을 다루는 법이라는 말이다. 그렇다면 이것은 동물 보호법이 아니라 동물 활용법이다. 이 법의 구체적인 내 용이 궁금한 이들을 위해 제4조의 몇몇 규정을 인용해 보겠다. 〈어류와 다른 냉혈 동물의 도살 규정〉, 〈특정 살해 방법과 마취 처리에 관한 상세 규정 및 허용과 금지〉, 〈제4a조 2항 2호에 따 라 도축이 허용되는 조건들에 대한 상세 규정〉, 〈척추동물을 죽 이는 전문 자격증 획득이 필요한 비상업적 활동에 관한 규정〉, 〈1979년 5월 10일 자 도축 동물 보호에 관한 유럽 협정의 틀 내 에서 도축에 대한 상세 규정(연방 법률 관보 1983 II, p.770)〉, 〈가금류 도축과 관련해서 마취 의무의 예외에 대한 규정〉 같은 것들이다. 그 밖에 〈화학 물질 관리법의 테두리 안에서 위험 물질이나 화합물을 이용한 마취나 살해〉, 〈실험용 동물이나, 과학적 목적을 위해 조직 또는 장기를 사용할 동물의 마취나 도살〉에 관한 규정이 명기되어 있기도 하다.

여기서 법률 언어로 건조하게 표현된 내용은 철학자 해나 아렌트Hannah Arendt(1906~1975)가 언급한 〈악의 평범성〉의 적절한 예로 볼 수 있다. 말은 그럴싸하게 동물의 〈생명과 안녕〉을 지킨다고 하지만 실제로는 그와 아무 상관이 없다. 이유는 법의 두 번째 문장에 나온다. 〈누구도 합리적 이유 없이 동물에게 아픔과 고통, 해를 가해서는 안 된다.〉 이 얼마나 터무니없는 소리인가? 그렇다면 자신의 공동 피조물에게 〈아픔과 고통, 해〉를 가해도 되는 합리적인 이유는 있다는 말인가? 그것이 대체 무엇일까?

다른 유럽 국가들과 북미 국가들도 동물에 대한 비합리적인 학대가 야만적이며, 형법으로 처벌해야 한다는 데 동의한다. 그러나 동물은 인간의 법정에 직접 나와 입장을 표명할 수 없기에 자신의 이익 침해를 사법적으로 인정받을 자격이 없다. 그 때문에 독일 연방 의회가 1990년 오스트리아의 예를 따라 희망 가득한 제목이 붙은 법을 가결했을 때 동물 보호 운동가들과 동물권 론자들은 환호성을 질렀다. 〈민법상 동물의 법적 지위 개선을 위한 법〉이었다. 그 뒤로 민법에 제90a조항이 추가되었다. 〈동물은 물건이 아니다. 동물은 특별한 법률에 의해 보호된다.〉 그런데 동물 애호가들이 샴페인을 터뜨리기도 전에 뒤 문장이 그들의 뒤통수를 후려친다. 〈무언가 다른 것으로 규정되지 않는 한 물건에 통용되던 기존의 규정은 동물에게도 적용된다.〉 여기서 동물을 무언가 다른 것으로 규정한 경우는 같잖기 그지없다. 그 전까지 물건과 비(非)물건을 정확히 구분할 줄 몰랐던 사람들도 1990년부터는 분명히 알게 되었다. 즉, 의료비를 일부 돌려받고, 쉽게 압류당하지 않으며, 소유자를 통해 법적 보호 의무를 충분히 누릴 때만 물건이 아니라는 것이다. 이로써 〈대단하지만 공허한 약속의 법정책학〉(토이치)이 스스로 기념비를 세웠다.

인간은 자신의 〈공동 피조물〉에게 고통을 가하고 싶다면 마음대로 해도 된다. 합당한 이유만 있으면 된다. 동물이 입을 고통보다 그로써 인간이 얻을 이익이 더 크다는 이유 말이다. 독일 입법자들이 볼 때 육식과 동물 실험, 모피 및 가죽 산업은 당연히 그런 이유에 포함된다. 그들에게는 비싼 가격 말고 밍크코트에 다른 비합리적인 요소는 없어 보인다. 물론 밍크에게야 자신의 털이 무엇보다 필요한 합리적인 이유겠지만, 동물 보호법의 생각은 다르다. 이 인식에는 로고스나 통찰력, 현명함이 끼어들 여지가 전혀 없음에도 동물 보호법은 스스로 이성적이라고 착각한다. 볼슐레거는 이렇게 말한다. 따라서 남는 것은 〈동물을 물건으로 기술하는 비동물들이 **높은 가치의 가죽 소유자**라고 정의한 동물들의 울음소리뿐이다〉. 반면에 〈카라쿨의 모피나 친칠라 모피를 걸친, 별 가치 없는 인간 족속은 그런 비싼 가죽을 뒤집어쓰고 거들먹거리며 돌아다닌다. 한 벌당 35마리 또는 150마리의 동물 사체가 보들보들한 피부에서 직접 느껴지지는 않기 때문이다〉.[1]

그렇다면 〈합리적 이유〉라는 문구는 이상하다. 철학적 혹은 도덕적 차원에서 합리적 이유를 따지는 것이 분명 아니기 때문이다. 이것은 합리적인 이유가 아니라 **경제적 이유**다. 이렇게 너무나 분명한데도 국가가 이런 입장을 스스로 인정하지 않는 것은 놀랍다. 동물 보호법에 적시된 〈공동 피조물〉이니 〈합리〉니 하는 말은 허울 좋은 명분이자, 동물 활용법이라는 진실을 은폐하는 수단일 따름이다. 그럼에도 입법자들은 이 차가운 진실 앞에 눈을 감는다. 1995년 연방 농림부 장관의 동물 보호 보고서에 따르면 〈합리적 이유라는 개념의 법적 개념 규정〉은 어디에도 〈존재하지 않는다〉. 〈입법부는 자신의 목표를 기술하기 위해 불확실한 법적 개념을 사용하고 있다. 현실 삶의 다양한 사건은 결코 총체적이고 완결적으로 표현될 수 없기 때문이다.〉[2]

그렇다, 〈현실 삶의 다양한 사건〉은 파악하기 어렵다. 그것을 모르는 사람은 없다. 따라서 〈합리적 이유〉라는 개념은 최소한도로 정의 내리는 것조차 불가능해 보인다. 동물 보호를 위해 내세운 〈불확실한 법적 개념〉으로는 사치스러운 모피 코트를 제작하기 위해 모피 농장의 비좁은 우리에 동물을 사육하면서 가스로 죽이는 정말 야만적인 목적으로부터 동물을 보호하지 못한다. 앞서 언급한 연방 농림부 장관은 〈경제 동물의 농업적 사육 영역〉에서 그 합리적 이유를 깊이 고민해 볼 한 가지 명확한 예가 떠올랐다. 태어난 지 하루밖에 안 되는 수많은 수평아리를 바로 죽여 버리는 것이 과연 적법하냐는 것이다. 헤센주를 제외하고 독일에서는 갓 태어난 수평아리 4천5백만 마리가 가스나 분쇄기로 죽임을 당한다. 현실 삶의 사건들은 이처럼 다채롭다.

동물 보호법이 이 모든 행위를 〈합리적 이유〉라고 생각하는 것은 잘못되었다. 수많은 설문 조사에서 독일 시민 다수가 그런 병아리 살해를 부정적으로 생각하는데도 말이다. 법이라는 이름으로 정당화된 수많은 잔혹 행위는 유권자들의 뜻에 맞지 않는다. 어쨌든 독일에서는 그렇다. 대다수 사람은 모피 농장과 열악한 환경에서의 집단 사육을 원칙적으로 거부하고, 둘 다 결코 합리적이라고 생각하지 않는다. 포르자 연구소의 여론 조사에 따르면 돼지 페스트, 니코틴 검출 닭, 광우병이 발생하기 오래전인 1993년 9월에 이미 독일 시민의 84퍼센트가 기본법에 〈동물은 생명체로 존중되어야 한다〉는 문구를 명시하는 데 찬성했다. 심지어 당시 그런 제안을 귓등으로도 듣지 않던 연합 정권의 기민당 지지자 75퍼센트와 자민당 지지자 81퍼센트가 찬성한 것은 놀랍다.

동물 보호가 1994년과 2000년에 이어 세 번째 시도 끝에 마침내 기본법에 진입하게 된 데는 한 사건의 덕이 컸다. 2001년과 2002년에는 보수주의자들을 중심으로 무슬림의 도축 행위에 대한 조롱과 경멸이 팽배했다. 동물의 고통에 대한 공감에서라기보다 이민족의 풍습에 대한 불쾌감에서 비롯된 반감이었다. 어쨌든 이러한 분위기 속에서 2년 전만 해도 무리한 요구라며 극구 반대하던 기민당조차 2002년에는 동물 보호를 기본법에 명시하는 데 동의했다. 이후에 다음 구절이 다른 서체로 강조되어 기본법에 삽입되었다. 〈국가는 미래 세대에 대한 책임에서라도 헌법 질서의 테두리 안에서 입법을 통해, 그리고 법률이 정하는 바에 따라 행정과 사법적 판단을 통해 자연적인 **삶의 토대와 동물**을 보

호해야 한다.〉(독일 기본법 제20a조)

그런데 기본법에 동물 보호가 명시되었다고 해서 동물 보호가 적극적으로 이루어졌다는 뜻은 아니다. 어쨌든 동물을 〈생명체로 존중해야 한다〉라는 문구는 덧붙여지지 않았다. 동물은 〈자연적인 삶의 토대〉와 동급으로 분류되었고, 그로써 생명체가 아닌 자원으로 보호되었다. 따라서 화장품 테스트를 위한 동물 실험은 가축 대량 사육과 마찬가지로 계속 허용되었고, 원숭이 두개골을 열어 전기 충격을 가하는 행위도 합리적이라는 이유로 허용되고 있다. 다만 행위 예술의 일환으로 도살하는 행위에만 동물 보호법이 적용된다. 게다가 이제는 어차피 동물을 제단에 바치는 일이 극히 예외적인 일이기에 동물 제물에 대한 제약도 과거의 번제보다 심하지 않다.

기본법에 국가적 목표로 동물 보호가 명시되었다면 이 숭고한 원칙을 어떤 방식으로 구현할 수 있을지는 다양하게 고민해야 한다. 그런데 그런 책임이 있는 연방주들과 입법부는 기존 동물 보호법의 규정이 제대로 지켜지고 있는지조차 감시하지 않는다. 동물 보호법 서두에는 이렇게 적혀 있다. 〈동물을 키우는 사람은 다음 사항을 지켜야 한다. 1. 종의 본래 특성과 욕구에 맞게 동물을 먹이고, 보살피고, 습성에 적합한 거처를 마련해 주어야 한다. 2. 종에 적합한 이동 가능성을 제한함으로써 동물에게 불필요한 통증이나 고통, 해를 가해서는 안 된다. 3. 동물에게 적절한 영양과 보살핌, 습성에 적합한 거처에 대한 필요한 지식과 능력을 갖추어야 한다.〉(동물 보호법 제2조 1~3항)

지금의 배터리 케이지, 현대식 닭 공장, 양돈장, 실험실의 동물을 본 적이 있는 사람이라면 그곳의 어떤 동물도 〈종의 본래 특성과 욕구에 맞게〉 먹지 않고, 〈종에 적합〉하게 이동하지 못하고, 〈습성에 적합한 거처〉에 머물지 않고 있다는 사실을 안다. 그런데도 법에는 왜 그런 문구들이 명시되어 있을까? 어차피 제대로 감독하지도 않고, 진지하게 받아들이지도 않는데 말이다. 동물 보호법만큼 이상과 현실이 동떨어진 법은 없어 보인다. 이는 독일 사법 정의의 오점이다.

우리는 수년 전부터 동물 보호법에 기초해서 산란 닭의 부리를 잘라도 되는지를 두고 토론을 벌이고 있다. 그러나 닭이 속절없이 불구가 되고, 깃털이 떨어져 나가고, 동물 행동학적으로 이미 죽은 상태나 다름없이 배터리 케이지에서 나머지 삶을 비참하게 살아가야 하는 상황에서 대량 사육의 그런 징표들이 정말 협의의 대상이 될 수 있을까? 가죽띠와 사슬에 묶이고 뼈와 관절이 변형된 소가 인간에게 살코기를 내주기 위해 도축장의 완벽한 살해 공장에서 끔찍한 죽음의 공포에 떨며 좁은 칸막이 우리에 갇힌 채 살아가야 하는 상황에서 에스트로겐이나 향정신성 약품에 대한 토론이 정말 그들에게 안도감을 줄까?

2013년 동물 보호법을 수정하면서도 불에 달군 쇠붙이로 말의 허벅다리에 낙인을 찍는 것은 계속 허용되었다. 새끼 돼지도 여전히 마취 없이 거세시킬 수 있었고, 동물 실험도 예전과 다름없이 제한을 받지 않았으며, 2016년에 들어서도 유인원은 독일에서 원칙적으로 동물 실험에 사용되었다. 물론 1991년 이후 독일에서는 더 이상 누구도 침팬지와 고릴라, 오랑우탄에게 에이즈나 간염 바이러스를 주입하지 않지만, 독일 입법부는 오스트리아, 네덜란드, 스웨덴, 뉴질랜드와 달리 유인원의 실험 도구 사용을 전면 금지하는 법안을 제정할 생각이 없다.

그사이 각국 정부는 동물 보호에서 획기적인 변화를 꾀하기에는 자신들의 두 손이 묶여 있다고 하소연할 여지가 생겼다. 2010년 유럽 연합이 새로운 동물 실험 지침을 공포했기 때문이다. 이후에 유럽 연합 회원국들은 브뤼셀에서 정한 지침에서 벗어날 수 없었다. 원숭이 실험은 일반적인 기초 연구에서도 거의 무제한적으로 허용되었다. 단, 갇힌 상태에서 태어난 원숭이에 한해서 말이다. 유인원에 대해서는 특별 규정이 마련되었다. 그러나 유럽 연합의 법에 따르면 이들도 많은 곳에서 실험에 사용될 수 있었다. 대학과 연구소, 제약 회사는 해당 실험이 인간 생명을 위협하거나 장애를 초래하는 질병의 퇴치를 위한 실험이라는 사실만 입증하면 되었다.

유럽 연합의 지침은 거의 모든 점에서 그렇지 않아도 애매한 규정들로 가득한 독일 동물 보호법의 재판(再版)이다. 그와 함께 실험동물은 이제 죽을 때까지 사용하거나 악용해도 되고, 동물에게 장시간 극심한 통증과 고통, 상해를 야기하는 실험도 계속 허용된다. 원래 유럽 연합 이사회는 이런 실험을 막으려고 했는데도 말이다. 어쨌든 윤리적 의구심은 거의 완전히 배제된다. 원숭이 실험을 할 경우에는 허가서만 받으면 되고, 공중에 정보를 제공할 때는 실험 개요만 제출하는 것으로 충분하다. 아무리 잔인한 실험조차 내용을 일일이 공개할 필요는 없다.

이 모든 것은 독일에 뜻하지 않게 닥친 일도 아니고, 정치적 의지에 반하는 것도 아니었다. 그 반대다. 유럽 녹색당 소속의 정치인만 제외하고 거의 모든 독일 정치인은 유럽 연합에서 심지어 동물 실험을 더욱 확대하는 방향으로 열심히 뛰었다. 독일은 2013년 수많은 동물 보호 단체의 반발에도 불구하고 유럽 연합 지침을 아무 조건 없이 국내법에 수용했다.

정치에서 법적으로 허용되는 것과 시민 대다수의 생각이 동물 보호만큼 크게 배치되는 영역은 많지 않다. 이런 불일치는 기본법에 아무리 아름다운 말들이 명시되어 있더라도 요지부동이다. 서구 사회의 목표들 가운데 동물의 본래적 특성에 맞는 삶에 대한 동물권은 어디에도 진지하게 적시되어 있지 않다. 국가 목표는 경제와 과학, 기술을 촉진하고, 인간의 복지를 돌보는 것에 한정된다. 동물권, 아니 동물 보호조차 그 경계선 밖에 있다. 독일 사법 체계에서 동물은 소송의 주체가 되는 〈당사자 능력이 없다〉. 인간이 그들의 이익을 대신 인지해서 대변할 수도 있을 테지만 입법 기관은 전혀 들으려고 하지 않는다. 하지만 가능한 일이다. 실제로 그런 일이 일어난다면 전기 충격으로 고통받은 실험실 원숭이를 대신해서 국가가 위임한 대리인이 법정에서 그들의 이익을 대변할 수 있다. 그러나 현행법에 따르면 원숭이를 고통으로부터 보호할 가능성은 기본법의 동물 보호에도 불구하고 여전히 난망하다.

그 뒤에 숨은 딜레마는 명확하다. 한편으로 〈공동 피조물〉

이라는 개념은 법이 인간의 이익만 다루지 않는다는 사실을 암시한다. 동물에게 불필요하고 부당한 고통과 아픔을 가해서는 안 된다고 적시한 동물 보호법의 규정도 마찬가지다. 고통을 느끼는 존재로서 동물의 이익을 고려하면 그런 행위는 금지되어야 한다는 것이다. 다른 한편으로 동물은 자신의 이익이 훼손되어도 소송을 제기하지 못한다. 법정에 설 수 없기에 〈당사자 능력이 없다〉. 그렇다면 남은 방법은 인간이 동물의 이익을 대변해서 권리를 찾아 주는 것뿐이다. 바로 여기에 현행 법질서의 난제가 있다. 법은 그것을 허용하지 않기 때문이다. 동물의 이익이 어디서도, 누구에 의해서도 대변될 수 없다면 동물 보호에 대한 규정이 다 무슨 소용이 있겠는가?

그에 대한 유명한 사례가 있다. 1988년 9월 〈북해 바다표범들〉이 독일 정부를 상대로 소송을 제기했다. 정부 대표는 기독 사회 연합 소속의 당시 교통부 장관인 위르겐 바른케Jürgen Warnke(1932~2013)였다. 2백 면에 이르는 소장에는 국가가 기업들에 내준 폐기물 해양 투기 허가증이 꼼꼼히 기재되어 있었다. 뒤스부르크 서부 독일 폐기물 처리업체, 레버쿠젠의 바이엘 제약 회사, 니더작센주의 크로노스 티탄, 노르트라인베스트팔렌주의 솔베이 화학 같은 기업들이었다. 이들은 특수 선박을 이용해 북해를 유독성 폐기물 매립장으로 만들었다. 그 결과 개홍역 바이러스에 감염되고, 환경 독으로 면역 체계가 심하게 훼손된 1만 8천 마리 이상의 바다표범들이 목숨을 잃었다.

〈북해 바다표범들〉은 당연히 소송을 직접 제기하지 않았다.

고소 주체는 〈법정 후견인〉으로서 그들의 이익을 인지한 인간이었다. 구체적으로는 독일 환경 및 자연 보호 연맹과 그린피스를 위시해 여섯 군데의 자연 보호 단체였다. 이 단체들이 우려한 대로 소송은 기각되었다. 사유는 바다표범은 다른 동물들과 마찬가지로 법정 후견인을 통해서도 소송을 제기할 수 없다는 것이었다. 게다가 바다표범은 누구에게도 전권을 부여하지 않았음에도 그것을 인정하게 되면 누구나 바다표범을 대신해서 소송을 제기할 수 있으리라는 것이다. 그러나 결정적인 근거는 따로 있었다. 〈현행 법질서는 권리 능력과 권리 당사자 자격〉을 인간에게만 부여한다. 인간만이 〈특별한 인격적 존엄을 갖고 있다〉고 믿기 때문이다. 존엄의 근거는 바로 〈인간을 다른 비인격적 자연과 구분하고, 자신의 결정으로 스스로를 인식하고 규정하고 자신과 주변 세계를 만들어 나갈 수 있는 정신〉[3]이다.

이 대목은 마치 17세기나 18세기에 쓴 글처럼 읽힌다. 데카르트 전통에 입각한 정신은 육체와 엄격하게 분리되고, 모든 〈비인격적 자연〉과 대립된다. 여기서 〈스스로를 인식하고 규정하는〉 인간의 능력은 심리학과 신경 생물학적 관점에서 지극히 의문시되는 방식으로 한껏 추켜세워진다. 이 능력은 〈인격체〉로서의 모든 인간에게 부여된다. 갓난아이와 중증 정신 장애인에게도 있다는 말이다. 〈주변 세계를 만들어〉 나가는 능력도 오직 인간의 독점물로만 여겨지고, 반면에 정교하게 굴을 만드는 흰개미나 자기만의 방식으로 둥지를 짓는 새, 혹은 도구를 사용할 줄 아는 침팬지에게는 없다고 생각한다.

이 소송의 기각 사유로 적시된, 정신적으로 각성한 인간과 단순한 〈자연〉으로서 동물의 엄격한 법적 구분은 더 이상 우리 시대에 맞지 않는다. 그러나 이 대립은 결코 어제의 일이 아니라 여전히 오늘의 문제다. 이후에 동물을 단순히 〈비인격적 자연〉으로 분류하지 않으려는 어떤 실질적인 시도도 없었기 때문이다. 법적으로 동물은 예나 지금이나 우리 세계의 일부가 아니라 주변 세계다. 바다표범은 물론 심지어 침팬지와 고릴라, 오랑우탄까지 법 앞에서는 혈통적으로 인간보다 해조류나 연못, 미세 먼지, 숲속 이끼에 더 가까운 존재로 여겨진다.

바다표범과 법이 충돌해서 날카로운 파열음을 낸다면 그것은 반드시 바다표범 때문만은 아니다. 이 사건을 담당한 판사는 두 번째 히든카드를 갖고 있었다. 바다표범은 독일 영해 밖에 살기에 독일 법질서에 포함시킬 수 없다는 것이다. 그렇다면 이 동물은 〈당사자 능력〉만 없는 것이 아니라 국적도 없고, 그로써 아예 법에서 배제될 수밖에 없다.

바다표범의 이름으로 고소한 사람들이 함부르크 행정 법원으로 향할 때 머릿속으로 떠올린 것은 바로 미국의 사례였다. 1972년 미국에서 이 방면으로 세간의 주목을 받은 사람은 서던 캘리포니아 대학교의 법학자인 크리스토퍼 스톤Christopher Stone(1937~2021)이었다. 그의 저서 『법정에 선 환경. 자연의 고유 권리Umwelt vor Gericht. Die Eigenrechte der Natur』는 현대 환경법이라는 완전히 새로운 분과의 토대를 세웠다. 출간 타이밍도 기가 막혔다. 미국 환경 단체 시에라 클럽이 마침 월트 디즈니와 캘리포니아 미네랄 킹 계곡을 놓고 소송을 벌이고 있었기 때문이다. 월트 디즈니는 이곳에 스키 리조트를 만들려고 했고, 자연 보호 운동가들은 세쿼이아 국립 공원에서 이들을 밀어내려고 했다. 1972년 시에라 클럽은 1심에서 졌지만, 1978년에는 이 전투의 최종 승리자로 확정되었다.

스톤의 저서는 소송 과정에서 여러 차례 인용되면서 유명해졌다. 그는 어떤 도덕적 근거로 자연에 우리가 적절하게 배려해야 할 고유 권리가 있다고 했을까? 우선 동물권론자들과는 달리 고통을 느끼는 능력이나 자연의 생명 이익으로 논증하지 않는다. 또한 슈바이처와 비슷하게 동물과 식물, 하천에 따라 자연을 구분하지도 않는다. 스톤은 〈도덕적 다원주의〉를 옹호하고 도덕 영역을 둘로 구분한다. 첫 번째는 사람과 사람 사이의 관계이고 두 번째는 인간과 자연의 관계다. 이 영역에서도 도덕적 관점은 다양하다. 가령 존재하는 것에 대한 미래 세대의 이익이 그렇다. 이는 기존의 도덕이 미치지 못하는 영역이다. 왜냐하면 인간 사이의 도덕과 달리 이 도덕은 인간끼리 서로 잘 지내자는 〈계약〉에 기초하지 않기 때문이다. 20세기의 가장 유명한 미국 도덕 철학자 존 롤스John Rawls(1921~2002)도 그것을 잘 알고 있었다. 하버드 대학교 교수였던 그는 자연 보호나 동물 보호의 사도가 아니었다. 그럼에도 자신의 도덕 철학에 존재하는 약점을 인정했다. 인간이 자연과 어떻게 적절하게 교류해야 하는지의 문제는 자신의 도덕적 계약 이론으로는 설명할 수 없다는 것이다.

스톤의 법철학은 인간을 더 이상 윤리학의 중심에 놓지 않는다. 자연 존재로서의 인간은 거대한 전체의 일부다. 하지만 자연의 이 거대한 전체는 명백하게 존재함에도 법에 등장하지 않는다. 미국의 몇몇 판사는 판결을 내릴 때 이런 논리에 설득되었다. 7년에 걸친 소송 끝에 그사이 완성된 텔리코 댐도 1979년 이후에는 그곳에만 사는 희귀 어종 도티백이 멸종되지 않도록 리틀 테네시강에 계속 물을 흘려보내야 했다. 비슷한 사례들이 이어졌다. 1990년대 말에는 독일에서 〈햄스터 전쟁〉이 언론의 헤드라인을 장식했다. 괴팅겐 대학교는 이 설치류가 사는 들판에 분자 생명 과학 센터를 설립하려고 했다. 자연 보호 운동가들은 격렬하게 반대했고, 결국에는 햄스터들에게 새로운 서식지가 제공되는 조건으로 설립이 허가되었다.

〈자연을 법의 보호 안〉으로 끌어들이려는 이 모든 예에는 한 가지 공통점이 있다. 항상 총 개체 수가 위태롭거나 적어도 위협받는 동물의 보호에만 치중한다는 것이다. 도티백이나 야생 햄스터를 도덕적으로 중요하게 만든 것도 개별 생명권에 대한 존중이 아니라 오직 그들의 **희귀성** 때문이다. 고전적인 동물권 논증에 따르면 희귀성은 그 근거가 될 수 없다. 어떤 동물도 희귀하다는 이유로 서식지나 생명을 잃을 위험이 더 크지는 않기 때문이다. 이 문제는 나중에 좀 더 상세히 다룰 기회가 있을 것이다. 어쨌든 희귀함의 논거는 일부 동물에게만 유익할 뿐 고통받는 실험실 원숭이들이나 가스로 죽임을 당하는 밍크들에게는 그렇지 않다.

이처럼 법적 상황은 꽤 혼란스럽다. 한편으로 동물 보호법은 동물에게 학대받거나 죽임을 당하지 않을 이익이 있음을 인정한다. 다른 한편으로 동물은 〈당사자 능력이 없고〉, 기껏해야 〈주변 세계〉로서의 권리밖에 인정받지 못한다. 이것은 그사이 여러 연방주가 동물 보호와 관련해서 단체 소송권을 허용했음에도 별로 바뀌지 않고 있다. 소비자 보호 단체가 식품업체를 고소하거나 환경 단체가 환경 범죄자들을 고소할 수 있듯이 동물 보호 단체나 동물권 운동가들도 원칙적으로 동물 학대에 대한 소송을 제기할 수는 있다. 그러나 여기서 방점은 〈원칙적으로〉에 찍혀 있다. 왜냐하면 고소인들은 여전히 **그로 인해 얼마만큼 개인적으로 피해를 입었는지** 혹은 **이 고소에 공공의 이익이 얼마나 결부되어 있는지를** 설명해야 하기 때문이다. 소비자 보호에서는 이것이 어렵지 않지만, 환경 보호에서는 좀 더 복잡하고, 동물 보호에서는 불가능에 가깝다. 원숭이가 전기 충격으로 고문을 당하는 것이 동물 보호 단체나 동물권 운동가들에게 입힌 개인적 피해를 어떻게 입증할 수 있겠는가? 어떤 사람도 해를 입지 않았다면 공공의 이익을 무엇으로 평가할 수 있겠는가?

따라서 고통받은 동물의 변호인이 되는 것만으로는 법 앞에서 충분하지 않다. 이런 상황을 바꾸려면 단체 소송이 동물 보호법에 포함되어야 한다. 가령 녹색당은 1997년에 이미, 공인된 단체의 경우 〈자신의 권리 침해를 설명할 필요 없이 불복 신청〉을 할 수 있어야 한다고 요구했다. 그것도 이 단체가 〈연방 동물 보호법이나 이 법에 의거해 공포된 법규나 다른 동물 보호 규정을 위반한 행위를 고발할 경우〉[4]에 말이다. 오늘날까지도 동물 보호법에는 이런 내용이 전혀 들어 있지 않다. 거기다 동물 실험 로비스트들과 농민 단체들은 여전히 그런 대리 고소 행위를 집단적으로 방해하고 있다.

여기서 끌어낼 수 있는 유일한 결론은 다음과 같다. 독일은 동물 보호 및 그와 관련된 법을 진지하게 받아들이지 않는다는 것이다! 그래서 독일에서는 동물의 꼬리나 부리, 발가락을 마취 없이 절단하는 행위가 계속 이어지고, 대학에서 〈교육 목적으로〉 실시하는 동물 실험은 윤리 위원회의 심사를 받지 않아도 되고, 코끼리의 복잡한 사회성과 인상적인 감성에 대해 많은 것이 알려져 있음에도 여전히 그들을 좁은 서커스 차량에 가두고 원형 경기장에서 쇼를 하도록 허용한다.

의도적인 동물 학대와 살해에 대한 〈합리적인 이유〉가 무엇인지를 두고 정치권에서는 지금껏 제대로 된 토론을 벌인 적도 없다. 경제적 이익과 관습법이 그동안 사회적으로 용인되고 법적으로 정당화된 고통과 살해 문화에 대한 사람들의 불쾌감을 두꺼운 콘크리트로 덮어 버린다. 연방주 단위로 이루어지는 집단 소송도 이를 전혀 바꾸지 못한다. 그렇다면 동물 보호법 내에서의 단체 소송권조차 너무 부족해 보인다. 앞서 살펴보았듯이 집단 소송에서는 개별 동물의 복지를 거의 고려하지 않기 때문이다. 개별 동물이나 여러 동물의 〈개별적〉 이익이 아니라 공공의 이익이 문제라면 그런 고소는 소비자 보호와 환경 보호의 틀 안에서만 성공적으로 제기될 수 있다.

상황이 이렇다면 동물의 **주체적 권리**에서 시작하는 것 말고는 달리 길이 없어 보인다. 이 권리는 심지어 동물 보호법에도 이미 명시되어 있다. 그 첫 문장에 동물은 주변 세계가 아닌 〈공동 피조물〉로서 〈생명과 안녕〉이 보장되어야 한다고 적혀 있으니까 말이다. 공동 피조물은 주체이지 객체가 아니라는 데 다들 동의할 것이다. 그런데 왜 법적으로는 주체가 아니라 객체일까? 동물 사용법으로서 옛 동물 보호법과 새로 추가된 〈공동 피조물〉의 개념은 전혀 맞지 않는다. 법학자 요하네스 카스파르Johannes Caspar(1962~)가 명료하면서도 폭넓게 쓴 『현대 산업 사회의 법과 동물 보호Tierschutz im Recht der modernen Industriegesellschaft』에서 설명한 것처럼 〈현대 동물 보호의 법적 구상은 이미 그 취지에서부터 동물의 주체적 법적 지위를 목표로 한다〉. 물론 카스파르는 싱어와 리건 같은 동물권론자들과는 달리 동물을 인간과 법적으로 동등한 존재로 보지 않는다. 대신에 〈차등화된 법적 평등〉[5]을 주장한다. 이는 내가 리건의 동물 윤리학에서 내 토끼의 운명을 예로 명확히 보여 준 것처럼 당혹스럽고 황당한 결론으로 빠져들지 않게 하는 평등이다. 그럼에도 카스파르는 동물에게 현행 동물 보호 규정이 준수될 것을 요구하는 청구권이 있다고 본다. 그러면 동물 보호 단체들은 자신의 이름으로 동물의 권리를 청구할 수 있다. 여기서 기준은 〈공공의 이익〉이 아니라 해당 동물들 자신의 이익이다.

이로써 실천적 길은 정해졌다. 권리를 인정하지 않고 보호만 앞세우는 현재의 모순에서 집단 소송을 거쳐 동물권에 대한 신탁 관리로 나아가는 길이다. 이 길이 마지막에 어디로 이어질지는 알 수 없다. 다만 우리가 가축을 자유 민주주의적 질서의 〈시민〉으로, 들쥐 같은 동물을 〈거주민〉으로, 야생 동물을 〈적법한 지배자〉로 받아들이는 길로 나아가지 않으리라는 것은 분명하다. 캐나다의 수 도널드슨Sue Donaldson(1962~)과 그녀의 남편이자 정치 철학자인 윌 킴리카Will Kymlicka(1962~)가 떠올린 이 환상은 미학적으로는 매력적일 수 있지만 장기적으로는 현실성이 없다. 현 상황에서는 수십만 마리의 동물을 불필요한 실험으로부터 보호하는 것조차 버겁다. 그런 동물을 보호한답시고 독일 국적을 부여할 필요는 없다. 그럼에도 우리는 변화된 법을 적용할 필요가 있다. 대다수 사람이 집단 사육, 배터리 케이지, 모피 동물 농장, 동물 실험이 사냥과 마찬가지로 공동 피조물의 관념에 어긋난다는 점을 어렴풋하게나마 떠올릴 수 있도록 말이다.

자연 보호냐, 쾌락 살해냐?

동물을 사냥해도 될까?

사냥은 아무 기회가 없는 공동 피조물을
특히 비겁하게 죽이는 행위에 대한
우회적 표현일 뿐이다.
사냥은 인간 정신병의 변형이다.
— 테오도어 호이스Theodor Heuss

세실은 힘든 싸움을 수없이 이겨 냈다. 사자 나이로 한창때인 열세 살이었다. 그는 격동의 시간을 돌아보았다. 반평생 함께했던 형제 리앤더는 잔인한 사자 음포수와 피비린내 나는 싸움 끝에 희생되었다. 음포수 자신도 살아남기는 했지만 중상을 입었다. 결국 세실과 더불어 이 일대에서 가장 강한 사자인 그의 아들 유다가 짐바브웨 서쪽 황게 국립 공원에서 통치권을 넘겨받았다. 세실은 국립 공원의 남동쪽으로 몸을 피했다. 그러다 유다가 2012년 밀렵꾼들에게 살해되자 주변 일대를 주름잡는 절대 권력자로 등극했다. 그의 무리는 수사자와 암사자를 통틀어 총 스물두 마리였다. 지금껏 황게 국립 공원 내에서 가장 큰 무리였다. 세실은 위풍당당한 지배자였지만 성격은 온화했다. 링크와샤 사파리 캠프의 여행객들은 세실의 사진을 찍는 것을 좋아했다. 옥스퍼드 대학교의 연구 팀은 세실의 행동과 삶을 연구하기 위해 그의 목에 GPS 장치를 달았다.

자연 상태의 사자들은 노쇠해서 죽는 일이 드물다. 특히 수컷은 더더욱 그렇다. 그들은 대개 약점을 보이는 순간 경쟁자의 치명적인 공격으로 삶을 마감한다. 세실도 영원히 자기 무리를 이끌 수는 없을 것이다. 그런데 그에게 재앙이 된 약점은 온화함이었다. 그를 죽인 생물도 다른 사자가 아닌 치과 의사였다. 미네소타 출신의 월터 제임스 파머Walter James Palmer는 세실을 죽이는 대가로 미화 5만 5천 달러를 지불했다. 세실처럼 반쯤 길들여진 사자를 총구 가까이로 유인하는 것은 그다지 어렵지 않았다. 그런데 파머는 엽총이 아니라 석궁을 선택했다. 2015년 7월 1일 파머와 그의 사냥 기획자 테오 브롱크호스트Theo Bronkhorst는 세실을 공원 경계 밖으로 유인했고, 파머는 안전한 지프차 위에서 석궁을 쏘았다. 화살이 세실의 가슴을 관통했지만, 거대한 사자는 살해자들에게서 도망쳐 관목림으로 몸을 숨겼다. 세실은 화살이 박힌 채로 많은 피를 흘리며 40시간 동안 공원을 헤매었다. 그러다 마침내 사냥꾼들은 그를 두 번째로 멈춰 세운 뒤 엽총으로 쏘아 죽였다.

사자 연구 팀 연구자들이 세실을 발견했을 때 그는 220킬로그램 무게의 사체였다. 타이어 자국과 피로 붉게 물든 모래가 불평등한 싸움의 흔적을 보여 주었다. 하이에나 떼가 이미 세실의 사체를 뜯어 먹었고, 독수리들이 그 위에 내려앉아 있었다. 털가

죽은 살해자들에 의해 벗겨졌고, 머리는 전리품으로 잘려 나갔다. 이후 인터넷에 비겁한 승리자의 모습을 담은 사진 한 장이 널리 퍼졌다. 선글라스를 끼고 잘린 사자의 머리를 당당하게 들고 있는 피둥피둥한 두 남자의 모습이었다.

〈그저 사자 한 마리일 뿐이라고 말할지 몰라도 우리는 모든 것을 잃었습니다.〉[1] 연구 팀의 브렌트 스타펠캄프Brent Stapelkamp가 세실의 죽음을 애도하며 한 말이다. 이 말은 그들의 연구 프로젝트와 9년 동안의 수고만 의미하는 것이 아니었다. 텔레비전과 신문, 인터넷으로 세실의 운명을 알게 된 수많은 사람은 노골적으로 분노를 표출했다. 일부 유명인은 파머를 〈사탄〉, 〈병자〉, 〈불쌍한 인간종〉이라고 부르기도 했다. 심지어 PETA는 파머를 법적으로 〈교수형까지 가능한〉 짐바브웨로 인도하라고 요구했다.

미네소타에서도 파머에 대한 분노가 폭발했다. 급기야 경찰까지 나서 그를 보호해야 했다. 격분한 사람들은 플로리다에 있는 그의 별장을 온갖 낙서와 도살장 폐기물로 도배했다. 파머는 인터넷 사이트를 폐쇄하고 안전을 위해 잠적했다. 세계 곳곳에서 1백만 명이 넘는 사람이 전리품 사냥 반대에 관한 인터넷 청원서에 서명했다. 이쯤 되자 짐바브웨 정부도 행동에 나서지 않을 수 없었다. 세실을 국립 공원 밖으로 유인한 사냥 기획자 브롱크호스트를 조사했고, 세실이 죽음을 맞은 땅의 소유주도 법정에 세웠다. 소송은 여러 차례 연기되었다. 짐바브웨 환경부 장관 오파 무칭구리Oppah Muchinguri가 극도로 분노한 상태에서 수차례 파머를 넘기라고 요구했지만, 파머는 기소되지 않았다.

짐바브웨 정부는 난감한 상황에 빠졌다. 이 나라에서는 적절한 대가를 지불하는 한 세실 같은 맹수를 사냥하는 것은 합법이었다. 사냥은 비록 잔인하기는 했지만 국가로서는 좋은 수입원이었다. 세실의 사례에서 불법 행위는 국립 공원 밖으로 유인한 것뿐이었고, 그조차 증명하기는 불가능에 가까웠다. 짐바브웨 정부가 2015년 8월 초에 사냥 규정을 일시적으로 강화한 것은 기만책에 지나지 않았다. 사유지에서 사자를 죽이고 싶은 사람은 앞으로도 돈만 내면 얼마든지 계속 죽일 수 있었다. 아프리카에서 사자는 국가 재산이기도 했지만, 그들이 사는 땅 주인의 개인적 소유물이기도 했다. 따라서 그들의 생살여탈권을 쥔 사람은 땅 주인이었다. 세실 같은 사자에게 생명권이 주어진 적은 한 번도 없었다.

전 세계 동물 애호가들이 세실의 학살에 분노한 것은 당연히 그런 사냥을 통한 소유권 침해와는 전혀 상관이 없었다. 짐바브웨 정부의 입장에서 최대 불법은 국가 소유의 사자가 사유지에서 살해되었다는 데 있었다. 반면에 세실의 죽음에 분노하는 사람들이 문제 삼은 것은 다른 것이었다. 파머 같은 인간이 어떻게 세실처럼 존귀하고 매혹적인 존재를 순전히 재미로 살해할 수 있을까? 그것도 스스로 가장 안전하면서도 비겁한 방식으로 말이다. 지프차에서 총을 쏘는 것은 숲에서 창을 들고 세실과 맞서는 것과는 완전히 다르다. 그 치과 의사는 이런 공정한 싸움을 피하는 대가로 5만 5천 달러를 지불한 셈이다.

아프리카에서 야생 동물을 죽이는 것이 이처럼 엄청난 분노를 불러일으켰다면 왜 독일에서는 똑같은 일이 벌어져도 그렇지 않은가? 사자를 죽이는 것과 여우나 멧돼지, 사슴을 쏘아 죽이는 것 사이에 정말 도덕적으로 큰 차이가 있을까? 재미로 고귀한 피조물을 죽이고, 털가죽을 벗기고, 머리를 잘라 전리품으로 취하는 것은 똑같지 않은가? 사자는 더 위엄 있고 희귀하기 때문에 독일의 동물들보다 생명 가치가 더 높은 것일까? 간단히 말해, 아프리카에서의 사냥은 왜 도착적이고, 독일 숲에서의 사냥은 왜 정당할까?

〈나는 재미로 동물을 쏘아 죽이는 사람들을 도무지 이해할 수 없다.〉 프랑크푸르트 전 동물원장이자 독일에서 가장 유명한 자연 및 종 보호 운동가인 그르지메크의 말이다. 그런데 사냥을 대하는 그의 태도에는 문제가 있다. 자신은 카메라와 마취총을 들고 동물을 사냥했지만, 실탄으로 쏘는 것은 항상 꺼렸다.

아프리카 야생 동물의 수호자이자 세렝게티 밀렵꾼들의 숙적인 그르지메크는 개인적인 거부감 때문에 재미로 엽총을 잡지는 않았음에도 독일 사냥꾼 협회와는 다투지 않으려고 항상 조심했다. 여기에는 무시할 수 없는 사정이 있었다. WWF와 프랑크푸르트 동물학회의 적지 않은 후원자들이 케냐에서의 엄격한 사냥 보호 규정과 독일의 거리낌 없는 사냥 행위를 예나 지금이나 양립할 수 있는 것으로 여기는데, 이들의 후원 없이는 조직을 꾸려 가기가 쉽지 않았던 것이다.

독일 사냥꾼 단체는 재정이 풍부하다. 2014년 독일 인구의 0.4퍼센트에 해당하는 총 36만 1천 명의 사냥꾼이 10억 유로가 넘는 돈을 자신들의 단체를 유지하는 일에 투자했다. 이를 환산하면 사냥 면허증 소지자 한 명당 3천 유로에 달한다. 모든 사냥꾼의 3분의 2가 막강한 힘을 자랑하는 독일 사냥 협회의 회원이다. 협회 자체의 발표에 따르면 2014년과 2015년 사냥 시즌에만 고결한 사냥꾼들이 수백만 마리의 동물을 죽였다. 노루 110만 마리, 토끼 47만 마리, 여우 46만 마리, 멧돼지 52만 마리를 말이다. 게다가 이 피비린내 나는 취미 활동에 동참하고 싶어 하는 사람의 수는 끊임없이 증가하고 있다.

사냥은 인기가 많고, 사냥 애호가들은 경제 단체와 자연 보호 단체는 물론이고 정계에서도 환영받는다. 많은 유력 정치인이 자부심 가득한 표정으로 동물 사냥의 취미를 고백한다. 그렇다면 스마트폰과 인터넷의 시대에 그들은 대체 무슨 이유로 여우와 노루, 멧돼지, 꿩을 죽이기 위해 엽총과 산탄총, 사냥칼 같은 도구로 중무장한 채 울창한 전나무 숲으로 달려가고, 막대한 금액을 지불하는 것일까? 또 그런 야생 동물 정벌을 야만적 행위로 경멸하고 저지하는 것이 아니라 사냥법의 틀 안에서 명시적으로 존중하는 사회는 어떻게 해석해야 할까?

사냥 허용에 대한 근거는 오랫동안 인간학이 제공해 왔다. 그에 따르면 인간은 병들고 결함 있는 동물일 뿐 아니라 지극히 공격적인 호르몬의 노예다(사냥 모임에서는 오늘날까지도 이런 말들이 회자된다). 사냥은 인간에게 온갖 고초와 화를 불렀지만 동시에 문화적 토대를 세웠다. 작대기와 원시적 주먹 도끼는 기술의 기원이다. 인간을 다른 동물들 위에 우뚝 서게 하고, 이 말을 어떻게 이해하든 간에 지금의 〈인간〉이 되게 만든 것은 다름 아닌 사냥의 비할 바 없는 공격성과 발명 능력이다. 그런데 진화의 이런 관점은 50년 전부터 금이 가기 시작했다. 새로운 화석이 다수 발견되면서 우리 조상들에 대한 관념은 대폭 바뀌었고, 사냥 가설은 뒤로 밀려났다. 이전에는 확실한 지식처럼 보였던 것이 오늘날에는 그와 관련된 전문 분야의 동의도 받지 못하는 공허한 추측으로 드러났다(《직립 원숭이》 참조).

하지만 사냥이 인간의 본래적 활동이라는 이론이 고인류학 교과서에서 사라질수록 행동 연구에서 사냥 가설은 더욱더 끈질기게 고수되었다. 로렌츠 같은 문화 비관주의자들은 한결 세련된 사냥 신화를 비교 행동학의 굳건한 학문 체계에 편입시켰고, 공격적 사냥꾼으로서의 인간 가설을 세웠다. 그런데 처절한 생존 투쟁의 장으로서 자연에 대한 새로운 해석이 가미된, 인간종의 가장 중요한 본성으로서의 사냥에 대한 이 어두운 세계관은 역사가 아주 길다. 진화론 이전부터 이미 존재했으니 말이다. 희한하게도 다윈은 〈적자생존〉에 대한 아이디어를 자연에서 알아낸 것이 아니라 스펜서의 사회 이론적 고찰을 생물학에 적용했을 뿐이다. 그렇다면 다윈주의가 온갖 형태의 사회적 불의를 정당화하는 쪽으로 떠밀려 간 것은 이상한 일이 아니다.

사냥 가설과 생존 투쟁만으로는 현대 사냥꾼들의 열정과 쾌락을 설명하기에 부족해 보인다. 오늘날의 사냥이 원시 시대의 사냥과 대체 무슨 공통점이 있다는 말인가? 과거에는 생존 투쟁이었던 것이 오늘날에는 생존 위기와 아무 상관 없는 스포츠일 따름이며, 이는 19세기의 정신에서 생겨난 것이다. 아리스토텔레스가 말한 야생 동물에 대한 〈정당한 전쟁〉 대신 이 스포츠에는 실질적 위험 없이 낭만성과 살해 욕구가 기묘하게 섞여 있다. 오늘날 죽은 동물의 머리를 박제해 벽에 걸어 두는 것 같은, 고대 풍습을 연상시키는 제식의 역사도 중부 유럽에서는 2백 년이 채 되지 않았다.

야생이라는 이름으로 사랑받는 자연이 인간에게 실존의 위험이 아닌 취미 활동의 수단이 된 시대에는 기품 넘치는 수노루를 심심풀이로 죽이는 이 행위에 새로운 정당성이 필요하다. 어쨌든 지금 이 순간도 대다수의 북아메리카인과 유럽인은 〈총으로 사슴을 쏘아 죽이려고 연례행사처럼 숲으로 달려간다는 생각이 해머로 소를 때려죽이려고 1년에 한 번 외양간으로 가는 것처럼 매력적이라고 느낀다〉.[2]

독일 국민의 99퍼센트 이상은 그런 충동을 느끼지 못한다. 어쨌든 동물 몇 마리를 반드시 죽여야겠다는 생각이 이따금 드는 정도는 아니라는 말이다. 또한 살해 욕구나 성폭행의 쾌락 같은 이른바 원초적 본능을 처벌하지 않는 것은 자유주의 사회의 윤리적 규범에도 완전히 배치된다. 살인자와 충동적 성범죄자가 자신의 욕망을 정당화하기 위해 원시 시대의 원초적 욕구를 들먹이는 것은 별 소용이 없다. 인간학적 본성에만 의거해 다른 나라에 선전 포고를 하는 행위도 미친 짓이나 다름없다. 공격자가 설령 전쟁이 유구한 전통을 가진 인류의 문화유산이라는 근거를 대고, 그것이 의심할 바 없는 사실이라고 하더라도 말이다.

숲으로 가서 오직 즐거움을 위해 마음대로 동물을 죽이는 사람은 현대 사회의 윤리적 자의식에 결코 맞지 않는 행위를 저지르는 것이다. 동물 보호법에도 다음과 같이 적시되어 있다. 합리적 이유 없이 동물에게 아픔과 고통, 해를 가하는 행위는 금지된다. 자유 민주주의 국가의 이념에 따르면 스포츠라는 이름을 빌린 쾌락 살해는 〈합리적 이유〉가 될 수 없다. 그럼에도 사냥은 대체 어쩌다 허용되었을까? 심지어 자연 및 생물종 보호 운동가들 사이에서조차 가끔 사냥 행위를 흔쾌히 용인하는 현상은 어떻게 설명해야 할까?

사냥꾼 협회와 사냥 잡지가 아무리 원시 시대의 사냥 욕구나 사냥의 남성적 열정을 신나게 떠들어 대더라도 현재 통용되는 유일한 공식적 합법성은 사냥의 야생 생물학적 의미에 근거하고 있다. 수십 년 전부터 사냥꾼들은 자신의 일을 야생 동물 개체 수 조절을 위한 생태학적 임무라고 정당화한다. 쉽게 반박하기 어려운, 시대의 눈높이에 맞는 자기 규정이다. 다른 기관과 정치, 사회도 끊임없이 새로운 요구와 과제를 받아들이는 점을 감안하면 사냥꾼들이 개체 수 조절을 들이대는 것을 단순히 그럴싸한 포장으로만 볼 수는 없다. 비록 사냥이 전통적으로 생태학과는 거의 관련이 없었다고 하더라도 말이다.

사냥 협회는 홈페이지에서 2011년에 실시한 설문 조사 결과를 홍보한다. 그에 따르면 독일 국민의 약 80퍼센트는 야생 동물 개체 수를 조절하고, 숲과 농경지에서 야생 동물로 인한 피해를 예방하기 위해 사냥이 필요하다고 생각한다. 또한 87퍼센트는 사냥꾼들이 〈살해의 쾌감〉 때문에 총을 든다고 생각하지 않는다.[3] 반면에 함부르크 GEWIS 연구소가 〈사냥 철폐 운동 단체〉의 의뢰로 실시한 설문 조사에서는 전혀 다른 결과가 나왔다. 독일인의 68퍼센트는 〈여가 스포츠로 야생 동물 사냥〉을 금지하는 데 찬성했다. 2003년 조류 보호 위원회의 의뢰로 실시된 여론 조사 기관 EMNID의 조사에 따르면 〈취미로 동물을 죽이는 행위를 나쁘게〉 생각하는 사람은 78퍼센트에 이르렀다. 2004년 동물 보호 단체 〈피어 포텐(네 개의 발)〉의 의뢰로 같은 기관이 실시한 설문 조사에서도 응답자의 73퍼센트 이상이 〈사냥에 비판적〉이거나 〈사냥을 거부〉한다는 결과가 나왔다.[4]

사냥과 관련한 설문 조사는 다른 설문 조사보다 별로 믿을 만하지 않다. 대체로 질문하는 방식에 따라 원하는 결과가 나온다. 그렇다면 사냥의 자연 보호 기능은 실제로 어떤가? 의심할 바 없이 중부 유럽의 생태 상황은 전반적으로 인위적 조절이 필요할 정도로 문제적이다. 오늘날 독일 숲에 사는 대형 야생 동물의 수가 1백여 년에 비해 그렇게 많이 불어나지 않았다면 거기에는 사냥꾼들의 역할이 컸다. 상당수의 독일 숲은 현재 생태 수용력의 한계에 이를 정도로 야생 동물로 가득하고, 일부는 아예 한계를 넘어섰다. 노루처럼 몇몇 대형 동물은 인위적으로 조성된 조건에서 단기간에 폭발적으로 번식했기에 지금은 정반대 문제가 존재한다. 노루는 1백 년 전과 달리 더는 위험에 처한 동물이 아닌 숲의 존립을 위협하는 종이다. 사냥꾼들은 독일에서 노루 수를 늘렸을 뿐 아니라 위험할 정도로 크고 튼실하게 키웠다. 겨울철에 야생 동물에게 풍부한 영양소가 담긴 먹이를 주는 행위는 자연 선택을 방해한다. 다른 모든 요인보다 개체 수 규모에 결정적인 영향을 주는 것은 먹이가 부족한 혹한의 겨울이기 때문이다. 자연의 이 조절 장치가 겨울철 먹이 공급에 의해 무력화되었다. 심지어 적지 않은 사냥꾼들은 야생 동물의 개체 수를 최대한 많이 유지할 목적으로 단백질 함유 식물만 재배하는 경작지까지 따로 운영한다. 그뿐이 아니다. 우람한 뿔과 송곳니 생성을 돕는 호르몬이 함유된 농축 비료까지 사용한다.

독일 사냥꾼들은 갖은 방법을 다 써서 생태학적으로 우려를 자아내는 불균형을 야기한다. 이는 동물들에게 스트레스를 일으키고, 번식률을 떨어뜨리고, 기생충 감염을 촉진한다. 그런데 이런 결과들조차 겨울철 먹이 공급으로 심각하게 교란된 균형을 조절하기에는 너무 버겁다. 이렇게 균형이 깨진 상태에서 엽총맨들이 꿈꾸던 바로 그런 상황이 생겨난다. 자연 보호 운동가들과 동물 애호가들조차 숲의 이 터미네이터들에게 개체 수가 너무 불어난 노루를 쏘아 죽여 달라고 부탁하는 것이다.

앞서 언급한 이유들에서 사냥꾼 단체는 자신들의 생태학적 임무를 강조하지만, 사실 그것은 상당 부분 그들 스스로에게 책임이 있는 문제이다. 〈사냥은 조절을 하는 것이 아니라 너무 많은 개체 수와 너무 적은 개체 수를 만들어 낼 뿐이다.〉 저명한 동물학자이자 생태학자인 요제프 H. 라이히홀프Josef H. Reichholf(1945~)의 말이다.[5] 생태학자들 사이에서 격하게 논쟁을 벌이는 문제가 하나 있다. 큰 규모의 숲은 인간의 보호 활동 및 사냥 행위 없이 스스로 얼마만큼 조절이 가능할까? 경우마다 다를 것이다. 다만 야생 동물에 대한 인위적인 개입이 장차 얼마나 이루어지든 사냥과 관련해서는 많은 것이 바뀌어야 한다. 사냥이 야생 생태계에 정말 말도 안 되는 역할이 아닌 의미 있는 역할을 하고자 한다면 말이다.

〈사냥〉과 〈개체 수 조절〉을 한 묶음으로 보는 것은 일종의 연막전술이다. 독일 사냥 협회조차 모든 사냥이 개체 수 조절에 반드시 필요한 것은 아니라는 사실을 인정한다. 더구나 개체 수 조절을 위해 다른 방법을 동원하는 경우도 있다. 가령 사자나 호랑이처럼 번식력이 좋은 동물원 동물에게는 피임약이 제공된다. 동물원으로 사냥꾼을 보내 너무 많은 호랑이를 총으로 쏘아 죽이지는 않는다는 말이다. 실제로 그런 일이 일어난다면 얼마나 큰 분노가 일겠는가? 그럼에도 우리는 여우와 노루를 총으로 쏘아 죽이는 짓에 대해서는 웬만큼 수긍한다.

생각 실험을 해보자. 겨울철에 제공하는 먹이에 피임약을 섞는 식으로 야생 동물의 개체 수를 조절하면 어떨까? 좀 더 확실하고 아무 고통이 없는 방법이 아닐까? 그러면 사냥은 생태학적으로 필요가 없어지고, 독일 사냥 협회는 잔인하게 동물을 죽일 수밖에 없었던 기존의 자연 보호 의무에서 해방되었다고 환호할까? 아니면 모든 선전 도구를 동원해 반기를 들까? 이에 대한 답은 분명해 보인다. 그와 함께 〈자연 보호〉라는 허울 좋은 이름으로 정당화되던 사냥을 어떻게 보아야 할지도 분명해진다. 사냥 협회의 2011년 설문 조사 결과와 달리, 사냥꾼들의 본래 목적이 자연 보호가 아님이 적나라하게 드러나는 것이다. 혹시 그런 면이 조금 있더라도 그것은 여론을 호도하려는 위장술의 일환일 뿐이다.

사냥꾼들이 내세우는 자연 보호가 정말 의미가 있으려면 그들의 사냥 논리와 생태 논리 사이에 전혀 다른 식의 조율이 필요해 보인다. 독일 사냥꾼들은 여전히 스스로를 멸종된 상위 포식자를 대신하는 꼭 필요한 늑대로 보기를 좋아한다. 심각한 오해다. 숲속의 노루나 사슴의 개체 수는 포식자에 좌우되는 것이 아니라 주로 서식 공간과 먹이, 기생충 감염에 달려 있기 때문이다. 개체 수 조절자로서의 포식자 논리가 실제로 유효했다면 독일의 모든 야생 동물의 개체 수는 포식자 수에 따라 움직여야 했다. 하지만 그것은 전혀 사실이 아니다. 더구나 사냥꾼들의 동물 사랑은 자연 보호 운동가들과 달리 모든 동물에게 향하지 않고 사냥이 가능한 몇몇 동물로 제한된다. 물론 자신의 사냥감을 돌보는 사냥꾼의 정성이 다른 동물이나 때로는 전체 숲에 유익할 수도 있다. 가령 흰가슴물까마귀 같은 특수한 동물은 사냥꾼들의 관심 대상이 아니다. 그렇다면 사냥꾼들의 활동으로 자연이 일면 보호되는 측면이 있다. 하지만 그렇다고 하더라도 그것은 생태학적 관점이 아니라 단지 부수적 결과로서 그렇고, 게다가 항상 그렇지도 않다.

자연 보호를 진지하게 생각하는 사냥꾼이라면 갇힌 상태에서 부화한 꿩이나 오리 같은 새를 놓아주고는 나중에 〈자연에서〉

다시 죽이는 일은 절대 하지 않을 것이다. 동물을 생태학적 이유 없이 단지 죽이기 위해 풀어 주는 사람은 분명 비이성적 학대의 처벌 요건에 해당한다. 생태학적 임무를 정말 중요하게 생각한다면 사냥의 필요성을 아예 없애 버리는 것이 본질에 가깝다. 그러면 사냥꾼들의 가장 큰 기쁨은 원치 않은 잔인한 짓을 하지 않게 해준, 스스로 조절하는 숲이 될 것이다. 사람 죽이는 것을 좋아하는 군인은 즉각 군대에서 퇴출시켜야 하듯이 사냥꾼에게도 똑같은 논리가 적용되어야 한다. 동물의 죽음에서 깊은 안타까움이 아닌 즐거움을 느끼는 사냥꾼은 모든 관련 단체에서 배제되어야 한다. 같은 이유로 생태적 균형을 걱정하는 사냥꾼이라면 숲에서 천적이 다시 자연스럽게 퍼지거나 정착하는 것에 찬성해야 한다. 이런 천적들도 어쨌든 〈숲의 도축업자〉(모어) 역할을 맡을 수밖에 없었던 사냥꾼의 더러운 일을 덜어 줄 테니까 말이다. 그리고 여우, 담비, 늑대, 매 같은 〈맹수〉에 대한 편견도 지금껏 우리가 모르던 생물학적 조절자에 대한 기쁨으로 바뀐다.

사냥은 그들이 내세운 자연 보호 논리에 따르더라도 문명에 의해 자기 조절 기능이 심하게 훼손된 숲에서나 의미가 있을 뿐이다. 생태적으로 사고하는 사냥꾼이라면 미국과 캐나다의 거대한 자연 지구나 카르파티아산맥, 우랄산맥처럼 꿈의 사냥터에서는 사냥을 할 수 없을 것이다. 이런 곳에서의 사냥은 생태학적으로 정당화될 수가 없기 때문이다. 자기 조절 기능을 갖춘 생태계에서 사냥하는 사람은 조국 수호의 의무 외에 속에서 근질거리는 욕망 때문에 무고한 민간인을 살해하는 군인처럼 경멸받을 것이다.

자신이 잡은 대형 동물의 털가죽을 전리품처럼 내세우는 문화도 자연 보호자에게는 당연히 어울리지 않는다. 사려 깊은 생물학자라면 개체 수를 유전적으로 최대한 건강하게 유지할 필요가 있을 때도 기껏해야 자연이 솎아 내지 않은 개체, 즉 병들거나 약한 동물을 쏘아 죽일 따름이다. 또한 자연의 진정한 친구라면 부득이 동물을 죽여야 할 때도 어떤 수단을 택할지 신중을 기한다. 여우에게 극심한 고통을 가하는 올가미나 몽둥이 같은 것들이 과연 생태적 목적을 위한 올바른 수단일까?

독일 사냥 단체들이 해마다 사냥 활동에 지출하는 엄청난 돈이 생태학적으로 정말 영리하게 자연 보호에 기여한다면 얼마나 감사한 일이겠는가! 그들이 말하는 대로 사냥이 야생 동물을 생태학적으로 보존하는 활동이라면 누가 반대하겠는가! 물론 반대하는 사람은 있다. 사냥꾼 본인들 말이다. 그들의 반대에는 당연히 이유가 있다. 기존의 목적이 바뀌면 그들은 이제 숲의 당당한 주인이 아니라 스스로를 숲의 봉사자로 이해해야 한다. 마음대로 전권을 휘두르던 전제 군주에서 해명 의무와 책임감 있는 행동을 의무로 부여받은 자연 보호자로의 변신은 많은 사냥꾼에게 악몽이나 다름없다. 〈사냥꾼의 망원경으로 보는 사람은 자신에게 다가오는 것을 남들보다 빨리 파악하고〉, 대충 겨냥해도 한가운데를 맞히는 노련한 사냥꾼은 앞으로 일어난 사태의 심각함을 정확히 꿰뚫는 법이다. 그로써 이제 아마추어 사냥꾼인 치과의사는 열여섯 갈래의 뿔을 가진 사슴에게 만족스럽게 총을 발사하는 대신 자신이 자금을 지원하는 습지의 가장자리에서 근심 어린 표정으로 자연 보호 연맹의 상냥한 여성 운동가와 함께 앉아 잠자리와 소금쟁이에 대해 토론을 벌여야 할 것이다. 사냥꾼이 생각하는 지옥이 있다면 어쩌면 이런 모습이 아닐까!

게다가 또 다른 문제는 사냥꾼이 전문 생물학을 얼마나 아느냐는 것이다. 혹시 일부 그런 사람이 있다고 해도 그들은 본질적으로 교육을 받은 전문 생태학자가 아니다. 따라서 비판가들뿐 아니라 많은 사냥꾼도 하필 자신들에게 체계적인 자연 보호를 요구하는 것을 모순으로 느끼는 것은 이해가 된다. 그러나 진정한 자연 보호 없이는 사냥의 〈합리적 이유〉는 없고, 합리적 이유 없이는 납득할 수 있는 면죄부도 없다. 자연 보호를 최우선 과제로 삼는 사냥꾼이라면 쾌락 사냥의 금지에 반대할 수 없다. 재미로 죽이는 것이 목적이 아닌 이들은 무자비하게 총을 쏘는 것을 포기할 수 있고, 야생 동물 생태학자들이 자연 보호를 위해 내미는 손을 기꺼이 잡을 것이다.

그런데 순전히 재미로 동물을 죽이는 행위는 여전히 사회적으로 용인되고 있다. 사냥 단체에서 이런 쾌락 살해자가 다수의 〈검은 양〉이라면 〈흰 양〉은 몇 되지 않는다. 하지만 어떤 사냥꾼도 이런 단체에 자기보다 더 나쁜 동물 학대자가 있다는 이유만으로 도덕적인 면죄부가 주어지는 것은 아니다. 무의미한 동물 살해는 스포츠가 아니고 가벼운 범죄도 아니다. 남들은 자기보다 더 나쁘다는 유치한 논리로 정당화될 수도 없다. 관객들이 보는 데서 동물을 죽이는 스포츠는 법적으로 처벌하면서 동물 살해에 직접 참여하는 스포츠는 무슨 근거로 합법화하는가? 게다가 고통을 느끼는 존재를 아무 이유 없이 괴롭히고 죽이는 행위에 대체 스포츠의 요소가 어디 있다는 말인가?

먹기 위해 노루를 쏘아 죽이는 것이 분명 도축장에서 소를 죽이는 것보다 도덕적으로 더 나쁘지 않다. 그러나 먹기 위해 동물을 죽이는 것도 동물 살해 스포츠의 도덕적 근거가 될 수 없다. 그렇지 않다면 투우나 투견처럼 동물을 끔찍하게 학대하는 구경거리도 반대할 이유가 없다. 이 스포츠가 끝난 뒤에 황소나 핏불테리어도 먹을 것이라고 전제한다면 말이다.

사냥의 정당성 논리 가운데 식량 획득만큼 진지하게 받아들여지는 것은 없다. 노루를 오직 먹을 목적으로 쏘아 죽이는 것은 동물 보호법 내에서도 쉽게 정당화된다. 사냥꾼은 자기 논리에 따라 당연히 자신이 먹지 않을 동물을 사냥해서는 안 된다. 여우나 담비, 라쿤 같은 동물은 잡지 말아야 한다는 말이다. 아울러 사냥의 즐거움을 누리기보다 최대한 신속하고 정확하게 죽이는 일에 집중해야 한다. 살해의 과실을 즐기는 것은 어쨌든 살해 자체를 즐기는 것과는 다르다. 〈닭고기에 환장하는 사람도 심심풀이로 닭 모가지를 비트는 사람을 보면 정상이 아니라고 생각할 것이다.〉[6]

따라서 앞으로는 동물을 재미로 죽이는 것을 좋아하는 사람에게는 사냥 면허증을 발급해서는 안 된다. 부차적인 문제에만 관심이 있는 사람에게 야생 동물의 개체 수 조절을 맡길 수는 없다. **기존의 사냥 방식은 도덕적으로 비난받을 일일 뿐 아니라 생태학적**

으로도 잘못된 방법이다. 이 점을 오래전에 간파한 바이에른 숲 국립 공원은 자신의 관리 지역에서 〈먹이 공급 금지와 특정 종 사냥 금지라는 국제적인 원칙에 입각해서 철저한 노루 관리 시스템〉을 운영하고 있다. 그러자 단기간에 자연 보호 구역에서 바람직한 생태 순환이 다시 저절로 일어나면서 〈사냥꾼 숲〉 대신 〈원시림〉이 생겨나기 시작했다. 이제는 스라소니와 비버 같은 희귀종이 2백 년 전보다 오히려 더 많을 정도다.

물론 대규모 숲은 작은 숲과 여러모로 상황이 다르다. 국립 공원도 영리 목적으로 운영되는 소규모 사유림과 다르다. 그러나 사유림의 미래도 현대적인 야생 동물의 관리에 달려 있다. 여기서도 생태학적으로 중요한 모든 요인이 고려되어야 한다. 또한 생물학은 개체 수 조절과 관련해서 단순한 사냥꾼 논리에서 벗어나야 한다. 앞으로는 죽이는 것 외에 실제로 대안이 없다는 과학적 증거가 확실해야만 사냥 활동이 허용되어야 한다. 이런 사냥꾼들은 더 이상 지금까지처럼 취미 엽사(獵師)가 아니라 자연 보호라는 명확한 목표 아래 정당한 보수를 받는 전문 엽사들이다. 이들의 임무는 사냥꾼의 폭력적 지배에서 야생 생물학의 지혜로운 관리로 넘어가는 기나긴 과도기의 마지막 수단이 될 것이다.

반면에 순전한 쾌락 스포츠로서의 사냥은 동물 보호법 제17조에 위배된다. 〈척추동물을 합리적 이유 없이 죽인 자는 2년 이하의 징역형이나 벌금형에 처한다.〉 그런데 진작 철저하게 이루어졌어야 할 이 조항의 실행을 여전히 방해하는 것이 있다. 바로 정치와 사냥업계의 유착이다. 그들의 전방위적인 로비를 약화시키려면 호소로는 부족하고, 기존의 피아 노선을 넘어 새로운 연대와 새로운 사회적 논쟁이 필요하다. 독일의 지도적 자연보호 활동가들은 여전히 사냥 협회와 공공연히 손을 맞잡고, 총으로 쏘아 죽이는 것에 재미를 느끼는 사냥꾼들을 후원자로 포섭한다. 현재의 상황에서는 변명의 여지없는 도덕적 결함이다.

〈정당과 단체, 기업의 정치적, 경제적 연결 고리〉를 끊으려면 불필요한 동물 학대에 대한 사회적인 경멸과 압박이 필요하다. 사냥 허가증은 이제 개인적으로 내줄 필요가 없고, 사냥꾼들은 생태적 임업에 체계적으로 편입되어야 한다. 취미 사냥꾼들을 과거의 비뚤어진 열정에서 벗어나게 하는 데는 과도기적 규정이 필요할지 모른다. 흡연자들을 중독 상태에서 단계적으로 해방시키려고 전자 담배가 있는 것처럼 너무 큰 부작용이 없는 일종의 전자 사냥 같은 제도 말이다. 이때 실탄을 사용하는 사냥은 금지되지만, 몇 년의 과도기 동안 사슴과 멧돼지에게 물감 탄을 쏠 수는 있다. 서바이벌 전투 게임에서 하듯이 말이다. 야생 동물은 물감 탄의 아픔 정도는 견딜 것이고, 평화롭게 숲을 산책하는 사람은 어떤 정신 나간 인간이 저런 미친 짓을 하는지 보게 될 것이다. 취미 사냥꾼은 시간이 지나면서 이 물감 놀이에 재미를 잃을지 모른다. 사냥꾼들을 그들의 비뚤어진 열정에서 해방시키기 위해 금단 현상 치료를 제공하라는 요구가 의료 보험 공단에 제기될 수도 있다. 본인이 원하든 원치 않든, 규칙적으로 동물을 죽이는 것에서 행복감을 느끼는 사람은 전문적인 도움이 필요하기 때문이다. 아무튼 어떤 형태의 과도기를 제공하든 사냥의 사회적 지위는 과거의 일이 되고 만다. 동물을 공정하게 대하는 미래 사회에서는 전통적인 사냥이 설 자리가 없다.

살인적 여가 스포츠로서 사냥에 반대하는 논거는 이처럼 차고 넘친다. 하지만 혹자는 말한다. 동물 고통의 관점에서 볼 때 사냥의 핏빛 쾌락은 육류 생산의 일상적 관습에 비해 사소한 악이 아니냐고. 사냥도 어쨌든 먹을 수 있는 경제 동물을 우리 종에 맞게 사육하는 한 가지 방식이 아니냐고. 그러나 동물 고통의 총합이 동물 학대를 사회적으로 추방해야 할 결정적 기준은 결코 아니다. 독일 동물 보호법의 기준은 무엇보다 **동기**, 즉 〈합리적 이유〉다. 그 때문에, 아니 그 때문에라도 사냥으로 살해되는 5백만 마리의 동물은 해마다 〈대량 사육〉으로 죽어 가는 2억 마리가 넘는 동물보다 동물 보호법과 더 큰 모순에 빠진다.

햄과 치즈를 넘어
우리는 동물을 먹어도 될까?

가슴살과 날개를 먹으려고 닭 한 마리 전체를 사육하는

이 불합리한 짓거리에서 벗어나

그런 부위만 따로 키울 적절한 방법은 없는 것일까?

— 윈스턴 처칠Winston Churchill

2009년 11월 23일 미 아이오와주의 디모인에서 헨리 C. 페퍼는 당황해하는 사람들 앞에서 수십 년에 걸친 자신의 돼지 연구 결과를 소개했다. 페퍼는 수의학 연구소장이자, 돼지 뇌 연구 전공의 인지 과학자였다. 페퍼의 연구소에서는 1백 명이 넘는 과학자가 돼지의 뇌와 신경계, 학습 능력을 연구해 왔다. 기자 회견에서 발표한 내용은 충격적이었다. 종합하면 이렇다. 돼지의 지능은 다섯 살짜리 아이와 비슷하다. 돼지는 얼마간 연습하면 두 자리 숫자를 문제없이 이해하고 덧셈과 뺄셈도 할 줄 안다. 심지어 집합론에서는 초등학생 수준을 뛰어넘는다. 돼지는 수백 명의 얼굴 사진을 구분한다. 개가 일주일에 걸쳐 배우는 일을 돼지는 20분 안에 배운다. 돼지의 사회적 유대감은 무척 섬세하다. 그래서 동료를 잃으면 수개월 동안 슬퍼하며 먹이를 거부할 때가 많다.

기자 회견장이 술렁거렸다. 핵심은 마지막에 발표되었다. 돼지는 거의 모든 면에서 다섯 살짜리 아이와 비슷하기에 앞으로는 다섯 살짜리 아이처럼 다루어야 하고, 어떤 경우에도 돼지의 사육과 도축, 섭취는 범죄이고 무거운 죄악이라는 것이다. 페퍼는 정부에도 이미 비슷한 청원서를 제출했다고 밝혔다.

긴 침묵이 이어졌다. 언론은 페퍼와 연구원들의 사진을 찍었다. 그러나 관객석은 무서울 정도로 조용했다. 착석한 많은 남자와 몇 안 되는 여자는 기자, 대학 교직원, 아니면 농부와 축산업 대표였다. 아이오와주에서는 1인당 일곱 마리꼴로 돼지를 키웠다. 돼지 사육은 열악한 사육 환경과 그 과정에 투입된 인과 질산염 같은 화학 물질로 악명이 높았지만 아이오와주에서 가장 중요한 경제 분야 중 하나였다.

관중은 경악했다. 디모인에서만 120만 마리의 돼지를 사육하고 있었다. 그런데 그것을 이제 끝내라고? 양돈 농가는 어쩌라고? 아이오와주의 경제는 또 어쩌라고? 디모인 사람들은 지금껏 수의학 연구소를 자랑스러워했고, 특히 페퍼처럼 국제적으로 인정받은 과학자가 연구소를 이끄는 데 자부심이 컸다. 그런데 반전이 일어났다. 페퍼가 과학적 근거를 대면서 발표한 내용에 따르면 그들 모두는 인간 아이들에 비할 만큼 똑똑하고 섬세한 생명체를 괴롭히고 살해한 고문자였다. 페퍼는 돼지 사육자에 대해서는 한마디도 하지 않음으로써 그들에게 양심의 가책을 느끼라고 비난하는 듯했다. 그렇다면 그는 주민들의 경제적 기반을 위협하고 아이오와주의 경제를 망가뜨리려는 인간이었다.

기자 회견이 끝나자 디모인 돼지 사육자들은 대화를 시도했다. 페퍼에게 이전의 좋은 협력 관계를 상기시키며 특히 정부 청원서와 관련해서 현실을 고려해 줄 것을 요청했다. 심지어 페퍼를 사육장으로 초청해 자신들이 동물 학대자가 아님을 직접 확인시켜 주겠다고 약속했다. 그러나 페퍼는 흔들리지 않았다. 과학적 연구가 보여 주는 것은 돼지 도축이 살인이라는 한 가지 결론뿐이었다. 따라서 그는 자신이 해야 할 일을 할 뿐이라고 말했다. 살인 행위를 최대한 빨리 종식시키는 일이었다.

이어진 몇 주 동안 디모인에서는 페퍼에 대한 분노가 폭풍처럼 일었다. 일간지에는 이런 기사들이 실렸다. 그 학자는 〈편견에 사로잡혀 있고〉 〈공익과 아이오와주 주민들의 운명에는 전혀 관심이 없다〉는 것이다. 방어에 나선 페퍼도 디모인 언론을 〈진실과 자유의 가장 위험한 적〉으로 지목하면서 〈자유주의적이고 폐쇄적인 확고한 다수〉가 권력은 쥐고 있을지 몰라도 정당성은 없다고 비난했다.

돼지 사육업자들도 공격의 칼날을 벼렸다. 페퍼의 주장은 천인공노할 짓이고, 수백 년 동안 이어져 온 그들의 합법적 재산권을 빼앗는 짓이라는 것이다. 심지어 돼지 사육자에게는 과학적으로 그렇게 부당함을 지적하면서도 소와 가금류 사육자를 제외시킨 것은 천부당만부당하다. 돼지 사육자들은 반대 감정서를 의뢰했고 자기들에게 힘을 실어 주는 의견을 받아 냈다. 이런 식이었다. 돼지 도살 금지는 돼지가 최소한 여덟 살짜리 아이의 지능을 보일 때만 합리적이다. 게다가 돼지는 뻘셈에서 상당한 약점을 보인다.

페퍼는 디모인 사람들이 객관적 사실에는 관심이 없다는 것을 깨달았다. 그는 한 인터뷰에서 이렇게 밝혔다. 다수의 사람은 〈이미 토대가 흔들릴 만큼 낡아 빠진〉 진실에 여전히 집착하고 있다. 그러나 하나의 진실이 돼지를 도살해서 먹어도 된다는 진실처럼 오래되면 〈거짓이 될 가능성은 무척 커진다〉. 〈보통의 진실〉은 어차피 일반적으로 〈17년에서 18년, 기껏해야 20년〉을 넘지 못하기 때문이다. 어쨌든 디모인과 아이오와주는 〈거짓과 기만의 진창 위〉에 서 있는 한 더 이상 미래가 없다.

이 문제는 극단으로 치달았다. 얼마 지나지 않아 전 도시가 페퍼에게 반기를 들면서 유럽으로 떠날 것을 종용했다. 페퍼 역시 〈이런 추잡한 도시에서는 잠시도 살고 싶지 않았지만〉 결국 남아 있기로 결정했다. 그는 대학에서 자리를 잃었고, 집주인은 집을 비워 줄 것을 요구했다. 그에게 남은 선택은 잠적뿐이었고, 이후의 행적에 대해서는 알려진 바가 없다. 이런 소동 속에서도 아이오와주의 돼지 사육장은 예전처럼 꿋꿋이 버티고 있었다.

방금 이 이야기는 내가 지어낸 것이다. 헨리 C. 페퍼라는 이름의 학자는 존재하지 않고, 돼지의 인지 능력은 다섯 살짜리가 아니라 세 살짜리 아이의 지능과 비슷하다. 하지만 돼지가 고도로 복잡하게 느끼고 개보다 훨씬 빨리 배운다는 사실은 많은 실험으로 증명되었다. 이야기 전개 과정과 페퍼의 말은 노르웨이 극작가 헨리크 입센Henrik Ibsen(1828~1906)의 1882년 작품 『민중의 적En Folkefiende』에서 빌려 왔다. 온천 요양지인 자신의 고향이 하수로 오염되었다는 사실을 밝히는 바람에 마을 사람들에게서 버림받은 한 젊은 의사의 이야기다. 반면에 디모인과 아이오와주의 돼지 사육과 관련해서 언급된 이야기는 모두 사실에 부합한다. 수치(數值)뿐 아니라 사육 조건과 환경 유독 물질에 관한 내용도 마찬가지다.[1]

나는 이 이야기를 왜 지어냈을까? 누군가 진지하게 기존의 대량 사육 질서를 공격하면 생길 수 있는 일을 보여 주기 위해서다. 그런 사람은 조롱받고 적대시되고 타도의 대상이 되고 정신 나간 놈으로 치부된다. 결국 모든 것을 예전 그대로 유지시키는 것은 경제 논리다. 어떤 진실이 자기 이익을 건드리면 누구도 들으려고 하지 않는다. 동물 사육만 그런 것이 아니라 거의 모든 일에 통용된다. 누군가 다섯 살짜리 아이의 지능을 가진 동물을 도덕적으로 배려해야 한다고 말하면 그 기준을 여덟 살로 올려 버린다. 따라서 돼지가 많은 점에서 세 살짜리 아이와 비슷하다는 사실도 돼지에게 아무 도움이 되지 않는다. 어떤 과학적 진실도 강력한 이해관계 앞에서는 무력하고 무가치해진다.

동물 보호법에서는 우리가 고기를 먹고, 동물에게 고통과 해를 가하고, 동물을 죽이는 것을 〈합리적 이유〉로 여긴다. 그러나 21세기 현대인이라면 굳이 육류에 의존하지 않고도 충분히 영양을 섭취할 수 있음을 안다. 육류에 포함된 모든 중요 영양소를 별 어려움 없이 다른 식으로 섭취할 가능성이 곳곳에 널려 있기 때문이다. 물론 이누이트 같은 인디언은 육류로 살아가야 하지만, 서구화된 사회에서는 시장이 충분한 대안을 제공한다. 그렇다면 우리는 다른 식으로도 얼마든지 건강하게 살 수 있다. 반드시 고기를 먹어야 할 의학적 이유는 없다.

육식을 해야 할 아무런 의학적 근거가 없다면 문화사적 근거는 어떨까? 육류 섭취를 문화 인류학적으로 옹호하는 주장들도 대체로 사냥에서 출발한다. 이런 주장을 펼치는 사람들은 대체로 선사 시대의 육류 섭취 전통을 앞세우면서 채식이 인류를 4백만 년 전의 오스트랄로피테쿠스로 되돌릴 것이라고 말한다. 그러나 이렇게 말하는 사람들은 매우 특이한 방식으로 인류의 전반적인 윤리적 발전을 부정하는 셈이다. 우리는 현재의 가치 척도와 행동 방식을 정당화하기 위해 신생대 플라이오세에서 도덕적 근거를 끌어오지 않는다. 우리는 현 문화의 근거를 동물적 충동과 야만적 도덕성을 극복한 데서 찾아야 하지 않을까?

그런데도 그들의 논리는 아주 단순하다. 채식주의자의 동물 살해 금지는 결국 사자도 살해자로 낙인찍는 것이 아니냐는 것이다. 영양이라고 침해되어서는 안 될 생명권이 없을까? 그러나 그들은 하나만 알고 둘은 모른다. 인간은 다른 동물과 달리 행동의 자유에 그 본질이 있다. (일부 신경 생물학자는 의구심을 표하지만) 우리 윤리학의 토대는 바로 자유다. 자유 없이 도덕은 불가능하다. 따라서 인간은 수사자나 침팬지처럼 자기 후손의 자리를 지키기 위해 이전 우두머리의 새끼들을 죽이는 행위를 자발적으로 포기한다. 사자에게는 없는 결정의 자유다.

인간 도덕의 사회 윤리학적 규범은 결코 영원하지 않다. 그것은 지속적으로 검증되고 반복적으로 수정되어 나간다. 예를 들어, 동물 권리와 채식주의의 이념은 일상의 빵이 공기처럼 당연하게 주어지는 복지 사회에서만 생겨날 수 있다. 서구 문명에서 사회적 수용력이 몇 배는 더 커진 다른 많은 도덕적 이념도 마찬가지다. 가령 사회 보험은 일정한 경제적 발전 단계와 연결되어 있었고, 여성 평등은 생산 조건에 좌우되었으며, 아동의 권리는 어린아이들이 더 이상 노동할 필요가 없어졌을 때부터 시작되었다. 윤리학은 시간 제약을 받지 않는 진공 상태가 아니라 경제적, 문화적 조건들과의 상호 작용 속에서 탄생한다. 달리 말해, 실업 연금이나 기본 소득 같은 〈기막힌 아이디어〉는 사회 복지가 지극히 자명하고 경제적 토대가 견고한 사회에서나 생겨날 수 있다.

동물을 죽이고 먹어도 되는지에 관한 우리의 토론을 보면 이누이트와 피그미, 부시먼은 분명 고개를 절레절레 흔들 것이다. 고기를 먹지 않고는 살아남을 수 없는 사람들의 입장에서는 말도 안 되는 한가한 논쟁처럼 보이기 때문이다. 하지만 앞서 말한 대로 서구화된 사회는 상황이 완전히 다르다. 우리는 이제 육류를 기본 식량으로 삼을 필요가 없다. 홍적기의 우리 선조나 오늘날의 부시먼은 서구 문명이 거둔 여러 중요한 성취에 대해 고개를 저을 것이다. 예를 들면 우리의 위생 관념, 패션, 여가 활동, 돈 경제, 시간 개념, 특히 배터리 케이지와 돼지 공장 같은 것들이다. 육류 섭취의 정당성은 동물 살해가 우리의 생존에 꼭 필요했던 시대에서 비롯되었다. 그러나 오늘날의 전반적인 영양 상태에서는 우리의 가까운 동물들에게 그런 짓을 할 만큼 위급한 상황은 더 이상 존재하지 않는다.

육류 섭취와 생산은 그것이 정말 〈합리적 이유〉든 아니든 간에 동물 보호법과 원칙적으로 마찰을 일으키지 않는다. 먹을 목적으로 육류를 생산하는 것은 일반적 관점, 특히 경제적 관점에서 보면 목적 없는 동물 살해보다 〈더 합리적〉으로 보인다. 하지만 반대로 사냥을 원칙적으로 가축 대량 사육보다 더 쉽게 처벌할 수 있게 만든 동물 보호법은 무언가 잘못되지 않았을까? 고통의 규모를 최대한 낮추는 것이 동물 보호법의 목적이 아닌가! 〈농업적 집중 사육〉이라는 단정한 말로 위장한 그 불결한 사육 시설을 직접 본 사람이라면 산업적 대량 사육이 동물 보호법 제2조를 심각하게 훼손하고 있고, 고통의 이 장소들이 동물 보호법을 마음껏 조롱하고 있음을 알게 될 것이다.

인간에게 육식을 그만두게 할 가장 손쉬운 방법은 도축장 관람이다. 그러나 계몽주의자 요한 아우구스트 운처Johann August Unzer(1727~1799)의 말마따나, 육식을 할지 말지의 문제는 잔인한 도축 현장에서 결정되는 것이 아니라 〈대개 식탁에 오른 스테이크의 달콤한 맛에서 결정된다〉.[2] 이렇듯 동물 사육과 살해의 이면은 다들 잘 알면서도 직접 보려고 하지 않는다.

우리는 지금 무엇에 대해 이야기하는가? 독일인들이 매년 먹는 수백만 마리의 닭과 돼지, 소, 생선의 운명에 대해 이야기하고 있다. 4천5백만 마리의 〈비육 가금류〉, 즉 닭과 오리, 거위는 24시간 불을 밝혀 둔 거대한 홀에서 죽지 못해 살아간다. 〈최종 산물인 병아리〉의 삶은 딱 40일이다. 해도 없고 밤도 없는, 오직 환한 낮만 있는 생애다. 이것이 과연 살아 있는 것일까? 〈산란 닭〉의 사정은 더 열악하다. 그들은 A4 용지보다 작은 550제곱센티미터의 배터리 케이지에 갇혀 산다. 유럽 연합에서는 2012년부터 배터리 케이지 사육을 금지했지만 이 역시 눈 가리고 아옹이다. 750제곱센티미터는 배터리 케이지로 간주하지 않고, 이런 금지에 신경 쓰는 양계업자는 거의 없기 때문이다. 독일 입법부는 여전히 〈종의 본래 특성과 욕구에 맞게 동물을 먹이고, 보살피고, 습성에 적합한 거처를 마련〉해 주는 데 철망 케이지로 충분하다고 생각한다. 독일의 배터리 케이지에 갇힌 암탉의 수는 4천3백만 마리가 넘는다. 부리는 짧게 잘려 나가고, 발가락은 제대로 자라지 못해 무언가를 잡을 때 통증을 느낀다. 공간의 협소함은 물론이고 흐릿한 불빛이 지속되기 때문에 심리적으로 위축된 채 격자 철판 위에 웅크리고 앉아 있다. 달걀 생산에 쓸모가 없고 기껏해야 돼지 사료로 쓰이는 4천5백만 마리가 넘는 수평아리는 가스로 살해된다.

닭에 대한 이야기는 그만하자! 이제는 돼지로 시선을 돌려 보자. 죽을 때까지 고통으로 꽥꽥거리는 이 동물의 수는 2천5백만 마리에 이른다. 그들은 영원한 밤에 갇힌 채 불구가 된 다리를 격자 철판 위로 질질 끌고 다닌다. 도축장으로 가는 길에서만 잠시 햇빛을 본다. 운이 나쁘면 긴 수송 중에 목말라 죽고, 그렇지 않은 녀석들은 마취 상태로 같은 운명의 동료들이 지켜보는 데서 핏물을 빼는 수조 위에 뒷다리가 매달린 채 비참하게 죽음을 맞는다.

돼지 이야기는 이 정도로 하고, 소로 넘어가 보자. 해마다 송아지 60만 마리를 화물차에 태워 고통스러울 정도로 긴 운송 끝에 타국으로 수출하고, 다시 거기서 15만 마리를 수입하는 미친 짓거리에 대해서는 말하지 않겠다. 선 채로 꼼짝도 할 수 없는 우리나 어둠, 동물 특성에 맞지 않는 사료의 의도적 공급, 잘못된 사육 방식에 대해서도 말하지 않겠다. 그런 이야기를 왜 하겠는가? 독일의 일반인이라면 이미 오래전부터 알고 있지만 더 이상 알려고 하지 않는 일들을 무엇 때문에 말하겠는가? 또한 잔인한 대량 사육으로 이득을 보는 사람들의 도덕적 책임에 대해서도 말하지 않겠다. 내가 말하고 싶은 것은, 인간성에 반하는 이 모든 범죄 행위가 법 규정에 명백히 위배되는데도 합법으로 인정하는 동물 보호법의 위선적 해석이다.

이에 대해 독일 정치인들은 뭐라고 할까? 다른 나라에도 더 나은 동물 보호법이 없기는 매한가지라고 할까? 스위스에서는 그사이 동물 보호의 기치 아래 닭의 배터리 케이지 사육을 완전히 금지시켰다는 사실이 독일 장관들에게는 본보기가 되지 않는 모양이다. 스위스는 유럽 연합 회원국이 아니다. 그 때문에 실질적 개선이 문제일 때면 독일 장관들은 유럽 연합의 지침을 따른다. 동물 보호는 전 유럽적인 문제이기에 각자 원하는 대로 할 수가 없다. 그렇기에 독일 정치인들은 국내 동물 보호의 기준을 다른 나라에 비해 너무 높이 올리려고 하지 않는다. 정말 중요한 문제에서는 자국에 손해가 될 수도 있기 때문이다.

다른 변명이 별 도움이 안 된다 싶으면 그들은 경제적인 이유를 댄다. 어차피 그것이 가장 중요한 이유이기도 하다. 독일에는 총 10만 개가 넘는 일자리가 동물 사육 및 육류 가공에 몰려 있다. 그중 대부분은 독일이 육류 생산에서 세계적으로 경쟁력이 있고, 수출국으로서 세계 시장에서 버틸 수 있을 때만 유지될 수 있다. 이 말이 의미하는 바는 한 가지다. 최대한 싸게 생산하고, 닭 30만 마리를 수용할 대규모 사육 시설을 짓고, 돼지와 소를 위해 거대한 홀을 마련하는 것이다. 독일 농부는 새끼 때부터 사육하고 비육한 돼지로 한 마리당 평균 6유로를 번다. 그렇다면 대량 사육만이 수익을 보장하고, 동물 보호는 경쟁력 확보 차원에서 배제될 수밖에 없다.

모두 맞는 말이다. 동물 보호가 해당 산업의 입장에서는 자기 무덤을 파는 짓이라는 말도 맞다. 그런데 오직 대량 사육만 돈이 된다면 〈일반〉 농장은 더 이상 필요 없고, 동물 공장만 있으면 된다. 그것도 대형 공장 몇 개면 충분하다. 거기서 일하는 사람은 농부가 아니라 파견업체 소속으로 뼛속까지 착취당하는 불가리아나 루마니아 출신의 보조 일꾼이다. 이 악취 나는 일에 종사하는 사람의 3분의 1 이상이 동유럽 출신이다. 이제 수백 년 넘게 이어져 온 농경 문화의 풍경은 사라지고, 대형 저장고와 골함석이 농촌 풍경의 주를 이룬다. 보이는 것이라고는 살충제로 오염된, 동물 사료용 옥수수를 생산하는 단일 경작지뿐이다. 독일의 많은 지역, 가령 노르트라인베스트팔렌주에서는 경작지 두 곳 중 하나가 생물학적으로 거의 죽은 대규모 동물 사료 농장이다.

이 모든 것은 사람들이 원하고 독일이 원하는 일이다. 농업은 임업과 어업을 포함해서 그사이 국내 총생산에서 차지하는 비중이 1퍼센트 이하로 떨어졌고, 거기에 종사하는 사람도 전체 경제 인구의 1.5퍼센트가 안 된다. 그럼에도 독일을 비롯해 유럽 연합 소속의 국가들은 이 분야에 막대한 금액을 계속 쏟아붓는다. 사업장이 차지하는 면적이 클수록 브뤼셀에서 나오는 지원금도 많다.

그렇다면 현재의 불가피한 대량 사육은 농민 계층과 그 전통을 장려하는 것이 아니라 그것들을 비롯해 농경 문화의 다채로운 풍경을 파괴한다. 이런 발전 선상에서는 유기농과 친환경 농장이 설 자리가 없다. 독일에는 유기농 농장의 비율이 10퍼센트가 넘는 주는 없고, 어떤 주는 심지어 2퍼센트도 채 되지 않는다. 오늘날 농민 단체들은 농민의 이익이 아닌 그들의 천적이라고 할 거대 육류 회사의 이익을 대변한다. 우리가 알고 있듯이 농민 계층을 와해시킨 것은 동물 보호 운동가들이 아니라 대형 공장으로 무장한 글로벌한 육류 시장과 농업 시장이다. 독일의 일반 농부는 사료 생산자로서는 더 이상 살아남을 수 없다. 단일 경작 옥수수밭이 아무리 곳곳에 펼쳐져 있다고 해도 규모가 영세하기 때문이다. 그사이 모든 사료의 90퍼센트 가까이를 차지하는 것은 콩이다. 주로 브라질과 아르헨티나, 파라과이에서 수입된 이 작물은 유전자 조작을 거치고 환경에 치명적인 피해를 입히면서 재배된다.

독일에서 운영되는 대량 사육은 윤리적으로만 심각한 문제가 아니라 경제적으로도 재앙이다. 그로 인해 해마다 일자리가 사라지고, 토양과 하천은 우려할 정도로 오염되고 있다. 우리가 미래 세대에 떠넘기는 생태적 피해 규모를 생각하면 대량 사육으로 얻는 수익을 다 퍼부어도 모자랄 정도다.

하지만 좋은 소식도 있다. 여기서 우리가 하소연하는 모든 문제는 해결될 수 있다! 그것도 어쩌면 10년 안에, 확실하게는 20년 안에 독일에서는 더 이상 대량 사육이라는 말을 입에 올릴 필요가 없을 것이다. 물론 관련 산업에서는 여전히 새로운 동물 공장에 많은 돈을 투자할 수 있지만 그들의 종말은 이미 정해져 있다. 산업적 동물 학대와 맞서 싸운 동물권론자들과 동물 보호 운동가들의 활동 덕분도 아니고(그들이 여기서 유익한 역할을 할 수는 있다), 지방 정부들이 친환경 농가에 지불하는 지원금 덕택도 아니다. 이런 지원은 불행을 은폐할 뿐이다. 해결책이 아닌데도 해결책으로 믿게 만들기 때문이다. 이유는 전혀 다른 데 있다. 바로 과학 기술의 승리다.

2013년 8월 5일 네덜란드 마스트리히트 대학교의 생리학자 마르크 포스트Marcus post(1957~)는 언론 매체 앞에서 햄버거 패티 하나를 선보였다. 이번에는 지어낸 이야기가 아닌 실화다. 영국의 한 스타 요리사가 고기를 조리했고, 미국 작가와 오스트리아 영양학자가 시식가로 나섰다. 두 사람은 고기 맛이 나쁘지 않고 지방 함량이 조금만 더 높았으면 좋았을 것이라고 했다. 이 햄버거 패티에서 흥미로운 점은 이것을 만들려고 어떤 동물도 죽이지 않았다는 사실이다. 패티는 암소 목덜미 근육의 줄기세포를 배양해서 만든 고기였다. 암소가 여전히 행복하게 살아가는 가운데 포스트는 자신이 그리는 미래의 육류 소비를 이렇게 소개했다. 〈생긴 것도 똑같고 맛도 똑같은 고기 두 조각이 마트 매대에 있다고 가정해 봅시다. 하나는 실험실에서 만들었고, 하나는 실제 암소의 살코기입니다. 실험실 고기에는 동물 및 환경 친화적 제품 마크가 붙어 있고, 암소 고기에는 없습니다. 그럼에도 암소 고기는 네 배나 비쌉니다. 사육 기간이 훨씬 오래 걸리기 때문이죠. 여러분은 어떤 고기를 구입하겠습니까?〉[3]

포스트의 〈배양육〉 아이디어는 사실 새로운 것이 아니다. 1932년에 이미 영국 총리 윈스턴 처칠(1874~1965)은 그런 고기를 예견했다. 이 목표는 성숙한 줄기세포를 이용한 연구가 시작되면서 다시 주목을 끌었다. 그사이 수많은 대학이 근육 세포로 고기를 만드는 방법을 연구하고 있다. 포스트가 버거용 패티를 만들기까지는 5년의 시간과 네덜란드 정부의 지원금 2백만 유로가 필요했다. 나중에는 구글의 공동 설립자 세르게이 브린Sergey Brin(1973~)이 뛰어들었고, 미국의 IT 동료 빌 게이츠Bill Gates(1955~)도 〈비욘드 미트Beyond Meat〉라는 이름의 프로젝트에 투자했다. 비욘드 미트는 고기처럼 생겼고 고기와 비슷한 맛이 나지만, 고기가 아닌 대체육이었다. 페이스북의 주요 투자자인 독일의 피터 틸Peter Thiel(1969~) 역시 배양육과 함께 달걀이 아니면서 비슷한 맛이 나는 대체 달걀에 막대한 돈을 투자했다.

브린, 게이츠, 틸 같은 프로들이 함께하고 있다면 이는 분명한 신호다. 미래에는 도축장과 동물의 고통이 없는 고기 생산의 시대가 열릴 것이다. 이 사업이 사적인 영리 목적이 아니라, 대량 사육으로 인한 수많은 동물의 고통과 비참한 현실을 더는 눈 뜨고 볼 수 없다는 이유로 추진되었다는 사실은 더 놀랍다. 현재 전 세계적으로 2억 8천3백만 톤의 육류가 소비되고, 이 수치는 해마다 증가하고 있다. 2000년에서 2050년 사이 전 세계 육류 생산은 두 배로 증가할 것이다. 지구 육지의 4분의 1 이상이 가축 사육이나 사료 경작에 이용된다. 소농은 접근할 수 없는 땅이고, 여기서는 어떤 채소나 다른 곡물을 재배할 수가 없다. 전 세계 환경 독과 유해 물질의 배출 측면에서 보면, 대량 사육이 산업과 교통 같은 다른 모든 오염원을 합친 것보다 훨씬 더 많은 양을 배출한다. 암모니아 오염, 질산염 오염, 사료 생산에 투입되는 수백만 톤의 제초제, 온실가스, 엄청난 양의 땅과 물 소비는 고삐 풀린 대량 사육이 야기한 크나큰 환경적, 경제적 죄악이다. 더 많은 땅이 육류 소비를 위해 사용된다면 세계적으로 환경이 붕괴될 날도 멀지 않아 보인다.

1990년대 중반에 이미 미국 경제학자이자 문화 비평가인 제러미 리프킨Jeremy Rifkin(1945~)은 이렇게 썼다. 〈끊임없이 증가하는 소의 수는 지구 생태계에 파괴적인 결과를 낳고, 다섯 개 대륙의 생활 공간을 파괴한다. 첫째, 대량 사육은 아직 남아 있는 중앙아메리카와 남아메리카의 열대 우림을 파괴하는 주범이다. 여기서는 수백만 헥타르의 원시림이 벌채되어 소의 방목지로 이용된다. 둘째, 축산은 아프리카 사헬 지대와 미국 및 오스트레일리아 서쪽 산악 지대에서 점점 확산되는 사막화에 상당한 책임이 있다. 네 개의 대륙에서는 과잉 방목으로 반건조 지역과 건조 지역이 풀 한 포기 찾기 어려운 황무지로 바뀌었다. 셋째, 오늘날 미국에서는 축산 폐수가 지하수 오염의 주원인이다. 넷째, 가축 총수의 증가는 전 세계 온실가스 효과를 더욱 가속화한다. 소는 메탄을 방출하는데, 메탄은 우리 기후를 데우고 온기가 대기권 밖으로 나가지 못하게 한다. 또한 소와 다른 가축은 미국에서 생산되는 곡물의 70퍼센트 이상을 먹어 치운다. 전 세계적으로 10억 명이 굶주림과 만성 영양 부족에 시달리는 상황에서 전체 곡물 수확량의 약 3분의 1이 가축 사료로 쓰이고 있다.)[4]

그사이 상황은 더더욱 악화되고 있다. 이런 상황에서 **배양육**은 동물 보호뿐 아니라 환경을 위한 해결책이다. 옥스퍼드 대학교의 분석에 따르면, 동물 사육에서 배양육으로 전환하면 현재 소와 돼지를 비롯해 다른 가축이 차지하는 땅의 1퍼센트만 있으면 된다. 게다가 동물 종류에 따라 에너지 소비량은 급격히 줄고, 물 소비는 현재 사용량의 약 10분 1로 감소하고, 항생제의 대량 투입도 종지부를 찍을 것이다.

기존의 육식주의자에게는 배양육이 한동안 진짜 스테이크처럼 맛있지 않을 수 있다. 아직 보완해야 할 부분이 몇 가지 남아 있고, 고기 조직을 인간의 입맛에 맞게 인공적으로 설계하는 작업은 간단치 않다. 반면에 유전 공학을 근본적으로 불신하는 사람들은 그것이 인류 문제의 근본적인 해결책이 아니고 그로 인해 나쁜 일과 부작용만 줄줄이 생길 것이라고 비난한다. 하지만 식품의 인공적인 생산 방식에 왜 그렇게 진저리를 칠까? 지금도 마트에 가면 포도주에서 빵과 맥주에 이르기까지 자연스러운 방법으로 만들지 않은 제품이 넘쳐 나지 않은가? 거의 모든 포장 식품에 함유된, 천연과 동일한 구조의 합성 향료는 말할 것도 없다. 숨겨진 부작용에 깊은 불안을 가진 사람이라면 지금도 이미 성장 호르몬과 항생제로 뒤범벅이 되고 유전 공학적으로 조작된 돼지와 소에서 생산되는 고기를 더 이상 먹어서는 안 된다. 광우병, 조류 독감, 돼지 페스트의 위험은 제쳐 놓더라도 말이다.

배양육에 대한 온갖 반박은 기존의 육류 생산이 인간과 동물에게 가하는 환경적, 윤리적 범죄 행위에 비하면 하찮아 보인다. 물론 채식주의자나 비건이 될지는 개인의 자유다. 우리는 미래 에너지 및 단백질 공급원으로 해조류와 곤충에 투자할 수도 있다. 하지만 지금부터 약술하는 방법이 가능성이 높은 듯하다.

5년 후쯤 마트 진열대에 배양육이 처음 등장한다. 버거의 패티처럼 생겼고, 맛도 비슷하다. 여자들은 지방이 적다고 좋아하고, 남자들은 콧방귀를 뀌며 무알코올 맥주 정도로 여긴다. 남성적인 고기가 아니라는 것이다. 하지만 왠지 필요하고 의미 있는 일처럼 느껴지기는 한다. 배양육은 기존의 대량 사육 고기보다 훨씬 값이 비싸다. 돈 많은 사람에게는 그것이 마음에 들고 신분의 상징처럼 여겨진다. 게다가 사회적 의식이 있는 사람처럼 비치는 것은 덤이다. 이 고기를 선뜻 집어 드는 사람은 SUV를 타는 친환경 전기차 고객들이다. 대부분의 사람은 아직 이 대열에서 제외된다. TV 토크 쇼에서는 다음 주제로 토론이 벌어진다. 〈착하게 먹는 사람 대 나쁘게 먹는 사람, 동물 사랑은 얼마나 비싼가?〉 수요가 증가하면서 가격은 빠르게 떨어진다. 육류 로비 단체들은 전문 기관에 연구를 의뢰하고, 언론에 〈실험실 고기는 암을 유발하는가?〉 같은 제목의 기사가 실리게 한다. 소비자들은 수년간 가짜 뉴스에 시달린다. 그러다 출시된 지 8년이 지나자 배양육은 도축된 고기만큼 가격이 낮아지고, 2년 뒤에는 오히려 더 저렴해진다. 배양육은 더 이상 틈새 상품이 아니다. 거대 패스트푸드 체인들까지 이 시장에 뛰어들고, 막대한 광고비를 들여 자신들을 동물 보호의 선구자로 내세운다. 〈동물에 대한 사랑에서!〉

독일을 비롯해 다른 유럽국의 의회에서도 토론이 벌어진다. 윤리적으로든 생태적으로든 더 좋은 고기를 생산할 수 있다면 대량 사육을 허용해야 할 〈합리적 이유〉가 있을까? 녹색당은 대량 사육 금지를 내걸고 선거 운동을 하고, 사민당도(여전히 존재한다면) 이 대열에 뛰어든다. 그들은 실제로 유럽 연합 내에서 2030년까지 30만 마리가 넘는 동물을 감금하는 배터리 케이지를 금지하고, 이 엄청난 성공에 환호한다.

이런 발전은 급속도로 정치를 뒤덮는다. 윤리적으로 깨끗한 고기는 그사이 버거의 패티를 넘어 햄, 스테이크, 꽃등심, 간 소시지, 닭 가슴살에 이르기까지 다양해지고, 배양육 요리책은 베스트셀러가 된다. 동물 사육의 비참한 현실을 경제적 이익으로 정당화하던 시대는 종말을 고한다. 육류 산업계는 오래전 원자력 로비 단체들처럼 필사적으로 홍보전을 펼치지만 더는 승리하지 못한다. 반대편에서 내세우는 다음 구호들이 시민들의 가슴에 더 와닿는다. 〈도축장의 시대는 끝났다!〉〈심장 있는 고기를 먹는 것보다 심장 없는 고기를 먹는 것이 낫다!〉대형 투자자들은 대량 사육에서 빠져나와 배양육으로 갈아탄다. 유럽 연합 본부에서는 세계적 금융 투자자들의 지원을 받는 새로운 육류 기업이 전통적인 육류 업체들보다 더 큰 영향력을 행사한다.

독일 남자들은 여름에 바비큐를 할 때 고집스럽게도 진짜 고기만 그릴에 올린다. 진짜 소고기 운동이 일어나고 있고 언론에서도 찬반양론이 대립한다. TV 토론 진행자인 얀 뵈머만Jan Böhmermann(1981~)과 베냐민 폰 슈투크라트바레Benjamin von Stuckrad-Barre(1975~)는 〈나는 동물을 먹는다!〉라고 적힌 티셔츠를 입고 다닌다. 재미있다. 그런데 『융에 프라이하이트Jungen Freiheit』의 칼럼니스트 얀 플라이슈하우어Jan Fleischhauer(1962~)가 도축장의 고기를 〈피와 땅에 대한 권리〉로 옹호하는 것은 재미있지 않다. 진짜 사나이들도 더 이상 기존의 대량 사육 방식으로 키운 고기가 아니라, 일종의 신분 표시로서 뉴질랜드 방목 소나 오리건과 아르헨티나에서 수입한 살아 있는 소고기를 원한다. 그 사이 전통적 육류 생산이 붕괴된 지역들이다. 먼 나라에서 수입한 고기는 점점 비싸지고 고급스러워진다. 풍자 잡지 『타이타닉Titanic』은 〈나는 고기를 먹었다!〉라는 표지 기사에 50명의 얼굴을 싣는다. 사람들은 재미있다는 듯 웃는다. 남성을 겨냥한 잡지 『비프BEEF』는 간행이 중단된다. 예전 잡지들은 가판대 구석에 처박힌다. 진짜 소고기 팬들은 사회 주변부로 밀려난다. 여자들이 보기에 그들은 밀리터리 수집가나 나토군 전투복을 입은 배불뚝이들처럼 섹시하지 않다. 이성적인 남자라면 이런 상황에 설득당할 수밖에 없다. 이로써 윤리적으로 깨끗한 고기의 소비는 정점에 도달한다.

배양육을 먹고 자란 아이들은 진짜 동물 고기를 그릴에 올리는 것을 도덕적으로 〈문제가 있는〉 행동으로 여긴다. 또한 농장에서 귀여운 송아지들이 도축되어 사람 입으로 들어가는 것도 받아들이지 못한다. 유기농 축산 농가는 도덕적 위기에 빠진다. 과거에는 착한 편이었다면 이제는 나쁜 편에 속한다. 그들은 동물을 키우지 않으면 방목지에 잡초만 무성할 것이기 때문에 시골의 평화로운 경관을 위해서라도 동물이 필요하다고 말한다. 그러나 도시민들은 야생으로 변한 자연 풍경에 점점 더 흥미를 느끼고, 소 대신 좀 더 유익한 라마를 키울 것을 추천한다. 루마니아와 불가리아 노동자들은 더 이상 도축장에서 일하지 않고, 시골 풍경을 보존하는 목동으로 일한다. 구이용 소시지 생산 업체들은 값싼 원료 제공자를 잃는다. 1백여 종의 육류와 소시지를 취급하는 전문 상점은 상품 종류를 줄일 수밖에 없지만, 아직도 끈질기게 식료품 시장에서 버틴다. 사람들은 가끔 진짜 동물을 먹기도 하지만, 먹고 난 후의 뒷맛이 그리 개운치 않다. 여전히 진짜 소고기를 고수하는 수제 맥주홀은 해마다 가격을 인상하고 여론의 손가락질을 받는다. 그럼에도 스페인의 투우처럼 고집스럽게 수십 년을 근근이 버틴다. 독일과 다른 서구 사회에서는 이제 고기를 먹는 사람이 별로 없다. 예전에는 결코 양립할 수 없을 것 같던 윤리적 요구와 가격이 20년 사이에 배양육을 통해 통합되고 집단적 사고 전환이 이루어진다. 대량 사육은 폐지되고 육식은 비뚤어진 욕망으로 간주된다.

이런 현실이 올까? 확실치는 않지만 충분히 가능하다. 미래 예언의 가장 확실한 방법은 미래를 만드는 것이다! 약술한 속도만큼 빠른 변화가 이루어지려면 세계적인 육류 로비 단체들과의 끈질긴 싸움에서 승리를 거두어야 한다. 이 모든 과정은 저절로 진행되지 않는다. 낡은 윤리적 기준은 그것이 아무리 끔찍한 경제적, 환경적 결과와 연결되어 있더라도 저항력이 무척 세다. 〈자신의 돈벌이가 스스로 이해하지 못하는 어떤 일에 달려 있다면 그 일을 누군가에게 납득시키기는 어렵다.〉 미국 작가 업턴 싱클레어Upton Sinclair(1878~1968)의 말이다. 그러나 지금이야말로 배양육을 통해 대량 사육을 궁극적으로 철폐할 절호의 기회로 보인다. 신성장 사업과 시대착오적 옛 사업의 대결이다. 이는 과거에 마차에서 자동차로 넘어가는 단계와 비슷하다. 디모인의 돼지 사육자들도 배양육에 대해서는 어떻게 손쓸 방법이 없을 것이다. 수많은 동물이 겪는 고통의 관점에서 보면 이는 세기의 기회다. 싱어도 오래전부터 이 대열에 합류하고 있다. 〈나는 40년 전부터 고기를 먹지 않고 있지만, 실험실 고기가 나온다면 즐겁게 시험해 볼 마음이 있다.〉[5]

기술 발전이 우리를 대량 사육에서 해방시킬 수 있다면 다른 분야에서도 동물 보호와 관련해서 돌파구를 찾아 주지 않을까? 가령 동물 실험에서 말이다.

실험 인형으로서의 동물

동물 실험은 정당한가?

> 동물 실험을 하는 사람은 그 일에 대해
> 거짓말을 퍼뜨리는 것도 서슴지 않는다.
> — 조지 버나드 쇼

뇌 연구자가 원숭이를 〈영장류 실험 의자〉에 꼼짝 못 하게 앉힌다. 나사들이 원숭이 두개골 속으로 천천히 돌아가더니 버둥거리는 원숭이를 단단히 옥죄인다. 원숭이는 이렇게 몇 시간 동안 나사에 박힌 채 연구자들의 호기심에 내맡겨진다. 그 와중에 원숭이의 눈은 차례로 꿰매지고, 결막 아래로 구리 선이 삽입된다.

여기 묘사된 장면은 사이언스 픽션 소설에 나오는 대목이 아니다. 그렇다고 미지의 과거에 있었던 일도, 잔인한 풍습의 어느 야만적인 나라에서 일어난 일도, 어느 양심 없는 동구권 국가의 어느 양심 없는 과학자의 연구실에서 일어난 일도 아니다. 이런 일은 오늘날 이 땅에서 버젓이 일어나고 있다. 독일의 브레멘 뇌 연구소, 괴팅겐의 독일 영장류 센터, 마그데부르크의 라이프니츠 신경 생물학 연구소가 바로 그런 곳들이다. 심지어 목가적인 풍경의 튀빙겐에서는 악명 높은 연구 기관 세 곳이 그런 원숭이 실험을 동시에 진행하고 있다. 튀빙겐 대학교의 진화 및 생태학 연구소, 헤르티 뇌 임상 연구소, 막스 플랑크 생물 인공두뇌학 연구소다.

앞에서 묘사한 동물 실험은 독일에서 완전히 합법적이다. 1991년부터는 유인원 실험이 더 이상 없다고 하지만, 2015년 연방 정부의 동물 보호 보고서에 따르면 어쨌든 원숭이 2,842마리가 연구 목적으로 〈사용되었다〉. 고도로 발달한 영장류를 전기 충격으로 고문하고, 부식시키고, 태워 죽이고, 독을 주입하고, 불치병에 감염시키는 이 모든 행위는 독일의 자유 민주주의 기본 질서에 모순되지 않는 모양이다. 원숭이 실험의 횟수는 계속 증가해서 지금은 1990년대에 비해 두 배로 늘었다.

레서스원숭이와 마카크원숭이는 DNA에서 인간과 7퍼센트밖에 차이가 나지 않는다. 그 차이가 운명을 가른다. 마카크원숭이가 복잡한 가정생활을 꾸려 가고, 기쁨과 불안을 느끼고, 서로 소통하고, 성격적으로 구분된다는 사실에 누가 관심을 가질까? 기초 연구 분야에서 영장류를 학대하고 죽이는 데는 신청서 하나면 충분하다. 그것도 원숭이와 인간의 뇌는 외적으로 많은 차이를 보이는데도 말이다. 인간 뇌는 표면적이 마카크원숭이에 비해 열 배나 넓고, 펼치면 세 배나 길다. 신경 세포들 사이의 시냅스 수도 인간이 평균 두 배 이상이다. 그리고 마카크원숭이의 뇌를 손상시키면 인간과 전혀 다른 결과가 나올 때가 많다.[1]

척추동물 전반을 상대로 한 잔인한 실험은 그보다 수천 배는 더 일상적으로 이루어진다. 동물들은 독물학 시험, 방사선 및 암 연구, 면역학 및 외과적 실험에 투입되어 인간의 손 아래서 신음하고 비명을 지르고 울부짖고 겁에 질려 떤다. 뜨거운 실험 판위에서 발바닥이 지져지고 신경이 잘린 채 이 생명들은 발한과 경련 증상을 보이고 오줌을 질질 흘리고 몸을 잔뜩 웅크리고 이빨을 바득바득 갈며 고통받는다. 독일 실험실에서 동물들은 산 채로 배가 갈라지고, 톱으로 사지가 잘리고, 끓는 물에 데고, 화상을 입히는 액체에 담가지고, 산 채로 불이 붙여지고, 내장이 훼손되고, 장기가 도려내진다. 또한 사람들은 동물이 죽을 때까지 잠을 못 자게 하고, 항문과 요도를 꿰매고, 사지를 부러뜨리거나 탈구시킨다. 그 밖에 잔혹한 짓은 일일이 말하지 못할 정도로 많다.

공식 보고에 따르면 독일 연구소들은 2015년 한 해에만 인류를 위한다는 명목으로 2백만 마리가 넘는 척추동물을 실험에 사용했다. 하루당 거의 6천 마리 꼴이다. 회색 쥐와 흰쥐의 실험 횟수는 살짝 줄어든 반면에 물고기와 돼지, 특히 개 실험은 큰 폭으로 증가했다. 2002년 이후에는 동물 보호가 국가적 목표로 기본법에 명시되었음에도 수많은 동물 실험은 전혀 영향을 받지 않았다. 동물 실험에는 기본법조차 힘을 쓰지 못하는 모양이다. 그 조항을 들먹이며 동물 학대를 방해하는 사람이 없기 때문이다. 가령 독일 연방군은 2005년 3년 6개월짜리 동물 실험을 시작했다. 쥐, 토끼, 돼지, 그리고 원숭이 열여덟 마리에게 천연두 바이러스를 주입하는 실험이었는데, 동물들은 모두 고통스럽게 죽었다.[2] 이 실험의 목적이 무엇이든 간에 니더작센주의 소비자 보호청과 식품 안전청은 이 학대 행위를 허가했다. 동물 보호법 제7a조 3항에 따르면 금지된 행위였음에도 군의 주문으로 이루어진 동물 실험은 군수 산업계의 이익을 위해 이루어지는 기초 연구처럼 끝날 기미가 보이지 않는다.[3]

동물 실험을 정당화하기 위해 굳이 인류의 축복을 거론할 필요는 없다. 그럼에도 동물 실험 옹호자들은 드론과 다른 전쟁 무기를 테스트하려는 연방군이나 군수 산업체를 들먹이지 않고, 난치병 및 불치병 연구나 신약 개발을 명분으로 내건다. 그들이 내세우는 의학적 성과의 목록은 길다. 동물 생체 해부 옹호자들은 예방 접종, 베타 차단제, 장기 이식, 심장병 수술, 화학 요법, 만성 림프구 백혈병 치료, 간질 발작 치료제, 각종 항생제를 차례로 열거한다. 그러면서 암 환자, 다발성 경화증 및 낭포성 섬유증 환자, 부신과 뇌하수체, 난소, 갑상선 기능 장애 환자, 순환계 및 분비샘 질환자들이 지금도 동물 실험 없이는 불가능한 새로운 의학적 지식과 더 나은 약품을 간절히 기다리고 있다고 덧붙인다. 그 밖에 신경 세포 조작이나 인공 심장 박동기 삽입 같은 연구에도 암과 고혈압, 노인성 치매와 마찬가지로 동물 실험이 필요하다고 주장한다. 반면에 동물 실험에 반대하는 사람들은 동물 실험이 〈심혈관계 질환, 암, 당뇨, 류머티즘, 알레르기〉에 본질적인 도움이 되지 않는다고 말한다.[4]

어떤 반대와 비난에도 독일 연구 협회(DFG) 같은 동물 실험 지지자들은 신경 생물학, 인지 과학, 대사 조절 및 호르몬 작용 연구처럼 전도유망한 분야에서 수십만 마리의 동물이 죽어 나가는 것에 무조건 찬성한다. DFG의 80면짜리 선전 책자는 얼핏 보면 독일 동물 보호 연맹에서 발간한 자료 같다. 귀여운 돌고래가 미녀 연구자와 눈을 맞추고, 레서스원숭이 두 마리는 동물원 녹지에 편안히 앉아 있으며, 새끼 돼지는 한 학자의 품에 포근하게 안겨 있고, 토끼와 흰쥐, 새끼 얼룩말은 행복하게 세상을 바라본다. 혐오스러운 느낌이 드는 회색 쥐만 머리에 이상한 철사를 꽂고 있다.[5]

그들은 인류와 선(善)의 사도를 자처하면서도 자신들의 잔인한 짓을 솔직하게 드러내고 싶지는 않은 모양이다. 게다가 자신들은 〈세계적으로 가장 엄격한 규범서 중 하나〉인 동물 보호법과 정확히 일치한다고 착각하고, 19세기 〈동물을 이용한 연구의 초창기〉 시절과 달리 더 이상 잔혹하고 고통스러운 동물 실험은 없고 당연히 마취제를 이용한 실험만 이루어진다고 장담한다.

거짓말이다. 동물의 고통을 누구보다 잘 아는 저명한 전문가들이 어떻게 독일 실험실에서는 잔인한 일이 일어나지 않는다고 말할 수 있을까? DFG처럼 훌륭한 단체가 어떻게 알 만한 사람이라면 다 아는 명백한 거짓을 책자 형태로 발표할 수 있을까? 독일 실험실에서 이루어지는 상당수의 실험이 동물을 마취한 상태로 진행된다는 것은 분명하다. 그 동물들은 실험 중에 고통을 느끼지 못한다. 다만 실험 과정에서 신체나 심리가 심각하게 손상된 동물은 실험 직후에 죽임을 당한다. 게다가 첫째, 모든 동물을 마취시키는 것은 아니다. 예를 들어 통증 연구를 할 때 마취된 동물로 무슨 실험을 할 수 있겠는가? 둘째, 원숭이를 몇 개월 동안 좁은 창살에 혼자 가두어 두고 근근이 살아가게 하다가 어느 날 갑자기 마취를 하고 사지를 절단하는 과정도 잔혹 행위의 구성 요건으로 충분하지 않을까?

동물 실험 연구 위원회의 회장이자 심리학자인 게르하르트 헬트마이어Gerhard Heldmaier(1941~)는 DFG 선전 책자 서문에서 동물 실험의 비판자들을 향해 〈너무 감정적으로〉 반응한다고 비난한다. 그들은 〈동물의 감각과 스트레스, 그리고 실험 결과와 그 이득에 대한 객관적인 정보〉를 갖고 있지 않다는 것이다. 그렇다면 DFG라도 나서서 동물 실험의 장점과 폐단, 좋은 면과 나쁜 면을 객관적으로 나열해 봄직도 할 텐데 그러지는 않는다. 별로 좋을 것이 없다는 사실을 아는 것일까? 아무튼 수세에 몰린 DFG는 선전 책자에서 동물 실험의 악용, 가학적이고 잔인한 행위, 그리고 불필요한 실험까지 싸잡아 부인하면서 지극히 감정적으로 반응한다. 이로써 그들은 이렇다 할 근거도 없이 독일에서 실행되는 기존의 모든 동물 실험에 결백 증명서를 발행한 것은 물론이고, 안타깝게도 저명 단체로서 자신들의 일을 신중하고 솔직하게 결산할 기회를 여전히 놓치고 있다.

이왕 말이 나왔으니 말인데, 동물 실험에 관한 토론에서건 동물을 윤리적으로 다루는 문제에서건 관건은 〈객관성〉이 아니다. 민법에 따르면 동물은 객관적으로 따질 수 있는 〈물건이 아니기〉 때문이다. 그렇다면 핵심은 도덕적 문제 영역을 〈사실에 맞게〉 토론하는 것, 즉 정확하고 솔직한 정보에 기초해서 신중하게 따져 보는 것이다. 그러나 안타깝게도 DFG뿐 아니라 연방 정부의 담당 부처도 정서적 이유에서 그렇게 하지 못한다. 연방 정부의 2015년 동물 보호 보고서에는 이렇게 적혀 있다. 〈동물 보호〉는 기본법에 〈국가 목표로서 명시됨으로써 중요한 초석〉이 놓였다. 이는 당연히 〈행정부와 사법부〉에도 해당된다. 연방 정부는 〈적극적인 보호 정책을 통해 국가 목표로서 동물을 보호하는 일을 흔들림 없이 계속 수행해 나갈 것이다〉.[6]

이런 보고서만 보면 오늘날 우리가 동물을 상대로 하는 모든 행위가 동물 보호법에 저촉되지 않을 정도로 상당히 개선되었다는 생각이 들지 모른다. 착각이다. 우리는 지금도 동물 보호 정책을 무수한 죽음으로 채워 나가고 있다. 생각해 보라. 동물 보호법은 동물에게 고통과 아픔, 해를 가하는 것을 금지한다고 규정하지만, 합리적 이유가 있을 때는 허용한다. 매년 2백만 건의 동물 실험이 정말 모두 합리적 이유일까? 가슴에 손을 얹고 대답하라고 하면 DFG나 연방 정부의 지도적 인물들 가운데 과연 몇 명이나 그렇다고 답할 수 있을까? 아니면 로비나 생각 부족, 감수성 결핍, 비겁함 때문에 남들에게만 그것을 믿게 하려는 것은 아닐까?

동물 실험의 합리적 이유에 대해서는 다양한 견해가 존재한다. 예를 들어 모한다스 카람찬드 간디Mohandas Karamchand Gandhi(1869~1948)에게는 연구 목적으로 동물에게 가하는 고통도 합리적 이유가 될 수 없다. 독실한 힌두교도 간디는 말한다. 〈내 생각에 동물 생체 실험은 인간이 오늘날 신과 신의 창조에 대해 저지르는 범죄들 가운데 가장 추악하다. 고통을 느끼는 피조물의 희생을 강요하느니 차라리 자기 삶을 포기하는 것이 낫다.〉 싱어도 종교적 색채만 빠진 동일한 목표 설정을 통해 동물 실험의 도덕적 딜레마를 명확한 양자택일의 상황으로 설명한다. 동물이 우리와 같지 않다면 동물 실험을 하는 것은 무의미하거나, 혹은 동물이 우리와 같다면 우리 중 누군가에게 시도했을 때 분노를 불러일으킬 실험을 동물에게 할 권리는 없다는 것이다.

싱어의 양자택일에서 난제는 둘 중 하나를 명확하게 결정 내릴 수 없다는 데 있다. 어느 하나라도 확실하다면 동물 실험의 도덕적 문제는 아주 쉽게 해결할 수 있을지 모른다. 그러나 상황은 복잡하게 얽혀 있다. 한편으로 동물 실험은 동물이 인간과 상당히 비슷하기에 성공을 거둔다. 다른 한편으로 동물 실험의 결과를 인간에게 똑같이 적용하는 데는 많은 영역에서 항상 어려움이 따른다. 에이즈 연구는 오래전부터 일반인들에게 동물 실험의 필요성을 납득시킨 좋은 사례였다. 그러나 사실 이 질병에서 동물 실험은 별 역할을 하지 못했다. 원숭이도 특징적인 항체를 형성하기는 하지만, 면역 체계 자체가 다르기에 인간과 동일한 방식으로 에이즈에 걸리지는 않는 것이다.

1961년의 콘테르간 스캔들은 동물 실험 결과를 인간에게 너무 경솔하게 적용했을 때 일어날 수 있는 일을 보여 준다. 이 수면제는 흰쥐, 개구리, 토끼, 기니피그에게는 문제없이 작용했지만, 인간에게는 신경염을 일으키거나 아니면 임산부가 복용했을 때 팔다리가 없거나 짧은 기형아 5천~6천 명의 출산을 초래했다. 많은 종류의 살균제에 포함된 페놀 같은 물질은 개에 비해 어린아이에게 대략 50배나 독성이 강한 것으로 나타났다. 이처럼 동물 실험은 인간에 대한 적용 가능성을 확실하게 예측하지 못하기에 독일 입법부는 동물 실험이 끝난 모든 신약에 대해 인간을 상대로 한 임상 실험도 추가로 진행할 것을 요구한다. 동물 실험으로 얻은 결과 가운데 약 80퍼센트만 임상 실험에서 효능이 입증된다.

동물 실험은 그것으로 확실한 의학적 지식을 얻을 수 없기에 설득력이 떨어진다는 지적은 생체 실험을 둘러싼 학술 논쟁에서 가장 조심스러운 버전으로 보인다. 반면에 밀라노의 미생물학 및 병리 해부학 임상 화학 분석 실험실에서 다년간 팀장을 맡았던 피에트로 크로체Pietro Croce(1920~2006)가 자신의 의학 동료들에게 지적한 비판은 훨씬 더 본질적으로 들린다. 〈동물 실험 폐지의 요구는 동물에 대한 사랑에서가 아니라 우리 동족의 건강에 대한 염려에서 비롯된다. 자신이 버티고 선 문화적 중세에 대해 어떤 정당성도 부여할 수 없지만 곳곳에서 추켜세워지는 동물 실험보다 한결 더 과학적인 것은 바로 반(反)생체 실험 문화다.〉[7] 크로체가 이해하는 〈문화적 중세〉란 19세기 과학의 경험적 지식을 토대로 탄생한 〈케케묵은 실증주의적 논리〉를 의미한다.

크로체와 마찬가지로 〈동물권을 위한 사람들. 동물 실험 반대자 전국 연맹〉 같은 단체도 생체 실험을 시대에 뒤떨어진 것으로 본다. 1979년에 설립된 단체 〈동물 실험에 반대하는 의사들〉도 같은 입장이다. 주로 의사와 수의사, 심리학자, 자연 과학자로 구성된 약 2천 명의 회원은 **그 어떤** 동물 실험도 불필요하고 진보에 적대적인 것으로 여긴다. 심지어 다년간 이 단체 회장을 맡았던 외과 의사 베르너 하르팅거Werner Hartinger(1925~2000)는 생체 실험을 손해 배상 청구에 대비해서 법적 안전장치를 마련하려는 제약업체의 재보험에 지나지 않는다고 생각한다. 그의 이사회 동료이자 생화학자인 베른하르트 람베크Bernhard Rambeck(1946~)는 〈동물 실험에 집착하는 강단 의학의 오직 한 가지 원인만 좇는 접근 방식〉을 비판한다. 여러 장애 요인을 실험이라는 방식으로만 접근하려고 하지 말고 〈유기체의 치유력 및 자기 치유력과 관련해서 확인된 통합적 경험〉으로 다가가는 새로운 접근 방식이 필요하다는 것이다. 〈생명과 질병, 치료와 관련해 실험, 특히 동물 실험으로만 접근하려는 과도한 시도가 지난 수십 년간 의학의 진정한 발전을 전면적으로 가로막았다.〉[8]

강단 의학에 대한 근본적인 비판자들은 동물 실험을 잘못 제기된 물음에 대한 답으로 본다. 유전 공학이나 원자력 문제도 그렇지만, 인류의 미래는 분명 〈생명을 경시하는 연구 및 착취 시스템〉 안에서 새로운 길을 모색하는 데 있지 않다.[9] 우리에게 절실하게 필요한 것은 대증 요법이 아니라 그 증상을 일으키게 한 원인의 극복이다. 연구자들은 매년 수백만 마리의 척추동물을 잔인하게 죽여 인간의 빗나간 영양 섭취와 흡연, 음주, 환경 독으로 생긴 결과와 심신 상관 질병을 치료하고자 한다. 그러나 더 나은 해결책은 질병을 유발하는 원인 자체의 제거에 있다. 람베크에 따르면 오늘날 사인(死因)의 약 80퍼센트는 문명병 때문이라고 한다. 독일인의 54퍼센트는 람베크가 문명화의 결과로 여기는 만성 심혈관 질환으로 죽고, 24퍼센트는 암으로 죽는다.[10]

질병의 원인을 없애는 것이 우선이라고 해서 증상 치료의 노력을 어디까지 포기할 수 있을까? 이것은 사실 논란의 여지가 크다. 폐암 환자가 만일 대도시의 오염된 공기가 자신의 병에 일조했다는 사실을 안다고 해서 무슨 소용이 있을까? 그로서는 도로 교통이나 이웃의 원자력 발전소가 내뿜는 대기 유해 물질을 막을 방법이 없다. 강단 의학의 인식과 접근 방식이 바뀌어야 한다는 데는 충분히 공감하지만, 환자들로서는 암 연구가 총체적으로 성공을 거둘 때까지 기다려야 할까?

동물 실험에 대한 전면적 포기는 그로 인한 결과를 충분히 감당할 수 있을 때나 가능해 보인다. 의학적 성공이 결코 동물 실험을 통해서만 이루어지지 않는다는 것은 분명 옳다. 현대 사회에서 평균 수명의 증가는 주로 전염병 감소, 위생 및 복지의 개선, 동물 실험에 구애받지 않는 외과적 처치의 발전 덕분이다. 그러나 지금까지도 동물 실험 없이는 제대로 꾸려 나갈 수 없는 연구 분야도 많이 존재한다.

동물 실험 문제에서 피아 노선은 지난 30년 동안 거의 변하지 않았다. 제시하는 논거도 마찬가지다. 한쪽에서는 연구 목적으로 실시되는 거의 모든 실험의 〈객관적〉 정당성을 내세우고, 다른 쪽에서는 피도 눈물도 없는 〈빗나간〉 학문적 인식을 격하게 비판한다. 30여 년 전부터 동물 실험을 대체할 방법들이 강구되어 왔음에도 이런 상황은 전혀 바뀌지 않고 있다. 대안적 방법은 시간과 비용을 절약하고, 많은 영역에서 과학적으로 더 의미 있는 결과를 얻어야 한다. 이른바 드레이즈 테스트*에서 토끼 눈에 고통스러운 자극을 가하는 것과 같은 기존의 표준들은 이미 오래전부터 쟁점이 되고 있다. 그사이 이 테스트는 달걀과 민달팽이로 대체되고 있지만, 항상 그렇지는 않다. 적지 않은 의학 분야에서 고통스러운 동물 실험은 세포체 배양 테스트로 대체될 수 있다. 또한 컴퓨터로 독성 물질을 찾아내는 것도 가능하다. 가령 미국 환경 보호청은 2005년 화학 물질이 인간과 환경에 미치는 위험성을 동물 실험이 아닌 시험관으로 테스트하는 〈톡스캐스트ToxCast〉 프로젝트를 시작했다. 컴퓨터 덕분에 인간의 세포 및 조직 배양을 모니터 화면으로 연구하는 것이 가능해졌다. 이제 연구원들은 이런 시뮬레이션을 통해 살아 있는 개구리를 해부하는 것은 물론이고 그보다 더한 짓도 해야 하는 역겨운 부담에서 벗어나게 되었다.

동물 실험을 떨쳐 버리기 위한 마법의 주문은 3R이다. 즉 실험에 투입되는 동물 수를 줄이고(Reduce), 동물의 고통과 스트레스가 최대한 줄어들도록 실험 방법을 개선하고(Refine), 동물 실험을 다른 방법으로 대체하자는(Replace) 것이다. 그런데 아주 강경한 동물 실험 반대자들은 이런 현실적인 방법조차 날카롭게 비판한다. 이런 식이다. 고통스러운 동물 실험을 세포체 배양 및 다른 방식으로 대체하더라도 인간의 의학적 이익을 위해 동물을 착취하는 근본 구조는 전혀 바뀌지 않는다. 인간의 목적

* draize test. 화학 물질이 사람의 눈에 미치는 유해성 연구 테스트.

458

을 위해 동물을 악용할 권리가 과연 인간에게 있는가? 게다가 대체 방법론자들이 사용하는 시험관에 들어갈 세포 조직도 결국 동물에서 채취한 것이다. 3R 원칙은 기존 방식의 허울 좋은 포장이고, 기존의 강단 의학을 더욱 공고히 할 뿐이다. 굳이 세포체로 실험해야겠다면 수술적 처치로 인간의 몸에서 직접 채취하거나 아니면 장기 기증으로 얻은 물질을 사용해야 한다. 그러면 동물 조직과 달리 인간에게 적용할 때 생기는 문제도 사라진다.

기존 의학 시스템에 대한 근본적인 비판자들에게 또 다른 먹잇감은 유전 공학이다. 대다수 3R 전략가들은 유전자 조작으로 원하는 특성을 아예 처음부터 갖고 태어나는 동물을 배양하는 데 찬성한다. 그런 특성을 투입하는 과정에서 살아 있는 동물이 겪어야 할 고통은 없앨 수 있다. 이렇게 해서 실험실에서는 털 없는 누드마우스부터 선천성 내장 종양을 가진 생쥐에 이르기까지 온갖 돌연변이를 만들어 낸다. 목적에 딱 맞게 제작된 이 생물들은 갖가지 연구에 쓰인다. 〈선천성〉 면역 결핍증부터 인간에게 이식할 부품 창고로서 딱 맞는 장기 생산에 이르기까지 말이다.

동물 보호의 측면에서 보면 돼지를 도축용으로 키우든, 나중에 인간에게 이식할 장기 적출용으로 키우든 아무 차이가 없다. 동물 실험 찬성자들은 이런 논리로 실험실에서 이루어지는 기존의 방식도 정당화한다. 독일에서는 해마다 수억 마리의 동물이 도축되고, 그물에 잡히고, 총에 맞고, 차에 치여 죽는다. 그렇다면 실험실에서 주로 마취 상태로 실시되는 동물 실험이 이런 자연스럽지 못한 죽음에 비해 뭐가 더 나쁘단 말인가?

　　도축장과 실험실, 사냥과 어업에서 고의로 동물을 죽이는 것과 도로에서 실수로 죽이는 것을 어떻게 같은 차원에 놓고 비교할 수 있을까? 죽음이라고 다 똑같은 죽음이 아니다. 범죄 통계학도 살인과 교통사고 사망자를 한데 묶어서 계산하지 않는다. 남들도 자기보다 더 낫지 않으니까 걱정할 필요가 없다는 유치한 논리가 여기서도 작동한다. 그런데 이런 비교가 실제로 쓸모가 있다는 것은 직접 맞붙여 보면 안다. 예를 들어 사냥꾼들은 자신의 보람찬 일을 플렉시 글라스에 쥐를 가두고 암에 걸리게 하는 비겁한 실험실 연구자들의 동물 학대와 비교하면 무척 자존심이 상할 것이다. 미처 날뛰는 멧돼지를 보는 것과 겁에 질린 실험 쥐를 보는 것은 완전히 다르다는 말이다. 반대로 거룩한 히포크라테스 선서를 가슴에 품고 연구에 임하는 인류의 은인들 역시 자신의 실험을 그냥 재미로 동물을 죽이는 사냥꾼들과 동급으로 취급하면 무척 화를 낼 것이다.

　　그렇다면 동물 살해의 **횟수와 방법**만 중요한 것이 아니라 자신의 직업에 대한 이해와 동물 보호법에 따른 **동기**도 중요하다. 동물 실험과 유전자 조작은 현실에서 돼지도 도축되고 고양이도 차에 치여 죽기 때문에 허용되는 것이 아니라 도축 및 사냥과는 아무 상관 없이 의학적으로 필요한 일이라고 여겨지기에 허용될 뿐이다. 생체 실험의 정당성을 가늠하는 유일한 근거는 동물 보호법도 그렇게 판단하듯 인류를 위한 불가피한 필요성이다. 그밖에 다른 근거는 없다.

　　그렇기에 학문의 자유를 들이밀면서 동물 실험의 비판자들을 온정주의에 사로잡힌 미치광이나, 아니면 과거를 그리워하는 단순한 마음에서 풍차와 싸우는 돈키호테처럼 인류의 진보에 맞서 싸우는 공산주의적 사고방식을 가진 사람 정도로 여기는 것은 충분한 논거가 아니다. 반대로 많은 생체 실험자 자신이 과거에 대한 동경과 미래에 대한 불안에 사로잡혀 있을 가능성이 없지 않다. 왜냐하면 새로운 시험관 실험이나 컴퓨터를 통한 가상 실험은 동물 실험에 비하면 알아야 할 것이 너무 많기 때문이다.

2010년 60명의 서유럽 과학자가 동물 실험에 대한 비판적 여론을 고려해서 〈바젤 선언〉을 발표했다. 앞으로는 동물 실험을 최대한 줄이고 연구 정보를 솔직하게 공개하겠다는 것이다. 그러나 말만 번드르르할 뿐 현실에서 근본적인 변화를 이루겠다는 약속은 어디에도 없었다. 가령 바젤 선언은 미래에도 원숭이 실험이 반드시 이루어져야 한다고 명확하게 밝혔다.

아무리 이런 선언문이 나오고 동물 윤리를 심사하는 위원회가 있다고 할지라도, 동물 실험이 인류의 이익에 정말 불가피하게 필요한 일인지 판단하려는 진지한 시도는 이제껏 거의 없었다. 따라서 생체 실험자들은 자신의 비판자들이 동물 실험의 필요성을 제대로 판단할 수 없다는 점을 자기주장의 근거로 삼을 때가 많다. 또한 투명성 의무에도 불구하고 대부분의 생체 실험자는 실험의 세부 내용을 대중에 공개하고 싶어 하지 않는다.

사실 대다수의 동물 실험이 가능한 이유는 사회 전체적으로나 실험자 개인적으로나 심리적 억압 기제가 작동하기 때문이다. 마카크원숭이의 사회생활과 다양한 성격, 고유의 개성, 가족생활, 불안과 기쁨에 대해 얼마간이라도 공부한 뇌 연구가라면 신경 생물학 분야에서 박사 학위 논문을 쓰려고 원숭이 머리를 태연하게 열어 볼 수 있을까? 그렇다면 영장류처럼 고도로 발달한 동물로 실험하려는 생체 실험자들에게는 실험 이전에 영장류의 고향 땅에서 3개월 정도 체류하면서 그들의 삶을 실제로 관찰할 의무를 부여하는 것도 퍽 의미 있는 제안일 수 있다. 이런 동물들에게 자신이 어떤 짓을 하려는지 생생하게 이해할 수 있도록 말이다.

독일에서 시행되는 동물 실험의 85퍼센트 이상이 법적으로 규정되어 있지만, 대부분 윤리 위원회의 관리 감독 없이 진행된다. 의약품과 화학 물질의 검증은 법적 의무이고, 이 테스트 없이는 허가되지 않는다. 오늘날 독일에서는 더 이상 단순 기침감기나 코감기로 죽는 사람이 없고, 게다가 이미 수많은 감기약이 출시되어 있음에도 매년 새로운 제품을 위한 실험이 허가될 뿐 아니라 다른 용도로 사용된다. 모든 새로운 약과 새로운 화학 물질은 의약품법, 화학 물질법, 사료법, 식품법, 물 관리법, 연방 전염병법, 접촉성 물질 관리법, 식물 보호법, 동물 전염병법에 따라 수천 마리의 동물을 상대로 테스트를 거쳐야 한다. 그런데 수많은 감기약이 있음에도 또 다른 기침 물약과 코감기 스프레이를 위한 실험을 허용하는 것이 과연 〈합리적 이유〉에서 필요할까? 이 질문은 동물 보호법에 따라 반드시 제기되어야 하지만 실제로는 어디서도 등장하지 않는다. 우리는 〈합리적 이유〉 없이 공동 피조물에게 고통과 아픔을 가할 권리가 없다. 그러나 독일에서는 누구도 새로운 약품의 합리적 이유에 대해 문제를 제기하지 않는다. 대신에 의미가 있든 없든, 필요하든 불필요하든 모든 제품에 대한 실험을 싸잡아 〈합리적 이유〉로 규정한다. 달리 말하자면 법 자체가 동물 보호법을 위반할 수밖에 없도록 만든다. 그것도 의약품 분야에서만 1년에 수십만 건씩!

입법부의 태도는 바뀔 기미가 전혀 보이지 않기 때문에 동물 실험 반대자들은 감기에 걸린 경우에도 되도록 약을 먹지 말라고 권한다. 이런 습관만 버려도 수백만 마리의 동물을 구할 수 있다는 것이다. 모든 약국에서 상이한 제약 회사에서 출시한 10여 종의 기침 사탕과 10여 종의 코감기 스프레이를 살 수 있는 것이 인간종의 보존을 위한 것은 분명 아니다. 수천 마리의 동물로 테스트를 거친 이 모든 약품 뒤에는 제약업계의 경제적 이익이 숨어 있다.

그런데 제약 분야에서도 동물 실험을 통해 어떤 약품이나 화학 물질이 인간에게 실제로 도움이 되는지는 명확하게 밝혀지지 않는다. 그렇다면 여기서도 〈실험용 토끼〉로 필요한 것은 인간이다. 그러나 그럴 수는 없다. 직접 동물 실험을 하는 적지 않은 연구자들도 많은 실험이 불필요했을 것이라는 점은 인정한다. 그런 실험들의 유일한 의미는 당국의 규정을 충족시키는 데 있다. 동물 보호법은 동물이 결코 값싼 일회용 측정기가 아니라고 선언한다. 그럼에도 현실 실험에서는 여전히 그런 존재로 다루어지고, 앞으로도 당분간은 분명 그런 상황이 지속될 것이다. 코감기로 죽는 사람의 수는 극히 제한적이지만, 코감기 스프레이

개발을 위해 죽어야 하는 동물의 수는 엄청나다.

우리가 동물 실험을 특정한 상황에서만 허용하는 것이 아니라 경제적 이익과 학문적 호기심을 동물의 안녕보다 더 중요한 가치로 여기는 것은 그야말로 도덕적 재앙이다. 동물 보호법에 따라 생체 실험의 목표를 명확히 규정한다면 독일에서 이루어지는 동물 실험은 90퍼센트 넘게 허용되지 않을 것이다. 다시 말해, 동물 실험이 인간의 생존에 도움이 되고 극심한 통증을 막는 데 반드시 필요한지 철저하게 검토해야 한다. 이 정도만 바뀌어도 실험 현장은 예전과 비교가 안 될 정도로 변하고, 동물 실험은 규칙이 아닌 예외가 될 것이다.

기존의 폐단을 없애려면 관행적인 법 적용을 바꾸어야 한다. 동물 실험은 전반적으로 허용되는 대신 원칙적으로 금지되어야 하고, 엄격한 조건하에서 불가피한 필요성을 입증할 때만 허가되어야 한다. 현재까지 독일에서 실시된 모든 동물 실험의 공식 데이터 뱅크는 없다. 그것이 있다면 입법부와 생체 실험자들은 어떤 것이 이미 검증되었고 테스트되었는지 알 수 있을 테고, 〈합리적 이유〉 없이 반복된 수십만 건의 실험은 없을 테고, 수많은 동물의 고통과 죽음을 피할 수 있을 것이다. 그 밖에 동물 실험에 들어가는 비용의 최대 25퍼센트까지 실험자에게 강제 부담금을 부과했다면 동물을 희생시키지 않는 다른 방법들은 더욱 장려되었을 것이다.

이 모든 제안이 나온 지 30년도 더 지났지만, 단 하나도 실현되지 않았다. 한때 이 배에 함께 탔던 녹색당은 연정 형태로 정부에 참여하자마자 이런 문제에 관심을 두지 않았다. 따라서 현재의 동물 실험자들은 가축 대량 사육자들과 비슷하게 동물 보호법의 규정을 아주 우습게 여긴다. 작금의 현실을 보면, 동물 실험은 대부분 오직 상업적 이유나 학계에서 인정받으려는 개인적 야망에서 이루어진다. 실험이 허가되지 않는 극소수 예외를 제외하면 〈고결한 목적〉에 대한 증명 없이 경제적 이유와 학문적 호기심만으로도 감정이 있는 생명체를 죽은 것처럼 다루고 〈물건〉처럼 사용할 수 있다.

동물은 〈공동 피조물〉로서 존중받기는커녕 현실에서는 손톱만큼의 가치도 인정받지 못한다. 구달의 탄식을 들어 보자. 〈말도 못 하고 느낄 수도 없는 뇌사 상태의 인간에 대한 의학적 목적의 실험은 불법인 반면에 고도의 지능과 감정을 가진 살아 있는 침팬지에 대한 실험은 법적으로 허용된다. 현재의 법에 따르면 무고한 침팬지는 실험실 내 가로 1.52미터, 세로 1.52미터, 높이 2.13미터 크기의 감방에 평생 가두어도 되는 반면에 사이코패스 연쇄 살인범에게는 훨씬 더 큰 감방이 주어진다.〉[11]

오늘날 대부분의 나라에서는 더 이상 침팬지 실험이 이루어지지 않지만, 다른 영장류에 대한 실험은 여전히 계속되고 있다. 그렇다면 잔인한 원숭이 실험에 반대하는 투쟁은 예나 지금이나 동물 윤리학자들의 시급한 과제다. 동물 실험 반대자들의 활동도 멈추지 않는다. 일례로 그들은 브레멘 대학교의 신경 생물학자 안드레아스 크라이터Andreas Kreiter(1963~)가 진행하는, 잔인하기만 하고 과학적으로는 별 의미가 없는 원숭이 실험을 지목하면서 다소 과하기는 하지만 살해 경고와 다른 위협도 서슴지 않는다. 보훔 대학교에서의 동물 실험 반대 시위는 한결 성공적이었다. 여기서는 2012년 실험 책임자의 사퇴와 함께 대학 내 원숭이 학대의 명예롭지 못한 전통이 종식되었다.

지금은 윤리 위원회가 아닌 동물 보호 운동가들과 동물권론자들의 적극적인 활동 덕분에 잔인한 실험으로만 실현될 수 있는 연구 목표의 의미를 두고 여기저기서 활발한 토론이 벌어지고 있다. 이런 맥락에서 보면 동물 실험에 대한 논쟁은 독일의 의학 시스템과 개별 시민들의 양심에 던지는 근본적인 질문이다. 우리는 〈인류의 이익〉이라는 명분 아래 〈공동 피조물〉인 동물에게 어떤 막대한 희생을 강요하고 있는가? 동물 실험이 현실에서 예외적으로만 인류의 이익에 도움이 된다는 사실은 동물 보호법 위배이자 파렴치한 위선이다. 그렇다면 인류의 다른 이익들은 어떨까? 가령 동물원에서 동물을 보려는 욕구 말이다.

감옥인가, 천국인가?

동물의 삶에서 보는 동물원의 장단점

동물원? 무의식적인 조상 숭배다!

— 페르낭델Fernandel

웅크린 호랑이에게 굵은 창살은 넘을 수 없는 벽이다. 침팬지도 자유를 갈망하는지 창살에 매달려 있다. 대형 원숭이는 머리를 숙인 채 구석에 몸을 옹그리고 있다. 눈은 초점이 없고, 보이는 것이라고는 창살뿐이다. 뱀은 양철통 안에서 똬리를 틀고 있다. 황새 우리의 타일 바닥에는 더러운 배설물이 넘쳐 나고, 뒷벽에 그려진 활기찬 플라밍고 그림은 이 감옥에 대한 조롱 섞인 주석이다. 테이퍼 우리에서는 그루터기 두 개가 아마존강 역할을 한다. 공허한 선의는 피폐함을 낳고, 어설프게 꾸민 자연은 없느니만 못하다. 한마디로 대실패다.

흑백 사진을 찍으면 세계를 흑백으로 나누는 것은 어렵지 않다.[1] 동물원 동물의 참상을 찍은 사진을 보는 사람은 창살 안의 동물이 얼마나 가엾고, 얼마나 어쩔 줄 몰라 하며 절망에 빠져 있는지 느낀다. 동물원의 자기 연출, 즉 행복해하는 동물의 모습을 담은 따뜻한 컬러 사진의 세계와 창살에 갇힌 동물들의 슬픈 운명을 고발하는 흑백 사진의 세계 사이에는 엄청난 간극이 존재한다. 그렇다면 동물원은 무엇인가? ⟨자연 보호 센터⟩인가, 아니면 병적인 망상의 현장인가?

솔직하게 대답하자면 둘 다일 수도 있고 둘 다 아닐 수도 있으며, 어떤 때는 둘 중 하나이기도 하다. 동물원이라는 이름이 말하는 동물의 동산 혹은 정원은 존재하지 않는다. 바로크 시대에 짓기 시작한 동물원은 이국적인 세계에서 들여온 살아 있는 공물(貢物)의 집합체이자 통치자의 위세를 보여 주는 건축물이었다. 그런데 마리아 테레지아Maria Theresia(1717~1780)의 남편 프란츠 슈테판 폰 로트링겐Franz Stephan von Lothringen(1708~1765)이 1752년 쇤브룬 궁전에 왕실 동물원을 조성하면서 꿈꾼 것은 지식의 체계적 배치, 즉 살아 있는 자연을 상징적 체계로 표현하려는 야심 찬 시도였다. 왕가의 사교 모임용 공간인 정자를 중심으로 열두 개의 동물관이 거대한 케이크 조각처럼 둥글게 배치되었다. 배치의 기본 원칙은 천문학의 별자리였다. 인간도 이 체계에서 자기만의 자리를 갖고 있었다. 중앙에 위치한 열세 번째 특별석이었는데, 이는 인간이 자연의 구성 요소이자 주민인 동시에 감독자임을 보여 주었다.

반면에 시민 동물원은 강인한 모험가였던 한 프랑스 작가의 판타지 덕분에 탄생했다. 자크 앙리 베르나르댕 드 생피에르Jacques Henri Bernardin de Saint-Pierre(1737~1814)는 55세에 ⟨왕실 정원⟩의 원장이 되었을 때 격동의 현실을 돌아보았다. 때는 1792년이었고, 프랑스에는 혁명이 들끓었다. 거대한 시대정신 아래서 자잘한 문제들이 제기되었는데, 혁명가들이 귀족과 공연 기획자에게서 압류한 동물을 어떻게 처리할지에 관한 것도 그중 하나였다. 생피에르는 동물을 죽이고 박제하는 대신 왕실 정원 옆에 동물원을 짓는 쪽을 지지했다. 그의 생각은 분명했다. 이국 적인 동물을 자연에 가깝고 본래의 특성에 맞게 사육하고, 동물 원을 과학적으로 운영하는 것은 물론이고 박물학적, 도덕적 교 육 현장으로 활용하면서 국민 교육에 이바지해야 한다는 것이다.

생피에르는 철학자 루소의 열렬한 신봉자였고, 그의 몽상 적 자연관을 따랐다. 그럼에도 그의 천직은 문학이었지, 어떤 조 직의 수장이 아니었다. 그는 원장에 오른 지 2년 6개월 만에 새로 설립된 대학의 윤리학 교수로 자리를 옮겨 교사들을 가르쳤다. 그 와중에도 왕실 정원 옆에 지은 동물원은 30년 만에 시민 동물 원의 전형이자 유럽 최대 동물원으로 자리 잡았다.

19세기 초 이후 많은 유럽 대도시에 생겨난 동물원은 좁은 공간에서 최대한 많은 이국적 동물을 선보였다. 축사의 장식 배 경은 동물마다 달랐다. 곰에게는 성채가, 낙타에게는 모스크, 영 양에게는 고대 신전, 산악 동물에게는 산지 풍경이 등장했다. 전 시된 동물들은 최대한 〈무섭고 잔인하게〉 보여야 했지만, 동정심 을 자아낼 때도 많았다. 예컨대 런던과 베를린에서 열악한 사육 조건하에 일찍 죽음을 맞은 외로운 새끼 고릴라들이 그랬다. 동 물원은 빠르게 산업화가 진행되던 서유럽에서 그 설립자들의 이 념에 맞게 고도의 미학적 관점으로 설계된 인공적인 〈자연과의 대면〉 현장이었다. 반면에 일반 구경꾼들에게 중요한 것은 〈호기심과 충격〉이었다. 동물원은 대도시 대중문화의 일부로서 떠들 썩하고 다채로운 장소였고, 부르주아지와 나중에는 프롤레타리 아트도 즐겨 찾는 〈유흥지〉였다.

1950년대와 1960년대에 동물의 질병과 위생에 관한 문제 가 휘몰아치면서 동물원의 구조와 환경이 바뀌기 시작했다. 폭 격으로 파괴된 독일의 동물 사원들은 깨끗하고 현대적인 기능성 건축물로 변신했다. 그런데 동물 전시관이 위생적이고 무균 상 태로 변할수록 그 시대의 감옥이나 정신 병원과 비슷해졌다. 타 일이 깔린 축사는 이전의 동물원보다 더 노골적으로 〈감금 상태〉 를 드러냈다. 이로써 오늘날 동물권론자들이 떠올리는 동물원의 모습이 생겨났다. 카플란은 이렇게 말한다. 〈동물원은 범죄자들 이 운영하고 바보들이 방문하는 강제 수용소다.〉[2]

오늘날 과학적으로 운영되는 동물원의 원장이라면 그런 시설들로 연민을 불러일으키는 동물원은 본래의 목적을 이루 지 못한다는 사실을 잘 안다. 지난 수십 년 사이에 필요한 자 금을 충분히 확보한 동물원들은 1907년에 카를 하겐베크Carl Hagenbeck(1844~1913)가 함부르크 슈텔링겐에 개장한 모델 에 따라 야외에 널찍한 사육 시설을 조성했다. 이런 점에서는 1950년대와 1960년대에 구동독이 체제 과시용으로 만든 베를 린 동물원이 선구적이다. 요즘은 그런 시설에 자연석만 배치하 는 것이 아니라 자연을 입체적으로 조성한다. 이른바 몰입 전시*

* 관람객이 마치 자연에서 동물을 만나는 것처럼 각 동물의 서식지에 최대한 맞 게 환경을 꾸며 놓은 동물원 내 사육 공간. 여기서는 동물이 인간들의 눈을 피해 언제든

는 관람객들에게 마치 자연 서식지와 열대 우림, 사막, 수중에 실제로 들어와 있는 것 같은 느낌을 자아낸다. 이로써 놀이공원의 체험 공간을 본뜬 동물들의 〈생활 밀착형 공간〉이 만들어진다. 설계자들은 이런 시설을 통해 단순히 동물을 보여 주는 데 그치지 않고 〈동물의 생활〉을 보여 주고자 한다.

여기까지는 좋다. 그렇다면 오늘날 동물원의 상황은 어떤가? 동물 문제에 실제로 도움이 되는가? 문화적으로 중요한 시설인가? 국민 교육에 유익한가? 아니면 그저 인테리어만 바꿔 놓은 동물 감옥이자, 없어도 무방한 대중 오락거리인가? 이런 질문들과 관련해서는 지극히 감정적이거나 의도적으로 냉정한 대답이 나올 때가 많다. 나는 자주 제기되는 몇 가지 반박에 의거해서 이 문제를 좀 더 세밀하게 논구해 보겠다.

동물원의 근본적 비판자들은 **야생 동물을 감금 상태로 사육하는 전제** 자체에 동의하지 못한다. 그러나 이는 논거가 아니라 다른 논거들에서 끄집어낸 추론이다. 인간에게는 동물원에서 동물을 사육할 〈권리가 없다〉고 여기는 사람은 사전에 여러 가지 숙고를 거쳤을 테지만, 어떤 이유로 인간에게 그런 권리가 없는지 정확히 알고 있어야 한다.

야생 동물을 동물원에서 사육하는 〈도덕적 월권〉은 가령 동물을 본래 서식지에서 포획해서 굉장히 먼 거리를 이동해 완전히 낯선 환경에 잡아 둔다는 비난으로 쉽게 설명된다. 이국적 동물들은 여기서 자연적 환경을 박탈당한 채 박물관의 유물처럼 숨을 공간이 마련되어 있다.

전시된다. 이것이 전통적인 동물원에 대한 정당한 비판이라는 사실에는 의심의 여지가 없다. 그리고 포획 과정에서 동물의 상해나 살해 위험, 개체 수 감소에 대해 오랫동안 별 생각을 하지 않았다는 점도 분명 동물원 역사의 어두운 이면이다. 40년 전까지만 해도 전문가들은 야생 동물 포획을 도덕적으로나 생태학적으로 아무 문제가 없는 행위로 여겼다. 이런 무지를 설명하는 데는 다음의 보기 하나로 충분해 보인다. 1970년대 초에 내 부모님은 아이였던 나에게 당시 무척 인기 있던 어린이용 보드게임 〈와일드 라이프〉를 선물했다. WWF가 후원하고 야생 동물 보호의 간절한 호소가 담긴 이 게임의 의미는 분명했다. 〈우리의 동물원을 위해 동물 포획에 나서자〉는 것이다. 게임 참가자는 포획하는 데 드는 충분한 돈을 받고 정확하게 수치로 표시된 동물의 〈가격〉을 아는 상태에서 동물들을 잡은 뒤 경매 시장에 내놓고는 자기 동물원의 동물을 하나씩 보충해 나갔다.

당시에는 좋은 뜻으로 시작했던 게임이 오늘날에는 특히 청소년에게 유해한 적색 게임 리스트에 포함된다. 야생 동물 포획에 대한 의식은 획기적으로 바뀌었다. 독일 동물학자들이 〈야생동물 탈취〉라는 용어로 표현하는 동물 포획은 1975년에 발효된 워싱턴 종 보존 협약 이후 더는 개별 동물원의 사적 문제로 여겨지지 않는다. 오늘날 동물원에 사는 동물들 가운데 〈자유로운 자연환경〉에서 태어난 동물은 별로 없고, 대부분 동물원 자체에서 태어난다.

지금도 동물원들이 야생 동물을 포획한다면 그 이유는 하나다. 동물의 유전적 다양성을 높이고 동종 교배를 피하기 위해서다. 물론 이때도 아무르표범이나 시베리아호랑이처럼 자연 상태에서 개체 수가 급감한 동물을 포획하지는 않는다. 1980년대만 해도 동물원장들은 상당히 낙관적인 태도로 멸종 위기의 수마트라코뿔소 몇 마리를 잡아들여 영국과 미국의 동물원에서 특별 보호종 프로젝트를 실시했다면 오늘날에는 한결 신중해졌다. 지금까지 성공하지 못한 이 프로젝트에 막대한 돈을 지출하느니 현장에서의 보호에 돈을 투자하는 쪽으로 바뀐 것이다. 따라서 현재 중요한 물음은 동물원이 무슨 권리로 야생 동물을 본래의 서식지에서 포획해 오느냐가 아니라 오늘날 전 세계 동물원에 살고 있는 수많은 동물을 우리가 어떻게 다루고 있느냐이다.

동물원들이 아무리 동물 포획을 자제하더라도 동물권론자들의 입장에서는 **동물을 구경거리로 전시하는 행위** 자체가 정당화되는 것은 아니다. 케냐에서 태어났든 동물원에서 태어났든 동물을 우리에 넣고 〈인간들이 빤히 들여다보게 하는 것〉은 그 자체로 동물의 존엄을 해친다는 것이다.

이 비판 역시 정당해 보인다. 창살 뒤에서 슬픈 얼굴로 웅크린 고릴라를 상상해 보라. 이 생물은 인간들이 〈안녕, 킹콩!〉 하고 멍청하게 외치는 소리를 1년 내내 하루에 열 시간씩 꼼짝없이 들어야 한다. 그럼에도 독일 동물원들은 야생 동물을 관람객의 호기심 어린 눈에 노출시키는 이런 행위의 잘못을 여전히 깨닫지 못한다. 속절없이 인간의 구경거리로 전락한 가련한 동물을 타일 깔린 감옥에서 해방시켜 열대 우림으로 다시 돌려보낼 생각은 전혀 하지 못하고 있다는 말이다.

영국 소설가 존 버거John Berger(1926~2017)는 이런 동물의 삶을 인상적으로 표현했다. 〈다른 종과의 접촉이 아예 차단될 만큼 서로 고립된 동물들은 이제 사육사에게만 의존한다. 그로 인해 그들의 반응도 대부분 바뀐다. 그들의 중점적 관심은 지루한 시간을 가끔 중단시켜 주는 외부 사건을 수동적으로 기다리는 것뿐이다. 그들이 주변에서 관찰할 수 있는 것이라고는 그들의 자연스러운 반응의 관점에서 보면 벽에 그려 놓은 초원 풍경만큼이나 비현실적이다. 하지만 바로 이러한 고립이 어쨌든 일반적으로는 전시물로서의 기나긴 삶을 보장한다.〉[3] 이런 상태를 전 뒤스부르크 동물원장 볼프강 게발트Wolfgang Gewalt(1928~2007)만큼 아름다운 말로 뻔뻔하게 포장한 사람은 별로 없다. 〈동물원을 향한 유일한 비난은 동물원이 동물을 조기 연금 생활자처럼 만든다는 것뿐입니다. 그리 나쁜 것은 아닙니다. 우리 인간도 종의 특성에 맞게 행동하지는 않으니까요. …… 우리는 사냥하러 가지 않고, 구워 먹을 닭을 직접 잡는 것이 아니라 슈퍼마켓에서 사 먹죠.〉

21세기에 들어서도 동물원의 사육 조건은 여전히 많은 점에서 비판받는다. 물론 동물원장들도 섬세한 관람객들만큼 그런 조건을 마음에 들어 하지 않는다. 그것은 우리 시대에 더 이상 맞지 않고, 많은 비용을 들여야만 서서히 해결될 수 있다. 그런데 근본적인 문제는 동물원의 비난받을 환경이 아니라 어떤 사육 조건이든 상관없이 동물을 사람들에게 구경거리로 내놓는 것이 **원**

칙적으로 합당한 행위인가 하는 것이다.

동물이 어떤 지점에서 스스로 〈구경거리〉라고 느끼는지는 아무도 모른다. 구경거리는 인간의 수치심과 연관된 무척 인간적인 말이다. 토끼나 펠리컨은 이를 다르게 느낄 수 있다. 수치심이나 창피함 같은 감정이 없을 가능성이 크기 때문이다. 그러나 적어도 유인원은 우리와 아주 똑같지는 않더라도 비슷한 감정을 가질 수 있고, 그래서 우리는 지극히 인간적인 방식으로 감정 이입을 하면서 고릴라가 스스로 구경거리가 된 상황을 느낀다고 생각한다. 여기에는 당연히 일말의 진실이 있을 수 있다. 하지만 고릴라가 그렇게 기분 나빠 하는 것이 정말 사람들의 시선 때문일까? 아니면 주로 성가시게 떠들어 대는 소리와 숨을 곳 없는 상황이 고릴라의 타고난 사회적 행동과 감정을 심각하게 훼손하기 때문은 아닐까?

고도로 발달한 동물을 동물원 관람객들의 눈과 입으로부터 벗어나게 해줄 기본적인 가능성조차 없는 상태에서 사육하는 사람들은 스스로 감수성 부족을 여실히 드러내고, 그로써 동물을 돌볼 도덕적 자격을 상실한 것이나 다름없다. 그러나 〈구경거리〉는 근본적인 문제가 아니라 정도의 문제다. 왜냐하면 요즘의 동물원들은 고도로 발달한 동물들에게 관람객들의 눈으로부터 숨을 수 있는 기회를 제공하기 때문이다. **동물원에 있다는 것만으로** 모든 동물이 스스로 〈구경거리〉임을 느낀다고 생각하는 것은 인간 중심의 근시안적인 사고다. 수족관의 물고기, 조류관의 베짜기새, 1천 제곱미터의 공간에서 지내는 가젤에 대해 실질적인 감정 이입이 아니라 인간 특유의 감정을 단순히 동물의 의식으로 전이하는 태도는 이 동물들이 **원칙적으로** 〈감금 상태〉나 〈구경거리〉 같은 상황을 인지하고 있다고 잘못 판단하게 만든다.

이 동물들의 뇌가 얼마나 다르게 작동하는지 아는 사람은 이들을 동일한 생명체가 아닌 다른 생명체로 존중한다. 또한 동물과의 관계에서 문화사적으로 비판받는 인간 중심주의를 〈순진한 인간화〉, 즉 인간의 감정을 그대로 동물에게 전이하는 태도로 대체하는 우를 범할 수도 있다. **모든** 동물이 **전반적으로** 동물원 생활로 고통받는다는 단서는 없다. 그러나 어떤 동물도 부당한 조건에서 사육되고 싶어 하지 않는다는 증거는 무척 많다.

이 대목에서 동물원에 반대하는 세 번째 논거가 등장한다. 동물원의 사육은 **근본적으로 종에 적합하지 않다**는 것이다. 동물들의 본래적 사회생활은 사라지고, 능동적 먹이 찾기는 사육사에게 단순히 먹이를 받아먹는 수동적 태도로 바뀐다. 자유롭게 공중을 날아다니던 새와 바다에서 수 킬로미터씩 헤엄치던 돌고래는 철조망과 콘크리트에 가로막혀 자연스러운 발전 가능성을 잃고 만다.

이 비판은 단순히 설익은 생각으로 치부할 수 없다. 많은 동물은 자연스러운 습성이 바뀌기 때문에 동물원에서 사육할 수 있다. 대형 고양잇과 동물, 곰, 담비, 맹금류, 악어는 직접 사냥에 나서지 않고 고기를 시간에 맞추어 배당받는다. 맹금류 조류관은 크기 면에서 원래의 사냥 구역에 비하면 턱없이 작다. 누 무리는 세렝게티에서 1천 킬로미터가 넘는 사바나 지역을 이동하지만, 동물원에서는 운이 좋아야 고작 1백 미터를 움직일 수 있다.

동물원장들은 이런 적응이 대부분 잘 이루어진다는 점을 즐겨 지적한다. 오늘날 동물원 동물은 대개 자연 상태보다 오래 살고, 많은 동물이 번식 주기를 인위적으로 제한해야 할 정도로 왕성하게 번식한다. 하지만 이런 사실만 보고 그들이 〈종에 적합하게〉 사육되고 있다고 일괄적으로 결론 내릴 수 있을까?

〈종에 적합하다〉는 개념은 정의 내리기가 쉽지 않다. 〈종에 적합한 것은 자유뿐이다!〉라는 견해에서부터 〈한 종이 어떤 환경에 적응했다면 그것이 곧 종에 적합한 것〉이라는 전 베를린 동물원 부원장 볼프강 그룸트Wolfgang Grummt(1932~2013)의 견해에 이르기까지 개념적 스펙트럼은 무척 넓다. 후자의 해석에 따르면 창살 우리도 결국 종에 적합할 수 있다. 종에 적합한 사육이 어떤 것인지는 명확하게 답하기 어렵다. 자연 서식지와 실제로 똑같은 환경만 종에 적합하다면 몸집이 큰 거의 모든 육상 척추동물은 동물원에서 키울 수 없다. 종에 적합하다는 것이 각 동물 종 특유의 기본적인 습성을 누리며 살 수 있다는 뜻이라면 동물원의 많은 동물이 그에 해당될 것이다. 아니면 동물이 인간의 보호하에서 번식하는 것이 종에 적합한 돌봄의 표시일까? 프랑스 작가 에밀 졸라Émile Zola(1840~1902)는 소설 『제르미날Germinal』에서 광부들의 삶을 다르지 않게 묘사한다. 비인간적인 생활 조건에서는 광부들의 식욕과 성욕이 한껏 떨어진다는 것이다. 만일 죄수들을 여자와 남자가 섞인 감방에 가두어 두면 번식률은 아마 상당히 높아질 것이다. 그렇다고 이것을 보고 교도소가 인간종에 적합한 곳이라고 할 수 있을까? 뮌스터 동물원의 한 설명문에 따르면 대형 맹금류는 철조망으로 둘러싸인 작은 집만 있어도 아주 훌륭하게 번식할 수 있다. 자신들은 종에 적합한 사육을 하고 있다고 말하고 싶은 것일까? 냉소를 짓게 한다.

1990년대 중반 이후에야 야생 동물에 필요한 최소한의 공간을 구속력 있게 규정한 유럽 연합의 지침이 만들어졌다. 독일에서는 그 전까지 사육사들 마음대로 그 크기를 정했다. 당시 동물 보호 운동가들과 동물학자들로 구성된 전문가 위원회는 최소한의 규정이라도 만들어 주무 부서에 전달하려고 2년 동안 매달렸다. 그러나 규정을 정하는 일은 어렵고 복잡했다. 법적 요건을 갖추어야 한다는 점에서는 이론의 여지가 없었지만, 가령 사자한 마리를 사육하기 위해 필요한 공간이 50제곱미터인지, 아니면 2백 미터나 2천 미터인지를 어떤 기준으로 판단할 수 있을까?

이런 상황에서는 종의 적합성을 동물원 반대자들이나 동물원 애호가들처럼 동물의 〈자유 욕구〉를 통해 정의 내리는 것도 별 도움이 되지 않는다. 가젤이 방사장 둘레의 도랑을 뛰어넘을 수 있는데도 뛰어넘지 않는 것을 보고 자유 욕구가 충족되어서 그렇다거나 충족되지 않아서 그렇다고 말할 수는 없다. 도랑 저편의 세계는 〈자유〉의 세계가 아니라 인간 세계이기 때문이다. 동물의 자유 감정은 복잡한 문제다. 감수성이 뛰어난 방문객은 창살 우리를 보고 감옥을 떠올린다. 그러나 그 안의 표범에게 정작 중요한 것은 기어오를 가능성과 은신처뿐이다. 창살이든 유리판이든 그들에게는 아마 똑같을 것이다. 우리가 인간에게서 출발하면 순진한 감상주의라는 의심을 뒤집어쓰지만, 반대도 마찬가지다. 동물의 자유 감정을 부인하는 사람은 똑같은 방식으로 자신이 전혀 알지 못하는 문제를 판단하려 드는 셈이다.

동물원 동물에게 일반적으로 있을 것으로 믿고 싶어 하는 자유에 대한 동물권론자들의 동경 어린 시선은 인간적 감정의 전이다. 인간이 마치 서로 고립된 두 세계인 양 자신들의 〈문화〉와 대립시키는 〈자연〉이라는 개념도 마찬가지다. 우리가 동경의 장소나 본래적인 뿌리, 혹은 아름다움과 야생, 풍경 같은 요소로 이해하는 자연 개념은 사실 250년도 채 안 된 문화적 개념이다. 동물에게 근본적으로 그런 자연에 대한 동경이 있다고 생각하는 것은 인간의 낭만주의다. 그러나 가령 문어의 세계에는 그런 동경이 없을지 모른다. 우리는 그들의 심해 형이상학에 대해 아는 것이 거의 없기 때문이다. 그럼에도 우리는 무지의 윤리학을 기반으로 동물원 시설을 최상의 지식과 양심에 따라 다양한 동물의 잠재적 자유 감정을 최대한 해치지 않는 방식으로 꾸미려고 애써야 한다. 동물원은 동물들만을 위해서가 아니라 동물원의 동물에게 연민을 느끼지 못하는 사람들을 위해서도 존립의 정당성을 잃어서는 안 된다.

상당히 어려운 과제다. 많은 동물원의 큰 문제는 만성적인 공간 부족이다. 19세기의 동물원 설계자들은 21세기의 동물원이 자신의 숭고한 사명을 다하기 위해 얼마나 많은 공간을 필요로 할지 전혀 예상하지 못했다. 150년 전에는 도시 주변부에 조성되었던 동물원들이 오늘날에는 대부분 확장 가능성이 전혀 없는 번다한 도심에 위치해 있다. 단순히 돈과 공간이 부족해서 시설이 좁은 것은 아니다. 동물원장들의 문제의식 결여도 상당히 큰 역할을 한다. 예를 들어 쾰른 동물원은 홍보 책자를 통해 1975년에 설립된 북극곰관을 〈대담한 콘크리트 건축물〉로 추켜세운다. 전기 철조망으로 둘러싸인 이 복합관은 마치 미국 중범죄자들의 감옥으로 사용되는 알카트래즈섬의 보안 구역을 연상케 한다. 동물의 자연적인 생활권과는 너무나 거리가 먼 시설이다. 여기서 더 이상 북극곰을 사육하지 않는 것은 당연한 결과다.

이런 식의 심각한 오류는 일일이 나열할 수 없을 정도로 많다. 과거의 오류와 무식함 가운데 대표적인 것은 이국적인 동물 세계를 인간들이 선호하는 건축 형태에 맞추려는 생각이었다. 1974년 개장 당시에 모범으로 각광받았던 뮌스터의 전천후 동물원은 콘크리트 팬들의 엘도라도였다. 대형 고양잇과 동물을 수용한 전형적인 동물관 구조는 이후에도 공고하게 유지되었다. 자연 풍경의 느낌을 조금이라도 살리는 대신 마치 우표 수집가의 영혼 없는 정밀함으로 살아 있는 전시물을 창살 달린 칸막이에 앨범처럼 끼워 넣는 식으로 분류한 것이다. 전시된 동물보다 전시한 사람의 정신세계를 더 잘 보여 주는 구조다.

방금 언급한 끔찍한 동물원들과 달리 그사이 동물원 스스로 규정한 현대적 동물 사육의 기준에 따라 운영하는 시설들도 있다. 세계 동물원 수족관 협회가 〈동물원과 수족관의 동물 복지 전략〉에서 밝힌 요구와 일치하는 기준이다.[4] 그런데 아무리 환경이 좋아도 많은 동물은 자연에서 누리던 습성의 일부를 포기할 수밖에 없다. 그렇다면 핵심 질문은 각각의 동물종에서 그렇게 포기해야 하는 것이 실제로 얼마나 큰가 하는 것이다. 영양, 물소, 사슴, 산양은 사육장 공간이 충분히 넓다고 전제할 때 동물원 안에서도 자연의 무리 생활에 맞게 집단으로 사육할 수 있다. 능동적인 먹이 활동도 문제없이 가능하다. 게다가 이 초식 동물이 야외에서 활동할 때 관람객의 시선에서 벗어날 가능성을 제공하고, 필요에 따라 접촉을 피할 수 있는 공간을 마련해 준다면 그들의 자연스러운 습성에 제약이 되는 결정적인 요소가 있을까? 새를 커다란 야외 조류관에서 날아다니게 하고, 물고기를 널찍한 수족관에서, 도마뱀을 현대적인 테라리움에서 살아가게 한다면 그런 사육에 반대할 이유가 있을까?

반면에 대형 고양잇과나 하이에나, 늑대 같은 육식 동물의 문제는 좀 더 복잡하다. 이런 동물들에게는 지난 수십 년 동안 운동 요법이 시행되고 있음에도 자연적 행동에 분명 강한 제약이 따른다. 맹금류, 코끼리, 곰, 돌고래, 유인원도 사육하기 특히 까다로운 동물이다. 그중에서도 코끼리와 돌고래, 유인원은 복잡한 사회생활 때문에 인간의 강력한 개입이 필요하다. 대다수 동물원에는 코끼리와 돌고래의 자연스러운 욕구를 충족시켜 줄 만한 공간이 없다. 관람객의 눈을 즐겁게 하려고 훈련을 받다가 죽어 가는 돌고래의 수는 섬뜩한 경고 신호다. 그런데 사실 진귀한 동물 쇼를 보면서 즐거워하는 관람객을 만들어 낸 것은 동물원 자신이다. 맹금류에게도 비슷한 어려움이 따른다. 하루에 몇 시간씩 상승 기류를 타고 날아다니던 동물을 좁은 철망 조류관에 가두는 것은 그들의 자연적 습성을 현저히 침해한다.

동물원은 최대한 좋은 동물 사육이 어떤 것인지 스스로 솔직히 돌아보고, 관람객에게 인기 있는 몇몇 동물종을 포기할 때 정당성을 확보할 수 있다. 물론 이로써 동물원의 본질적인 유용성이 어디에 있는지 아직 다 설명되지는 않는다. 세계에는 작은 농장 규모의 사설 동물원부터 유명한 동물원에 이르기까지 〈동물원〉이라고 불리는 시설이 총 1천8백여 개에 달한다. 해마다 6억 명 이상의 사람이 7천 종의 척추동물 1백만 마리를 보려고 그리로 몰려간다. 무엇이 그들을 끌어들이는 것일까?

동물원이 생각하는 동물원의 사명은 생피에르 이후 바뀌지 않았다. 관람객에게 휴식과 더불어 교양을 쌓을 기회를 부여하자는 것이다. 그런데 그사이 사람들이 휴식을 취하는 방법에 대한 생각은 엄청나게 달라졌다. 오늘날 일상 밖의 것에 대한 일상적 수요는 19세기 초와는 비교가 안 될 만큼 커졌고, 〈여가 활동〉은 최대한 많은 오락거리로 채워진 자연 외적인 공간에서 이루어진다. 우리 시대의 인간은 시간을 견디는 법을 잊어버렸다. 그러다 보니 아이들도 어떤 일에 집중하는 시간이 엄청나게 짧아졌다. 이런 점들을 고려할 때 동물원의 교육적 사명도 상황이 별로 좋아 보이지 않는다. 오늘날 참담한 학교 현실을 바라보면 〈교육〉이라는 단어는 완전히 빛이 바랬다. 동물원 풍경 설계사들과 동물원 교육학자들이 아무리 노력해도 관람객이 한 동물관에 머무는 시간은 평균 1분이 채 안 된다.

이런 상황에서 동물원은 자신의 정체성과 특성을 놀이공원의 글로벌 이벤트 문화에 맞추는 쪽으로 점점 바뀌어 간다. 그 결과 아이들은 더 이상 동물에게 가지 않고 거대한 놀이기구로 달려가 롤러코스터와 워터 슬라이드 근처에서 우글거린다. 이로써 동물원은 하노버에 있든 오마하나 상하이에 있든 모두 전 세계적인 오락 산업의 일부가 된다. 독일에서 가장 아름다운 베를린 동물원의 발전 계획도 그런 방향으로 나아간다. 훌륭한 경관을 자랑하는 유럽 최대 규모의 동물원이 이미 〈유럽 최대의 동물 체험 공원〉이 된 것이다. 자기 정체성의 결핍을 이보다 더 뚜렷이 드러낼 수는 없는 듯하다. 사실 말이 〈동물 체험〉이지 〈놀이공원〉이나 〈백화점 체험〉과 다를 것이 없기 때문이다. 각자 자기만의 의미 있고 특별한 문화적 전통을 가진 동물원들이 오늘날 왜 스스로를 그렇게 비참하게 만들고 자기 정체성을 포기하는지 의문이다.

동물원이 자연에 가까운 배경 속에서 동물들을 보여 주려고 노력하는 것은 하겐베크 이후 시대를 초월한 올바른 생각이다. 독일 통일 이후 베를린 동물원에 조성된, 상상력이라고는 전혀 없어 보이는 삭막한 주차장만 안타까운 것이 아니다. 그렇다고 테마파크 같은 곳에나 있을 법한 카누, 출렁다리, 인디언 마을, 미 서부 시대 기차가 대안이 될 수는 없다. 베를린 동물원이 고요와 사색을 위한 크고 한적한 공원으로서의 정체성을 잃지 않기를 바랄 뿐이다. 동물원이 바보 같은 짓과 오락거리를 더 많이 마련할수록 동물은 관심을 받지 못하기 때문이다. 덜커덩거리는 서부 시대 기차를 타고 가면서 관찰할 경우 동물에 대한 존중이 생길 리 만무하다. 이벤트가 요란할수록 동물원의 본래 사명은 갈수록 퇴색된다. 다채로운 오락거리에 파묻힐 것이라면 동물원은 차라리 문을 닫는 편이 낫다.

미래의 과제는 이런 모습과 정반대편에 있다. 즉, 동물원을 점점 더 인간 중심적이고 경제적 효율성을 중시하는 공간으로 만드는 대신 〈인간 동물학적〉 감수성을 키우는 공간으로 탈바꿈하자는 것이다. 동물원은 우리에게 공통성과 이질성을 동시에 느끼게 해주는 〈타자들〉을 만나는 장소가 되어야 한다. 그리되면 이 공간은 〈동물원이라는 인공물로 자연을 해석할 수 있는 문화적 성취〉[5]가 될 것이다. 그런 동물원은 오늘날 끊임없이 증가하는 명상과 자기 성찰, 자아 발견에 대한 인간의 강렬한 욕구에 도움이 된다. 우리에게는 소란 대신 침잠의 공간이, 화면과 터치 없는 디지털 프리 지대가, 고요한 휴식의 장소가, 그리고 무엇보다 문화사적이고 철학적인 공간이 필요하다. 동물원 레스토랑은 당연히 도시에서 가장 훌륭한 채식 요리 식당이 되어야 한다. 진정한 기수(騎手)라면 말고기를 먹지 않듯이, 동물원이라고 해서 의식적으로 소시지와 슈니첼을 포기하는 공간이 되지 않을 이유는 없다. 고객 입장에서는 자신의 평소 식습관을 잠시나마 되돌아보는 시간일지라도 말이다.

동물원은 오늘날 새로운 자의식이 필요하다. 똑똑한 사람이라면 동물원의 미래와 관련해서도 시대 흐름에 역행하는 방향을 생각한다. 끊임없이 바쁘게 움직이는 세계에서는 정확히 그에 반하는 움직임, 즉 고요와 명상을 갈구하는 욕구가 커지리라고 보는 것이다. 동물원은 텔레비전 속의 공룡이나 폭력적 동물 다큐멘터리, 거대한 테마파크와 경쟁해서는 결코 이길 수 없다. 반면에 타자 및 자기 자신과의 진정한 만남의 장소라는 아이디어는 자치 단체들 입장에서도 많은 돈을 투자해도 될 만큼 매력적으로 비친다. 이런 장소는 과거 어느 때보다 절실하다. 동물원을 그렇고 그런 또 다른 테마파크로 만드는 것은 바보 같은 짓이다.

1950년대에 이미 헤디거는 동물원을 〈자연으로 가는 비상구〉로 정의했다. 20세기의 콘크리트 동물원도 21세기의 요란한 테마파크형 동물원도 그런 비상구가 아니다. 우리는 비상구로서 동물원의 미래를 새롭게 그려야 한다. 이 비상구는 오늘과 내일 이 세상에 거의 자리가 남아 있지 않는 생물종을 위한 비상 피난처이기도 하다.

고독의 시대

보존의 윤리학

동물 피조물이 인간의 무지막지한 학대에서 살아남아
마침내 인간보다 더 나은 종을 만들어 내리라는 데
희망을 걸어 본다. 동물원도 그런 희망에서 생겨났다.
동물원은 노아의 방주를 모델로 만들어졌는데,
그 생성 이후부터 시민 계급은
대홍수를 기다리고 있기 때문이다.
— 테오도르 W. 아도르노Theodor W. Adorno

「엄마, 저게 공룡이야?」 토요일 오후의 동물원이다. 여섯 살쯤으로 보이는 남자아이 앞에는 야생의 괴물이 길이 30미터 우리 안에서 발을 쿵쿵거리며 계속 같은 길을 오간다. 1톤이 넘는 이 육중한 동물은 유리판과 침목 울타리 사이에 갇힌 채 천천히 원을 그리며 돈다. 「아니야, 요나스, 저건 공룡이 아니야.」 엄마는 우리 앞의 작은 안내판으로 눈을 돌린다. 「저건 인도코뿔소야.」

물론 인도코뿔소는 공룡이 아니지만, 6천5백만 년 전의 이 동료와 같은 운명에 처해 있다. 서서히 멸종되어 가고 있는 것이다. 갑옷을 두른 이 거대 코뿔소는 북인도와 네팔의 소규모 보호 구역에 1천5백여 마리만 남아 있는데, 이마저도 그리 오래갈 것 같지는 않다. 인도에서만 10억 명이 넘는 인간이 삶의 터전을 요구하고, 마지막 숲을 벌채하고, 댐과 발전소를 짓고, 거기다 정력에 좋다는 것이라면 환장하는 남자들은 코뿔소 뿔을 사냥하는 데 혈안이 되어 있다. 인도코뿔소에게는 모두 나쁜 소식이다.

인도코뿔소는 가까운 미래에 몰락이 임박한 무수한 다른 동물종과 운명을 같이한다. 인도코뿔소의 멸종은 매주 남아메리카의 열대 우림에서 아무도 모르게 사라져 가는 수많은 딱정벌레나 진드기종보다 좀 더 눈에 띌 뿐이다.

미국 생태학자이자 다년간 보존 생물학회의 회장을 맡은 마이클 술레Michael Soulé(1936~2020)의 말을 믿는다면 세계는 그사이 빙하기의 시작에 놓여 있다. 그런데 동물 세계를 위협하는 것은 거대한 눈덩이와 빙하, 혹한이 아니라 5백 년에서 1천 년에 이를 것으로 보이는 〈인구 통계학적 빙하기〉다. 1만 5천 년 전 홍적세 빙하기에 모든 육상 척추동물의 3분의 2가 죽음을 맞았던 것처럼 지금도 동물의 집단 죽음은 엄청난 규모로 진행되고 있다. 열대 우림이 1헥타르씩 소멸될 때마다, 아니 나무가 한 그루씩 베어질 때마다 수많은 동식물종이 멸종된다. 미래 예측은 암울하다. 30년 만에 세계 인구가 두 배로 증가한 지금의 추세로 볼 때 우리의 행성은 21세기 중반이면 120억 명의 인구를 감당해야 한다. 그만큼 야생 동물을 위한 공간은 많지 않다.

우리 행성을 위협하는 것은 단순히 인간의 숫자만이 아니다. 우리의 사고방식도 마찬가지다. 인간은 현재 수십만 종의 동식물을 멸종시키고 있다. 한편으로는 가령 펜과 종이, 옷장, 핸드백, 외투를 만드는 데 필요하기 때문에 멸종시키고, 다른 한편으로는 우리에게 필요하지 않는 데다가 영원히 소멸시켜도 전혀 해가 되지 않는다고 생각하기 때문에 멸종시킨다. 그러나 이 파괴의 전체적인 규모를 생각하면 재앙은 뚜렷하다. 동식물의 세계뿐 아니라 우리 삶의 토대도 완전히 무너진다.

인간은 충적세 초기부터 제2차 세계 대전까지보다 지난 수십 년 동안 지구에 더 큰 해를 입혔다. 미국의 진화 생물학자인 에드워드 윌슨Edward Wilson(1929~2021)의 보고에 따르면 지구 육지 면적의 5퍼센트가 매년 화염에 희생되고 있다. 가장 다양한 종이 살아가는 열대 우림은 현재 육지 면적의 6퍼센트밖에 되지 않는다. 30년도 안 되는 기간에 숲은 절반 이하로 줄어들었고, 매일 수백여 동물종이 사라진다. 대부분 이름도 없고 과학자들에게 발견된 적도 없는 종이다. 한 종이 사라진다는 것은 많게는 1백억 개에 이르는 염기쌍으로 이루어진 복잡한 유전체가 영원히 사라진다는 뜻이다. 윌슨은 앞으로 50년에서 1백 년 사이에 아무 일도 일어나지 않는다면 공룡 시대(중생대)와 포유류 시대(신생대)에 이어 새로운 지질 시대가 시작될 것이라고 추측한다. 인간만 살아남은 고독의 시대Eremozoic Age다. 〈우리가 지금까지처럼 계속 생물종을 멸종시킨다면 당분간은 어느 정도 종의 다양성 속에서 살아가겠지만, 종의 수는 우리가 외롭다고 느낄 정도로 적을 것이다. 한때 생명이었던 많은 것은 자료 보관소나 박물관에서나 흔적을 찾아볼 수 있을 터이다. 그때쯤 되면 우리도 그

리 오래가지는 못할 것이다.〉[1]

　이런 상황에서 동물원들도 이제 새로운 사명을 발견한다. 1980년대부터 스스로 〈노아의 방주〉라고 여겨 온 그들은 자신들에게 생물학적 유산을 보존하는 아주 특별한 의미가 부여되어 있다고 생각한 것이다. 황폐해진 창조 세계를 고려할 때 자연에서는 더 이상 설 자리가 없는 동물들은 동물원에서만 멸종 위기로부터 벗어날 수 있다. 전 쾰른 동물원장이자 세계 동물원 수족관 협회장인 노게는 말한다. 〈동물원이 없는 곳이라면 지금이야말로 동물원을 세울 최적의 시간이다.〉

　낙관적인 인구 통계학자들은 세계 인구가 120억 명에 도달한 뒤 차츰 줄어들 것이라고 추정한다. 제3세계 국가들의 경제적 수준이 올라가면 인구 폭발이 멈추면서 우리 행성의 인구수도 다시 감소하리라는 것이다.

　이들이 말하는 더 나은 미래는 추측이다. 그것도 인구 과잉의 현 상황뿐 아니라 선진국의 무분별한 자원 착취 행태에도 분명 유의미한 변화가 일어나야만 가능한 추측이다. 이런 전제가 충족될 때만 동물원의 야생 동물 보존 프로그램에 바람직한 의미가 생긴다. 세계 동물원들이 체계적인 종 사육을 통해 향후 2백 년 동안 종의 다양성을 유지하는 데 성공한다면 최악의 상황은 면할 수 있다. 그때까지는 동물원이 동물 세계의 보존을 위해 꼭 필요한 수단으로 남는다.

　구호는 〈보존 사육〉이다. 1980년대 이후 주도면밀한 유전적 관리 덕분에 자연에서 멸종 위기에 처한 대형 육상 척추동물의 후손들이 인간의 손에 의해 세계 곳곳에서 태어났다. 코뿔소, 호랑이, 표범, 원숭이, 코끼리, 영양, 맹금류, 앵무새, 두루미 들은 최근 몇 년 사이 인간의 보호하에서 그 수가 몇 배로 늘었다. 세계 자연 보전 연맹과 세계 동물원 수족관 협회의 〈보전 번식 전문가 그룹〉이 야생 동물의 의도적 번식을 조절한다. 유럽과 독일의 동물원에서는 유럽 멸종 위기종 프로그램이 이 일을 담당하는데, 독일에서는 과학적으로 관리되는 모든 동물원이 여기에 가입되어 있다.

동물원들이 동물 번식 프로그램을 가동한 이유는 동물에 대한 공감적 감수성보다는 오히려 절박한 위기 의식 때문이었다. 1975년 워싱턴 종 보존 협약이 발효되었고, 독일은 1976년에 이 협약을 비준했다. 이후에 외래종 동물 거래는 엄격한 조건하에서만 허용되었고, 특히 위험에 처한 종의 거래는 금지되었다. 고릴라나 코뿔소를 더 이상 동물 중개상에게 주문할 수 없게 된 동물원들은 필요한 자원, 즉 동물 후손을 스스로 마련해야 했다.

과거의 동물 포획자에서 동물 보호자로 변신한 제럴드 더렐Gerald Durrell(1925~1995) 같은 일부 동물원장도 이런 상황의 심각성을 진작 알고 있었다. 그는 1958년 영국 저지섬에 오늘날 〈더렐 야생 동물 보호 공원〉이라 불리는 동물원의 초석을 놓았다. 이곳의 특별한 점은 동물의 인기도와 상관없이 멸종 위기에 처한 동물만 수용했다는 것이다. 게다가 더렐 야생 동물 보호 신탁은 모리셔스황조롱이와 프르제발스키말의 재정착 프로젝트도 추진하고 있다. 동물원에서 출발했거나 동물원과 연대하는 유명한 종 보호 단체로는 뉴욕의 야생 동물 보호 협회와 프랑크 푸르트 동물학 협회를 꼽을 수 있다.

이처럼 파산한 창조 질서의 신탁 관리인을 자처하는 동물원의 자기 이해를 어떻게 생각하느냐고 동물권론자들에게 물으면 깊은 불신이 돌아온다. 설립 이후 주로 사적인 이익에만 관심을 보이고 전시된 동물들의 운명에는 별 관심이 없던 기관이 이제 와서 국제적인 동물종 보호자라고? 많은 동물권론자가 보기에 보존 사육 프로그램은 결코 자연 보호에 의미 있는 기여가 아니라 도덕적 실추를 만회하려는 동물원의 자구책이자 도덕적 알리바이일 뿐이다. 그들은 동물원을 통해 동물 세계를 구할 수 있다는 믿음을 퍼뜨리고 싶어 한다. 하지만 이런 시도들 뒤에는 책임감이 아니라 비열한 사적 이익과 위험한 돈 낭비가 숨어 있다. 비판자들의 계산에 따르면, 코뿔소 열여섯 마리를 유럽 동물원에서 1년 동안 돌보는 데 들어가는 돈을 아프리카에 투자하면 같은 기간 동안 자그마한 국립 공원을 하나 운영할 수 있다.

이제 동물원들은 자신의 보존 사육을 대안이 아니라 동물의 고향 땅에서 추진 중인 동물 보호의 보완책으로 보고자 한다. 그에 대한 몇 가지 논거는 이렇다. 일단 많은 동물종은 자연 상태에서 계속 이동하기 때문에 그들을 확실하게 보호할 수 있는 특정한 지역에 구겨 넣을 수 없다. 또한 많은 저개발 국가의 불안정한 정치 상황과 부패, 밀렵, 전쟁 위험을 고려하면 보호 구역도 근본적으로 안전하다고 할 수 없다. 게다가 환경 오염과 독성 물질은 국립 공원이라고 해서 예외가 아니다. 끝으로 많은 중요한 서식 공간, 특히 해양 생태 서식지는 돈으로 사고팔 수 있는 것이 아니다. 따라서 동물원처럼 안전한 생물종 보존지를 통해서만 멸종되었거나 대폭 줄어든 동물의 개체 수를 회복할 수 있다는 것이다.

세계 자연 보전 연맹과 세계 동물원 수족관 협회의 보존 사육 전략은 동물원 사육과 현지 보호 정책의 조화를 핵심으로 삼는다. 그에 대한 유명한 사례가 남아메리카의 황금사자타마린 사육이다. 동물원들은 이 카리스마 넘치는 원숭이를 정기적으로 번식시키는 데만 성공한 것이 아니라 이 종의 복원과 재정착을 위해 브라질 해안의 열대 우림 일부를 보호 구역으로 지정하는 데 성공했다.

황금사자타마린은 몇 안 되는 성공 사례다. 동물원에서 계획적으로 사육된 야생 동물은 대부분 출생지로 돌려보내지 않는다. 그사이 벌채나 인간의 이주로 서식지가 완전히 파괴된 종도 있고, 아니면 동물원 사육 중에 종 특유의 습성, 가령 사냥 능력이나 인간을 멀리하는 본능을 잃은 동물도 있다. 또 다른 문제는 지난 수십 년 동안 무분별하게 동종 교배를 실시하면서 종의 유전자가 근본적으로 달라지기도 한다. 이들은 〈유전적으로 빈약해져〉 후손을 생산하지 못하거나 질병에 특히 취약하다.

어떤 동물이 장기적으로 원래 서식지에 무사히 정착할 수 있을지는 불확실하다. 예를 들어 막대한 비용과 수고를 들여 자연에서 멸종된 남중국호랑이를 자연으로 돌려보내는 프로젝트가 추진되고 있는데, 동물원에서 태어난 호랑이가 언젠가 중국의 숲을 다시 어슬렁거리며 돌아다니는 장면을 볼 수 있을지는 의문이다. 하지만 어쨌든 자연 적응을 위한 중간 거처와 생물종 복원 기술로 축적된 경험은 점점 많아지고 있다. 앞으로 50년 안에 무슨 일이 가능해질지는 아무도 알 수 없다. 동물원에서 태어난 수염독수리는 알프스에 정착하자마자 동물 뼈를 집어 들고 공중으로 날아올랐다가 바위에 깨부수어 골수를 파먹었는데, 이는 동물원의 부모로부터는 결코 배울 수 없는 종 특유의 행동 방식이다.

재정착의 성공 가능성에 대한 평가는 보존 사육사든 그들의 비판자든 쉬운 일이 아니다. 그런데 이 찬반 논쟁에서는 보존과 정착의 현실적 가능성보다 오히려 양측의 세계관이 문제가 될 때가 많다. 그러니까 지금까지는 가장 핵심적인 질문이 배제되었다. 동물계 전체가 어차피 파산 선고를 받았는데 동물 몇 마리를 보존한다고 무엇이 달라질까? 이것이 정말 동물을 위하는 일일까? 단순히 인간을 위한 일은 아닐까?

대다수 동물권론자의 대안은 분명하다. 나는 동물을 위해 행동하고, 동물에게 합당한 권리를 부여할 것인가? 아니면 합리성이라는 이름하에 인간의 이익을 위해 행동할 것인가? 동물권론자들의 결정은 명확하다. 전자는 좋고, 후자는 나쁘다. 보존 사육 프로그램에 포함시킬 동물의 선택 기준만 살펴보아도 인간의 이기심과 자기중심주의를 확인할 수 있다. 거기에는 달팽이나 딱정벌레, 거미는 없다. 대신에 코뿔소, 대형 고양잇과, 기린은 당연하다는 듯이 포함된다. 보존 사육 가축 목록에서 결정적인 요소는 멸종 위험의 정도뿐 아니라 그들의 인기도다. 보존 사육의 열렬한 옹호자인 영국의 과학 저널리스트 콜린 터지Colin Tudge(1943~)는 판단이 애매할 경우 딱정벌레보다 맹금류를 우선시해야 한다고 말한다. 〈우리가 선택을 해야 한다면 …… 딱정벌레를 위해 새를 포기하는 것은 정상적으로 보이지 않는다. 아마추어 화가의 수채화를 걸려고 렘브란트의 그림을 치우는 것과 같지 않을까?〉[2]

〈아름답거나 인상적으로〉 느껴지는 동물은 인간에게 선택받을 가능성이 크다. 시베리아호랑이 보존을 위해 모금함을 들고 돌아다니는 사람은 있어도 위험에 처한 달팽이를 구하겠다고 나서는 사람은 없을 듯하다. 혹시 그런 사람이 있다고 해도 달팽이를 위해 특별히 많은 돈이 모일 것 같지는 않다. (그럼에도 실제로 남태평양에는 달팽이 보존 프로젝트가, 영국에는 곤충 재정착 프로젝트가 있다.)

보존 가치가 높은 종과 보존 가치가 낮은 종을 가르는 자연에 대한 도덕적 분류에서 미적인 부분은 굉장히 큰 역할을 한다. 이것은 결코 이상한 일이 아니다. 우리는 미학이 도덕의식에서 가장 중요한 요소 중 하나이고 도덕적 평가에서 매우 큰 부분을 차지한다는 사실을 인정해야 한다. 그런 까닭에 오늘날에는 기아로 배가 불룩 나오고 순진한 눈망울로 바라보는 굶주린 아이를 보여 주지 않으면 〈아프리카 아이들을 위한 모금〉이 쉽지 않다. 독거노인이나 전쟁 난민을 위해 모금할 때도 마찬가지다.

도덕은 인간의 작품이기에 인간의 감정에 좌우된다. 미학이 생물의 생명 가치를 결정하는 데 중요한 요인이라는 점도 더 이상 설명이 필요 없어 보인다. 〈아름다움〉과 거기서 파생된 동물 및 자연의 〈가치〉를 들이밀지 않고는 종 보호나 자연 보호 문제에서 사람들의 호응을 얻기는 힘들다. 이런 사실을 보여 주기 위해 나는 야생 동물 보존의 다른 두 가지 논거를 제시하고 싶다. 둘 다 각자 방식으로 미흡한 논거다. 첫 번째는 생태학적으로나 인간에게나 **유익하기 때문에** 전 세계 동물을 보호해야 한다는 논리다. 생물체에게는 인간과 인간의 이익과 무관하게 원칙적으로 이 땅에서 살아갈 권리가 있다는 것과는 **상반된 논리**다.

　일단 특정한 동물이 인간에게 유익하기 때문에 보호해야 한다는 논거를 들여다보자. 유명한 보기가 아프리카코끼리다. 이들의 개체 수는 20세기에 극단적으로 줄었고, 21세기 들어 대규모 국립 공원에 수용되었음에도 여전히 안전하지 못하다. 세렝게티에서는 지난 40년 동안 모든 코끼리의 절반이 밀렵으로 죽었다. 그 때문에 임페리얼 칼리지 런던의 존 베딩턴John Beddington(1945~) 같은 동물학자는 장기적인 유용성의 논리를 들이민다. 코끼리는 사냥꾼들에게 상아의 통제된 사냥을 허용할 때만 장기적으로 살아남을 기회가 생긴다는 것이다. 여기서 관건은 연민이 아니라 **지속 가능한 사용**이다. 수백만 년 전부터 존재해 온 코끼리는 길어진 앞니로 인간에게 여전히 어필하기 때문에 살아남을 수 있다.

　자세히 들여다보면 이런 식의 실용주의는 현실과 완전히 동떨어져 있다. 아프리카 정부와 국립 공원 관리 당국, 범죄 조직으로 단단하게 연결된 부패 사슬 속에서 통제된 〈상아 사냥〉은 전적으로 비현실적이다. 게다가 이런 실용주의적 논리에서는 어떤 일반적인 행동 준칙도 끄집어낼 수 없다. 보편적인 유용성 논리는 야만적인 결과로 이어질 수밖에 없기 때문이다. 예를 들어 수많은 물개는 인간이 그 아름다운 털가죽을 이용할 수 있다는 이유로 보존되어야 할까? 그리되면 북극이나 남극 일대의 거대한 모피 농장도 자연 보호에 기여한다고 보아야 할까? 또한 그런 장점이 없는 동물은 어떻게 해야 할까? 고라니의 젖은 어쩌면 장차 인간의 식량원으로 쓰일지 모른다. 하지만 무수한 딱정벌레종은 별로 쓰임새가 없다. 안타깝게도 그사이 종자 회사와 생물 공학자, 제약 회사가 곤충과 식물, 미생물의 유전 자원을 연구하려고 체계적으로 열대 우림 탐사에 나선 것도 생물종의 보존에는 별로 좋은 역할을 하지 못한다. 여기서는 선택된 소수만 보존되고 나머지는 가차 없이 버려지기 때문이다.

유용성 논리의 설득력은 극히 제한적이다. 유용성을 인간의 필요가 아닌 자연의 필요에 따라 규정한다고 해서 달라지는 것은 없다. 런던 자연사 박물관의 리처드 어윈 베인라이트Richard Irwin Vane-Wright(1942~)는 오래전부터 종 보호를 인간의 미적 욕구에 따라 결정하는 대신 생태학적 의미에 따라 판단하자고 제안한다. 그 말은 곧 경우에 따라 표범이 아닌 딱정벌레가 보호종이 될 수 있다는 뜻이다. 그러나 신은 세계를 결코 생물학적으로만 보지 않는다. 생물학자의 관점에서는 의미 있고 합리적으로 보이는 것도 도덕적으로는 지극히 문제적인 원칙이 될 수 있다. 사실 생태학적으로 보면 수많은 세균이 인간보다 보호할 가치가 더 크다. 생태학은 윤리를 모른다.

　이제 두 번째 논거로 들어가 보자. 유용성 논거의 정반대편에서는 인간의 생각과 무관한, 오직 생물종의 삶의 이익에서 출발한다. 개별 인간과 개별 코끼리에게 삶의 이익과 관심이 있다는 데는 누구든 동의할 수 있다. 다만 개인에게 이론의 여지없이 인정되는 것이 전체 종에도 적용될 수 있을까? 독일 작가 베르톨트 브레히트Bertolt Brecht(1898~1956)의 표현을 빌리자면, 도덕의 이름으로 논증하는 것과 피해자 입장에서 논증하는 것 사이에는 큰 차이가 있다. 동물은 자기 자신은 물론이고 자신의 종까지 멸종하게 되리라는 것을 얼마나 알고 있고, 그 때문에 얼마나 괴로워할까? 시베리아호랑이가 향후 몇 년 안에 만주의 자작나무 숲에서 사라진다고 하더라도 자기 종의 멸종에 우리보다 관심이 많을까? 호랑이를 둘러싼 운명은 호랑이의 세계가 아닌 인간 세계에서만 관심의 대상일 뿐이다.

　그렇다면 우리가 호랑이를 구하는 것은 호랑이의 이익을 위해서가 아니다. 오히려 호랑이에게 감탄하고, 밀렵꾼이 소액의 돈을 벌려고 얼마 남지 않은 이 아름다운 대형 고양잇과 동물을 죽이는 것을 손 놓고 지켜보고 싶어 하지 않는 사람들의 이익을 위해 호랑이를 보호한다. 근본적으로 인간 중심적인 이 사고에는 대안이 없다. 대안이 없는 것을 요구할 수는 없다. 다만 아무 행동도 하지 않는 것은 인간의 이익에 어긋난다는 점에서도 나쁘다.

　따라서 인간의 이익은 장단기적으로 동물계와 환경을 해

치는 방향인지, 아니면 보호하는 방향인지로 세분화되어야 한다. 우리가 알량한 사익 때문이 아니라 대형 고양잇과의 멸종에 대한 걱정 때문에 호랑이를 보호한다면 설령 미학적 동기로 인간의 이익을 간접적으로 지킨다고 한들 그것이 무슨 문제가 있을까? 철학자 하우스켈러는 말한다. 〈우리 자신이 아닌 다른 무언가가 존재해야 한다는 것, 달리 말해서 우리가 만들어 내지 않는 가치들이 계속 존속해야 한다는 것〉[3]에 대한 관심은 나쁘지 않다.

생태학적으로 별로 중요하지 않은 동물종에 대한 냉대와 동물원의 보존 사육 프로그램은 인간의 미적 감정 외에 다른 근거로는 설명되지 않는다. 1970년대부터 인도 정부가 추진한 동물 지원 프로젝트가 그 대상을 호랑이가 아닌 박쥐나 진드기로 삼았다면 오늘날 인도에 존재하는 많은 자연 보호 구역은 생겨나지 못했을 것이다.

〈미적〉 요인을 고려하는 보존 전략을 위해서는 동물원에 동물이 있어야 한다. 그러나 미적 요소 외에 동물에 대한 존중과 외경심을 고려하는 동물원장에게는 하나의 의무가 주어진다. 동물원 관람객에게도 이 가치들을 전달하기 위해 전력을 다해야 한다는 것이다. 동물의 〈존엄〉과 〈가치〉를 말하는 사람이 동물의 미적 오라에만 매몰되어서 윤리적 가치를 외면하는 것은 옳지 않다. 왜냐하면 인간의 존엄과 가치를 말하는 경우에도 이 개념들은 당연히 도덕적 의미에서 사용되는 것이기 때문이다.

그렇다면 동물원 동물들의 사육에서 〈윤리〉란 무엇일까? 여기서는 어쨌든 두 가지 관점이 만난다. 하나는 개별적 발전에 대한 모든 개체의 권리다. 다른 하나는 종의 존속에 대한 인간의 미적 관심이다. 이 둘은 앞서 말했듯이 상이한 논리적 근거에서 출발한다. 특이한 것은 적지 않은 보존 사육사들이 이 두 가지 문제를 의식 속에 따로따로 저장하는 기술을 갖고 있다는 점이다. 21세기에도 자신들의 사육 성공을 대단히 자랑스럽게 생각하는 동물원장들이 있지만, 이 소중한 동물들이 도덕적으로도 의미 있는 개체여야 한다는 사실에 귀를 기울이는 사람은 별로 없다. 동물원장들과 동물권론자들 사이에는 상호 수긍할 만한 반론들 외에 여전히 많은 편견과 섣부른 비난이 존재한다. 한쪽에서는 과도한 동물 사랑과 잘못된 감상주의를 들먹이고, 다른 쪽에서는 이기적인 사고와 야만적 동물 학대를 언급한다.

21세기의 동물원장에 적합한 자격이 무엇인지 한번 생각해 보자. 현재 독일 동물원의 많은 생물학자가 경제인으로 대체되는 수모를 겪고 있다. 동물원이 체험과 여가를 위한 놀이공원이나 테마파크로 바뀌는 행태에 대해서는 이미 비판적으로 살펴보았다. 나는 그렇게 변한 한 동물원을 둘러보면서 새 운영자들이 동물원의 조류와 파충류에 대해 거의 아는 것이 없다는 사실을 확인했다. 생물학적 지식의 결핍은 적절한 문화사적, 윤리적 지식으로 보완될 때만 그 부정적 결과가 어느 정도 상쇄될 수 있다. 그러나 그런 기미는 어디서도 보이지 않는다. 이런 상황에서 많은 동물원이 현재 본래의 의미를 잃은 것은 이상하지 않다.

세계 동물원 협회의 동물원 자연 보호 전략에 따르면 미래 동물원은 〈자연 보호 센터〉로 거듭날 것이라고 한다. 최대한 종에 적합한 사육 조건과 미적으로 감정 이입을 할 수 있게 꾸며진 자연 시설, 주도면밀한 교육적 효과를 장착한 광대한 보존 사육 공원이라는 말이다. 그러나 오늘날 요구되는 것은 단순히 겉만 번드르르한 개혁이 아니다. 150년 역사를 가진 시민 동물원의 본래적 정신에 좀 더 섬세한 자연 관찰이 더해져야 한다.

물론 동물원을 방문하는 많은 사람이 배우고 싶은 마음은 전혀 없이 그냥 재미있게 즐기고 싶어 한다는 것은 맞는 말이다. 150년 전부터 그렇게 길들여져 온 관람객들에게 갑자기 동물에 대한 존중과 외경심을 가지라고 요구할 수는 없다. 이런 측면에서 보면 동물원은 오래전 민영 방송국이 설립된 이후 시끌벅적한 오락 프로그램으로 갈수록 격이 떨어지고 지적인 시청자 대신 우매한 시청자만 겨냥하는 텔레비전 방송국과 비슷해 보인다. 그것은 어쩌면 많은 동물원장(방송 연출자도 마찬가지다)에게 〈고요하고 관조적인〉 동물원이 얼마나 매력적이고 사랑스러울 수 있는지 그려 보는 상상력이 부족한 탓인지 모른다.

〈윤리적〉 동물 사육은 단순히 동물을 최대한 잘 먹이고 키우는 데 그치지 않고, 지금껏 구경거리에 지나지 않았던 동물을 객체가 아닌 **주체**로 끌어올려야 한다. 그들의 모습을 있는 그대로 보여 줌으로써 말이다. 그것은 일단 유인원에서부터 시작해 볼 수 있을 듯하다. 예전에는 고릴라나 오랑우탄을 〈종의 대표자〉 자격으로 전시했다면 오늘날 진보적인 동물원에서는 삶의 이력과 고유한 특성을 가진 〈인격체〉로 소개하려고 애쓴다. 동물원 내의 유인원 사육 역사에 대한 기록들이 이런 개체로서의 삶을 문화사적으로 보완해 줄 수 있을 것이다. 또한 1990년대 중반 이후 대형 유인원에게 〈인권〉을 인정해야 하는지를 둘러싼 논쟁도 더 이상 토크 쇼나 동물권 회의의 안건에 그치는 것이 아니라 동물원 역시 이 논의에 적극적으로 뛰어들어야 한다. 침팬지의 경우, 〈종 보호〉가 의미하는 것이 무엇일까? 우리는 그들을 보호 구역 내에서 생활하는 동물로 보아야 할까, 아니면 인간의 가장 가까운 혈족으로서 다른 〈인간 원숭이들〉로부터 보호해야 할까? 원숭이관은 〈사람관〉이 되어야 하지 않을까? 모든 방문객이 인간 동물학적 관점에서 인간과 동물의 연대를 최대한 느낄 수 있는 자기와의 만남 장소로서 말이다. 현대 동물 윤리의 가능성과 한계를 토론하는 데 동물원보다 적합한 장소는 없어 보인다. 동물원은 이 문제를 비웃거나 회피하는 대신 이런 주제의 토론에서 주도적인 역할을 해야 하지 않을까?

보존 사육의 근거로 동물의 〈가치〉를 대는 사람은 이 가치를 동물원 구상의 중심에 놓아야 한다. 1950년대만 하더라도 엄격한 영화 윤리 심사 위원들은 그르지메크의 다큐멘터리 영화「세렝게티는 죽어선 안 된다Serengeti darf nicht sterben」를 보고 격분했다. 동물의 보호자 그르지메크가 터무니없는 비교를 한다는 이유였다. 그르지메크가 보기에 아프리카에 남은 마지막 야생 동물의 보호는 아크로폴리스나 루브르 박물관을 지키는 일만큼이나 인류에게 중요한 것이었다. 오늘날 돌아보면 영화 윤리 심사 위원들의 이 판단은 혜안으로 비친다. 물론 얼룩말과 누, 코뿔소를 귀

중한 예술품과 비교한 것이 인류의 문화유산에 대한 심각한 모욕이라서가 아니다. 이 실없는 농담의 핵심은 반대편에 있다. 문화재와 야생 동물의 비교는 동물의 가치에 대한 심각한 훼손이다. 왜냐하면 이 비교는 동물을 우리가 직접 만들어 내지 않은, 신묘한 오라를 가진 생명체가 아니라 인공물로 보기 때문이다.

그렇다면 생명체의 〈오라〉는 어떻게 이해해야 할까? 동물 보호 운동가들은 그에 대해 어떻게 생각할까? 동물권론자들은 어떤 논거를 댈까? 이들은 왜 종 보호자들의 생각과 다를까? 심지어 동물권론자들은 자기들끼리도 왜 그렇게 심하게 싸워서 갈라설 때가 많을까?

화합하지 못하는 삼두 체제
동물 보호, 동물 권리, 종 보호

숲속에는 이끼 위에 몇 년이고 누워서
깊이 생각할 만한 것들이 있다.
— 프란츠 카프카

그르지메크가 고전적 다큐멘터리 「세렝게티는 죽어선 안 된다」
에서 관객들을 향해 토막 난 누와 사살된 코뿔소의 슬픈 운명에
연민을 가지라고 촉구한 지 70년이 지났다. 응고롱고로 분화구,
마냐라 호수, 나이바샤 호수처럼 영원히 기억에 새겨질 것 같은
비밀스러운 이름을 가진 머나먼 환상의 나라에서 온 소식이다.
황혼에 물든 자연을 배경으로 다음과 같은 장중한 내레이션이
나온다. 인간은 자연에서 하나의 본보기를 찾는다. 다정하고 조
화롭게 어울려 사는 사자들처럼 인간도 평화와 화합 속에서 살
아가는 법을 배워야 한다.

이는 사람들을 종 보호로 끌어들이기 위한 그 영리한 동물
원장의 많은 요령 중 하나였을지 모른다. 하지만 어쩌면 1950년
대의 생물학적 지식이 실제로 그 수준이었을 수도 있다. 세렝게
티에 사는 사자들의 삶은 결코 평화롭거나 조화롭지 않았다. 젊

은 수사자들은 무리의 우두머리 자리를 두고 벌어지는 피비린내 나는 생존 투쟁을 견뎌야 했고, 그 과정에서 적지 않은 패자들이 목숨을 잃었다. 이것이 다정하고 화평한 세계일까?

부유한 서구 사회의 적지 않은 사람들이 그러하듯 지구상에 존재하는 모든 생명의 매력을 그 속에 있는 하나의 〈가치〉로 느끼는 사람은 자연을 낭만적으로 이상화하는 경향에 빠지기 쉽다. 이런 입장에서 보면 〈자연스러운 균형〉과 조화의 경이로운 세계를 위협하는 방해 요소는 인간뿐이다. 이 관점의 위대한 스승은 영국의 생물리학자 제임스 러브록James Lovelock(1919~2022)이다. 그는 원칙적으로 살아 있는 모든 것이 존중받아야 한다고 생각한다. 그런데 그에게는 식물과 동물뿐 아니라 생명이 없는 것처럼 보이는 석유와 부식토, 석회암, 산소도 생명이다. 이 물질들역시 역동적인 생명 활동의 상호 작용 속에서 탄생했다는 것이다. 러브록의 수많은 〈뉴에이지〉 팬들이 이 생물 중심주의*의 이면을 보게 된 것은 체르노빌 원전 사고 때였다. 이 재앙이 발발하자 그들의 스승은 인간에 의해 버림받은 땅에서 마침내 자연이아무 방해 없이 능동적으로 발전할 수 있을 것이라고 환호했다.

러브록보다는 격정적이지 않지만, 독일의 한스 요나스Hans Jonas(1903~1993), 클라우스 미하엘 마이어아비히Klaus Michael Meyer-Abich(1936~2018), 비토리오 회슬레Vittorio Hösle(1960~) 같은 가치 윤리학자들도 비슷한 전제를 바탕으로 경외와 책임,

* Biocentrism. 인간은 생물 세계의 일원으로서 다른 어떤 생물보다 더 중요하지 않다고 생각하는 입장.

존중, 존엄을 자연으로 확대할 것을 요구한다. 이들은 인간과 무관한 자연의 가치를 옹호하는 사람들로서 생태학적 경건주의의 길로 빠져든다. 우리는 생태 신학자이자 프라이부르크 생태 연구소 공동 설립자인 귄터 알트너Günter Altner(1936~2011)의 말처럼 정말 모든 자연을, 그러니까 우리 집 정원의 〈잡초〉까지도 〈인간의 파트너〉로 이해하는 법을 배워야 할까?

1980년대에 〈생태〉와 〈유기농〉이라는 개념의 씨앗이 시대정신의 바람을 타고 시골 뒷마당에서 독일 국민 의식의 보편적 안마당으로 날아가기까지는 10년이 채 걸리지 않았다. 오늘날에는 거의 모든 사람이 유기농 채소와 유기농 육류, 생태 농업에 찬성한다. 마치 서양 문명의 자연 개념이 획기적으로 바뀐 듯하다. 여기서는 실제로 무슨 일이 일어나고 있을까? 자연의 가치를 높이려는 두 번째 거대한 물결이 밀어닥친 것일까? 계몽된 도시민들이 인간의 잃어버린 뿌리를 수양버들과 연못, 숲속의 고독, 파노라마처럼 펼쳐진 산악 지대의 장관에서 발견했다고 믿은 18세기 말과 19세기 초의 미학적 운동과 비슷하게? 아니면 중단 없는 산업화와 착취의 행렬 속에서 파괴된 자연을 목가적 풍경과 평화로운 사슴으로 아취 있게 표현한 기이한 자연 동경의 재연일까?

낭만주의 시대에는 시인이나 화가, 사상가의 일이자 시와 문학, 회화의 분출 대상이었던 것을 오늘날에는 광고 산업과 여가 산업의 전문가들이 떠맡는다. 노르웨이 피오르 해안에 고독하게 서 있는 자동차든, 광고에서는 불가능이 없음을 보여 주려는 듯 일본 자동차 회사의 광대 노릇을 하는 영장류든 자연은 긍정적인 가치로 나타난다. 영악한 여행사는 슬퍼하는 자연 애호가들에게서 눈물 젖은 손수건을 빼앗으며 코스타리카나 보츠와나행 항공권을 쥐어 준다. 휴가지 숙소들은 토스카나 언덕의 자연 경관과 덴마크에 있는 마법의 섬들로 관광객들을 유혹한다. 화창한 날이면 도시의 숲치고 자연에 굶주린 사람들이 몰려와 이리저리 돌아다니지 않는 곳이 없다.

문명인이 자연에서 소외된 것은 지구를 기술적, 경제적으로 착취한 결과다. 예전에는 종교적이고 상징적인 의미로 가득 채워져 있던 것들이 오늘날에는 돈의 가치에 따라 물질적으로 측정된다. 무분별한 원료 약탈, 진보에 대한 의심스러운 믿음, 천연자원의 무한한 매장에 대한 허황한 신앙은 현재 생태계가 감당할 수 있는 한계를 훌쩍 뛰어넘었다. 한편으로 기술적, 물질적 발전은 인간을 자연의 수많은 위험으로부터 해방시켰다. 소아 사망률은 감소했고, 수백 년, 아니 수천 년 동안 맹위를 떨친 역병과 질병은 오늘날 더 이상 위험 요소가 아니다. 또한 기술 발전은 많은 나라의 생활 수준을 향상시켰고, 사치스럽고 편리한 삶을 가능케 했다. 그러나 그 결과 인간은 자연으로부터 소외되었다. 알레르기와 문명병은 곰팡이처럼 증식하고, 대부분의 문명인은 고향의 식물보다 자동차 모델을 더 잘 구분한다. 오늘날의 중부 유럽에는 본래적 의미의 〈원시림〉이나 〈야생 동물〉은 존재하지 않는다. 중부 유럽을 넘어 전 지구에서 인간 문명이 만들어 낸 결과다. 인간의 영향에서 정말 자유로운 〈근원적〉 자연은 드문드문

남아 있을 뿐이다. 하지만 그마저도 일단 발견되는 순간 더는 인간의 발길이 닿지 않은 자연으로 남지 못한다.

21세기에 자연에 대한 우리의 생각을 재고해야 한다고 요구하는 사람이라면 자신이 말하는 〈자연〉이 어떤 자연인지부터 스스로에게 물어야 한다. 우리 조상들의 자연인가, 아니면 인간 출현 이전의 자연인가? 만일 우리가 좀 더 근원적이어서 좋다고 생각하는 생활 방식의 이름으로 과거의 재래식 농장이 현대적 농업 기업보다 낫다고 주장한다면 얼마나 이상한 자연 개념에 젖어 있는 것일까? 과거의 농업과 가축 사육 역시 이미 본래적인 자연에 대한 심각한 침해가 아니던가? 프랑크푸르트 공항의 서쪽 활주로 건설에 반대하는 사람들이 지키고자 했던 숲은 과연 어떤 숲인가? 원시림인가, 아니면 1백 년도 안 된 목재 가공 공장들의 줄지어 늘어선 저장고인가?

절대적 의미의 〈자연〉은 존재하지 않는다. 인간의 개입 없이 생겨나고 자라난 모든 것이 〈자연〉이라면 붉은사슴, 촌충, 바이러스, 암석, 이끼, 암세포 역시 모두 자연이다. 그럼에도 촌충과 암세포는 자연 보호 대상이 아니다. 모든 고기와 채소가 그 본질상 생물학적인 것일 텐데도 우리는 왜 유기농 채소와 유기농 육류만 더 선호하는 것일까? 우리가 좋고 보호할 만한 가치가 있는 것으로 여기는 〈자연〉은 인간의 문제적 지배 수단에 대한 비판의 무기로 벼려진, 지극히 자의적인 뺄셈의 개념이다.

이런 자연 개념은 신화에 젖은 허구다. 지구 현실에서 생태계의 균형은 존재하지 않는다. 기껏해야 어느 정도 안정적인 불균형만 있을 뿐이다. 그리고 사자들만 예전에 그르지메크가 말한 것보다 훨씬 덜 평화롭게 사는 것이 아니다. 지구 역사는 우주 폭발과 운석 충돌, 파국적 화산 분출, 다른 지질학적 재난으로 점철되어 있고, 이 행성에서 태어난 무수한 생명체 가운데 현재 살아남은 것은 단 1퍼센트뿐이다. 나머지는 화산재에 질식하고, 혹독한 추위에 얼어 죽고, 잔인한 도구와 음험한 덫에 희생되고, 날카로운 이빨과 무자비한 발톱에 찢겨 영원히 사라졌다.

조화롭고 숭고한 자연에 대한 인간의 감정, 자연의 실질적인 잔인함과 부조화, 이 둘을 하나로 묶어 창조의 평화가 깃든 낙원으로 짜맞추는 것은 쉽지 않다. 자연은 **그 자체로** 좋지도 나쁘지도 않고, 무엇이 좋고 나쁜지도 모른다. 이런 자연을 긍정적 가치로 보는 것이 정말 이성적일까? 이 점에서는 과학적 생태학도 갈피를 잡지 못한다. 개별 유기체의 의미를 찾는 개체 생태학자와 개체군의 번식 가능성을 묻는 개체군 생태학자는 복잡한 생태계의 보존 조건을 연구하는 군집 생태학자와는 가치 척도가 다를 수 있다. 개체의 안녕에 〈좋은〉 것이 반드시 전체 개체군에도 좋은 것은 아니다. 또 개체군의 안녕이 전체 생태계에 해가 될 수도 있다. 일부 동물 군집은 병약한 구성원을 일부러 쫓아내 나머지 무리를 맹수로부터 지키기도 한다. 새로운 식량원을 찾아가는 길에서 집단으로 바다에 뛰어내리는 레밍 개체군은 그 과정에서 수많은 개체의 죽음을 감수한다. 또한 오스트레일리아 캥거루섬의 코알라는 1990년대에 개체 수가 대폭 증가하는 바람에 그들이 좋아하는 먹이인 유칼립투스가 남아나지 않아 굶어 죽기도 했다.

과학이라는 것이 그렇다. 거리를 두고 객관적으로 세계를 관찰할수록 과학은 좀 더 냉정해지고 비도덕적이 된다. 반면에 개별 생명체에 가깝게 다가갈수록 과학의 관점은 주관적이고 윤리적으로 변한다. 전자의 예가 생태학이고, 후자의 예가 동물 윤리다. 그 사이 어딘가에 종 보호와 동물 보호가 있다. 따라서 동물의 개별적 안녕은 생태학자에게는 아무 상관이 없고, 종 보호자에게는 부차적이고, 동물 보호자에게는 중요하고, 동물권론자에게는 유일하게 중요한 기준이다. 이로써 갈등은 예정되어 있다. 가령 종 보호자가 보기에는, 인간이 온갖 개입과 수단으로 스스로 자연에 야기한 결과를 제거해야 하는 것은 너무나 당연하다. 인간에 의해 섬으로 옮겨진 동물들이 그에 대한 명확한 예다. 오스트레일리아에서는 토끼가, 뉴질랜드에서는 들쥐와 담비, 여우가 수많은 토착 동물을 멸종시켰다. 인간이 기르는 가축 때문에 원래의 동물계가 위협받는 남태평양의 많은 섬도 마찬가지다. 종 보호론자의 관점에서는 종 보호의 목적을 위해서라면 섬으로 옮겨진 동물을 죽이는 행동은 얼마든지 정당화될 수 있다. 그들에게는 개별 동물의 안녕보다 종의 보존이 월등히 중요하기 때문이다.

사람들의 지지를 받는 동물의 죽음은 하수구의 쥐나 비둘기 독살에서 시작해 경제 동물의 도축을 거쳐 사냥까지 이어진다. 아인하르트 베첼Einhard Bezzel(1934~2022) 같은 자연 보호자들은 경제적 논리로 과잉 야생 동물의 〈개체 수 감소〉에 찬성한다. 〈경제적으로나 생태적으로 막대한 해를 끼치는 일부 동물이 우리 사회에서 특혜를 누리는 것은 놀랍다. 이런 특혜 때문에 모든 진지한 자연 및 동물 보호자들은 이들의 개체 수 감소에 강력히 동의한다. 전통적으로 인기가 높고 숲과 산의 낭만적인 간판 스타로 자리 잡은 노루와 붉은사슴, 알프스영양은 가만히 앉아서 인간들의 강력한 로비를 즐긴다.〉[1] 베첼은 과거에 이런 동물의 개체 수를 대폭 줄이지 못한 것을 중대 실책으로 여긴다.

종 보호자들은 야생 동물의 삶과 죽음을 〈냉정하게 바라보려고〉 한다. 반면에 동물권론자들은 동물의 안녕에 관한 문제를 객관적으로 바라보지 않는다. 고통을 느끼는 생명체는 〈물건〉이 아니기에 〈물건처럼〉 바라볼 수가 없다는 것이다. 그들은 이렇게 묻는다. 동물에게 최고의 선이 개별적 행복이 아니라면 대체 종 보호는 무엇을 위해 하는가?

이런 논쟁의 유명한 보기는 시에라네바다산맥의 〈콘도르 전쟁〉이다. 1980년대 중반 미국 어류 및 야생 동물 관리국의 종 보호자들은 야생에서 살아가는 캘리포니아 콘도르들을 포획했다. 드문드문 먼 곳에 흩어져 살던 몇 마리 남지 않은 마지막 콘도르들인데, 이 상태로는 살아남을 가능성이 극히 희박했다. 종 보호자들은 포획한 이 새들이 샌디에이고와 로스앤젤레스 동물원에 남아 있던 10여 마리의 다른 개체들과 함께 새로운 군집을 꾸려 가길 기대했다. 그런데 미국 조류 보존 단체인 국립 오듀본 협회는 이 계획에 격렬히 반대했다. 오듀본 협회 사람들은 〈원래〉 동물권론자들이 아닌 조류 및 자연 보호자들이었음에도 동물권론자들의 논리를 들어 공격함으로써 어류 및 야생 동물 보호 관리국을 당혹스럽게 했다. 이 대형 맹금류의 보존을 위해 거액을 지출하는 대신 마지막 남은 콘도르가 〈품위 있게 죽어 갈 수 있도록〉 내버려두어야 한다는 것이다. 오듀본 협회 사람들은 상대편을 힘들게 했고, 실탄을 장전한 채 새들의 잠자리를 지켰다. 3년간의 〈게릴라전〉과 산악 지대에서의 무수한 산탄총 전투 끝에 종 보호론자들이 마침내 승리를 거두었다. 콘도르는 이제 자유로운 환경에서 살아갈 준비를 했고, 지속적인 관리 속에서 성공적으로 사육되었다. 총 1억 달러가 넘는 비용이 드는 프로젝트였다. 1997년 가을 내가 이 프로젝트를 살펴보려고 애리조나 버밀리온 클리프스를 찾았을 때 콘도르들은 막 산 위를 날아다니고 있었다. 많은 시행착오 끝에 이루어진 일이었다. 그사이 2백 마리가 넘는 캘리포니아 콘도르가 다시 자연에서 살아가고 있다. 그런데 그들에게는 지금도 죽은 소고기가 제공된다. 국립 공원 방문객 센터의 쓰레기통을 뒤지는 것을 막기 위한 조치라고 한다. 하지만 그보다 더 본질적인 이유는 캘리포니아와 애리조나에는 이제 그들의 본래 먹잇감인 죽은 아메리카들소가 거의 없기 때문이다.

캘리포니아 콘도르는 왜 야생 동물 보호종으로 지정되었을까? 여기서 자연 보호자들과 종 보호자들이 흔히 언급하는 이유가 있다. 전체 생태계적 균형은 어떤 대가를 치러서라도 보존되고 복원되어야 한다는 것이다. 그런데 콘도르의 경우는 이에 해당되지 않는다. 먹이 사슬의 정점에 있는 콘도르는 먹잇감이 이미 멸종되었기에 얼마든지 포기할 수 있었다. 이런 상황에서는 콘도르가 멸종된다고 해서 생태학에 미치는 영향은 없다. 그렇다고 다른 종들의 보호에 꼭 필요한 핵심적 고리 역할을 하는 것도 아니다.

그렇다면 콘도르 보존의 진짜 이유는 다른 데 있다. 캘리포니아 콘도르를 포획해서 사육한 뒤 방생하는 것을 사람들이 〈좋은 일이라고 생각하기〉 때문이다. 물론 음경을 닮은 머리를 가진 이 대머리수리를 보고 적지 않은 사람이 혐오감을 느낀다. 호감도 조사를 해보면 지뢰보다도 더 나은 점수를 받지 못할 가능성이 크다. 그러나 시에라네바다산맥과 그랜드 캐니언, 버밀리온 클리프스 위를 유유히 날아다니는 콘도르를 보면 장엄하고 위풍당당한 인상을 지울 수 없다.

앞서 말했듯이, 인간에 대한 실제적 유용성 외에 종 보호의 두 번째 큰 동기는 바로 미학이다. 우리는 울창한 숲과 인상적인 코끼리의 미적 선호에서 쉽게 벗어날 수 없다. 미적 선호는 자연을 보는 우리의 관점에서 중요한 부분을 차지한다. 하지만 미적 매력은 〈그 자체로〉 하나의 절대적 가치가 아니다. 인간은 철저하게 인간 세계 안에서 가치를 찾지, 이 세계 밖에서 찾지 않는다. 가치는 자연 자체에 존재하는 것이 아니라 인간에 의해 부여된다. 만주에 사는 호랑이를 같은 곳에 사는 멧돼지보다 더 아름답다고 여기는 것은 인간의 관념이다. 호랑이의 아름다움과 가치는 인간의 첨가물일 뿐이다. 재미있는 것은 이렇게 부여된 가치를 많은 사람이 똑같이 느낀다고 해서 **마치** 자연 자체에 내재한 것처럼 관찰하는 시선이다. 논리학자들이라면 이런 가치에 문제를 제기하겠지만, 사실 그런 가치를 느끼는 것이 터무니없는 것은 아니다. 논리학자 본인도 자신이 어떤 여자나 남자를 왜 〈아름답게〉 생각하거나 사랑하는지 설명하지 못한다. 또한 아름다움과 사랑의 느낌이 존재하는 것도 부정하지 못한다. 아무튼 〈가치〉에서 비롯된 동물 및 자연의 보존 〈권리〉도 인간에 의해 부여된 것이다.

그렇다면 종 보호자들의 관점도 그리 객관적이지 않다. 우리 눈에 인상적이거나 아름답게 보이는 대다수 동물은 실제 서식지에서는 없어도 되는 동물일 수 있다. 고래가 사라진다고 대양에 큰일이 벌어지는 것도 아니고, 해양 생태계에 돌고래가 꼭 필요한 것도 아니다. 또한 시베리아호랑이가 완전히 멸종된다고 해서 시호테알린산맥의 침엽수림이 함께 사라지는 것도 아니다. 종 보존의 생태학적 논거는 너무나 인간적인 다른 관심사, 즉 고래와 호랑이를 웅장하고 아름답게 여기는 우리의 감정을 정당화하기 위한 구실일 때가 많다. 실제로 종 다양성의 생물학적 의미조차 아직 명확히 밝혀지지 않고 있다. 모든 종은 생태계라는 거대 비행기에서 종 하나하나가 없어질 때마다 비행 능력이 계속 떨어지는 특수 나사일까? 비행기 몸체를 단단히 연결하고 있는 나사 말이다. 아니면 많은 종은 소규모 탑승원으로도 훌륭하게 날아갈 수 있는 비행기에서 없어도 그만인 잉여 승객일 뿐일까?[2]

일부 종의 멸종은 생태학자들이 말하듯이 꼭 그렇게 심각한 결과를 초래하지는 않는 듯하다. 열대림의 탄소 순환을 순조롭게 유지하는 데는 몇몇 종만으로 충분할 수 있다. 브라질 숲속의 한 나비종이 사라지는 것보다 자연의 생물학적 순환에 훨씬 큰 피해를 야기하는 것은 식수 오염과 오존층 파괴다.

이처럼 자연과 동물종 보호에 나선 사람들의 활동은 엄격한 과학적 관점을 따르지 않는다. 물론 생태학자도 세계를 생태학적으로만 보지는 않는다. 그렇지 않다면 그들의 눈에 모든 생물은 오직 물질대사와 에너지 대사를 위한 생체 촉매로만 보일 것이다. 이런 식이라면 어떻게 자신의 가족을 사랑하고, 자신의 개를 아끼고, 콘도르를 방생할 수 있겠는가? 순수 생태학적으로만 생각하는 사람에게는 인간보다 세균이 더 가치 있고 소중하고 유익할 수 있으며, 보존 노력도 오직 이들 세균에게 집중될 것이다. 그런 사람은 결혼을 하지 않고 투표도 하지 않는 것이 좋다. 왜냐하면 급진적이고 과격한 자연 보호는 인간종 전체를 멸종시키지 못한다면 인구라도 대폭 감소시키는 것을 목표로 삼을 것이기 때문이다. 체르노빌에 대한 러브록의 공상을 떠올려 보라.

따라서 생태학자에게도 생태학과 무관한 〈객관적이지 않은〉 도덕이 필요하다. 왜냐하면 야생 동물을 다루는 문제에서 생태학은 그저 여러 논거 가운데 하나일 뿐이기 때문이다. 자연의 〈가치〉는 생태계 전체에만 있는 것이 아니라 그 개별 요소, 즉 하나하나의 생명체 자체에도 있다. 생태계에 속한 개별 행위자의 생명 이익 없이 생태학이 어떻게 스스로의 존재 이유를 설명할 수 있겠는가? 그렇지 않다면 인류의 퇴장 후 자연이 어떤 식으로든 다시 회복될 것이라는 확신 속에서 인류의 몰락에 축배를 든다고 해도 반대하지 못할 것이다. 다음과 같은 농담처럼 말이다. 두 행성이 만난다. 한 행성이 말한다. 「무슨 일 있어? 얼굴이 안 좋아.」다른 행성이 말한다. 「응, 잘 못 지내. 내 별에 호모 사피엔스가 살거든.」그러자 처음 행성이 말한다. 「아, 그거? 걱정 마. 내 별에도 있었는데 곧 사라질 거야!」

자연 보호자들과 종 보호자들에게는 자기 활동의 이론적 근거로서 과학과 무관한 도덕적 토대가 필요하다. 동물권론자들도 바로 이 지점에서 만난다. 그들은 동물에 대한 도덕적 관심이 없는 종 보호는 말이 안 된다고 생각한다. 이 관심은 개별 동물이 어디에 살든, 얼마나 드물든 상관없이 모든 동물에게 해당되어야 한다. 밍크와 친칠라의 생명도 마찬가지로 보존할 가치가 있다는 점을 지적하지 않으면서 호랑이나 표범 도살을 비난하는 것이 무슨 의미가 있냐는 것이다.

동물권론자들에게 동물의 희귀성과 개체 수 보전은 도덕적 논거가 아니다. 이와 관련해서 동물권론자 카플란은 동물권 논쟁에서 상대방의 말을 한 방에 깔아뭉갤 때 자주 사용하는 논리적 비약, 즉 파시즘과의 비교를 제시한다. 그의 주장은 이렇다. 종 보호자의 눈으로 세계를 보는 사람은 원칙적으로 히틀러가 〈유대인을 전부 멸종시키지 않는 이상 나치의 강제 수용소를 비난한 이유가 없다〉[3]는 것이다. 이처럼 동물권과 인권을 동일시하는 사람은 종 보호자를 논리적으로 파시즘 옹호자로 몰아붙이는 비약도 마다하지 않는다.

두 관점을 서로 일치시키고 화합하는 일은 쉽지 않다. 생태학자들은 자연을 과학의 망원경으로 새롭게 인지한 이후 사실의 세계와 도덕적 세계 사이에서 새로운 균형을 찾아야 한다. 무엇보다 군집 생태학자의 관점에서는 개별 동물의 〈권리〉를 인정하는 것은 터무니없는 일이다. 그들은 식물을 비롯해 생태계의 다른 요소들보다 동물 보호를 우선하지도 않는다. 보호할 만한 〈가치〉는 항상 전체 숲에 있지 개별 나무에 있지 않다. 딱정벌레와 새, 호랑이가 개별적으로 잘 지내는지는 그들의 관심사가 아니다. 이들의 〈가치〉는 오직 생물의 공동체 내에서만 존재한다. 이렇게 보자면 개별 침팬지의 안녕도 어느 습지의 수질 상태보다 중요하지 않다.

동물권론자들은 고통을 느끼는 모든 존재의 가치를 요구한다면 군집 생태학자들은 항상 개별 요소들의 총합 이상을 뜻하는 전체 시스템의 가치만 안다. 생태학적인 종 보호의 주목표는 생태 서식지 보존이다. 달리 표현하자면, 종 보호의 최고선은 **생명권**이 아니라 **거주권**이다. 동물 보호도 바로 이에 착안해서 기본법에 국가의 목표로 명기되었다. 동물은 그들이 살고 있는 환경의 일부라는 것이다. 생태학자들이 인간 외의 생명에 대한 도덕적, 법률적 권리를 주장한다면 그것은 나무에 대한 연민에서가 아니라 숲에 대한 걱정에서다.

하지만 생태학은 딜레마에 빠져 있다. 생태학자들은 동물권론자들의 〈부적절한 연민〉과 〈그릇된 가치〉에 손사래를 치면서도 그들 스스로도 드물지 않게 연민을 느끼고, 나름의 가치 기준을 세우기도 한다. 생태학자는 인류를 위해 열대림의 자원을 보호하고 바다를 더 이상 오염시키지 말아야 한다는 훌륭한 합리적인 논거를 갖고 있지만, 바이에른 숲에 국립 공원을 조성해야 하고 모든 습지 생태계가 세계 기후에 대체 불가능한 기여를 한다는 점에 대해서는 제대로 근거를 제시하지 못한다. 그럼에도 생태학자가 그런 활동에 나선다면 두 가지 이유뿐이다. 휴양지로서 생태 서식지의 가치를 생각하거나, 아니면 생태 서식지가 자연의 매력적인 일부이기에 가치가 있다고 여기거나. 생태학적으로 생각하는 적지 않은 자연 보호자들은 대체로 두 번째로 기운다. 그렇다면 그들 역시 자신이 생명체의 가치를 아름다움 대신 행복과 고통에 연결시킨다고 비난하는 동물권론자들과 비슷하게 〈비합리주의자〉, 즉 가치 윤리학자가 아닐까?

개별 유기체로서의 생물은 가치가 없고 전체로서의 종만 가치가 있다는 생각은 설득력이 떨어진다. 또한 개별 생명체를 고려하지 않는 생태 서식지의 개념은 별 의미가 없다. 거꾸로도 마찬가지다. 동물의 서식지에 마땅한 관심을 기울이지 않는 동물권론자나 동물 보호자의 생각은 근시안적이다. 제대로 이해하자면, 동물권과 종 보호는 상호 보완적이다. 지혜로운 자연 보호는 두 요소를 함께 고려할 때만 가능하다. 민주주의 국가가 개인의 행복을 공공의 행복과 균형을 맞추듯이 숲과 나무도 각자의 권리가 있다. 생태학적 중요성에만 초점을 맞추는 종 보호는 야만적이고, 동물의 생명 이익이 모든 것을 결정하는 종 보호는 비현실적이다.

그런데 실천 면에서 이 두 가지 요소를 동시에 고려하려면 난관에 봉착한다. 인간이 어느 작은 섬으로 데리고 들어간 고양이나 개가 진화 과정에서 이 약탈자에 대해 아무런 방비책도 갖고 있지 않은 토착 새를 뿌리 뽑는다면 어떻게 해야 할까? 고양이의 생명권이 한 조류종의 생존권보다 더 중할까? 그럴 경우 인간이 생태계 균형을 위해 고양이의 〈천적〉 역할을 해야 할까? 이는 이론으로는 해결하기 어려운 현실적 고민이다. 생태학자든 동물권론자든 우리의 제한적인 구조 가능성 앞에서 어떤 동물종을 보존해야 할지 현명한 대답을 고민해야 한다. 가장 고도로 발달한 동물을 구해야 할까? 가장 아름다운 동물을? 아니면 가장 아름다운 숲에 사는 동물을?

종 보호와 동물권, 인권이 충돌할 경우 이런 고민은 더욱 깊어진다. 선진국들이 이른바 제3세계 국가에서 환경 독, 채광, 채유, 해양 오염, 벌채를 통해 여전히 서슴없이 저지르는 생태계 파괴는 선진국의 이기심뿐 아니라 현지 지배 계층의 부패와도 연결되어 있다. 그러다 보니 빈국의 가난한 국민들도 거리낌 없이 천연자원 채굴에 나선다. 낭비에 젖어 흥청망청 살아가는 선진국 사람들이 과연 그들에게 숲을 보호하고 마음대로 인구를 늘려서는 안 된다고 소리칠 수 있을까? 또 고릴라 보호를 위해 원래 살던 열대림에서 쫓겨난 피그미족이 이렇게 묻는 것이 이상한가?〈우리가 왜 원숭이들보다 못한가?〉 고릴라는 매우 드물지만, 피그미족은 그렇지 않다는 이유가 그들에게 통할까? 입장 바꾸어 생각하면, 아프리카인들이 독일에 와서 희귀한 작은점무늬수리와 아름다운 느시의 부화에 방해가 된다는 이유로 브란덴부르크 주민들을 폴란드로 이주시키려고 한다면 우리는 어떻게 생각할까?

남아프리카와 동아프리카에 대규모 국립 공원이 설립된 이후 지금까지 수많은 〈밀렵꾼〉이 국가에서 고용한 숲 지킴이들의 총에 맞아 죽었다. 죽은 밀렵꾼은 주로 가난한 사람들이다. 그 뒤에는 체계적인 범죄 조직이 있고, 다시 그 뒤에는 백인 사주자나 최근에는 정부 고위직의 중국인이 숨어 있다. 생태학자는 코끼리나 코뿔소의 생태적 가치가 숲 생물학에 미치는 역할 면에서 인간의 가치보다 더 높다고 주장할 수 있다(하지만 코끼리든 코뿔소든 숲 생물학에 미치는 영향은 양날의 검이다). 그런 점에서 밀렵꾼 살해가 생태계 보호를 위한 부득이한 마지막 수단이라고 옹호할 것이다. 만일 가치 생태학자라면 다음 주장으로 자신의 논거를 더욱 강화할 수도 있다. 즉, 매력적인 동물의 멸종은 어차피 수십억 명이 넘는 호모 사피엔스 가운데 몇 명의 죽음보다 지구의 아름다움에 훨씬 더 큰 손실이라는 것이다.

그르지메크 같은 종 보호자들은 실제로 그렇게 생각했고, 바이에른 숲의 전리품 사냥꾼들에게는 아니지만 세렝게티의 밀렵꾼들에게는 적극적인 총기 사용을 옹호했다. 이 대목에서 의아해진다. 〈인간〉이 야생 동물을 아름답다고 생각하기 때문에 보존하는 것이라면 인간이 동물보다 위에 있다. 하지만 우리가 밀렵꾼을 쏘아 죽인다면 밀렵꾼의 생명 가치는 동물보다 밑에 있다. 종 보호자들 가운데 〈휴머니스트〉인 사람들로서는 풀기 어려운 문제다. 앞서 말했듯이 휴머니즘과 종 보호는 도덕이 아니라 주로 미학의 끈으로 연결되어 있다. 이 입장은 일관성이 없다 보니 종 보호자들은 고통을 느낄 줄 아는 생명을 다른 모든 것보다 위에 두는 동물권론자들을 불합리하다고 비난하지 못하고, 기껏해야 다른 형태의 불합리성만 지적할 뿐이다.

동물권론자들에게도 도덕적 상황은 복잡하게 뒤엉켜 있다. 싱어 같은 공리주의자에게 결정적인 기준은 당사자들의 숫자다. 코끼리와 밀렵꾼의 도덕적 가치는 같거나 엇비슷하다. 이런 관점에서 코끼리 두 마리의 행복은 인간 한 명의 행복보다 중요하다. 그렇다면 밀렵꾼 한 사람을 쏘아 죽이는 것은 마지막 수단으로 정당화된다. 그 밀렵꾼이 동물 여러 마리를 죽일 경우 그로 인해 야기된 고통의 합은 그가 죽는 고통보다 더 크기 때문이다. 나는 싱어와 그에 대해 토론하면서 문제를 좀 더 극단으로 몰고 갔다. 코끼리뿐 아니라 밀렵꾼의 가족과 자식의 운명까지 계산에 넣은 것이다. 이로써 방정식은 점점 복잡해졌고, 그와 함께 무엇보다 다음 한 가지 사실이 분명해졌다. 싱어의 동물 윤리학으로는 결코 확실한 도덕적 판단을 내릴 수가 없다는 것이다.

리건 같은 가치 윤리학자라면 이런 상황에서 어떤 해결책을 떠올렸을까? 앞서 언급했듯이 리건은 그런 덧셈의 윤리학을 전혀 허용하지 않고, 모든 종의 개별 생명을 최고의 가치로 여긴다. 그렇다면 개별 생명의 수만큼 무수한 최고 가치 가운데 어느 것이 더 중한지 어떻게 판단할 수 있을까? 불가능하다. 숲 지킴이까지 끌어들인 리건의 도덕적 갈등에 비하면 고대 그리스 비극은 애교 수준이다.

이 논의에서 특이한 점은 적지 않은 독일인들이 마지막 수단으로서, 철사 올가미로 무장한 아프리카 밀렵꾼을 죽이는 것을 정당하다고 여긴다는 사실이다. 사람의 생명 가치보다 희귀 동물의 가치를 더 중시하는 급진적인 동물권론자들이 독일에 정말 그렇게 많은 것일까? 이 수수께끼의 해답은 같은 상황을 독일 숲으로 옮기고, 아프리카코끼리를 유럽의 희귀 곤충으로 대체하면 바로 드러난다. 이 경우 대다수 사람은 곤충 사냥꾼을 쏘아 죽이는 것을 말도 안 되는 일로 여길 것이다. 케냐의 코끼리 사냥꾼을 쏘아 죽이는 것과 멸종 위기의 자나방을 몰래 잡은 독일의 나비 애호가를 죽이는 것은 어쩐지 달라 보인다. 타인에 대한 우리의 연민은 그 타인이 우리의 생활권과 얼마나 가까운지에 따라 높아지고, 동물에 대한 연민은 그 동물의 미적인 매력에 따라 높아진다.

종 보호(여기서는 오직 인간에게 유익한 것만 보존하려는 입장이 아닌 종 보호를 의미한다)와 동물권은 둘 다 합리성과 동떨어진 입장이다. 이 둘은 이성적인 측면으로 구분되는 것이 아니라, 도덕적 감수성이 향하는 측면이 다를 뿐이다. 바로 그것이 그들의 강점이다. 냉철한 합리성으로는 자연 보호의 문제를 해결하지 못하기 때문이다. 어떤 철학자와 생태학자도 지구상에 왜 이렇게 수많은 동물종이 존재해야 하는지를 명확한 근거로 설득력 있게 설명할 수 없다. 마찬가지로 신학에 기대지 않고는 인간이 왜 여기 존재해야 하는지도 설명하지 못한다. 우리가 우리 자신의 미래, 즉 우리의 생존이 달린 신비스러운 불꽃을 자연에서 되찾을 수 있을지는 동물과의 교류에 달려 있다. 우리는 그냥 쉽게 〈인간 중심주의〉라고 부르는 우리 자신의 진정한 이익조차 얼마나 모르고 있는가! 세계 식량 상황의 심각한 불균형, 경제 동물의 항생제 및 성장 호르몬 중독, 해양 오염, 자원의 무자비한 착취, 이 모든 것은 인류의 행복을 위한 것이 아니고 인류의 미래를 위한 것은 더더욱 아니다. 위기에 처한 동물과 자연의 보호가 우리에게 보여 주는 것이 하나 있다. **우리는 현재 도처에서 근시안적인 이기심으로 희생되고 있는 것들을 장기적으로 우리에게 정말 유익한 이기심으로 구해 내야 한다**는 사실이다. 그것을 해낼 수 있을까?

쇼펜하우어의 세 단계

무지의 실용주의

사람들이 동물에게 감정이 없다고 생각한다면
동물들은 사람에게 생각이 없다고 느낄 것이다.
— 금언

우리는 지금껏 긴 여정을 거쳐 왔다. 특별한 동물 중의 특별한 동물인 인간의 생물학적 토대에서부터 초기 문화에서 인간과 동물의 영적 운명 공동체를 거쳐 유대인과 그리스인, 기독교인, 무슬림 사이에서 팽배했던 동물의 사물화에 이르기까지 말이다. 특히 오늘날 우리가 동물을 어떻게 다루는 것이 적절한지도 숙고했고, 동물 사육 시설과 도축장, 실험실처럼 동물에게 고통을 야기하는 많은 장소도 살펴보았다.

이 과정에서 우리는 우리와 또 다른 진화의 정점에 해당하는 동물을 배출한 진화의 다른 가지를 알게 되었다. 두족류, 그중에서도 매혹적인 문어가 그 주인공이다. 이들은 인간이 육지에 등장하기 전에 이미 수억 년 동안 바다에서 살았다. 이들은 촉수로 해저의 모래를 더듬으며 수주 동안 짝짓기를 했고, 기분과 몸 상태에 따라 미묘하게 색깔이 변했으며, 앵무새 부리처럼 생긴

주둥이는 자신의 조상인 조개를 으스러뜨려 진주층 파편으로 만들었다. 만일 영장류 대신 문어가 세상을 장악해 자기들 마음대로 주물렀다면 세상이 어떻게 바뀌었을지는 아무도 모른다. 그랬다면 약 2천5백 년 전 아름다운 소아시아 해변과 햇빛 찬란한 이탈리아 남부, 또는 에게해에서 멀지 않은 한 소도시에서 사고의 근원이자 심판 기관인 **로고스**를 발견했다고 믿은 한 생물체가 정의 내린 정신과 이성은 한 협소한 척추동물의 뇌에서 탄생한 허구에 불과했을 수도 있다.

우리는 오늘날 서력으로 새천년 초기에 서 있다. 과거 천년기가 도래할 때마다 인간은 주변의 자연과 동물계로부터 점점 멀어지고 소외되었다. 우리가 지금까지처럼 계속 살아간다면 이 지구상에 호모 사피엔스종을 위한 또 다른 천년기는 없을 것이다. 이 위험을 새로운 테크놀로지로 대처하든 새로운 사고 전환으로 대처하든 우리가 미래로 나아가야 할 길은 하나다. 인간의 사적 욕망과 자본의 논리에 매몰되지 말고 자연의 협력 작용에 맞게 살아가야 한다는 것이다.

1873년에 이미 이탈리아의 지질학자 안토니오 스토파니 Antonio Stoppani(1824~1891)는 인간의 시대라는 의미에서 〈인류세〉라고 명명한 새로운 지질 시대를 말한 바 있다. 네덜란드 기상학자 파울 크뤼천 Paul Crutzen(1933~2021)도 같은 의미에서 2000년에 〈인간세〉를 언급했다. 변화된 대기, 산성화된 토양과 바다, 단일 경작, 수많은 종의 죽음은 이 개념을 정당화하는 것처럼 보인다.

이 말은 완전히 잘못된 것은 아니지만 오해다. 우리 시대는 표면적으로 볼 때만 인간의 시대이기 때문이다. 자연 파괴는 상당 부분 〈인간 전체〉가 야기한 것이 아니라, 약 2백 년 전부터 경제적 효율성의 논리에 따라 지구를 착취한 일부 선진국 사람들의 사고방식에서 비롯되었다. 이들은 전형적인 인간 본성에 따라 생각하지 않고, 얻고자 하는 수익의 척도에 따라 생각했다. 설령 지구가 생성 이후 모든 인간의 소유물이었다고 하더라도 토양과 바다, 대기의 오염에 결정적인 영향을 끼친 것은 소수의 사람이었다. 그 때문에 정치학자 엘마 알트파터Elmar Altvater(1938~2018)는 〈자본세〉를 말하고 사회 심리학자 하랄트 벨처Harald Welzer(1958~)는 〈돈세〉(돈 시대)를 말한다. 나는 이 개념을 좀 더 보완하는 의미에서 〈화폐세〉(화폐 시대)라고 부르고 싶다. 자연은 줄어들고 돈은 증가하는 시대라는 것이다.

지구를 파괴한 것은 전체로서의 〈인간〉이 아니라 약 2백 년 전에 시작된 일부 인간 집단의 상당히 갑작스러운 행동 변화였다. 이 변화는 단기간에 삶의 편리한 조건을 무수히 만들어 냈지만, 이후 전 인류를 빠른 몰락으로 몰아갈 정도로 무분별한 자원 개발을 가속화했다. 그런데 이 종의 개별 구성원들은 여기저기서 터져 나오는 절박한 경고에도 자기만의 세계에 갇혀 점점 더 많은 소비에서 행복을 찾을 뿐 삶을 위협하는 심각한 도전들에 적절히 대응하지 못했다. 대신에 이 생활권의 인간들은 끊임없이 짝짓기에 어려움을 겪고, 무의미한 물건을 손에 넣거나 개인적으로 건강을 챙기는 일에만 골몰한다. 그래서 자신의 삶에 내재하는 수많은 병폐를 알면서도 무시해 버린다. 이런 의미에서 인류는 삶의 토대를 스스로 갉아먹은 캥거루섬의 코알라와 비슷한 길을 걷는다.

암울한 종말은 아직 멀리 떨어져 있는 것처럼 보인다. 그러나 기계 속에서 불완전한 인간을 보는 대신 인간 속에서 불완전한 기계를 보는 시대로 넘어가게 되면 종말은 점점 더 빨라질 것이다. 오늘날 우리는 기계들이 만들어 내는 인공 세계를 신봉하는데, 이 기계들의 행위는 놀랄 정도로 진부하고 명확하다. 이런 의미에서 오스트리아 생물 물리학자 하인츠 폰 푀르스터Heinz von Foerster(1911~2002)는 컴퓨터를 〈통속적〉이라고 불렀다. 이는 생물의 〈비통속성〉, 즉 매혹적인 예측 불가능 속에 그 매력과 가치가 있는 복잡한 생명체와는 완전히 반대되는 특성이다.

인간과 코끼리, 문어, 개코원숭이 같은 존재들의 예측 불가능성은 결함이 아니라 훌륭한 품성이다. 누구 하나 예외 없이 예측 가능한 삶을 살아간다면 그 세계는 얼마나 지루하겠는가? 우리가 예측 불가능한 삶을 컴퓨터로 대체한다면 인간에게 장기적으로 가치 있는 모든 것은 세상에서 사라지고 만다. 철학자 오도 마르크바르트Odo Marquard(1928~2015)는 〈이야기〉를 예기치 않은 일이 돌발적으로 끼어들 때 생겨나는 것으로 정의했다. 그렇다면 인간이 과거 언젠가 진화의 과정에 불쑥 끼어들었다면 인간 자체가 진화의 이야기가 아니고 무엇일까? 그러나 디지털 세계에서는 모든 것이 계획대로 흘러간다. 계획은 이야기의 반대이고, 중간에 아무것도 불쑥 끼어들지 않아야 실현될 수 있다.

마르크바르트에 따르면, 이야기 없는 계획의 세계에서 인간은 〈이야기 불모증〉, 즉 자신의 삶에 가치와 의미를 부여하는 요소의 위축과 쇠약으로 괴로워할 것이다.

이렇듯 우리는 세계 곳곳에서 기존의 삶을 무시하고 파괴하면서도 디지털 시대의 미래 〈삶〉을 완전히 다른 식으로 꿈꾸고 있다. 그 과정에서 경제적 효용 같은 기능이 전혀 없는 공동 피조물에게는 눈길조차 주지 않는다. 동물의 매력은 종 다양성을 비롯해 그들 존재 자체가 본래적으로 목적을 위한 수단이 아니라는 데 있지 않을까? 우리가 그들을 수단으로 사용하거나 환원시키지 않는 한 말이다.

21세기에도 여전히 많은 사람이 매일 생명을 보존하기보다 파괴하는 일에 열심이다. 또한 혁신적인 제품이 나올 때마다 생산 과정에서만 환경 비용이 발생하는 것이 아니라 나중에 폐기 과정에서도 똑같은 문제가 생긴다. 우리는 이노베이션에만 몰두할 뿐 엑스노베이션*은 뒷전이다. 즉, 하나의 제품을 사용한 뒤 썩게 하거나 불태우거나 쓰레기로 저장하는 과정에서 발생하는 환경 비용 문제는 무시된다.

그런데 우리가 지금의 세계를 보존하고 삶의 올바른 관점에 필요한 윤리적 토대를 세우려고 노력하다 보면 꼭 만나게 되는 것이 있다. 권력관계, 시스템 문제, 로비, 인습, 무지, 완고함처럼 도저히 해결하기 어려워 보이는 문제들이다. 오늘날 전 인류를

---

* exnovation. 혁신으로 도입된 제도나 관행이 더는 현실에 맞지 않는다고 생각되면 해당 제도나 관행을 제거하는 것.

위해 무언가를 해야 한다는 정말 절실한 책임감은 인간의 진화 패키지에는 마련되어 있지 않는 듯하다.

이것이 많은 사람을 절망과 체념에 빠뜨리는 한 가지 이유다. 비관론자의 삶에는 한 가지 장점이 있다. 실망하지 않아도 된다는 것이다. 소심하고 겁 많은 사람에게는 안성맞춤이다. 그러나 용감하고 대범한 사람에게는 희망 외에 대안이 없다. 쇼펜하우어에 따르면, 모든 문제는 세상으로부터 인정받기까지 세 단계를 거친다. 처음에는 주목받지 못하거나 우습게 여겨지다가 그다음에는 받아들여지고, 마지막에는 당연한 것으로 여겨진다.

정치적 자유와 노예 해방, 여성 해방의 역사도 이러한 3단계 모델을 따르는 것처럼 보인다. 고대에도 이미 일부 사상가는 노예 제도에 반대하고 여성의 평등권에 찬성하는 목소리를 냈다. 그러나 세계의 일부 지역에서나마 비슷하게 이 요구가 실현되기까지는 2천 년이 넘게 걸렸다. 오늘날 동물 문제도 쇼펜하우어의 3단계를 밟아야 한다면 그 과정은 앞의 두 경우와 마찬가지로 험난할 듯하다. 우리는 피타고라스학파, 엠페도클레스, 테오프라스토스, 플루타르코스에서 시작해 청교도와 퀘이커교도의 연민 윤리학을 거쳐 오늘날의 인간 및 동물 연구에 이르기까지 머나먼 길을 걸어왔지만, 여전히 다정하고 바람직한 동물 윤리는 결정적인 성공을 거두지 못하고 있다.

무엇이 문제인지는 분명하다. 환경 문제처럼 동물 문제도 우리에게 없어도 되는 것들을 일부 포기할 각오 없이는 개선은 물론이고 해결은 난망하다. 그런데 놀랍게도 오늘날 생명 윤리적 차원에서 제기된 이유들도 더 이상 포기의 윤리를 거론하지 않는다. 환경 운동을 표방하는 녹색당조차 독일 국내선 항공처럼 막대한 환경 파괴를 초래하는 영역의 철폐에 대해 초창기 때와는 달리 더 이상 아무 목소리를 내지 않는다. 녹색당이 연정으로 참여하는 지방 정부들 중에도 진지하게 동물 대량 사육 철폐에 나서는 곳은 없다. 독일인들이 자랑스럽게 여기는 동물 보호법조차 〈공동 피조물로서 동물에 대한 인간의 책임감에서 그들의 생명과 안녕을 지키기〉 위해서라고 그 목적을 분명히 밝히고 있음에도 현실에서는 동물에 대한 숱한 학대와 무자비한 착취를 방관, 아니 심지어 방조하고 있다. 이런 학대와 착취를 정당화하는 동물 보호법에서 〈합리적 이유〉는 수두룩하고, 〈비합리적인〉 이유는 거의 없다. 게다가 인간성을 저버린 이 학대의 영역을 감독해야 할 주무 부처도 환경부가 아니라 농업과 임업을 담당하는 식품 농산부이다.

연방 의회나 주 의회에는 이런 현실에 문제를 제기하는 정당이 없다. 배터리 케이지나 돼지 스톨처럼 야만적인 밀집형 사육 시설을 두고도 진지한 논의가 이루어지지 않는다. 기껏해야 몇 센티미터 정도 크기를 늘리는 수준의 기준만 바뀔 뿐이다. 산업적 농업의 이해 당사자들은 자발적으로 기존의 동물 사육 방식을 바꿀 생각이 조금도 없다. 소비자 입장에서도 값싼 육류와 계란으로 이익을 보기에 잔인한 사육 방식을 애써 외면한다. 직접 보지 않는 한 누가 그런 것에 관심을 가지겠는가? 이제는 녹색당조차 동물 생명을 글로벌 시장의 다른 것들과 마찬가지로 하나의 〈상품〉으로 여기면서 대량 사육을 옹호한다. 국제 경쟁에서 살아남으려면 저가 생산의 흐름에 보조를 맞추어야 한다는 것이다.

그러나 과거와 현재를 맹목적으로 비판해서는 안 된다. 인류의 역사는 끊임없는 변화의 연속이기 때문이다. 이런 발전은 정치인과 경제인, 그리고 일부 철학자와 신학자가 생각하는 것처럼 지속적인 진보와 동일시되어서는 안 된다. 윤리적 관점에서 보면, 오늘날까지 전 세계인들에게 **도덕적 상식**의 척도로 쓰인 확실한 단계적 목표는 존재하지 않는다. 그럼에도 웬만큼 낙관적으로 생각하는 데는 이유가 있다. 우리가 오늘날 도덕적 개선을 요구하고 기대하는 것은 도덕에 내재한 역동성 때문이 아니다. 무엇보다 결정적인 요소는 70년 넘게 지속되고 있는 서유럽의 평화라는 역사적 예외 상황과 근대 문화의 〈돌변 사건〉이다. 도덕에 관한 철학적, 종교적 논쟁은 주로 전쟁 전후에 발생한다. 전쟁 중에는 집단의 결속력을 우선하기에 윤리적 논쟁은 실용적 측면을 위해 최소한으로 제한된다. 반면에 오랜 평화기에는 생산적 무질서와 비판적 근원 탐색이라는 백가쟁명식의 논의가 발전한다.

독일에서는 법률적 논쟁이 아직 쇼펜하우어의 두 번째 단계에 머물러 있는 반면에 다른 서구 선진국에서는 많은 사람의 도덕적 의식이 이미 세 번째 단계로 도약하고 있다. 물론 대다수 사람의 심리적 억압 기제는 여전히 강력하게 작동하고 있고, 야만적인 사육 방식의 사회적 추방은 아직 미미하다. 이런 가운데 많은 젊은이의 일상적 의식 속으로 수치심과 죄책감이 서서히 스며들고 있다. 그들은 지구 인구의 여섯 명 중 한 명이 영양실조와 기아의 위험에 노출되어 있는 반면에 부유한 나라에서는 역으로 비만 인구가 그만큼 많다는 사실을 안다. 또한 세계 기아 문제와 동물 대량 사육 사이의 연관성도 알고, 전 세계 곡물 생산량의 절반 이상이 동물 사료나 연료로 쓰인다는 사실도 안다. 그들은 사람들의 먹거리로 파렴치하게 장난질을 치는 증권 거래소의 비도덕을 경멸하고, 여기서 〈올바른 먹거리 정치학〉을 결론으로 끄집어낸다.

비건 문화가 바로 그것이다. 우리 시대의 건강 및 몸매 열풍에서 추가 에너지를 얻은 이 채식 문화는 오늘날 더 이상 웃음거리가 아니라 전반적으로 받아들여진다. 독일에서는 2010년에서 2016년까지 채식 제품의 연간 생산량이 3천 톤에서 2만 톤으로 급증했다. 이제는 뉴욕이나 샌프란시스코처럼 유행에 민감한 대도시뿐 아니라 독일의 대도시에서도 도시 농업이 번창하고 있다. 사람들이 고층 건물이나 창고 옥상에서 건강한 먹거리를 직접 재배하는 것이다. 직접 키워 직접 먹는 것이 대유행이고, 대량 사육도 대량 생산 식품과 마찬가지로 기피 대상이다. 그와 함께 진정한 농업과 전통적인 수공업, 완전하고 본래적인 섭식에 대한 동경이 깨어난다. 이렇게 탄생한 건강한 패스트푸드 체인점들은 맥도널드 같은 거대 기업까지 위협한다. 이제는 미국의 맥도널드 체인점들 중에서 항생제를 먹인 치킨 메뉴를 파는 매장은 더 이상 없다. 건강한 음식을 향한 발걸음은 앞으로도 계속 이어질 것이다.

오늘날 새로운 이념과 이상의 성공을 좌우하는 것은 과거처럼 선구적인 지식인이 아니라 시대정신의 풍향계로 검증된 폭넓은 공감이다. 물론 사회 전체를 사로잡는 바람은 아니지만 말이다. 〈인간은 자신이 먹는 것으로 이루어진다.〉 철학자 루트비히 포이어바흐Ludwig Feuerbach(1804~1872)의 이 유명한 말은 거꾸로도 타당하다. 우리는 우리가 먹는 것으로만 이루어지는 것이 아니라 자신이 누구냐고 생각하느냐 따라 먹는 것도 달라진다. 그래서 요즘 젊은이들은 글로벌한 디지털 세계에서 일하면서도 식생활과 관련해서는 자연에 좀 더 가깝고 지역에서 생산되고 공정하게 거래된 먹거리를 지향한다. 독일의 공정 무역 거래의 시장 규모는 10년 전 5천만 유로에서 2015년에는 10억 유로로로 급속하게 늘어났다.

영양은 정치 문제가 되었고, 각자 스스로 책임지는 모습을 드러내는 영역이 되었다. 요즘은 비건이 아닌 사람도 스스로 〈플렉시테리언〉이라고 밝히는 경우가 많다. 엄격한 수준의 채식을 하지는 않지만 의식적으로 육류 소비를 제한하는 유연한 채식주의자이다. 스위스의 행동 경제학자 브루노 S. 프라이Bruno S. Frey(1941~)가 구분한 것처럼 그런 식으로 변화된 생활 방식의 중심에는 단순히 〈결과의 이익〉이 아닌 〈과정의 이익〉이 자리하고 있다. 어쩌면 참여하는 것만이 전부는 아니지만, 어떤 일에 동참하는 사람은 참여 없이 외부에서 관찰만 할 때와는 다르게 사물을 보게 된다. 영양 문제와 동물 사육 문제를 자신의 문제로 보는 사람이 늘어날수록 이 운동의 상황은 더 좋아진다.

물론 앞으로의 길은 험난하다. 많은 철학자에게는 인간 중심주의적 사회에서 인간 동물학적 사회로 사고를 전환하는 것이 여전히 어렵다. 새로운 동물 윤리의 실천에 대한 논의에서는 많은 동물권론자가 원하는 것보다 더 많은 상이한 견해가 존재한다. 동물원, 서커스, 모피 농장, 육류 소비, 동물 실험은 한 묶음으로 언급될 수 없는 성질의 것들이다. 동물을 다루는 문제에서는 온갖 모순과 분열증을 지적하는 것이 중요하겠지만, 위선이 아닌 진짜 선의 문제에서는 선의 우선순위를 정하는 것이 불가피하다.

무지의 윤리학은 **무지의 실용주의**로서 선의 우선순위에 직접적으로 관여할 때만 쓸모가 있다. 모든 독일인에게 채식주의자가 되라고 강요할 수는 없다. 다만 동물 실험은 인간의 생명에 정말 필요한 경우에만 허용되어야 하고, 동물원도 모든 동물이 인간의 눈에서 완전히 사라져 마음에서도 멀어지는 일이 벌어지지 않도록 할 때만 정당성을 확보한다.

현재 윤리적으로 가장 중요한 목표를 실현하기 위해 해야 할 일은 무척 많다. 모피 농장 금지, 생태학적 균형이라는 이름으로 자행되는 동물 사냥 제한, 모든 방식의 집중 사육에 대한 엄격한 금지, 〈배양육〉 장려, 경제적 목적의 유전자 조작 금지, 동물 실험의 필요성에 대한 엄격한 심사와 윤리적 숙고, 〈법적 주체〉로서 동물을 법정에서 대리할 수 있게 하는 법률 개혁, 근시안적이고 부패한 현지 정부와의 결탁 없이 지상에서 가장 중요한 자연 지역의 보호, 그리고 없어도 되는 욕망과 꼭 필요한 욕망을 스스로 구분할 줄 아는 시민들의 의식 개혁 등이다.

이런 요구들 중 일부라도 자연 보호자와 동물 보호자, 동물권론자가 합심해서 싸운다면 상당히 많은 것을 쟁취할 수 있다. 전통적인 자연 및 동물 보호론자와 도발적인 동물권론자 사이에 존재하는 잘못된 피아 전선이 사라지고 새로운 연대의 길이 열린다면 분명 쇼펜하우어의 세 번째 단계도 머지않아 도달할 수 있다. 오래전 영국 철학자 존 스튜어트 밀John Stuart Mill(1806~1873)은 말했다. 〈당시에는 누구도 각별한 상상력이나 용기 없이는 벗어날 수 없다고 생각했던 보편적 믿음이 나중에는 어떻게 그런 이념을 믿을 수 있었는지 도무지 이해가 안 될 정도로 터무니없는 것이 되기도 한다.〉 이런 일은 우리 시대에도 얼마든지 일어날 수 있다.

인류의 역사는 인간들이 공동체적 질서 체계를 처음 떠올리고 실현하고 다시 뒤집고 개혁하는 과정들을 모아 놓은 박물관이다. 우리에게는 당연해 보이는 창조와 도덕의 현 질서도 우리 시대와 문화 내에서만 이해될 수 있다. 질서는 하늘에서 뚝 떨어지는 것이 아니라 상이한 시대에 상이한 문화와 영역에서 그때그때 자기만의 규칙에 따라 만들어진다. 오늘날 우리는 〈세계 질서〉에 이르기까지 이런 질서가 얼마나 깨지기 쉬운지 바로바로 드러나는 시대에 살고 있다. 사람들을 자본의 흐름에 따라 움직이게 하고 터전을 잃은 사람들을 선진국으로 몰려가게 하는 세계화의 결과를 비롯해 이른바 제3세계의 환경 문제, 무수한 내

전, 인권 침해가 이를 명백하게 보여 준다. 이런 상황에서 동물 문제는 많은 사람에게 시대에 맞지 않거나 부차적인 문제로 비친다. 그러나 도덕적 진보는 가장 시급한 일을 먼저 다룸으로써 이루어지는 것이 아니다. 왜냐하면 무엇이 가장 시급한지는 분명히 이야기할 수 없을 뿐 아니라 도덕은 시급성의 순위를 따르지 않기 때문이다.

동물 문제는 실천적 면에서 아무리 인류의 다른 문제들에 좌우된다 하더라도 도덕적 면에서는 그와 무관하다. 동물을 원칙적으로 잘못 다루는 것은 사람들에게 더 중요한 다른 걱정거리들이 있어서가 아니다. 동물 윤리도 안타깝지만, 인간이 자연에서의 자기 자리를 지금까지와 다르게 정의 내린다고 해서 세상을 온갖 악에서 구한다고 장담하지는 못한다. 고통 없는 세상은 생각할 수 없다. 인간은 어차피 다른 생명들에게 폭력을 가하지 않고는 살아갈 수 없기 때문이다. 그러나 인간 동물학적 의식은 우리에게 기독교적 서양 문화사의 경직된 경계 설정과 달리 지금까지의 우리 행동을 반성하고 바꿀 수 있는 여지를 제공한다. 예를 들어 우리는 왜 인간과 침팬지 사이의 차이는 도덕적 구분의 기준으로 삼으면서 침팬지와 진딧물 사이의 차이는 그렇게 하지 않을까?

2백 년 전에 칸트는 『실천 이성 비판*Kritik der praktischen Vernunft*』으로 윤리적 문제가 어떤 식으로든 해결되었다고 믿었다. 그리고 자연 과학자들은 1백 년 전에 계산의 정확도와 측정 도구만 개선하면 모든 문제가 해결되리라고 믿었다. 오늘날 우리는 호모 사피엔스가 불충분한 개념 체계에 사로잡힌 감각의 노예라는 사실을 안다. 한편으로는 척추동물의 어두운 뇌 속에서, 다른 한편으로는 광활한 우주적 시공간의 불확실한 좌표에서 희미하게 반짝이는 여명 속으로 불안하게 더듬거리며 나아가는…….

이제 우리는 인간의 자기 이해와 윤리를 시대의 눈높이에 맞추어야 한다. 이때 무언가를 알고 있다는 불확실한 전제가 아니라 아무것도 모른다는 무지에서 출발한다면 우리의 앎을 더 잘 이해하는 법을 배우게 될 것이다. 호모 사피엔스는 한때 스스로를 정의 내렸던 〈만물의 영장〉, 즉 창조의 우두머리로서 책임을 다해야 한다. 즉 지구의 지배자인 동시에 보호자의 역할을 충실히 수행해야 한다.

그 옛날 다윈은 성숙한 인간 윤리를 이렇게 설명했다. 〈인간이 지적 능력을 점점 키워 나가고, 자기 행동의 머나먼 결과를 내다볼 수 있게 되고, 부패한 관습과 미신을 물리칠 만큼 충분한 지식에 이르고, 단순히 자신의 안녕만이 아니라 주변 사람들의 행복을 챙기는 법도 배우고, 공감 능력이 습관과 기분 좋은 경험, 자선의 수업과 본보기의 결과로서 더 부드럽고 멀리 확장되어 모든 인종을 넘어 허약하고 힘없고 쓸모없는 사회 구성원에게까지, 심지어 저 밑바닥의 동물에게까지 미치는 정도에 따라 인간의 도덕적 척도는 점점 더 높이 올라갈 것이다.〉[1]

그러나 지적 능력의 증가, 자기 행동이 부른 결과의 예측, 부패한 관습과 미신의 충분한 인식 같은 다윈의 이 경건한 유토피아는 의식의 진화 과정에서 진정으로 의미 있는 도약이지만, 그

때나 지금이나 결코 완결된 과거는 아니다.
이는 여전히 미래의 과제로 남아 있다.

주

들어가기 전에

1   https://vebu.de/themen/lifestyle/anzahl-der-vegetarierinnen.

들어가며

1   Albert Schweitzer(2006), 25면.
2   Hal Herzog(2012), 15면 이하.

1부 인간 동물

창조 질서

1   Angelika Malinar: Mahabharata, in: Münch/Walz(1998), 156면 이하.
2   Michel Adanson: *Cours d'histoire naturelle fait en 1772*, M. J. Payer 1845, 제1권, 4면 이하.
3   Charles Bonnet: *Palingénésie philosophique*, in: 샤를 보네 전집 7권, 149면 이하.
4   www.darwinproject.ac.uk/darwinletters/calendar7entry-729.html.
5   카를 마르크스가 1882년 6월 18일 프리드리히 엥겔스에게 보낸 편지, 마르크스 엥겔스 전집(EW) 30권 249면.
6   Gerhard Roth(1994), 324면.

영장류

1   Aristoteles: 동물학, 제2권. 502a 16ff. 8.
2   1747년 2월 14일 요한 게오르크 그멜린에게 보낸 편지. George Seldes: *The Great Thoughts*, Ballantine Books 1985, 247면.

3 Jean-Jacques Rousseau: *Über Ursprung und Grundlagen der Ungleichheit* (프랑스 원전: Discours sur l'origine et les fondements de l'inégalité parmi les hommes), Aufbau 1955, 153면.

4 Charles Darwin(Ernest S. Turner 인용): *All Heaven in a Rage*, Michael Joseph 1964, 162면.

5 Charles Darwin: *The Descent of Man, and Selection in Relation to Sex*, Fourier 1992, 139면.

6 Julian Huxley: *The Uniqueness of Man*, Scientific Book Club 1943, 3면.

7 Konrad Lorenz: *Die Rückseite des Spiegels. Versuch einer Naturgeschichte menschlichen Erkennens*, Piper 1983, 4판, 227면.

8 Pierre Teilhard de Chardin(1994), 23면.

9 Heinrich Karl Erben(1988), 328면.

직립 원숭이

1 Richard Leakey and Roger Lewin(1993), 25면.

2 Aristoteles: *Von den Teilen der Tiere*, IV. 687a 7ff.

3 같은 책, 687a 8-10.

4 *The London Quarterly Review*, 90(1860년 7월), 138면.

5 Heinrich Karl Erben(1988), 337면.

6 Ernst Mayr(1979), 194면.

7 Jared Diamond(1994), 54면.

8 같은 책, 56면

9 Gerhard Roth(1994), 53면.

10 Konrad Lorenz: *Die Rüchseite des Spiegels*, 228면.

11 *The Spiegel*, 제38호, 2015년 9월 12일, 103면.

감각과 감성

1 Nicholas Humphrey, Leakey/Lewin(1993) 인용, 288면.

2 Jane Goodall(1991), 28면.

3 Richard Leakey and Roger Lewin(1993), 291면.

4 Heini Hediger(1988), 282면.

5 Mary Midgley(1985), 56면.

1.6퍼센트

1 참조. Alexander Kluge: *Kongs große Stunde. Chronik des Zusammenhangs*, Suhrkamp 2015, 201면.

2 Flavius Arrianus: *Indische Merkwürdigkeiten und Hannos Seereise*(1764), Jost Perfahl: *Die Erde ist wunderschön. Reisen durch drei Jahrtausende*, Steingrüben 1964, 28면.

3 유인원의 문화사 및 이미지 역사와 관련해서는 다음 책 참조: Hans Werner Ingensiep(2013).

4 Friedrich Nietzsche: *Also sprach Zarathustra*, 제3장, http://gutenberg.spiegel.de./buch/-3248/4.

5 Carl Sagan / Ann Druyan(1993), 351면.

6 Hans-Wilhelm Smolik: *rororo Tierlexikon in 5 Bänden*, Reinbek 1968, 제1권 36면.

7 Alfred Edmund Brehm: *Illustrirtes Thierleben*, Bd. 1-3, Verlag des Bibliographischen Instituts Leipzig 1875, 1면.

8 Hans-Wilhelm Smolik: *rororo Tierlexikon in 5 Bänden*, Reinbek 1968, 제1권 49면.

9 Desmond Morris: *Der nackte Affe*, Droemer Knaur 1968, 11면.

10 Konrad Lorenz: *Vergleichende Verhaltensforschung. Grundlagen der Ethologie*, Springer 1978, 311면.

11 Jared Diamond(1994), 35면.

12 같은 책, 37면.

13 이와 관련해서는 다음 책의 수많은 예 참조. Sanjida M. O'Connell: *Empathy in Chimpanzees. Evidence for Theory of Mind?*, in: Primates 36, 397-410면.

14 Frans de Waal(1998), 157면.

15 Richard Dawkins(2007), 243면.

주체의 계략

1 Manuel Schneider: *Tiere als Konsumware? Gedanken zur Mensch-Tier-Beziehung*, in: Schneider / Karrer(1992), 131면.

2 Ernst Mach: *Populär-wissenschaftliche Vorlesungen*, Barth 1896, 244면.

3 Wolf Singer: *Vom Geschöpf zum Schöpfer*, in: Die *Zeit*, No. 27, 1996.

4   www.schimpansen.mpg.de/23452/Adoption.

5   Gerhard Roth(1994), 21면.

6   같은 책, 63면 이하.

2부 인간의 눈에 비친 동물

양심의 동토대

1   Hans Peter Duerr(1984), 231면.

〈나는 어떤 동물도 학대하지 않았다.〉

1   Plutarchos: *Antonius*, 45장.

2   www.fr-online.de/frankfurt/wissenschaftler-enttarnt-legende-die-
     wahrheit-ueber-kleopatras-tod,1472798,4538394.htm.

3   Lothar Störk, in: Münch/Walz(1998), 93면.

4   Emma Brunner-Traut(1974), 42면.

5   같은 책, 같은 곳.

6   영화 말미에서 체옌(제이슨 로바즈)은 질(클라우디아 카르디날레)에게 하모니
     카(찰스 브론슨)에 대해 이렇게 말한다. 〈당신은 이해하지 못할 거예요. 그런 남
     자는 늘 죽음과 함께 살아가거든요.〉

7   Emma Brunner-Traut(1974), 39면.

8   Erik Hornung(1972), 197면.

9   Herodotos: *Historiae*, 2권, 123면.

10   Hellmut Brunner(1988), 153면.

11   Herdotos: 같은 책, 65-67면.

12   Juvenalis: 풍자시 15.

13   Lucianos, Deorum Consilium, 10면.

14   www.wissen-im-netz.info/literatur/goethe/gedichte/24.htm.

15   Helck / Westendorf / Otto(1975f.), 〈동물 숭배〉 항목 참조.

양치기와 통치자

1   Eugen Drewermann(1991), 104면.

2　Rudolf Bösinger(1980), 8면.

3　Harald Steffahn(1987), 96면.

잃어버린 낙원

1　Empedocles, 196 fr. 128, Wilhelm Capelle: *Vorsokratiker*, Kröner 2008.

2　Empedocles, 194 fr. 138과 196 fr. 128.

3　Empedocles, 192 fr. 136.

4　Empedocles, 95 fr. 60과 94 fr. 57.

5　Empedocles, 31 A 72.

6　Empedocles, 181 fr. 117.

7　Aristoteles: *Politik*, 1256 b3.

8　같은 책, 같은 곳.

9　Cicero: *De natura deorum*, 제2권 160.

10　Plutarchos: *Vom Fleischessen*, Baranzke / Gottwald / Ingensiep(2000), 138면.

11　Cicero: 같은 책, 제2권, 62장.

12　Plutarchos: *De sollertia animalium*; Moralia, 여기서는 963F-964A.

〈신이 황소에게 관심이나 있을까?〉

1　Elke Rutzenhöfer: *Augustiuns. Opera*, 25권: *Die Lebensführung der katholischen Kirche und die Lebensführung der Manichäer*, Schöningh 2003, 165면.

2　코란, 16장 5-8절. Rudi Paret 번역: *Der Koran*, Kohlhammer 1982, 216면.

3　Josef van Ess: *Theologie und Gesellschaft im 2. und 3. Jahrhundert Hidschra. Eine Geschichte des religiösen Denkens im frühen Islam*, 6권, De Gruyter 1991-1997, 여기서는 2권, 52-53면.

4　Alma Giese, in: Niehwöhner / Seban(2001), 120면.

5　Otfried Reinke: *Tiere. Begleiter des Menschen in Tradition und Gegenwart*(1995), 48면.

6　Thomas Aquinas: *Summa theologica* 1권, qu 96.

7　같은 책, qu 75.

8　Richard Brüllmann: *Lexikon der treffenden MartinLuther-Zitate*, Ott 1983, 172면 이하.

위선적인 소 숭배

1   Angelika Malinar, in: Münch / Walz(1998), 168면.

2   같은 책, 같은 곳.

3   같은 책, 160면.

4   같은 책, 162면.

5   같은 책, 162면 이하.

6   같은 책, 163면.

7   같은 책, 155면.

사상가들과 사랑하는 가축

1   Friedrich Nietzsche: *Über Wahrheit und Lüge im aussermoralischen Sinne*, in: *Nietzsches Werke, Kritische Gesamtausgabe, Dritte Abteilung*, 2권, De Gruyter 1973, 369면 이하.

2   Johannes Scottus Eriugena: *De divisione naturae (Periphyseon)* IV. 5.

3   Michel de Montaigne: *Essais*, 2권, Diogenes 1992, 32면 이하.

4   Baruch de Spinoza: *Die Ethik*, IV. Teil, Lehrs. 37.

5   같은 책, 같은 곳.

6   René Descartes: *Discours de la methode*, Reclam 1961, 55면.

7   Thomas Hobbes: *Vom Bürger*(1642), 8장, 10, Meiner 1994, 165면.

8   Karl Sälzle: *Kulturgeschichte der Jagd*, in: José Ortega y Gasset(엮음): *Über die Jagd*(1957), 91-133, 여기서는 126면.

9   David Hume: *An Enquiry Concerning Human Understanding*, sect. IX., xxx.

10 Johann Heinrich Winckler(엮음): *Philosophische Untersuchungen von dem Seyn und Wesen der Seelen der Thiere. von einigen Liebhabern der Weltweisheit in sechs verschiedenen Abhandlungen ausgeführet, und mit einer Vorrede von der Einrichtung der Gesellschaft dieser Personen ans Licht gestellt*, Breitkopf 1742 I, 1742 II, 1743 III, 1745 IV, 여기서는 1742 II, 93면.

11 Christian Wolff: *Vernünftige Gedanken von den Absichten der natürlichen Dinge*(1726), XI. Cap. § 235.

12 Georg Friedrich Meier: *Versuch eines neuen Lehrgebäudes von den Seelen der Thiere*, Hemmerde 1749, 118면.

13 Johann Gottlieb Fichte: *Grundlage des Naturrechts nach Prinzipien der*

Wissenschaftslehre, Meiner 1979, 223면.

14 같은 책, 224L면.

〈동물도 고통을 느낄 수 있을까?〉

1 Adam Gottlieb Weigen: *De Jure Hominis in Creaturas*(1711), 제8장, Reprint Olms 2008.

2 Humphrey Primatt: *The Duty of Mercy and the Sin of Cruelty to Brute Animals*(1776), Centaur Press 1992 (재판), 21면.

3 같은 책, 24면.

4 Jean-Jacques Rousseau: *Diskurs über die Ungleichheit*(1755), Schöningh 1997, 제4판, 99면.

5 Jeremy Bentham: *An Introduction to the Principles of Morals and Legislation*, Clarendon Press 1789, 17장.

6 같은 책, 같은 곳.

7 Wilhelm Dietler: *Gerechtigkeit gegen Thiere*(1787), Asku-Presse 1997 (재판), 23면 이하.

8 Lauritz Smith: *Versuch eines vollständigen Lehrgebäudes der Natur und Bestimmung der Thiere und der Pflichten des Menschen gegen die* Thiere, Christ 1793, 459면.

9 같은 책, 397면.

10 Immanuel Kant: *Anthropologie in pragmatischer Hinsicht*, in: *Schriften zur Anthropologie, Geschichtsphilosophie, Politik und Pädagogik 2*, §1, in: Werkausgabe, Suhrkamp 1997.

11 Arthur Schopenhauer: Über die Grundlage der Moral(1841), §8, Meiner 1979, 60면.

12 같은 책, 136면.

13 같은 책, 138면.

14 같은 책, 같은 곳.

15 Charles Darwin: *The Descent of Man, and Selection in Relation to Sex* (재판), 139면.

16 Henry S. Salt: *Die Rechte der Tiere*, Schwantje 1907, 21면.

17 Leonard Nelson: *System der philosophischen Rechtslehre und Politik*(1924),

§127, in: 전집 1-9권, 제6권, Meiner 1970, 288면.

3부 새로운 동물 윤리

철문

1 Nils Ole Oermann(2009), 149면 이하.

2 Albert Schweitzer(2006), 22면.

3 Albert Schweitzer: *Was sollen wir tun?* (1986), 30면 이하.

4 Albert Schweitzer: *Kultur und Ethik, Kulturphilosophie.* 제2권, C.H. Beck 1923, 239면.

5 같은 책, 330면.

6 Karl Barth: *Kirchliche Dogmatik*, 제3권, 1-4부, Theologischer Verlag 1969, 3판, 377면.

7 Albert Schweitzer(2006), 77면 이하.

8 같은 책, 67면.

9 Tom Regan: *The Case for Animal Rights*(1983), 412면.

10 Peter Songer: *Ethik und Tiere*, in: Friederike Schmitz(2014), 82면.

11 참조. Richard David Precht: *Der Wert des Lebens und die Definition des Todes*, Deutschlandfunk-Sendung 1999.

12 Tom Regan: *Von Menschenrechten zu Tierrechten*, in: Friederike Schmitz(2014), 113면.

13 Gary L. Francione: *Empfindungsfähigkeit, ernst genommen*, in: Friederike Schmitz(2014), 171면.

보호냐, 권리냐?

1 Helmut F. Kaplan(1991), 109면.

2 www.zeit.de/gesellschaft/2014-10/tierschutz-radikale-aktivisten-vegane-armee-fraktion.

3 Jürgen Körner(1996), 219면.

4 Peter Singer(1986), 20면.

종에 적합한 도덕

1   참조. Chimaira-Arbeitskreis für Human-Animal Studies(2011), 13면.
2   Cora Diamond: *Die Bedeutung des Menschseins*, in: Cora Diamond(2012), 127면.

좋은 것, 더 좋은 것, 가장 좋은 것

1   Philadelphia Citypaper, 2000년 7월 12일: http://citypaper.net/articles/090700/cs.cover.side1.shtml.
2   Richard Rorty: *Hoffnung statt Erkenntnis. Eine Einführung in die pragmatische Philosophie*, Passagen 1993, 81면.
3   Cora Diamond(2012), 180면.
4   www.tier-im-fokus.ch/mensch_und_tier/wolf_meliorismus/.

4부 무엇을 해야 할까?

사랑하고 미워하고 먹고

1   Jürgen Körner(1996), 116면.
2   같은 책, 117면.
3   같은 책, 143면.
4   Helmuth Plessner: *Grenzen der Gemeinschaft. Eine Kritik des sozialen Radikalismus*, in: Helmuth Plessner: *Macht und menschliche Natur*, 전집 5권, Suhrkamp, 12면.
5   Jean-Claude Wolf(1992), 21면.

죽임에 관한 짧은 텍스트

1   Hans Wollschläger(1989), 13면.
2   연방 식품 농산부 동물 보호 보고서 1995, 51면.
3   Johannes Caspar(1999), 496면 이하.
4   같은 책, 510면.
5   같은 책, 512면 이하.

자연 보호냐, 쾌락 살해냐?

1   www.telegraph.co.uk/news/worldnews/africaandindianocean/zimbabwe/
    11771267/ Cecil-the-lion-from-king-of-the-pride-to-the-hunters-
    bow.html.
2   Matt Cartmill(1955), 275면 이하.
3   www.jagdverband.de/content/image-der-jagd.
4   www.abschaffung-der-jagd.de/presse/repraesentativeum-fragen/index.
    html.
5   www.jagdreguliertnicht.ch.
6   Matt Cartmill(1995), 292면.

햄과 치즈를 넘어

1   www.welt.de/wirtschaft/article137576315/Amerikas-unappetitlicher-
    Hunger-nach-Fleisch.html.
2   Ingensiep / Baranzke / Gottwald(2000), 289면.
3   www.handelsblatt.com/technik/das-technologie-update/healthcare/
    kuenstlich-es-fleisch-der-burger-der-aus-der-zelle-kam/9733680.html.
4   www.handelsblatt.com/technik/das-technologie-update/healthcare/
    kuenstliches- fleisch-herstellungsweise-wie-bier-das-in-kesseln-gebraut-
    wird/9733680-2.html.
5   www.aerzte-gegen-tierversuche.de/de/infos/tierversuche-an-affen/11-
    hirnfor-schung-an-affen-grausam-und-sinnlos.

실험 인형으로서의 동물

1   Jeremy Rifkin(1994), 13면 이하.
2   www.noz.de/deutschland-welt/niedersachsen/artikel/48535/todliche-
    tierversu-che-bei-der-bundeswehr-jahrlich-sterben-hunderte-tiere.
3   www.heise.de/tp/artikel/42/42805/1.html.
4   https://aerzte-gegen-tierversuche.de/de/infos/tierversuchsfreie-
    forschung/110- forschung-ohne-tierleid.
5   www.dfg.de/sites/flipbook/tierversuche_forschung/#1.
6   http://dip21.bundestag.de/dip21/btd, S.8.

7   Pietro Croce(1988), 15면.

8   Bernhard Rambeck(1990), 17면과 21면.

9   같은 책, 11면.

10   같은 책, 44면.

11   Jane Goodall: *Schimpansen. Die Überbrückung einer Kluft*, in: Cavalieri/
     Singer (1994), 19-32면, 여기서는 특히 29면.

감옥인가, 천국인가?

1   Virginia McKenna / Bill Travers / Jonathan Wray(1993); 프로젝트 그룹 판
     테라(1994) 참조.

2   1996년 1월 5일 『디 차이트』에 실린, 동물원의 보존 사육에 관한 필자의 기고문
     을 보고 카플란이 1996년 1월 11일 필자에게 보낸 편지 중에서.

3   http://ppp.phwa.ch/wordpress/wp-content/uploads/2014/10/Berger-
     Warum-sehen-wir-Tiere-an.pdf, 32면.

4   www.waza.org/en/site/conservation/animal-welfare-1439197763.

5   Norbert M. Schmitz: *Der Zoo als wahres, weil ästhetisches Bild der Natur. Die
     zivilisatorische Leistung des Zoologischen Gartens*, in: Ingensiep(2015), 111면.

고독의 시대

1   종 다양성, 개미, 인간에 관한 진화 생물학이자 에드워드 윌슨과의 대담. Wir
     werden einsam sein, in: Spiegel, 1995년 48호.

2   Colin Tudge(1993), 142면.

3   Michael Hauskeller: *Naturschutz für wen?*, in: Scheidewege. Jahresschrift für
     skeptisches Denken, 1995/96, 25호, 185-201, 여기서는 201면.

화합하지 못하는 삼두 체제

1   Einhard Bezzel(1994), 18면.

2   이와 관련해서는 에드워드 윌슨의 종 보호 옹호에 대한 한스 슈의 주석 참조, in:
     Zeit, 1995년 26호.

3   Helmut F. Kaplan(2011), 112면.

쇼펜하우어의 세 단계

1 Charles Darwin: *The Descent of Man, and Selection in Relation to Sex*(재판), 137면.

참고 문헌

이 책에 소개된 전문 분야와 주제를 좀 더 상세히 알고 싶은 독자들을 위해 각 장마다 대표적인 저서나 논문을 소개하겠다.

1부 인간 동물

창조 질서

미셸 푸코는 18세기와 19세기의 자연사 발전을 자기 방식으로 이야기한다. 『사물의 질서*Die Ordnung der Dinge*』,* Suhrkamp 1971.

에른스트 마이어는 진화의 규칙과 그 해석 가능성을 보여 준다. 『진화와 생명의 다양성*Evolution und die Vielfalt des Lebens*』, Springer 1979; 『생물학적 사상계의 발전*Die Entwicklung der biologischen Gedankenwelt*』, Springer 1984; 볼프강 비저(엮음): 『진화론의 진화. 다윈에서 DNA까지*Die Evolution der Evolutionstheorie. Von Darwin zur DNA*』, Spektrum 1994.

스티븐 제이 굴드의 기념비적인 저서는 상당한 깊이의 사고를 보여 준다. 『진화이론의 구조*The Structure of Evolutionary Theory*』, Harvard University Press 2002. 이 주제에 대한 굴드의 다른 책들도 읽을 만하다. 『다윈 이후의 다윈. 자연사적 성찰*Darwin nach Darwin. Naturgeschichtliche Refexionen*』,** Ullstein 1987; 『얼룩말은 어떻게 줄무늬를 갖게 되었을까? 자연사 에세이*Wie das Zebra zu seinen Streifen kommt. Essays zur Naturgeschichte*』, Suhrkamp 1991; 『플라밍고의 미소. 자연사 관찰*Das Lächeln des Flamingos. Betrachtungen zur Naturgeschichte*』, Suhrkamp 2009.

* 한국어판 제목은 『말과 사물』이다.
** 한국어판 제목은 『다윈 이후』이다.

하인리히 카를 에르벤의 책은 생명과 인간의 진화를 일목요연하게 정리했지만 여러 부분에서 다소 시대에 뒤떨어진다. 『생물의 발달. 진화의 규칙들*Die Entwicklung der Lebewesen. Spielregeln der Evolution*』, Piper 1988.

이 방면의 지식을 개괄할 수 있는 비교적 최근의 책을 소개하면 다음과 같다. 얀 즈르자비, 다비트 슈토르흐, 스타니슬라프 미훌카: 『진화. 읽기 교과서*Evolution. Ein Lese-Lehrbuch*』, 히네크 부르다, 자비네 베갈(엮음), Spektrum 2009.

진화에 관한 현재의 생물학적 구상에 상당한 의구심을 드러내는 저서는 다음과 같다. 토머스 네이글: 『정신과 우주. 물질주의적–신다윈주의적 자연 구상은 왜 확실하게 틀렸나*Geist und Kosmos. Warum die materialistische neodarwinistische Konzeption der Natur so gut wie sicher falsch ist*』, Suhrkamp 2016.

영장류

인간의 생물학적, 문화적 진화를 주제로 다룬 책들 중에서는 특히 다음 두 책을 꼽고 싶다. 재러드 다이아몬드: 『제3의 침팬지. 인간의 진화와 미래*Der dritte Schimpanse. Evolution und Zukunft des Menschen*』, Fischer 1994. 칼 세이건, 앤 드루얀: 『할부 창조. 인간의 발달사에 대한 새로운 인식*Schöpfung auf Raten. Neue Erkenntnisse zur Entwicklungsgeschichte des Menschen*』,[*] Droemer Knaur 1993.

생물 철학적 영역에서 인간의 영리한 관점을 다룬 책들은 다음과 같다. 존 뒤프레: 『다윈의 유산. 인간의 현재에 대한 진화의 의미*Darwins Vermächtnis. Die Bedeutung der Evolution für die Gegenwart des Menschen*』, Suhrkamp 2005; 스티븐 제이 굴드: 『인간에 대한 오해*Der falsch vermessene Mensch*』, 1983; 피에르 테야르 드 샤르댕: 『우주에서의 인간*Der Mensch im Kosmos*』,[**] C.H. Beck 2010. 다양한 관점에서 인간을 조명하려는 시도도 있다. 노르베르트 엘스너, 한스 루트비히 슈라이버(엮음): 『인간은 무엇인가?*Was ist der Mensch?*』, Wallstein 2002.

직립 원숭이

우리 행성에서 인간보다 더 복잡한 동물로서 문어의 명예 회복을 시도한 문화 비평적 저서는 다음과 같다. 빌렘 플루서, 루이 베크: 『지옥의 흡혈오징어*Vampyroteuthis infernalis*』, European Photography 2002.

[*] 한국어판 제목은 『잊혀진 조상의 그림자』이다.
[**] 한국어판 제목은 『인간현상』이다.

문어의 정체와 가능성을 탐구한 책도 있다. 로저 카유아:『문어. 상상의 논리학 시도*Der Krake. Versuch über die Logik des Imaginativen*』, Hanser 2013; 게르하르트 로트:『인간은 정말 비할 바 없이 뛰어난가? 뇌와 정신의 오랜 진화 *Wie einzigartig ist der Mensch? Die lange Evolution der Gehirne und des Geistes*』, Spektrum 2010.

다음은 고인류학의 과거와 현재의 상황을 조명한 책들이다. 요제프 H. 라이히홀프:『인류 발생의 수수께끼*Das Rätsel der Menschwerdung*』, dtv 1990; 리처드 리키, 로저 르윈:『인간은 어떻게 인간이 되었나. 인간의 기원과 미래에 대한 새로운 인식*Wie der Mensch zum Menschen wurde. Neue Erkenntnisse über den Ursprung und die Zukunft des Mensch*』, Heyne 1977;『인간의 기원*Der Ursprung des Menschen*』, Fischer 1993; 프리데만 슈렌크:『인간의 초기. 호모 사피엔스로 가는 길*Die Frühzeit des Menschen. Der Weg zum Homo sapiens*』, C.H. Beck 2008; 토마스 융커:『인간의 진화*Die Evolution des Menschen*』, C.H. Beck 2009; 더글라스 파머:『인간의 진화. 우리는 어디서 와서 어디로 가는가?*Die Evolution des Menschen. Woher wir kommen und wohin wir gehen*』, National Geographic 2011.

동물과 인간의 경계에 관한 탐구서이다. 토마스 주덴도르프:『차이. 무엇이 인간을 인간으로 만드는가?*Der Unterschied. Was den Mensch zum Menschen macht*』, Berlin 2014.

인간의 뇌, 특히 언어 능력의 발달을 분석한 책들이다. 마이클 토마셀로:『인간 사고의 문화적 발달. 인식의 진화에 관하여*Die kulturelle Entwicklung des menschlichen Denkens. Zur Evolution der Kognition*』, Suhrkamp 2006;『인간 사고의 자연사*Eine Naturgeschichte des menschlichen Denken*』,[*] Suhrkamp 2014.

감각과 감성

영장류 연구의 고전들이다. 제인 구달:『야생의 침팬지*Wilde Schimpansen*』,[**] Rowohlt 1982;『침팬지에 대한 사랑. 곰베 강에서 보낸 30년*Ein Herz für Schimpansen. Meine 30 Jahre am Gombe-Strom*』, Rowohlt 1991;『곰베에서의 50년 *50 Years at Gombe*』, Stewart, Tabori&Chang 2012; 수 새비지럼보, 로저 르윈:『칸지-말하는 침팬지. 무엇이 동물과 인간의 오성을 구분하는가?*Kanzi-der sprechende*

---

[*] 한국어판 제목은『생각의 기원』이다.
[**] 한국어판 제목은『인간의 그늘에서』이다.

Schimpanse. Was den tierischen und den menschlichen Verstand unterscheidet』, Droemer Knaur 1995; 도러시 체니, 로버트 세이파스:『원숭이가 세계를 보는 방식. 다른 종의 사고*Wie Affen die Welt sehen. Das Denken einer anderen Art*』, Hanser 1995; 바버라 스머츠(엮음):『영장류 사회*Primate Societies*』, Chicago University Press 1986; 비루테 갈디카스:『에덴의 벌거숭이들*Reflections of Eden*』, Little Brown 1995.

원숭이들 간의 소통에 관한 연구서이다. 카트야 리발:『영장류의 소통. 다양한 접근 방식*Primate Communication. A Multimodal Approach*』, Cambridge University Press 2013.

영장류 연구의 현 상황에 관한 폭넓은 개요서는 다음과 같다. 카렌 B. 스트리어:『영장류 행동 생태학*Primate Behavioral Ecology*』, Taylor&Francis 2016.

동물과 인간의 사회적 학습을 다룬 책도 있다. 윌리엄 하피트, 케빈 N. 랄랜드:『사회적 학습. 메커니즘, 방법, 모델 입문*Social Learning. An Introduction to Mechanisms, Methods and Models*』, Princeton University Press 2013.

다음 책들은 영장류와 영장류의 행동 발달을 다루고 있다. 존 플리글:『영장류의 적응과 진화*Primate Adaption and Evolution*』, Academic Press 2013; 존 C. 미타니, 조셉 콜, 페터 M. 카펠러, 라인 A. 펠롬비트, 조앤 실크(엮음):『영장류 사회의 진화*The Evolution of Primate Societies*』, University of Chicago Press 2012.

의식의 진화에 관한 연구서는 여전히 흥미롭다. 니컬러스 험프리:『마음의 역사. 진화와 의식의 탄생*A History of the Mind. The Evolution and Birth of Consciousness*』, Cambridge University Press 1991; 스위스 동물원장 하이니 헤디거:『동물들은 이해한다*Tiere verstehen*』, dtv 1988.

1.6퍼센트

인간과 유인원의 관계를 역사적으로 다룬 중요한 책이 있다. 한스 베르너 잉겐지프:『개화된 원숭이. 철학, 역사, 현재*Der kultivierte Affe. Philosophie, Geschichte undegenwart*』, Hirzel 2013.

대형 유인원들의 권리를 인정하라고 요구하는 책이다. 파올라 카발리에리, 피터 싱어(엮음):『대형 유인원들을 위한 인권*Menschenrechte für die Großen Menschenaffen*』, Goldmann 1994.

영장류 사회에서 도덕의 기원에 관한 책들이다. 프란스 드 발:『우리의 털북숭이 사촌들. 침팬지와 함께한 최근의 경험*Unsere haarigen Vettern. Neueste*

Erfahrungen mit Schimpansen』, Harnack 1983; 『야생의 외교관들. 원숭이와 인간에게서 나타나는 화해와 평화로운 공존 방법*Wilde Diplomaten. Versöhnung und Entspannungspolitik bei Affen und Menschen*』, Hanser 1991; 『선한 원숭이. 인간과 다른 동물들에서 정의와 불의의 기원*Der gute Affe. Der Ursprung von Recht und Unrecht bei Menschen und anderen Tieren*』, dtv 2000; 『보노보. 다정다감한 유인원*Bonobos. Die zärtlichen Menschenaffen*』, Birkhäuser 1998; 『원숭이와 스시 요리사. 동물들의 문화적 삶*Der Affe und der Sushimeister. Das kulturelle Leben der Tiere*』, dtv 2005; 『우리 안의 원숭이. 우리가 지금의 우리인 이유*Der Affe in uns. Warum wir sind, wie wir sind*』, Hanser 2006; 『영장류와 철학자들. 진화는 어떻게 도덕을 탄생시켰나*Primaten und Philosophen. Wie die Evolution die Moral hervorbrachte*』, Hanser 2008; 『공감 원칙. 더 나은 사회를 위해 우리가 자연에서 배울 수 있는 것들*Das Prinzip Empathie. Was wir von der Natur für eine bessere Gesellschaft lernen können*』,[*] Hanser 2011; 『인간, 보노보, 십계명*Der Mensch, der Bonobo und die Zehn Gebote*』, Klett-Cotta 2015.

생물학적으로 부정적인 인간상을 주장하는 책들은 다음과 같다. 리처드 도킨스: 『이기적 유전자*Das egoistische Gen*』, Spektrum 2007; 마이클 기셀린: 『자연의 경제와 성의 진화*The Economy of Nature and the Evolution of Sex*』, University of California Press 1974; 로버트 라이트: 『선악의 저편. 우리 윤리학의 생물학적 토대*Diesseits von Gut und Böse. Die biologischen Grundlagen unserer Ethik*』, Limes 1996; 마크 리플리: 『미덕의 생물학. 선한 것이 가치 있는 이유*Die Biologie der Tugend. Warum es sich lohnt, gut zu sein*』, Ullstein 1996.

도덕의 진화에 대한 균형 잡힌 관찰이 담긴 저서이다. 리처드 조이스: 『도덕의 진화*The Evolution of Morality*』, MIT Press 2007.

주체의 계략

수많은 인지 과학 출판물 중에서 신경 생물학자 게르하르트 로트의 다음 개론서들을 추천한다. 『뇌와 뇌의 실제*Das Gehirn und seine Wirklichkeit*』, Suhrkamp 1994; 『느끼고 생각하고 행동하기. 뇌가 우리의 행동을 조절하는 방식*Fühlen, Denken, Handeln. Wie das Gehirn unser Verhalten steuert*』, Suhrkamp 2003.

동물에 대한 우리 지식의 가능성과 한계를 다룬 중요한 텍스트로는 다음 책

* 한국어판 제목은 『공감의 시대』이다.

을 꼽을 수 있다. 도미니크 페를러, 마르쿠스 빌트(엮음):『동물의 정신. 최신 논쟁에 대한 철학 텍스트*Der Geist der Tiere. Philosophische Texte zu einer aktuellen Diskussion*』, Suhrkamp 2005.

인간들이 동물에 대해 갖고 있는 이미지를 다룬 탁월한 개론서이다. 한스 베르너 잉겐지프, 하이케 바란츠케:『동물*Das Tier*』, Reclam 2008.

동물 이해의 인지적 문제를 다룬 저서다. 마르쿠스 빌트:『동물 철학 입문*Tierphilosophie. Zur Einführung*』, Junius 2008.

2부 인간의 눈에 비친 동물

양심의 동토대

한스 페터 뒤르는 자연 이해의 관점에서 세계 종교의 총체적인 해석을 시도한다.『세드나, 혹은 생명에 대한 사랑*Sedna oder Die Liebe zum Leben*』, Suhrkamp 1984.

가축 길들이기에 대해서는 다음 책을 참조하라. 로저 카라스:『완벽한 조화. 역사의 흐름 속에서 복잡하게 얽힌 인간과 동물의 삶*A Perfect Harmony. The Intertwining Lives of Animals and Humans throughout History*』, Simon&Schuster, 1997.

동물에 대한 초기 인류의 관념 세계를 다룬 저서다. 에런 그로스, 앤 밸럴리, 조너선 사프란 포어(엮음):『동물과 인간의 상상력 선집. 초기부터 1600년까지*The Animals and the Human Imagination. An Anthology, Beginnings to 1600*』, Columbia University Press 2012.

〈나는 어떤 동물도 학대하지 않았다.〉

이집트 종교 개론서로는 이집트 학자 얀 아스만의 탁월한 저서들을 추천한다.『이집트. 한 초기 고도 문명의 신학과 경건성*Ägypten. Theologie und Frömmigkeit einer frühen Hochkultur*』, Kohlhammer 1984;『마트: 고대 이집트의 정의와 불멸*Ma'at: Gerechtigkeit und Unsterblichkeit im alten Ägypt*』, Hanser 1990;『돌과 시간. 고대 이집트의 인간과 사회*Stein und Zeit. Mensch und Gesellschaft im alten Ägypten*』, Fink 1991;『고대 이집트에서 죽음과 피안*Tod und Jenseits im Alten Ägypten*』, C.H. Beck 2010.

에리크 호르눙의 다음 책은 고전에 속한다.『유일신과 다신. 이집트의 신 관념*Der Eine und die Vielen. Ägyptische Gottesvorstellungen*』, Wissenschaftliche Buchgesellschaft, 1989, 3쇄; 엠마 브루너 트라우트:『고대 이집트인들. 파라오의 숨겨진 삶*Die alten Ägypter. Verborgenes Leben unter Pharaonen*』, Kohlhammer 1987, 4쇄; 헬무트 브루너:『고대 이집트의 지혜. 삶의 가르침*Altägyptische Weisheit. Lehren für das Leben*』, Wissenschaftliche Buchgesellschaft 1988; 클라우스 코흐:『고대 이집트 종교의 역사. 피라미드에서 이시스의 신비로운 제식까지*Geschichte der altägyptischen Religion. Von den Pyramiden bis zu den Mysterien der Isis*』, Kohlhammer 1993.

동물 숭배에 관한 정보는 다음 책의 해당 항목을 참조하라. 볼프강 헬크, 볼프하르트 베스텐도르프, 에버하르트 오토(엮음):『이집트학 사전*Lexikon der Ägyptologie*』, Harassowitz 1975.

개별 특수 주제에 대해서는 다음 논문과 책들을 권한다. 에리크 호르눙:「고대 이집트에서 동물의 의미Die Bedeutung des Tieres im alten Ägypten」, in: Studium Generale 20, 1967, 69-84면;『이집트 지하 세계의 책들*Ägyptische Unterweltsbücher*』, Artemis 1972;「고대 이집트에서 동물의 다의성Die Vieldeutigkeit der Tiere im alten Ägypten」, in: 프리드리히 니뵈너, 장루 세방(엮음):『동물의 영혼*Die Seele der Tiere*』, Harassowitz 2001, 41-50면; 엠마 브루너 트라우트:「고대 이집트에서 동물의 지위Die Stellung des Tieres im Alten Ägypten」, in: 파울 뮌히, 라이너 발츠:『동물과 인간. 난감한 관계의 과거와 현재*Tiere und Menschen. Geschichte und Aktualität eines prekären Verhältnisses*』, Schöningh 1998, 87-120면.

양치기와 통치자

유대교의 동물에 관한 고전적 연구서로는 다음 책들을 추천한다. 요제프 볼게무트:『고대 유대교에서 동물과 평가*Das Tier und seine Wertung im alten Judentum*』, Kauffmann 1930; 미하엘 란트만:『유대교의 규정으로 본 동물*Das Tier in der jüdischen Weisung*』, Lambert Schneider 1959.

유대교와 동물의 관계를 다룬 책들은 다음과 같다. 베른트 야노프스키, 우테 노이만 고어졸케, 우베 글레스머(엮음):『인간의 동반자와 적. 고대 이스라엘 세계의 동물*Gefährten und Feinde des Menschen. Das Tier in der Lebenswelt des alten Israel*』, Neukirchener 1993; 오트프리트 라인케:『인간의 동반자로서 동물들. 그 전통과 현재*Tiere. Begleiter des Menschen in Tradition und Gegenwart*』, Neukirchener

1995; 플로리안 슈미츠-캄:『인간의 보호를 받는 신의 피조물. 구약 성서에서 동물의 평가*Geschöpfe Gottes unter der Obhut des Menschen. Die Wertung der Tiere im Alten Testament*』, Neukirchener 1997; 오트마르 켈, 토마스 슈타우플리:『그대 날개의 그늘 아래서. 성서와 고대 오리엔트의 동물*Im Schatten Deiner Flügel. Tiere in der Bibel und im Alten Orient*』, Academic Press Fribourg 2001; 페터 리데:『동물의 거울. 고대 이스라엘에서 인간과 동물의 관계 연구*Im Spiegel der Tiere. Studien zum Verhältnis von Mensch und Tier im alten Israel*』, Vandenhoeck&Ruprecht 2002; 질비아 슈뢰르:『성서의 동물. 문화사적 여행*Die Tiere in der Bibel. Eine kulturgeschichtliche Reise*』, Herder 2010.

ZDF 저널리스트 출신의 볼프 뤼디거 슈미트는 유대교 및 기독교와 동물 윤리를 다룬 훌륭한 개론서 두 권을 썼다.『영혼 없는 삶? 동물-종교-윤리*Leben ohne Seele? Tier-Religion-Ethik*』, Goldmann 1991;『유대교, 기독교, 이슬람교에서 사랑받은 동물과 다른 동물들. 우리 문명에서 피조물이 겪는 불행에 관하여*Geliebte und andere Tiere in Judentum, Christentum und Islam. Vom Elend der Kreatur in unserer Zivilisation*』, Goldmann 1996.

동물에 대한 유대교와 기독교의 태도를 비판한 책으로는 다음 두 권을 추천한다. 오이겐 드레버만:『동물의 불멸에 관하여. 고통받은 피조물을 위한 희망*Über die Unsterblichkeit der Tiere. Hoffnung für die leidende Kreatur*』, Walter 1990;『치명적인 진보*Der tödliche Fortschritt*』, Herder 1991, 여기서는 특히 67-110면.

잃어버린 낙원

소크라테스 이전 철학자들의 철학과 윤리학에 관한 저서다. 제임스 루흐테:『초기 그리스 사상: 동트기 전*Early Greek Thought: Before the Dawn*』, Bloomsbury Publishing 2011.

그리스의 영혼 개념에 관한 고전으로는 다음 책을 추천한다. 프란츠 뤼셰:『피, 생명, 영혼. 고대 그리스와 헬레니즘, 성서, 알렉산드리아 신학자들의 개념에 따른 이 세 가지 요소의 관계. 제물의 종교사에 대한 예비 연구*Blut, Leben und Seele. Ihr Verhältnis nach Auffassung der griechischen und hellenistischen Antike, der Bibel und der alexandrinischen Theologen. Eine Vorarbeit zur Religionsgeschichte des Opfers*(1930)』, Johnson Reprint 1968.

그리스 초기의 영혼 관념에 대한 연구서다. 얀 니콜라스 브레머:『초기 그리스인의 영혼 개념*The Early Greek Conception of the Soul*』, Princeton University Press

1987, 2쇄; 클라우디아 프렌첼:「소크라테스 이전 철학자들이 본 동물, 인간, 영혼 Tier, Mensch und Seele bei den Vorsokratikern」, in: 프리드리히 니뵈너, 장루 세 방(엮음):『동물의 영혼』, Harassowitz 2001, 59-92면.

채식주의에 관한 고전이다. 요하네스 하우스라이터:『고대의 채식주의*Der Vegetarismus in der Antike*』, Töpelmann 1935.

고대의 인간과 동물의 관계에 대한 저서다. 우르스 디라우어:『고대인의 사고 에서 동물과 인간. 동물 심리학, 인류학, 윤리학 연구*Tier und Mensch im Denken der Antike. Studien zur Tierpsychologie, Anthropologie und Ethik*』, Grüner 1977;「그리스-로마 사유 속의 인간과 동물Mensch und Tier im griechisch-römischen Denken」, in: 파울 뮌히, 라이너 발츠(엮음):『동물과 인간. 난감한 관계의 과거 와 현재』, Schöningh 1998, 37-85면;「고대 그리스 로마의 채식주의와 동물 보호 Vegetarismus und Tierschonung in der griechisch-römischen Antike」, in: 마누 엘라 리네만, 클라우디아 쇼르히트(엮음):『채식주의*Vegetarismus*』, Harald Fischer 2001, 15-20면; 아네타 알렉산드리디스, 마르쿠스 빌트, 로렌츠 빙클러-호라체크 (엮음):『고대의 인간과 동물. 경계 짓기와 경계 넘기*Mensch und Tier in der Antike. Grenzziehung und Grenzüberschreitung*』, Reichert 2009.

아리스토텔레스의 동물 사물화에 관한 연구서다. 마르틴 F. 마이어:『아리스토 텔레스와 생물학의 탄생*Aristoteles und die Geburt der biologischen Wissenschaft*』, Springer 2015.

〈신이 황소에게 관심이나 있을까?〉

기독교에서 동물의 역할에 관한 몇몇 중요한 책은 이미 유대교 항목에서 언급했다. 그 외에 동물을 대하는 교회의 태도를 맹렬하게 비판한 책이 있다. 카를 안더스 스크 리버:『동물에 대한 교회의 배신*Der Verrat der Kirchen an den Tieren*』, Starczweski 1967.

창조 신학에 뿌리를 둔 수많은 저서가 동물을 대하는 방식의 사고 전환을 요구 했는데, 여기서는 그중 세 작품만 언급하겠다. 루돌프 뵈징거:『당나귀 형제. 우리에 게 맡겨진 동물들*Bruder Esel. Tiere, die uns anvertraut*』, Lahn 1980; 라이너 하겐코 르트:『노아의 잊힌 동반자들. 망가진 관계의 복원*Noahs vergessene Gefährten. Ein zerrüttetes Verhältnis heilen*』, Grünewald 2010; 쿠르트 레멜레:『동물의 존엄은 불 가침이다. 새로운 기독교 동물 윤리*Die Würde des Tieres ist unantastbar. Eine neue christliche Tierethik*』, Butzon&Bercker 2016.

이슬람교에서 동물의 역할은 다음 책들을 참조하기 바란다. 헤르베르트 아이젠슈타인: 『아라비아 동물 분류학 입문. 아라비아-이슬람 문헌 속의 동물학적 지식 *Einführung in die arabische Zoographie. Das tierkundliche Wissen in der arabisch-islamischen Literatur*』, Reimer 1991; 「이슬람에서 인간과 동물Mensch und Tier im Islam」, in: 파울 뮌히, 라이너 발츠(엮음): 『동물과 인간. 난감한 관계의 과거와 현재』, Schöningh 1998, 121-146면; 알마 기제: 「네 마리 동물에게도 천국의 약속이 주어졌다. 중세 이슬람에서 영혼에 관한 고찰Vier Tieren auch verheißen war, ins Paradies zu kommen. Betrachtungen zur Seele der Tiere im islamischen Mittelalter」, in: 프리드리히 니뵈너, 장루 세방(엮음): 『동물의 영혼』, Harassowitz 2001, 111-132면.

위선적인 소 숭배

고대 아시아의 전통에서 동물과의 관계를 알려 주는 저서다. 크리스토퍼 키 채플: 『아시아 전통에서 동물, 지구, 자아에 대한 비폭력*Nonviolence to Animals, Earth and Self in Asian Traditions*』, State University of New York Press 1993.

힌두교에서 인간과 동물 관계를 광범하게 기술한 저서는 없는데, 다음 책에서만 일부 단서가 발견된다. 하인리히 치머: 『인도 철학과 종교*Philosophie und Religion Indiens*』, Suhrkamp 1979.

여러 측면으로 조명한 텍스트들이다. 루트비히 알스도르프: 「인도의 채식주의와 소 숭배 역사Beiträge zur Geschichte von Vegetarismus und Rinderverehrung in Indien」, in: 『학술 문학 아카데미, 정신과학 및 사회 과학 부문 논문*Akademie der Wissenschaften und der Literatur, Abhandlungen der geistes-und sozialwissenschaftlichen Klasse*』, 1961, (6), 1962; 얀 고다: 「고대 인도의 인간과 동물Mensch und Tier im alten Indien」, in: *Studium Generale* 20.2, 1967, 105-116면.

중요한 주제들을 훌륭하게 요약한 텍스트로는 다음을 꼽을 수 있다. 앙겔리카 말리나르: 「육체의 상호 의존성과 위계질서: 서사적 푸라나 문헌에 따른 힌두교 전통에서 동물과 인간의 관계Wechselseitige Abhängigkeiten und die Hierarchie der Körper: Zum Verhältnis zwischen Tieren und Menschen in hinduistischen Traditionen nach der episch-puranischen Literatur」, in: 파울 뮌히, 라이너 발츠: 『동물과 인간. 난감한 관계의 과거와 현재』, Schöningh 1998, 147-178면.

불교 속의 동물에 대해서는 다음 텍스트를 참조하라. 프랜시스 스토리: 『불교에서 동물의 위치*The Place of Animals in Buddhism*』, Buddhist Publication Society 1964; 람베르트 슈미트하우젠, 무다가무베 마이트리무르티:「불교에서 동물과 인간Tier und Mensch im Buddhismus」, in: 파울 뮌히, 라이너 발츠:『동물과 인간. 난감한 관계의 과거와 현재』, Schöningh 1998, 179-224면; 람베르트 슈미트하우젠:「죽이지 않고 먹기. 불교에서 육식과 채식 문제Essen ohne zu töten. Zur Frage von Fleischverzehr und Vegetarismus im Buddhismus」, in: 페리 슈미트-로이켈(엮음):『종교와 음식*Die Religionen und das Essen*』, Diederichs 2000, 145-202면.

사상가들과 사랑하는 가축

고트하르트 마르틴 토이치의 다음 책은 〈동물의 영혼〉을 둘러싼 논쟁의 훌륭한 자료집이다.『영혼을 가진 동물. 2천 년의 목소리*Da Tiere eine Seele haben. Stimmen aus zwei Jahrtausenden*』, Kreuz 1987.

다음 책은 동물의 이성에 대한 철학적 논쟁을 다룬다. 한스 페터 쉬트:『동물의 이성*Die Vernunft der Tiere*』, Keip 1990.

마누엘라 리네만의 책은 이 문제를 훨씬 폭넓게 다룬다.『형제-야수-자동 기계. 서양 사상에서 동물*Brüder-Bestien-Automaten. Das Tier im abendländischen Denken*』, Harald Fischer 2000.

고대에서 현재까지 인간과 동물 관계의 다양한 차원을 서술한 책도 있다. 한스 베르너 잉겐지프, 하이케 바란츠케, 프란츠 테오 고트발트:『생명-죽임-먹음. 인류학적 차원들*Leben-Töten-Essen. Anthropologische Dimensionen*』, Hirzel 2000.

고대에서 현재까지의 또 다른 텍스트 모음집이다. 우르줄라 볼프:『동물 윤리에 관한 텍스트*Texte zur Tierethik*』, Reclam 2008.

동물 자동 기계 이론에 관한 저서다. 알렉스 주터:『신적인 기계. 데카르트, 라이프니츠, 라메트리, 칸트에게서 나타나는 살아 있는 자동 기계*Göttliche Maschinen. Die Automaten für Lebendiges bei Descartes, Leibniz, La Mettrie und Kant*』, Athenäum 1988.

과거와 현재의 동물 윤리 논쟁에서 〈존엄〉의 개념에 표준을 제공하는 저서다. 하이케 바란츠케:『피조물의 존엄? 생명 윤리의 지평에서 존엄의 이념*Würde der Kreatur? Die Idee der Würde im Horizont der Bioethik*』, Königshausen&Neumann 2002.

〈동물도 고통을 느낄 수 있을까?〉

프로테스탄트와 동물 간의 관계를 조명한 텍스트들은 다음과 같다. 라이너 E. 비덴만:「신교 종파, 궁정 사회, 동물 보호Protestantische Sekten, Höfische Gesellschaft und Tierschutz」, in:『쾰른 사회학 잡지Kölner Zeitschrift für Soziologie』 1, 1996, 35-65면;「동물, 도덕, 사회. 인도주의적 사회의 근본적 요소와 영역Tiere, Moral, Gesellschaft. Elemente und Ebenen humanistischer Sozialität」, VS Verlag für Sozialwissenschaften 2009.

한스 베르너 잉겐지프는 별로 알려지지 않은 18세기 독일어권 문헌들과 논쟁을 벌인다.「18세기 독일 철학 문헌에서 나타나는 동물 영혼 및 동물 윤리적 논증 Tierseele und tierethische Argumentationen in der deutschen philosophischen Literatur des 18. Jahrhunderts」, in:『역사, 윤리학, 자연 과학, 공학, 의학 국제 잡지 Internationale Zeitschrift für Geschichte und Ethik der Naturwissenschaften, Technik und Medizin』 No. 2, 1996, 103-118면.

아르투어 쇼펜하우어의 불교적 동물 이해를 다룬 책도 있다. 요헨 슈톨베르크(엮음):『네가 방금 죽인 동물은 너 자신이다. 아르투어 쇼펜하우어와 인도Das Tier, das du jetzt tötest, bist du selbst. Arthur Schopenhauer und Indien』, Klostermann 2006.

주로 앵글로색슨 지역의 동물 보호 역사를 기술한 저서다. 어니스트 터너:『하늘의 분노All Heaven in a Rage』, Michael Joseph 1964.

미케 로셔의 책은 탁월하고 무척이나 상세하다.『동물을 위한 왕국. 영국 동물권 운동의 역사Ein Königreich für Tiere. Die Geschichte der britischen Tierrechtsbewegung』, Tectum 2009.

동물 권리의 고전적 도서들이다. 헨리 스티븐스 솔트:『사회적 발전의 관련 속에서 고찰한 동물의 권리Animals' Rights Considered in Relation to Social Progress』 (1892), Kessinger Publishing 2010; 레오나르트 넬존:『철학적 윤리학과 교육학 체계System der philosophischen Ethik und Pädagogik』, 전집 제5권, Meiner 1970.

3부 새로운 동물 윤리

철문

알베르트 슈바이처의 생을 다룬 책이다. 닐스 올레 외르만:『알베르트 슈바이처 전기. 1875-1965*Albert Schweitzer. 1875-1965. Eine Biographie*』, C.H. Beck 2009.

슈바이처의 동물 윤리에 관한 책이다. 에리히 그레서:『알베르트 슈바이처. 동물에 대한 외경*Albert Schweitzer. Ehrfurcht vor den Tieren*』, C.H. Beck 2006; 알베르트 슈바이처:『우리는 무엇을 해야 하나? 윤리적 문제에 대한 열두 가지 가르침*Was sollen wir tun? 12 Predigten über ethische Probleme*』(1919), Lambert Schneider 1986, 2쇄.

슈바이처의 동물 윤리에 대한 논쟁이 담겨 있다. 귄터 알트너, 루트비히 프람바흐, 프란츠 테오 고트발트, 마누엘 슈나이더:『생명 한가운데의 삶. 알베르트 슈바이처의 현재성*Leben inmitten von Leben. Die Aktualität Albert Schweitzers*』, Hirzel 2005.

동물 윤리와 관련해서 피터 싱어의 가장 중요한 저서들이다.『동물 해방*Animal Liberation*』, Rowohlt, 확대된 개정판 1996;『실천 윤리학*Praktische Ethik*』, Reclam 1984; 피터 싱어(엮음):『동물 보호. 새로운 인간성을 위한 숙고*Verteidigt die Tiere. Überlegungen für eine neue Menschlichkeit*』, Neff 1986;『헨리 스피라와 동물권 운동*Henry Spira und die Tierrechtsbewegung*』, Harald Fischer 2001.

톰 리건의 책들이다. 톰 리건:『동물권의 논거*The Case of Animal Rights*』, University of California Press 2004, 3쇄;『동물 권리 옹호*Defending Animal Rights*』, University of Illinois Press 2001; 톰 리건, 칼 코엔:『동물권 논쟁*The Animal Rights Debate*』, Rowman&Littlefield 2001; 톰 리건:『동물권, 인간의 잘못. 도덕 철학 개론*Animal Rights, Human Wrongs. An Introduction to Moral Philosophy*』, Rowman&Littlefield 2003; 톰 리건, 제프리 M. 마손:『텅 빈 케이지. 동물 권리의 도전에 맞서*Empty Cages. Facing the Challenge of Animal Rights*』, Rowman&Littlefield 2005.

보호냐, 권리냐? / 종에 적합한 도덕 / 좋은 것, 더 좋은 것, 가장 좋은 것

〈동물 보호〉와 관련한 훌륭한 참고 도서다. 고트하르트 마르틴 토이치:『인간과 동물. 동물 보호 윤리 사전*Mensch und Tier. Lexikon der Tierschutzethik*』, Vandenhoeck&Ruprecht 1987.

동물 보호의 다양한 관점을 조명한 선집이다. 우르줄라 헨델(엮음):『동물 보호. 우리 인간성의 시험*Tierschutz. Testfall unserer Menschlichkeit*』, Fischer 1984.

독일어권에서 동물권 운동의 자기 이해를 드러낸 저서들이다. 헬무트 카플란:『채식주의의 철학*Philosophie des Vegetarismus*』, Lang 1988;『우리는 식인종인가? 평등 원칙으로 본 육식*Sind wir Kannibalen? Fleischessen im Lichte des Gleichheitsprinzips*』, Lang 1991;『조문객 대접. 채식에 관한 윤리적 이유들*Leichenschmaus. Ethische Gründe für eine vegetarische Ernährung*』, Book-on-Demand 2011, 4쇄;『동물은 권리가 있다*Tiere haben Rechte*』, Harald Fischer 1998;『나는 내 친구를 먹지 않는다. 또는 동물을 대하는 우리의 태도가 잘못된 이유*Ich esse meine Freunde nicht oder Warum unser Umgang mit Tieren falsch ist*』, Trafo 2009;『동물 권리. 유행인가 도덕적 진보인가?*Tierrechte. Modetrend oder Moralfortschritt?*』, Book-on-Demand 2012.

분노에 찬 고발서다. 지나 발덴, 기젤라 불라:『동물의 종말 시대*Endzeit für Tiere*』, Rowohlt 1992.

동물권 운동 영역의 최근 저서들이다. 힐랄 세즈긴:『종에 적합한 건 자유뿐이다. 동물 윤리, 또는 우리가 생각을 바꾸어야 할 이유*Artgerecht ist nur die Freiheit. Eine Ethik für Tiere oder Warum wir umdenken müssen*』, Piper 2015, 2쇄; 마르틴 발루흐:『개와 개의 철학자. 자율성과 동물권 옹호*Der Hund und sein Philosoph. Plädoyer für Autonomie und Tierrechte*』, Promedia 2015.

싱어와 리건을 잇는 동물권과 평등한 동물 윤리의 철학적 토대를 다룬 책들이다. 레이먼드 프레이:『이익과 권리. 동물 반대 사례*Interests and Rights. The Case Against Animals*』, Oxford University Press 1980;『권리, 죽임, 고통*Rights, Killing and Suffering*』, Blackwell 1983;『유용성과 권리*Utility and Rights*』, Blackwell 1984;『권리, 죽임, 고통. 도덕적 채식주의와 응용 윤리*Rights, Killing and Suffering. Moral Vegetarianism and Applied Ethics*』, Blackwell 1985; 메리 미즐리:『동물과 그들이 중요한 이유*Animals and Why They Matter*』, University of Georgia Press 1985; 스티브 사폰치스:『도덕, 이성, 동물*Morals, Reason, and Animals*』, Temple University Press 1987; 로즈메리 로드:『생물학, 윤리, 그리고 동물*Biology, Ethics, and Animals*』, Clarendon 1990; 마이클 폭스:『비인간적 사회. 동물을 착취하는 미국식 방법*Inhumane Society. The American Way of Exploiting Animals*』, St. Martin's Griffin 1990; 버나드 롤린:『동물권과 인간 도덕*Animal Rights & Human Morality*』, Prometheus Books 2006, 3쇄; 게리 프란치오네:『동물, 재산, 그리고 법*Animals, Property, and the Law*』, Temple University Press 1995;『천둥 없는 비. 동물권 운동의 이데올로기*Rain without Thunder. The Ideology of the Animal Rights Movement*』, Temple University Press 1996;『동물권 입문. 당신의 아이인가 개인가?*Introduction to Animal Rights. Your Child or the Dog?*』, Temple University Press

2000; 『인격체로서의 동물. 동물 착취 폐지에 대한 에세이*Animals as Persons. Essays on the Abolition of Animal Exploitation*』, Columbia University Press 2008; 『동물권 논쟁. 폐지인가 규제인가*The Animal Rights Debate. Abolition or Regulation*』, Columbia University Press 2010; 데이비드 데그라치아: 『동물을 진지하게 받아들이기. 정신적 삶과 도덕적 지위*Taking Animals Seriously. Mental Life and Moral Status*』, Cambridge University Press 1996; 스티븐 클라크: 『동물과 그들의 도덕적 위치*Animals and Their Moral Standing*』, Routledge 1997; 데일 제이미슨: 『도덕의 진보. 인간, 다른 동물, 나머지 자연에 관한 에세이*Morality's Progress. Essays on Humans, Other Animals, and the Rest of Nature*』, Oxford University Press 2002; 파올라 카발리에리: 『동물에 대한 물음. 인권 확대 이론*Die Frage nach den Tieren. Für eine erweiterte Theorie der Menschenrechte*』, Harald Fischer 2002; 코라 다이아몬드: 『인간, 동물, 개념. 도덕 철학에 관한 논문*Menschen, Tiere und Begriffe. Aufsätze zur Moralphilosophie*』, Suhrkamp 2012.

지난 40년 동안 앵글로 아메리카 지역에서 벌어졌던 동물권 논쟁을 망라한 훌륭한 자료집이다. 프리데리케 슈미트: 『동물 윤리. 기초 문헌들*Tierethik. Grundlagentexte*』, Suhrkamp 2014.

독일어권의 동물 윤리에서 표준적인 저서다. 장클로드 볼프: 『동물 윤리. 인간과 동물을 위한 새로운 관점들*Tierethik. Neue Perspektiven für Menschen und Tiere*』, Harald Fischer 2005, 2쇄; 『전통적인 동물 보호, 급진적인 동물 보호, 윤리적 개선주의*Traditioneller Tierschutz, radikaler Tierschutz und der ethische Meliorismus*』, tier-im-fokus.ch, 2011년, 3월 5일; 우르줄라 볼프: 『동물과 도덕*Das Tier in der Moral*』, Klostermann 1990; 『인간-동물 관계의 윤리학*Ethik der Mensch-Tier-Beziehung*』, Klostermann 2012.

이 주제에 관한 자료집 가운데 필자가 특히 중요하다고 생각하는 책들이다. 마누엘 슈나이더, 안드레아스 카러(엮음): 『자연에 권리를 주다. 모든 생명의 새로운 공동체를 위한 단초들*Die Natur ins Recht setzen. Ansätze für eine neue Gemeinschaft allen Lebens*』, C. F. Müller 1992, 여기서는 특히 마누엘 슈나이더의 논문이 탁월하다. 알베르토 본돌피(엮음): 『인간과 동물. 그들 관계의 윤리적 차원*Mensch und Tier. Ethische Dimensionen ihres Verhältnisses*』, Universitätsverlag Fribourg 1995; 마르틴 리히티(엮음): 『동물의 존엄*Die Würde des Tieres*』, Harald Fischer 2002.

노르베르트 회르스터는 분석 철학으로 동물의 〈존엄〉에 반대한다. 『동물에게 존엄이 있을까? 동물 윤리의 기본 문제들*Haben Tiere eine Würde? Grundfragen der*

Tierethik』, C.H. Beck 2004.

4부 무엇을 해야 할까?

사랑하고 미워하고 먹고

인간과 동물 관계의 심리학을 연구한 저서다. 위르겐 쾨르너:『형제 개와 자매 고양이. 동물 사랑-잃어버린 낙원에 대한 인간의 동경*Bruder Hund&Schwester Katze. Tierliebe-Die Sehnsucht des Menschen nach dem verlorenen Paradies*』, Kiepenheuer &Witsch 1996.

인간과 동물 관계의 과거와 현재를 집중적으로 연구한 책들이다. 하랄트 슈테판:『인간성은 동물에서 시작된다. 반려자와 희생자*Menschlichkeit beginnt beim Tier. Gefährten und Opfer*』, Kreuz 1987; 제임스 서펠:『동물과 우리. 관계 연구*Das Tier und wir. Eine Beziehungsstudie*』, Albert Müller 1990; 한나 라인츠:『동물적 사랑. 인간과 동물 관계의 심리학*Eine tierische Liebe. Zur Psychologie der Beziehung zwischen Mensch und Tier*』, Kösel 1994.

피고인석에 앉은 인간과 동물의 관계에 대해서는 다음 책들을 참조하라. 게르하르트 슈타군:『동물 사랑. 일방적인 관계*Tierliebe. Eine einseitige Beziehung*』, Hanser 1996; 멜라니 조이:『우리는 왜 개는 사랑하고, 돼지는 먹고, 소는 입을까. 육식주의 개관*Warum wir Hunde lieben, Schweine essen und Kühe anziehen. Karnismus-eine Einführung*』, compassion media 2013, 5쇄; 베른하르트 카탄:『즐겨 먹는 동물. 애완동물과 도축용 가축 사이*Zum Fressen gern. Zwischen Haustier und Schlachtvieh*』, Kadmos 2004; 안토니 F. 괴첼:『동물의 고발*Tiere klagen an*』, Fischer 2013.

〈인간 동물학〉 개념을 창안한 할 헤르조그의 다음 책은 주목할 만하다.『우리는 그들을 쓰다듬으면서도 먹는다. 동물과 우리의 모순된 관계*Wir streicheln und wir essen sie. Unser paradoxes Verhältnis zu Tieren*』, Hanser 2012.

다양한 측면을 개괄한 도서들은 다음과 같다. 하르트무트 뵈메, 프란츠 테오 고트발트, 크리스티안 홀토르프, 토마스 마초, 루트거 슈바르테, 크리스토프 불프(엮음):『동물. 다른 인간학*Tiere. Eine andere Anthropologie*』, Böhlau 2004; 미하엘 로젠베르거:『동반자-경쟁자-혈족. 인간-동물 관계의 학술 논쟁*Gefährten-Konkurrenten-Verwandte. Die Mensch-Tier-Beziehung im wissenschaftlichen*

Diskurs』, Vandenhoeck&Ruprecht 2009; 한스 베르너 잉겐지프(엮음): 『우리 문화 속의 동물. 만남, 관계, 문제점 *Das Tier in unserer Kultur. Begegnungen, Beziehungen, Probleme*』, Oldip 2015.

사회 과학적 관점에서 쓴 저서다. 레나테 브루커, 멜라니 부요크, 브리기트 뮈테르히(엮음): 『인간-동물 관계. 사회 과학적 개관 *Das Mensch-Tier-Verhältnis. Eine sozialwissenschaftliche Einführung*』, Springer 2014.

인간과 동물의 관점에서 쓴 연구서다. 키마이라, 인간-동물 연구자 모임(엮음): 『인간-동물 연구. 인간-동물 관계의 사회적 본질에 관하여 *Human-Animal Studies. Über die gesellschaftliche Natur von Mensch-Tier-Verhältnissen*』, transcript 2011; 아리아나 페라리, 클라우스 페트루스(엮음): 『인간-동물 관계 사전 *Lexikon der Mensch-Tier-Beziehungen*』, transcript 2015; 아네테 뷜러-디트리히, 미하엘 바인가르텐(엮음): 『동물상. 동물과 인간 사이의 새로운 관계 형성 *Topos Tier. Neue Gestaltungen des Tier-Mensch-Verhältnisses*』, transcript 2015.

죽임에 관한 짧은 텍스트

동물 보호법을 참조하라. www.gesetze-im-internet.de/tierschg/BJN R012770972.html.

동물 보호법에 관한 상세한 해설들이다. 알무트 히르트, 크리스토프 마이자크, 요한나 모리츠: 『동물 보호법. 주석 *Tierschutzgesetz. Kommentar*』, Franz Vahlen 2007; 알베르트 로르츠, 에른스트 메츠거: 『동물 보호법. 보편적 행정 규정과 시행령, 유럽 협정, 기본법 20a조 해석 *Tierschutzgesetz. Tierschutzgesetz mit Allgemeiner Verwaltungsvorschrift, Rechtsverordnungen und Europäischen Übereinkommen sowie Erläuterungen des Art. 20a GG. Kommentar*』, C.H. Beck 2008, 6쇄.

동물 보호법의 법적 문제점을 다룬 탁월한 저서다. 요하네스 카스파르: 『현대 산업 사회의 법에서 동물 보호. 철학적 역사적 토대 위의 법적 재구성 *Tierschutz im Recht der modernen Industriegesellschaft. Eine rechtliche Neukonstruktion auf philosophischer und historischer Grundlage*』, Nomos 1999.

현대 환경법에 대해서는 다음 저서들을 참조하라. 크리스토퍼 스톤: 『법정에 선 환경. 자연의 고유 권리 *Umwelt vor Gericht. Die Eigenrechte der Natur*』, Trickster 1992, 2쇄; 『지구와 다른 윤리 *Earth and Other Ethics*』, Harper&Row 1975; 『인간보다 오래된 모기. 전 세계 환경과 인류의 의제 *The Gnat is Older than Man. Global Environment and Human Agenda*』, Princeton University Press 1993; 『나무는 서

있어야 할까? 법과 도덕, 환경에 대한 다른 에세이*Should Trees Have Standing? And Other Essays on Law, Morals, and the Environment*』, Oceana Publications 1996.

동물을 〈국민〉으로 이해하려는 무척 진보적인 접근 방식에 관한 저서다. 수 도 널드슨, 윌 킴리카: 『동물 폴리스. 동물권에 관한 정치 이론*Zoopolis. Eine politische Theorie der Tierrechte*』, Suhrkamp 2013.

자연 보호냐, 쾌락 살해냐?

사냥꾼들의 자아상을 〈사냥 본능〉으로 정당화하는 저서다. 플로리안 아셰: 『사 냥, 섹스, 육식. 태곳적인 것에 대한 즐거움*Jagen, Sex und Tiere essen. Die Lust am Archaischen*』, Naumann-Neudamm 2012.

사냥을 〈형제 같은 피조물〉에 대한 존중으로 옹호하는 저서다. 게르트 마이덴: 『우리 사냥꾼들에게 정말로 남은 것⋯*Was uns Jägern wirklich bleibt…*』, Stocker 2013, 5쇄.

사냥을 〈자연에 대한 사랑〉으로 정당화하는 저서다. 로타르 릴링거: 『사냥의 마 법⋯ 체험과 만남*Die Magie der Jagd… Erlebnisse und Begegnungen*』, Stocker 2010.

사냥의 문화사를 기술한 매혹적인 저서다. 맷 카트밀: 『밤비 신드롬. 사냥 열정 과 인간 혐오의 문화사*Das Bambi-Syndrom. Jagdleidenschaft und Misanthropie in der Kulturgeschichte*』, Rowohlt 1995.

사냥에 관한 고전적인 도서로는 다음 책이 있다. 호세 오르테가 이 가세트(엮 음): 『사냥에 관하여*Über die Jagd*』, Rowohlt 1957.

사냥을 적극적으로 비판하는 문헌들 가운데 특히 거론할 만한 책은 다음과 같 다. 호르스트 하겐: 『사냥은 얼마나 고상한가?*Wie edel ist das Waidwerk?*』, Ullstein 1984; 동물권 운동가 다크 프롬홀트: 『안티 사냥서. 고상한 사냥의 생태학적 윤리 적 현실*Das Anti-Jagdbuch. Von der ökologischen und ethischen Realität des edlen Waidwerks*』, Hirthammer 1994; 『사냥의 신화. 사냥꾼들의 생태학적 거짓말 *Jägerlatein. Über die ökologischen Lügen der Waidmänner*』, Okapi 1996.

햄과 치즈를 넘어

대량 사육에 관한 책들은 그사이 상당히 많아졌다. 그중 표준이 될 만한 책만 몇 권 소개하겠다. 볼프 미하엘 아임러: 『동물 장사. 고기와 달걀을 생산하는 야만적인 방 법들*Tierische Geschäfte. Barbarische Methoden im Fleisch-und Eierland*』, Droemer Knaur 1987; 만프레트 카레만, 카를 슈넬팅: 『상품으로서의 동물. 학대받고-도살당하고-팔리는*Tiere als Ware. Gequält-getötet-vermarktet*』, Fischer 1992; 제러미 리프킨:『소들의 제국*Das Imperium der Rinder*』, Campus 1994.

다음 책은 유전 공학의 지원을 받는 동물 사육을 신학적, 경제적, 과학적 관점에서 파헤친다. 베른하르트 질(엮음):『동물 사육에서 생명 공학과 유전 공학. 학제 간 협력의 윤리적 문제와 한계*Bio-und Gentechnologie in der Tierzucht. Ethische Grund-und Grenzfragen im interdisziplinären Dialog*』, Ulmer 1996.

육식에 관한 현대의 규범서다. 폴커 E. 필그림, 막스 멜보:『고기를 먹지 말아야 할 열 가지 이유*Zehn Gründe, kein Fleisch mehr zu essen*』, Rowohlt 1992.

육식에 관한 최신 자료들은 다음과 같다. 조너선 사프란 포어:『동물을 먹는다는 것*Tiere essen*』, Fischer 2012, 5쇄; 안드레아스 그라볼레:『어떤 고기도 우리에게 행복을 주지 않는다. 좋은 감정으로 먹고 즐기기*Kein Fleisch macht glücklich. Mit gutem Gefühl essen und genießen*』, Goldmann 2012; 카렌 두베:『품위 있게 먹는다는 것. 새로운 시도*Anständig essen. Ein Selbstversuch*』, Goldmann 2012.

육식의 윤리적 문제를 폭넓게 다룬 저서다. 프란츠 테오 고트발트, 한스 베르너 잉겐지프, 마르크 마인하르트(엮음):『음식 윤리*Food Ethics*』, Springer 2010.

농업에서 동물 사육의 딜레마를 다룬 저서다. 타냐 부세:『일회용 소. 우리의 농업은 어떻게 동물을 혹사시키고 농민을 망치고 자원을 낭비하고 있고, 그것을 막기 위해 우리는 무엇을 할 수 있는가?*Die Wegwerfkuh. Wie unsere Landwirtschaft Tiere verheizt, Bauern ruiniert, Ressourcen verschwendet und was wir dagegen tun können*』, Blessing 2015.

동물 도축을 다룬 문헌이다. 마누엘라 리네만(엮음):『모든 고기의 길. 문학 속의 도축 모티프*Der Weg allen Fleisches. Das Motiv des Schlachtens in der Literatur*』, Harald Fischer 2006.

실험 인형으로서의 동물

다음 두 권의 책은 동물 생체 해부의 역사를 기술한다. 안드레아스-홀거 멜레:『동물 실험의 비판과 방어. 17세기와 18세기에 있었던 논쟁의 시작*Kritik und Verteidigung des Tierversuchs. Die Anfänge der Diskussion im 17. und 18. Jahrhundert*』, Steiner 1992; 좀 더 오래된 저서로는 다음 책이 있다. 후베르트 브레트슈나이더:『19세기에 생체 해부를 둘러싼 논쟁*Der Streit um die Vivisektion im 19. Jahrhundert*』, Fischer 1962.

작가 한스 볼슐레거의 강렬한 에세이는 상당히 투쟁적이다.『동물들이 당신을 바라본다. 또는 잠재적 인간 학대 *Tiere sehen dich an oder Das Potential Mengele*』, Haffmans 1989.

동물 실험에 대한 급진적 비판서들이다. 피에트로 크로체:『동물 실험인가 과학인가. 하나의 선택 *Tierversuch oder Wissenschaft. Eine Wahl*』, CIVIS 1988; 베른하르트 람베크:『동물 실험의 신화. 학술 비판적 연구 *Mythos Tierversuch. Eine wissenschaftskritische Untersuchung*』, Zweitausendeins 1990; 버나드 롤린:『주목받지 못하는 비명. 동물의 의식, 동물의 고통, 그리고 과학 *The Unheeded Cry. Animal Consciousness, Animal Pain and Science*』, Wiley-Blackwell 1998 개정판; 래리 카본:『동물들이 원하는 것: 실험동물 복지 정책의 전문성과 변호 *What Animals Want: Expertise and Advocacy in Laboratory Animal Welfare Policy*』, Oxford University Press 2004.

다음 책은 동물 실험을 좀 더 세밀하게 비판한다. 빈프리트 아네:『동물 실험. 실제와 생명 윤리 사이의 긴장 *Tierversuche. Im Spannungsfeld von Praxis und Bioethik*』, Schattauer 2007.

노르베르트 알츠만은 동물 실험 정당성과 관련해서 최대한 정확한 기준을 제시하고자 한다.『동물 실험의 윤리적 정당성 평가 *Zur Beurteilung der ethischen Vertretbarkeit von Tierversuchen*』, Narr Francke Attempto 2016.

감옥인가, 천국인가?

버지니아 멕케나, 빌 트래버스, 조너선 레이(엮음):『동물원 감옥. 창살 뒤의 동물들 *Gefangen im Zoo. Tiere hinter Gittern*』, Zweitausendeins 1993; 프로젝트 그룹 판테라:『동물원. 감금 상태의 동물 사진 *Der Zoo. Fotografien von Tieren in Gefangenschaft*』, Echo 1994.

동물원의 역사에 관한 저서들이다. 로버트 J. 호아지, 윌리엄 다이스(엮음):『새로운 세계, 새로운 동물 *New Worlds, New Animals*』, Johns Hopkins University Press 1996; 안네롤레 리케-뮐러, 로타르 디트리히:『바로 옆에서 포효하는 사자 *Der Löwe brüllt gleich nebenan*』, Böhlau 1998; 에릭 바라테이, 엘리자베스 아르두앵-푸지에르:『동물원. 곡예단에서 동물 공원으로 *Zoo. Von der Menagerie zum Tierpark*』, Wagenbach 2000.

동물원에서 문화로서 〈자연〉을 대변한 역사 관찰이다. 노르베르트 슈미츠:「자연의 미적인 상이기에 진정한 상으로서의 동물원. 동물원의 문명적 성과 *Der Zoo als wahres, weil ästhetisches Bild der Natur. Die zivilisatorische Leistung des*

Zoologischen Gartens」, in: 한스 베르너 잉겐지프 (엮음): 『우리 문화에서의 동물. 만남, 관계, 문제점』, Oldib 2015, 105-139면.

동물원의 발전과 자기 이해를 다룬 저서들이다. 린다 쾨브너: 『동물원 책. 야생 동물 보호 센터의 발전 *Zoo Book. The Evolution of Wildlife Conservation Centers*』, Forge 1994; 비키 크로크: 『동물원 이야기. 과거, 현재, 미래 *The Story of Zoos: Past, Present, and Future*』, Scribner 1997; 티터 폴라이 (엮음): 『방주에서 보낸 보고서 *Berichte aus der Arche*』, Thieme 1993.

1980년대에 이르기까지 동물원에 대한 폭넓은 결산을 시도한 저서다. 제러미 체파스: 『동물원 2000. 창살 너머의 풍경 *Zoo 2000. A Look Beyond the Bars*』, Crown Publications 1987; 세계 동물원 수족관 협회의 세계 동물원 보존 전략: 『세계 동물원 자연 보호 전략. 세계 자연 보호에서 동물원과 수족관의 역할 *Die Welt-Zoo-Naturschutzstrategie. Die Rolle von Zoos und Aquarien im Weltnaturschutz*』, Köln 1997(동물원에서 판매).

다음 책은 비판적 지지의 입장에서 동물원의 윤리를 다룬다. 브라이언 노튼, 마이클 허친스, 엘리자베스 E. 스티븐스, 티에리 L. 메이플(엮음): 『방주의 윤리. 동물원과 수족관 생물학, 그리고 자연 보호 시리즈 *Ethics on the Ark. Zoo and Aquarium Biology, and Conservation Series*』, Smithsonian Institution Press 1995.

종에 적합한 동물원 시설을 둘러싼 논쟁을 다룬 저서다. 데이비드 J. 셰퍼드슨, 질 D. 멜렌, 마이클 허치슨(엮음): 『제2의 자연. 감금 상태로 사육되는 동물을 위한 환경 확충 *Second Nature. Environmental Enrichment for Captive Animals*』, Smithsonian Institution Press 1998.

1980년대에 동물원을 비판한 고전이다. 에밀리오 자나: 『창살 뒤에서 미쳐 버린 동물원 동물의 고통 *Verrückt hinter Gittern. Von den Leiden der Zootiere*』, Heyne 1987.

동물권의 관점에서 동물원을 격렬하게 비판하는 저서다. 데일 제이미슨: 「동물원을 반대하다 Gegen zoologische Gärten」, in: 피터 싱어(엮음): 『동물 보호. 새로운 인간성을 위한 숙고』, Neff 1986, 164-178면. 다음 책에서 마찬가지로 과격한 비판이 담겨 있다. 슈테판 아우스터뮐레: 『… 그리고 수많은 창살 뒤에는 세계가 없다. 동물원의 동물 사육에 관한 진실… *und hinter tausend Stäben keine Welt. Die Wahrheit über Tierhaltung im Zoo*』, Rasch und Röhrig 1996.

독일 동물원의 유인원 사육을 비판하는 저서다. 콜린 골트너: 『평생을 창살 뒤에서: 독일 동물원의 오랑우탄, 고릴라에 관한 진실 *Lebenslänglich hinter Gittern:*

Die Wahrheit über Orangutan, Gorilla und Co in deutschen Zoos』, Alibri 2014.

온건한 비판서다. 스티븐 보스토크:『동물원과 동물 권리*Zoos and Animal Rights*』, Routledge 1993; 동물 윤리, 인간–동물 관계 잡지 2014년 2월 9호:『동물원*Zoo*』, Monsenstein und Vannerdat 2014.

고독의 시대

동물원의 보존 사육 전략에 대한 상세한 보고서들이다. 콜린 터지:『마지막 피난처 동물원. 위기에 처한 종들의 동물원 보존*Letzte Zuflucht Zoo. Die Erhaltung bedrohter Arten in Zoologischen Gärten*』, Spektrum 1993; 군터 노게:「동물원에서 동물을 다루는 방식. 동물 보호와 종 보호의 관점에서*Über den Umgang mit Tieren im Zoo. Tier- und Artenschutzaspekte*」, in: 파울 뮌히, 라이너 발츠(엮음):『동물과 인간. 난감한 관계의 과거와 현재』, Schöningh 1998, 447-457면.

보존 사육에 반대하는 저술이다. 에버하르트 슈나이더, 한스 윌케, 헤르베르트 그로스(엮음):『노아의 방주의 환상. 감금 사육을 통한 종 보존의 위험성*Die Illusion der Arche Noah. Gefahren für die Arterhaltung durch Gefangenschaftszucht*』, Echo 1989.

성공적인 재정착 프로젝트에 관한 책이다. 팀 W. 클라크, 리처드 R. 리딩, 앨리스 L. 클라크(엮음):『멸종 위기종 복원. 교훈 찾기, 과정 개선*Endangered Species Recovery. Finding the Lessons, Improving the Process*』, Island Press 1994.

화합하지 못하는 삼두 체제

생태학과 종 보호에 관한 고전이다. 에드워드 윌슨:『다양성의 가치. 종 다양성의 위기와 인간의 생존*Der Wert der Vielfalt. Die Bedrohung des Artenreichtums und das Überleben des Menschen*』, Piper 1995.

1990년대 초의 상황에 대한 개괄이다. 에드워드 윌슨(엮음):『생물 다양성의 종말? 종, 유전자, 서식지의 상실과 방향 전환의 기회*Ende der biologischen Vielfalt? Der Verlust an Arten, Genen und Lebensräumen und die Chancen für eine Umkehr*』, Spektrum 1992. 스티븐 R. 켈러트:『생명의 가치. 생물학적 다양성과 인간 사회*The Value of Life. Biological Diversity and Human Society*』, Island Press 1996; 리처드 리키, 로저 르윈:『여섯 번째 멸종. 삶의 패턴과 인류의 미래*The Sixth Extinction. Patterns of Life and the Future of Humankind*』, Doubleday 1995.

최근의 현황에 대한 보고들도 있다. 요제프 H. 라이히홀프:『종 다양성의 종말? 생물 다양성의 위기와 파괴*Ende der Artenvielfalt? Gefährdung und Vernichtung von Biodiversität*』, Fischer 2008;『안정적인 불균형. 미래의 생태학*Stabile Ungleichgewichte. Die Ökologie der Zukunft*』, Suhrkamp 2008.

파국적인 전망을 제시하는 저서다. 데릭 젠슨:『엔드게임. 문명의 문제*Endgame. Zivilisation als Problem*』,* Pendo 2008.

인간과 자연의 관계를 문화사적 관점에서 조명한 책이다. 게르노트 뵈메:『실용주의적 관점에서 본 인류학. 다름슈타트 강의*Anthropologie in pragmatischer Hinsicht. Darmstädter Vorlesungen*』, Suhrkamp 1985;『자연스러운 자연. 자연의 기술적 재생산 시대의 자연*Natürliche Natur. Über Natur im Zeitalter ihrer technischen Reproduzierbarkeit*』, Suhrkamp 1992.

〈생명 윤리〉를 둘러싼 논쟁을 다룬 저서들이다. 디터 비르바허(엮음):『생태학과 윤리학*Ökologie und Ethik*』, Reclam 1980; 요한 S. 아흐, 안드레아스 가이트(엮음):『생명 윤리의 도전*Herausforderung der Bioethik*』, Frommann 1993; 안톤 라이스트, 디터슈투르마, 베르트 하인리히스:『생명 윤리 편람*Handbuch Bioethik*』, Metzler 2005.

자연 윤리에 관한 저서다. 앙겔리카 크렙스(엮음):『자연 윤리. 현재의 동물 및 생태 논쟁에 대한 기본 텍스트*Naturethik. Grundtexte der gegenwärtigen tier-und ökoethischen Diskussion*』, Suhrkamp 1997.

철학적 가치 생태학의 관점에서 바라보는 저서들이다. 제임스 러브록:『가이아. 지구상의 생명에 대한 새로운 시각*Gaia. A New Look at Life on Earth*』, Oxford University Press 1979; 한스 요나스:『책임 원칙*Das Prinzip Verantwortung*』, Insel 1979; 클라우스 미하엘 마이어아비히:『자연과의 평화를 위한 길. 환경 정책을 위한 실제적 자연 철학*Wege zum Frieden mit der Natur. Praktische Naturphilosophie für die Umweltpolitik*』, Hanser 1984;『자연을 위한 봉기. 주변부 세계에서 함께하는 세계로*Aufstand für die Natur. Von der Umwelt zur Mitwelt*』, Hanser 1990; 비토리오 회슬레:『생태학적 위기의 철학*Philosophie der ökologischen Krise*』, C.H. Beck 1994, 2쇄; 안드레아스 베버:『모든 것은 느낀다. 인간, 자연, 생명 과학의 혁명*Alles fühlt. Mensch, Natur und die Revolution der Lebenswissenschaften*』, Berlin Verlag 2007.

자연 보호자들의 관점에서 동물 보호와 동물권에 반대하는 논거를 제시하는 저

* 한국어판 제목은『문명의 엔드게임』이다.

서다. 아인하르트 베첼:『사랑스러운 나쁜 동물. 잘못 이해된 피조물*Liebes böses Tier. Die falsch verstandene Kreatur*』, Droemer Knaur 1994, 2쇄.

생태학의 윤리적 갈등을 다룬 저서들이다. 콘라트 오트:『생태학과 윤리학. 실천 철학의 시도*Ökologie und Ethik. Ein Versuch praktischer Philosophie*』, Attempto 1994, 2쇄, 디트마르 폰 데어 포르텐:『생태학적 윤리학*Ökologische Ethik*』, Rowohlt 1996, 디트마르 폰 데어 포르텐, 율리안 니다-뤼멜린(엮음):『생태학적 윤리학과 법 이론*Ökologische Ethik und Rechtstheorie*』, Nomos 1995.

〈콘도르 전쟁〉에 관한 보고서다. 노엘 F. R. 스니더:「캘리포니아 콘도르 복원 프로그램. 조직과 실행 문제The California Condor Recovery Program. Problems in Organization and Execution」, in: 팀 클라크, 리처드 리딩, 엘리스 클라크(엮음):『멸종 위기종 복원. 교훈 찾기, 과정 개선』, Island Press 1994, 183-204면; 존 모이어:『콘도르의 귀환. 우리의 가장 큰 새를 멸종에서 구하기 위한 경쟁*Return of the Condor. The Race to Save Our Largest Bird from Extinction*』, The Lyons Press 2006.

환경 윤리학적 관점에서 동물권을 강력하게 주장하는 저서들이다. 톰 리건:『그 안에 사는 모든 것. 동물 권리와 환경 윤리학*All That Dwell Therein. Animal Rights and Environmental Ethics*』, University of California Press 1982; 데일 제이미슨:『윤리학과 환경*Ethics and the Environment. An Introduction*』, Cambridge University Press 2008.

쇼펜하우어의 세 단계

인간세를 다룬 저서들이다. 베른트 셰러, 위르겐 렌:『인간세. 중간 보고서*Das Anthropozän. Ein Zwischenbericht*』, Matthes und Seitz 2015; 위르겐 마네만:『인간세 비판. 새로운 인간 생태학을 위한 변호*Kritik des Anthropozäns. Plädoyer für eine neue Humanökologie*』, transcript 2014.

대량 사육, 세계 기아, 정치의 관련성을 성찰하는 저서들은 다음과 같다. 피터 싱어, 짐 메이슨:『우리가 먹는 것과 그것이 중요한 이유*What We Eat And Why It Matters*』, Arrow 2006; 에릭 홀트-히메네스, 라즈 파텔:『먹거리 반란. 위기와 정의에 대한 갈망*Food Rebellions! Crisis and the Hunger for Justice*』,[*] Food First Books 2009;『식품 운동으로 결속하라. 우리의 식품 시스템을 변화시키는 전략*Food Movements Unite! Strategies to Transform Our Food System*』, Food First Books

---

* 한국어판 제목은『먹거리 반란』이다.

2012.

식량에 대한 철학적 개괄과 정치적 전망을 제시한 저서다. 하랄트 렘케:『먹는 것의 정치. 미래 세계의 먹거리*Die Politik des Essens. Wovon die Welt morgen lebt*』, transcript 2012.

〈통속적이지 않은 기계〉로서의 동물을 다룬 저서다. 하랄트 벨처:『스마트한 독재. 우리의 자유에 대한 공격*Die smarte Diktatur. Der Angriff auf unsere Freiheit*』, Fischer 2016.

각 장의 제사(題詞) 출처

직립 원숭이
에리히 케스트너의 시 「알의 비가Elegie mit Ei」, in: 에리히 케스트너:『허리 위의 심장*Herz auf Taille*』, dtv, München 2005, 10쇄.

감각과 감성
클로드 레비스트로스:『신화학 I. 날 것과 익힌 것*Mythologica I. Das Rohe und das Gekochte*』. 에바 몰덴하우어 번역, Suhrkamp, Frankfurt am Main 1971.

주체의 계략
2015년 10월 20일, 오이겐 드레버만의 비스핑겐 강연 〈동물에게 영혼이 있을까?Haben Tiere eine Seele?〉 중에서.

〈신이 황소에게 관심이나 있을까?〉
프란츠 요제프 데겐하르트의 노래 「좋았던 옛 시절In den guten alten Zeiten」 중에서.

보호냐, 권리냐?
엘리아스 카네티:『동물에 관하여*Über Tiere*』, Hanser, München 2002.

자연 보호냐, 쾌락 살해냐?
테오도어 호이스의 이 글은 다음 책에 실려 있다.『테오도어 호이스: 연방 대통령. 1954~1959년 편지들*Theodor Heuss: Der Bundespräsident. Briefe 1954-1959*』, Berlin 2013.

햄과 치즈를 넘어

윈스턴 처칠:『회고록 1/1권. 전쟁에서 전쟁으로. 1919년~1930년 9월 3일까지 *Memoiren. Bd. 1/1. Von Krieg zu Krieg. 1919 bis 3. September 1939*』, Scherz, Frankfurt am Main 1948.

고독의 시대

테오도르 W. 아도르노:『미니마 모랄리아*Minima Moralia*』, Suhrkamp, Frankfurt am Main 1969.

옮긴이의 글

〈동물과 사람이 함께 행복한 사회를 만들자!〉 우리나라 정당들이 내거는 선거 구호다. 이제는 사람을 넘어 동물 복지까지도 챙기겠다는 포부다. 그런데 여기서 말하는 건 어떤 동물일까? 설마 모든 동물? 그럴 리 없다. 만약 그렇다면 우리는 바로 육식을 포기해야 할 테니까. 그들이 말하는 동물은 우리와 가까운 동물, 즉 개와 고양이 같은 반려동물로 제한된다. 물론 반려동물의 가짓수가 계속 늘면서 그들의 복지를 챙기자는 것도 분명 진보라면 진보다. 그러나 조금만 더 들어가 보면 그건 본질을 외면한 허울 좋은 포장에 지나지 않는다.

우리는 스스로 만물의 영장이라 부른다. 그러나 이 이름 아래 우리가 하는 일을 보면 착취자에 가깝다. 지구에 우뚝 서서 무수한 생물종을 멸종시키고 숲을 파괴하고 바다를 쓰레기로 채운다. 문명과 발전이라는 말로 정당화하면서. 동물 사육장은 현대 문명의 가장 은밀한 범죄 현장이다. 닭은 날개를 펼쳐 본 적도 없는 케이지에서 평생을 보내고, 돼지는 햇빛을 모른 채 좁은 콘크리트 바닥에 눌려 살고, 비육 소는 달콤한 살을 생산하기 위해 움직임이 봉인된 채 비좁은 철제 펜스에 갇혀 있다. 우리는 그들의 절망을 보지 않는다. 보지 않는 편이 편하기 때문이다.

　　동물 실험은 인간의 안녕이라는 이름으로 고통을 은폐한다. 실험실에서는 톱으로 원숭이의 두개골을 열고, 토끼 눈에 독성 물질을 투여하고, 흰쥐의 신경을 반복적으로 절단한다. 그들의 비명은 기록되지 않는다. 기록하면 불편해지니까. 우리는 이 모든 고통을 하나의 이유로 덮는다. 인간에게 필요하다는 이유다. 그러나 묻지 않을 수 없다. 과연 어떤 필요가 다른 생명체의 살고자 하는 본능과 고통을 피하고자 하는 욕구를 마음대로 짓밟을 특권을 인간에게 부여하는가? 사육장은 폭압적인 강제 수용소이고 실험실은 합법적인 고문실이다. 그게 오늘 우리의 문명이다. 우리는 상품의 이면을 보지 않는다. 맛있는 스테이크 뒤에 숨은 울부짖음, 화려하게 포장된 화장품 뒤에 감추어진 고문, 백신의 성공 뒤에 사라진 수천의 이름 없는 생명을 외면한다.

　　리하르트 다비트 프레히트는 이제 동물로 관심을 돌려 인간의 이런 위선을 꼬집는다. 동물이면서도 동물이 아닌 척 다른 동물을 잔인하게 말살하고 학대하는 인간의 행태를 역사적, 철학적, 문화사적으로 조명하며 사고 전환을 촉구한다. 그 출발점은 무지의 윤리학이다. 무지의 윤리와 앎의 윤리는 시작부터 다르다. 우리는 동물을 안다고 믿는 순간 동물을 차별할 근거를 스스로 만들어 낸다. 동물은 지능이 낮다거나, 감정이 없다거나, 행복과 고통을 느끼지 못한다는 생각은 모두 인간이 만들어 낸 해석의 틀에 불과하다. 인간 중심주의는 이 틀을 지식으로 둔갑시켜 우리에게 정당성을 부여한다. 이렇게 안다고 믿는 순간 우리는 동물을 고통스럽게 학대하고 죽이고 도구화해도 된다고 우리 자신을 설득한다. 이러한 기준은 종 차별주의라는 편견을 낳고, 인간을 자연과 생명의 정점에 놓고 다른 모든 생명체를 도구나 자원으로 격하시키는 태도로 이어진다. 이런 태도 아래 동물들은 감정과 지능, 심지어 영혼의 유무로 계량화되고, 그 가치는 우리의 필요성에 따라 재단된다. 이는 우리가 더 많은 것을 알고 있다는 오만이 빚어낸 비극이자, 동물을 밀집식 축산과 잔인한 실험으로 몰아넣는 윤리적 배경이다. 여기서 한 가지 결정적인 질문이 제기된다. 우리는 동물에 대해 정말 무엇을 알고 있는가?

우리는 동물이 무엇을 느끼는지, 어떤 방식으로 세계를 인지하는지, 어떤 종류의 행복을 누리는지, 어떤 방식으로 고통을 경험하는지 정확히 모른다. 동물에 대한 우리의 지식은 언제나 추정이자 인간적 관점의 해석이다. 또한 동물도 우리처럼 행복을 느끼기에 우리와 똑같은 권리를 가져야 한다는 반대 주장도 비슷한 종류의 추정이다. 동물의 감각 세계는 우리의 감각 세계와 동일하지 않기에 우리는 그들의 내부를 직접 경험할 수 없다.

여기서 소크라테스의 지혜가 새로운 무게감으로 다가온다. 〈나는 내가 아무것도 모른다는 사실을 안다〉라는 인식에서 출발하는 윤리적 책임감이다. 사실 인간은 자기 자신에 대해서도 모른다. 자신의 의식 구조나 감정 상태를 제대로 알지 못하면서도 스스로 안다고 착각하며 살아간다는 말이다. 그렇다면 타인이 아닌 다른 생물을 안다고 확신하는 것은 이만저만한 착각이 아니다. 동물 윤리는 바로 이 무지의 윤리학에서 출발해야 한다. 우리가 모른다는 사실을 인정할 때 비로소 더 근본적인 지점에 닿을 수 있다. 동물도 우리처럼 느끼니까 존중해야 한다는 식의 비교 윤리가 아닌 근원적인 생명 윤리가 그것이다. 우리는 동물의 내면 상태에 대해 아는 것이 없지만 한 가지는 분명하다. 그들도 우리처럼 하나의 생명이라는 점이다. 동일한 생명이라는 사실 자체가 이미 서로를 해치지 말아야 할 기본적인 이유가 된다. 감정의 유사성, 지능의 수준, 인간과의 친밀함, 도구로서의 가치는 이보다 훨씬 나중에 붙는 부차적 기준이다. 생명은 그 자체로 관계적이고 서로 얽혀 있는 상호 의존적 존재다. 모든 생명은 생명에 기대어 살아간다. 그렇다면 생명 존중은 인간에게 국한된 윤리가 아니라 생명 전체를 향한 윤리로 확장되어야 한다.

조금 더 똑똑하다는 이유로, 혹은 조금 더 강하다는 이유로 다른 생명을 마음대로 죽여도 될까? 이건 동물에게만 던질 수 있는 질문이 아니다. 가령, 조금 더 강한 인간이 약한 인간을 억압하고 죽여도 될까? 이 질문에 대한 답은 이미 인간 역사 속에 나와 있다. 우리는 생명을 기준으로 윤리의 출발점을 다시 세워야 한다. 인간이라는 범주를 넘어, 살아 있다는 사실 자체를 서로 존중해야 할 근거로 삼아야 한다는 말이다. 우리가 동물을 모른다는 무지야말로 그들을 존중해야 할 가장 깊은 이유가 된다. 무지의 윤리는 곧 생명에 대한 경탄이며, 인간 중심주의의 오만을 내려놓는 자리다. 바로 여기서 인간과 비인간 사이의 윤리적 경계가 다시 그어져야 하고, 사람과 동물이 평화롭게 공존할 가능성이 열릴지 모른다.

2025년 12월, 박종대

인명 찾아보기

옮긴이 **박종대** 성균관대학교 독어 독문학과와 동 대학원을 졸업하고 독일 쾰른에서 문학과 철학을 공부했다. 사람이건 사건이건 겉으로 드러난 것보다 이면에 관심이 많고, 환경을 위해 어디까지 현실적인 욕망을 포기할 수 있는지, 그리고 어떻게 사는 것이 진정 자신을 위하는 길인지 고민하는 제대로 된 이기주의자가 꿈이다. 리하르트 다비트 프레히트의 『세상을 알라』, 『너 자신을 알라』, 『너 자신이 되어라』, 『사냥꾼, 목동, 비평가』, 『의무란 무엇인가』, 『인공 지능의 시대, 인생의 의미』, 『모두를 위한 자유』를 포함하여 『콘트라바스』, 『승부』, 『어느 독일인의 삶』, 『9990개의 치즈』, 『데미안』, 『수레바퀴 아래서』 등 2백 권이 넘는 책을 번역했다. 로베르트 무질의 『특성 없는 남자』로 2024년 한독문학번역상(시몬느 번역상)을 받았다.

동물은 생각한다

발행일 2025년 12월 30일 초판 1쇄

지은이 리하르트 다비트 프레히트
옮긴이 박종대
발행인 홍예빈
발행처 주식회사 열린책들

경기도 파주시 문발로 253 파주출판도시
전화 031-955-4000 팩스 031-955-4004
홈페이지 www.openbooks.co.kr 이메일 humanity@openbooks.co.kr